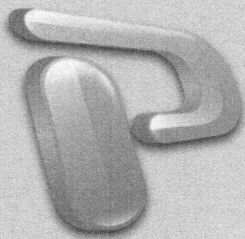

普·通·高·等·学·校
计算机教育"十二五"规划教材
立体化精品系列

PowerPoint 2010

多媒体课件制作

U0734610

李润亚 马文辉 主编
张建强 秦凯 副主编

人民邮电出版社
北京

图书在版编目（CIP）数据

PowerPoint2010多媒体课件制作 / 李润亚，马文辉
主编. -- 北京：人民邮电出版社，2015.8（2024.7重印）
普通高等学校计算机教育"十二五"规划教材
ISBN 978-7-115-39116-2

Ⅰ．①P… Ⅱ．①李… ②马… Ⅲ．①多媒体课件—图
形软件—高等学校—教材 Ⅳ．①G434

中国版本图书馆CIP数据核字(2015)第082375号

内 容 提 要

　　本书主要讲解使用PowerPoint 2010制作课件的知识，内容主要包括认识PowerPoint 2010、处理课件中的文本、处理课件中的图形图像、学习课件的外观设计、添加表格和图表、添加SmartArt图形、添加多媒体对象、设置课件的动画效果、制作交互式课件、放映课件和输出课件。本书在最后一章和附录中结合所学的PowerPoint知识提供了多个专业性和实用性较强的学习课件的制作实训。

　　本书内容翔实，结构清晰，图文并茂，每章均通过理论知识点讲解、课堂案例、课堂练习、知识拓展、课后习题的结构详细讲解相关知识点的使用。其中大量的案例和练习，可以引领读者快速有效地学习到实用技能。

　　本书不仅可供普通高等院校本科、独立院校及高职院校师范类相关专业作为教材使用，还可供相关行业及专业工作人员学习和参考。

◆ 主　　编　李润亚　马文辉
　　副 主 编　张建强　秦　凯
　　责任编辑　许金霞
　　责任印制　彭志环
◆ 人民邮电出版社出版发行　　北京市丰台区成寿寺路 11 号
　　邮编　100164　电子邮件　315@ptpress.com.cn
　　网址　http://www.ptpress.com.cn
　　固安县铭成印刷有限公司印刷
◆ 开本：787×1092　1/16
　　印张：18　　　　　　　　　2015年8月第1版
　　字数：459千字　　　　　　2024年7月河北第18次印刷

定价：48.00元（附光盘）
读者服务热线：(010)81055256　印装质量热线：(010)81055316
反盗版热线：(010)81055315

前　言

随着近年来本科教育课程改革的不断推行，也随着计算机软硬件日新月异的升级，以及教学方式的不断发展，市场上很多教材的软件版本、硬件型号、教学内容等很多方面都已不再适应目前的教授和学习。

有鉴于此，我们认真总结了教材编写经验，用了2~3年的时间深入调研各地、各类本科院校的教材需求，组织了一批优秀的、具有丰富教学经验和实践经验的作者团队编写了本套教材，以帮助各类本科院校快速培养优秀的应用型人才。

本着"学用结合"的原则，我们在教学方法、教学内容和教学资源3个方面体现出了本书的特色。

教学方法

本书精心设计了"学习目标→知识讲解→课堂练习→拓展知识→课后习题"五段教学法，细致而巧妙地讲解理论知识的同时，对经典案例进行分析，不仅能激发学生的学习兴趣，还能训练学生的动手能力，通过课后练习帮助学生强化巩固所学的知识和技能，提高实际应用能力。

- ◎ **学习目标和学习要点**：以项目列举方式归纳出章节重点和主要的知识点，以帮助学生重点学习这些知识点，并了解其必要性和重要性。
- ◎ **知识讲解**：深入浅出地讲解理论知识，注重实际训练，理论内容的设计以"必需、够用"为度，强调"应用"，配合经典实例介绍如何在实际工作中灵活应用这些知识点。
- ◎ **课堂练习**：紧密结合课堂讲解的内容给出操作要求，并提供适当的操作思路以及专业背景知识供学生参考，要求学生独立完成操作，以充分训练学生的动手能力，并提高其独立完成任务的能力。
- ◎ **拓展知识**：每章还精选出相关的提高应用知识，学生可以深入、综合地了解本章的系统知识。
- ◎ **课后习题**：结合每章内容给出大量难度适中的上机操作题，学生可通过练习，强化巩固每章所学知识，从而能够温故而知新。

教学内容

本书的教学目标是循序渐进地帮助学生掌握利用PowerPoint 2010制作课件的方法，全书共12个项目，可分为以下几个方面的内容。

- ◎ **第1章**：主要讲解PowerPoint 2010的基础知识，包括PowerPoint 2010的工作界面、演示文稿和幻灯片的基本操作，以及课件基础等知识。
- ◎ **第2章~第4章**：主要讲解使用PowerPoint制作课件的相关内容，包括使用PowerPoint插入和编辑文字、插入和编辑图形图像、设计课件的外观等知识。
- ◎ **第5章~第9章**：主要讲解在课件中插入和编辑各种多媒体对象，包括添加和编辑表格及图表、添加SmartArt图形、添加音频、添加视频、添加公式、设置动画效果和制作交互式课件等知识。

◎ **第10章~第11章**：主要讲解放映和输出课件，包括放映设置和放映技巧，以及发布、打包和打印课件等知识。

◎ **第12章**：以制作一个语文课件为综合案例，从介绍实例目标、专业背景到进行实例分析，再到详细讲解制作过程，完成一个普通课件的制作。

教学资源

本书提供立体化教学资源，使教师可以方便地获取各种教学资料，丰富教学手段。本书的教学资源包括以下三方面的内容。

（1）配套光盘

本书配套光盘中包含图书中实例涉及的素材与效果文件、各章节课堂案例及课后习题的操作演示动画以及模拟试题库3个方面的内容。模拟试题库中含有丰富的关于PowerPoint 2010应用的相关试题，包括填空题、单项选择题、多项选择题、判断题和操作题等多种题型，读者可自动组合出不同的试卷进行测试。另外，还提供了两套完整的模拟试题，以便读者测试和练习。

（2）教学资源包

本书配套精心制作的教学资源包，包括PPT教案和教学教案（备课教案、Word文档），以便老师顺利开展教学工作。

（3）教学扩展包

教学扩展包中包括方便教学的拓展资源以及每年定期更新的拓展案例两个方面的内容。其中拓展资源包含PowerPoint 2010应用案例素材等。

特别提醒：上述第（2）、（3）项教学资源可登录人民邮电出版社教学服务与资源网（http:// www.ptpedu.com.cn）下载，或者发电子邮件至dxbook@qq.com索取。

本书由李润亚、马文辉担任主编，张建强、秦凯担任副主编。其中李润亚编写第1章、第2章、第5章和项目实训，马文辉编写第3章、第4章和第6章，张建强编写第7章~第9章，秦凯编写第10章~第12章。虽然编者在编写本书的过程中倾注了大量心血，但恐百密之中仍有疏漏，恳请广大读者及专家不吝赐教。

编　者

2015年4月

目 录

第1章

从课件角度认识PowerPoint 2010

　　本章将详细讲解PowerPoint 2010和课件的基础知识，并对演示文稿和幻灯片的基本操作进行全面讲解。读者通过学习应能够熟练掌握创建、打开、保存、关闭演示文稿的各种操作方法，并能快速处理课件中的幻灯片。

✳ 学习要点

◎　认识演示文稿和幻灯片

◎　认识课件

◎　了解PowerPoint 2010的工作界面和视图模式

◎　创建演示文稿

◎　打开、保存和关闭演示文稿

◎　插入幻灯片

◎　复制和移动幻灯片

◎　删除幻灯片

✳ 学习目标

◎　了解PowerPoint 2010的基础知识

◎　了解课件的基础知识

◎　掌握编辑演示文稿的基本操作

◎　掌握编辑幻灯片的基本操作

1.1 体验PowerPoint 2010

PowerPoint 2010是一款演示文稿制作软件，使用它可以快速创建出图文并茂、生动形象、极具感染力的动态演示文稿，应用于授课、演讲、会议等场合。本小节将详细讲解PowerPoint 2010的基础知识，包括PowerPoint 2010的主要功能、工作界面和视图模式，以及启动和退出方法等。

1.1.1 PowerPoint 2010概述

PowerPoint是美国Microsoft公司推出的办公应用软件Office的组件之一，与Word、Excel并驾齐驱，成为计算机办公的主流软件。目前的最新版本为PowerPoint 2013，本书以最常用的PowerPoint 2010为例讲解该软件的使用方法。

使用PowerPoint制作的文件被称为演示文稿，默认情况下的文件扩展名为".ppt"，所以通常把使用PowerPoint制作演示文稿也称为制作PPT。PowerPoint 2010的文件扩展名为".pptx"，其中的"x"表示不含宏的XML文件，在默认情况下，经PowerPoint 2010创建的演示文稿以XML格式保存，这种格式的文件能够自动压缩，从而节约磁盘空间，并且具有更高的安全性、数据集成性、互操作性。

> **知识提示**　PowerPoint最初版本为3.0，然后是5.0、6.0、7.0、97、2000、2003、2007、2010和2013，如图1-1所示为PowerPoint 2010的启动界面。

图1-1　PowerPoint 2010启动界面

1.1.2 PowerPoint 2010的功能

PowerPoint 2010是演示文稿制作软件，用户可用它快速创建极具感染力的动态演示文稿，并能集成工作流和方法，可以轻松共享信息，广泛应用于各行各业中，其主要功能如下。

1. 创建动态演示文稿

PowerPoint 2010提供了大量的主题、版式和快速样式，能够使演示文稿具有一致而专业的外观，其自定义版式也不再受预先打包的版式的局限，用户可以创建包含任意多个占位符、多种元素以及多个母版集的自定义版式。此外，还可以保存自定义和创建的版式，以供将来使用。

PowerPoint 2010提供了全新的SmartArt图形和图表，利用这个功能，普通用户创建出的图示和图表都可达到设计师的水平。同时，用户还可以为SmartArt图形、形状、表格、文字、艺术字、图表、动画等对象添加绝妙的视觉效果，如阴影、映像、辉光、柔化边缘、扭曲、棱台、三维旋转等效果，如图1-2所示，使创建的演示文稿更具感染力。

图1-2　PowerPoint 2010视觉效果

2. 放映演示文稿

制作好的演示文稿可以通过放映向观众展示出来，根据演讲者的需要，可以以不同的方式进行放映，如放映部分幻灯片和循环放映等。此外，放映演示文稿时，还可在一台计算机上运行PowerPoint 2010演示文稿，而让观众在另一台计算机或者显示器、投影幕布上观看该演示文稿，如图1-3所示。

图1-3　放映PowerPoint 2010演示文稿

3. 有效地共享信息

在以前版本的PowerPoint中，如果文件较大，则难以共享内容或通过电子邮件发送演示文稿，也无法以可靠方式与使用不同操作系统的用户共享演示文稿，而PowerPoint 2010中，无论是需要共享演示文稿、创建审批、审阅工作流，还是需要与没有使用PowerPoint 2010的联机人员协作，全新的幻灯片库及低容量的文件格式都可以实现与他人的共享和协作。

4. 保护并管理信息

PowerPoint 2010可以为演示文稿添加数字签名，以防止不经意的更改。使用内容控件，可以创建和部署结构化的PowerPoint模板，以指导用户输入正确信息，并保留演示文稿中不能更改的信息；利用文档面板，可以在使用演示文稿时方便地查看和编辑文档属性。

1.1.3　认识演示文稿和幻灯片

演示文稿由"演示"和"文稿"两个词语组成，这说明它是用于演示某种效果而制作的文档，主要用于会议、产品展示和教学课件等领域。一个演示文稿由多张幻灯片组成，如果将演示文稿比做一本书，幻灯片就是书中的每一页。教学使用的课件就是一个演示文稿，播放课件也就是播放演示文稿，即向观众展示其中制作好的一张张幻灯片，每张幻灯片都是演示文稿中既相互独立又相互联系的内容。演示文稿和幻灯片之间是说明与被说明的关系，如图1-4所示为演示文稿，如图1-5所示为幻灯片。

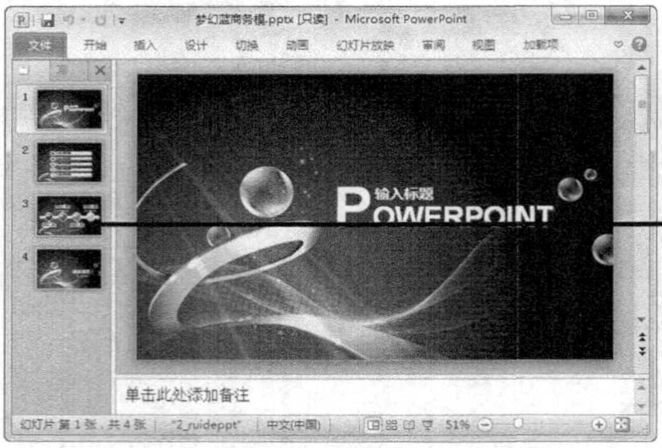

图1-4　演示文稿 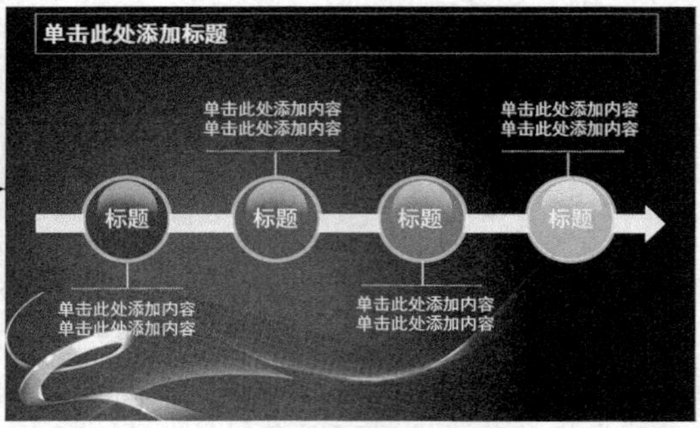　　　　　　　　　　　　　　图1-5　幻灯片

演示文稿主要用于以下环境。

◎ **企业宣传**：演示文稿在企业宣传方面的应用，打破了使用画册、海报等平面宣传的时效性限制，降低了使用视频宣传时投入的巨大费用，同时又能带来双方互动，更好地达到宣传的目的，在演示的过程中演示者还能随时停下来与观众探讨。

◎ **方案策划**：在执行项目工程前，需要对其作出具体的规划，对工程的前期投入、后期收益以及损益评估等每个细节都需要作出具体的设想。演示文稿在此方面的使用能让方案的条理更加清晰，使执行人更加完整地了解整个工程。

◎ **工作总结**：有工作就有总结，无论是活动、课题、项目等都需要进行总结。以往的纸质稿总结枯燥而又呆板，演示文稿的使用为工作总结注入了新的活力。用于工作总结的幻灯片需注意背景简洁，框架清晰。

◎ **项目宣讲**：演示文稿在各类竞标方案中得到了普遍的应用，是项目宣传最适用、最理想的工具。使用演示文稿制作项目宣讲类的演示文稿时，背景与图片的应用要贴合主题。这类演示文稿不需要有多精美，重在切入要点。

◎ **培训课件**：演示文稿在培训中的使用已经屡见不鲜，但要做好培训类的演示文稿却要下十足的工夫。接受培训的人经常会感到无聊和烦闷，因此，在演示文稿中灵活运用文字、图片、动画等功能可以使培训更加生动。

◎ **个人简历**：使用演示文稿制作个人简历，不仅能使应聘资料别具一格，同时也能让应聘方了解应聘者的具体职能，为应聘者加分。

1.1.4 了解PowerPoint 2010工作界面

PowerPoint 2010的工作界面主要由 "P" 按钮 P、标题栏、快速访问工具栏、功能区选项卡、功能区、"功能区最小化" 按钮 ∧、"帮助" 按钮 ②、"幻灯片/大纲" 窗格、"备注" 窗格、幻灯片编辑窗口、状态栏等部分组成，如图1-6所示，下面介绍其各组成部分的作用。

图1-6 PowerPoint 2010工作界面

◎ **"P" 按钮** P：在标题栏的最左端有个 "P" 按钮 P，单击该按钮，通过选择打开的下拉菜单可以对当前窗口进行最大化、最小化、移动和关闭等操作。

◎ **标题栏**：PowerPoint的标题栏位于工作界面的最上方，左侧的文字分别代表演示文档的名称和PowerPoint软件名称，右侧的 □、□、✕ 3个按钮分别用于对工作界面窗口执行最小化、还原/最大化、关闭操作。

◎ **快速访问工具栏**：在 P 按钮的右侧是快速访问工具栏，其中提供了最常用的 "保存" 按钮 □、"撤销" 按钮 ↺、"恢复" 按钮 ↻。如需在快速访问工具栏中添加其他按钮，可单击其后的 ▾ 按钮，在打开的下拉菜单中选择所需的选项即可。

◎ **功能区选项卡和功能区**：功能区选项卡与功能区集成了PowerPoint 2010的所有常用命令，单击功能区选项卡可切换到相应的功能区，在功能区中有许多自动适应窗口大小的工具组，不同的工具组中又放置了与此相关的命令按钮或列表框。

> **知识提示** "文件" 选项卡用于执行PowerPoint演示文稿的新建、打开、保存和退出等基本操作，在功能区中选择菜单命令，将显示对应的任务窗格，如图1-7所示。

图1-7　"文件"选项卡

◎ **"功能区最小化"按钮** ⌃：在功能区选项卡的右端有一个"功能区最小化"按钮⌃，单击可以隐藏工作界面中的功能区，仅显示功能区选项卡，同时该按钮变为"展开功能区"按钮⌄，再次单击即可在工作界面中重新显示功能区。

◎ **"帮助"按钮** ❓：在功能区选项卡的最右端有一个"帮助"按钮❓，单击可打开相应的"PowerPoint 帮助"窗口，在其中可查找到用户需要的帮助信息。如果计算机连接到Internet网络，帮助系统会自动从Microsoft Office Online网站获取更多的帮助内容，以供用户查阅。

◎ **幻灯片编辑窗口**：幻灯片编辑窗口用于显示和编辑幻灯片，在"幻灯片/大纲"窗格中单击某张幻灯片后，该幻灯片的内容将显示在幻灯片编辑窗口中。幻灯片编辑窗口是使用PowerPoint制作演示文稿的操作平台，其中可输入文字内容、插入图片、设置动画效果等。如果当前演示文稿中有多张幻灯片，其右侧将出现一个滚动条，单击▲或⬆按钮，可切换到上一张幻灯片；单击▼或⬇按钮，可切换到下一张幻灯片。在【视图】→【显示】组中单击选中"标尺"复选框，可在幻灯片编辑窗口上方和左侧显示标尺，通过标尺可方便查看和调整幻灯片中各对象的对齐情况，如图1-8所示。

图1-8　幻灯片编辑窗口

◎ **"幻灯片/大纲"窗格**："幻灯片/大纲"窗格用于显示演示文稿的幻灯片数量及位置，它包括"大纲"和"幻灯片"两个选项卡，单击这两个选项卡可在不同的窗格间进行切换，默认打开"幻灯片"窗格。"幻灯片"窗格将显示整个演示文稿中幻灯片的编号及缩略图，"大纲"窗格将列出当前演示文稿中各张幻灯片中的文本内容大纲。

◎ **"备注"窗格**：由于幻灯片中添加的都是关键信息，但演示幻灯片的过程中还会涉及相关的其他内容，所以制作者可以将相应幻灯片的说明内容及注释信息添加到备注窗格中，再将其打印出来，就能达到辅助演示的目的。

◎ **状态栏**：状态栏位于窗口底端，主要用于显示当前演示文稿的编辑状态和显示模式，如图1-9所示。拖动状态栏右侧的 图标或单击 、 按钮，可调整当前幻灯片的显示大小，单击右侧的 按钮，可按当前窗口大小自动调整幻灯片的显示比例，使其在当前窗口中可以看到幻灯片的整体效果，且显示比例为最大。

图1-9　状态栏

1.1.5　了解PowerPoint 2010视图模式

PowerPoint 2010提供了多种视图模式以满足不同用户的需要，在【视图】→【演示文稿视图】组中单击对应的按钮即可切换到相应的视图模式。下面介绍各种视图模式。

◎ **普通视图**：PowerPoint 2010默认显示普通视图，若当前视图在其他视图模式下，可在【视图】→【演示文稿视图】组中单击"普通视图"按钮 切换到普通视图，它是操作幻灯片时主要使用的视图模式，如图1-10所示。

◎ **阅读视图**：在【视图】→【演示文稿视图】组中单击"阅读视图"按钮 可切换到阅读视图，阅读视图将以全屏动态方式显示演示文稿的放映效果，可预览演示文稿中设置的动画和声音，并且能观察每张幻灯片的切换效果，如图1-11所示。

图1-10　普通视图

图1-11　阅读视图

操作技巧　　需要退出阅读视图模式时，可以按【ESC】键，或在状态栏中单击"普通视图"按钮 直接切换到普通视图。

◎ **幻灯片浏览视图**：在【视图】→【演示文稿视图】组中单击"幻灯片浏览"按钮 可

切换到幻灯片浏览视图，在幻灯片浏览视图中可以浏览整个演示文稿中的幻灯片，改变幻灯片的版式、设计模式、配色方案等，也可重新排列、添加、复制或删除幻灯片，但不能编辑单张幻灯片的具体内容，如图1-12所示。

◎ **备注页视图**：在【视图】→【演示文稿视图】组中单击"备注页视图"按钮■可切换到备注页视图，备注页视图是将备注窗格以整页格式进行显示和使用备注，制作者可以方便地在其中编辑备注内容，如图1-13所示。

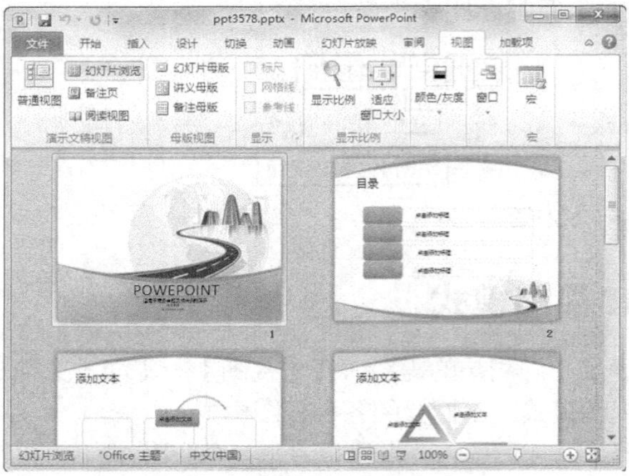

图1-12　幻灯片浏览视图

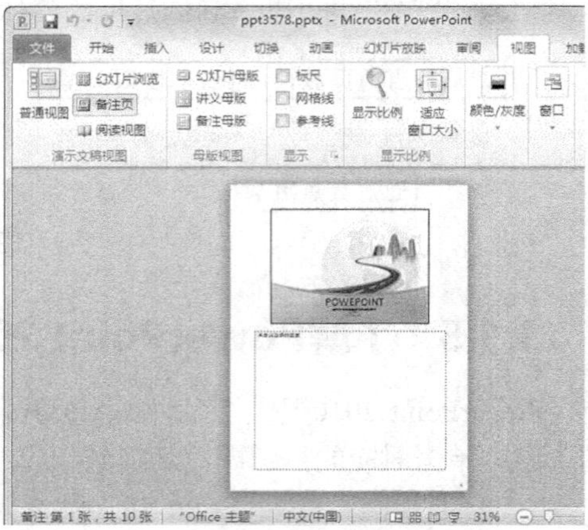

图1-13　备注页视图

1.1.6　启动和退出PowerPoint 2010

启动和退出PowerPoint 2010是制作课件最基础的操作，下面分别进行介绍。

1. 启动PowerPoint 2010

PowerPoint 2010的启动方法与其他应用软件类似，通常会有多种方法，用户根据需要选择即可，启动PowerPoint 2010的常用方法有以下几种。

◎ **通过菜单命令启动**：单击"开始"按钮■，在打开的菜单中选择【所有程序】→【Microsoft Office】→【Microsoft PowerPoint 2010】菜单命令，如图1-14所示。

◎ **在快速启动区启动**：单击"开始"按钮■，在打开的菜单左侧的快速启动区也可看到PowerPoint 2010菜单命令，选择该命令，如图1-15所示。

图1-14　通过菜单命令启动

图1-15　在快速启动区启动

◎ **通过桌面快捷方式启动**：如果在桌面创建了PowerPoint 2010的桌面快捷方式，可直接双击桌面快捷方式图标。

◎ **通过演示文稿启动**：如果计算机中保存了PowerPoint 2010制作的演示文稿，双击该演示文稿文件。

操作技巧　　在"开始"按钮 打开菜单的PowerPoint 2010菜单命令上单击鼠标右键，在弹出的快捷菜单中选择【发送到】→【桌面快捷方式】菜单命令，即可为PowerPoint 2010创建桌面快捷方式。

2. 退出PowerPoint 2010

退出PowerPoint 2010的常用方法有以下几种。

◎ **通过菜单命令退出**：单击"文件"选项卡，在打开的菜单中选择"退出"命令，如图1-16所示。

◎ **通过"关闭"按钮退出**：单击工作界面右上角的"关闭"按钮 。

◎ **通过"P"按钮退出**：单击"P"按钮 ，在打开的菜单中选择"关闭"命令，如图1-17所示。

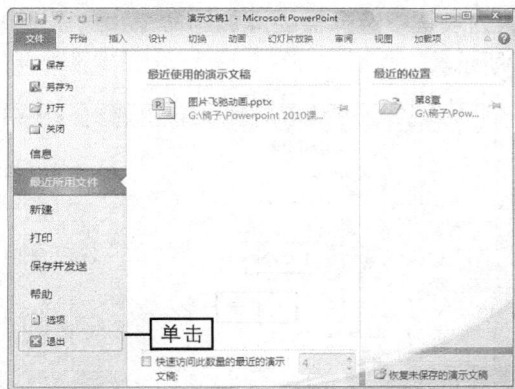

图1-16　通过菜单命令退出　　　　　　　　图1-17　通过"P"按钮退出

◎ **通过快捷键退出**：按【Alt+F4】组合键。

1.1.7　课堂案例1——定制个性化PowerPoint工作界面

在PowerPoint 2010中，用户可根据个人的工作、生活习惯将工作界面设置成方便操作的界面模式，这样不仅使PowerPoint工作界面与众不同，还能大大提高工作效率。定制个性化的PowerPoint工作界面包括自定义快速访问工具栏、最小化功能区，调整工具栏位置，以及显示隐藏标尺、网格和参考线等。下面将启动PowerPoint，在其中自定义快速访问工具栏，然后在工作界面中显示标尺和网格线，并设置工作界面颜色，完成后的参考效果如图1-18所示。

视频演示　　光盘:\视频文件\第1章\定制个性化PowerPoint工作界面.swf

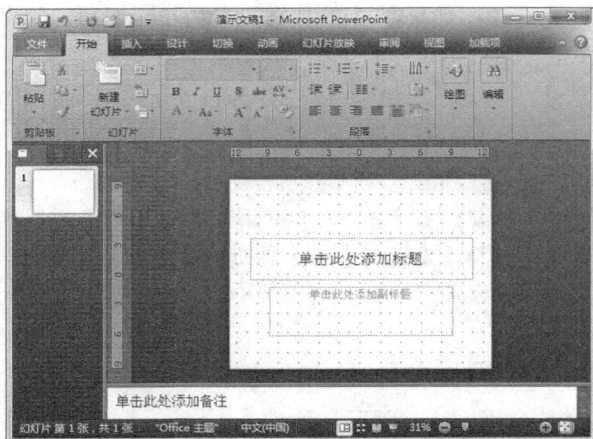

图1-18　个性化工作界面参考效果

（1）单击"开始"按钮，在打开的菜单中选择【所有程序】→【Microsoft Office】→
【Microsoft PowerPoint 2010】菜单命令，启动PowerPoint 2010。

（2）在打开的工作界面的快速访问工具栏中单击▼按钮，在打开的菜单中选择"其他命令"
命令，如图1-19所示。

（3）打开"PowerPoint选项"对话框，在左侧的列表框中选择需要添加的命令，这里选择
"打开"选项，单击 添加(A)>> 按钮，如图1-20所示。

图1-19　选择操作

图1-20　添加"打开"按钮

（4）将"打开"命令添加到右侧的列表框中，然后用同样的方法将"新建"命令添加到右侧
的列表框中，单击 确定 按钮，如图1-21所示。

（5）返回到工作界面，可以看到快速启动栏中增加了"打开"按钮和"新建"按钮。

（6）在【视图】→【显示】组中单击选中"标尺"和"网格线"复选框，幻灯片编辑窗口中
将显示标尺和网格线，如图1-22所示。

知识提示　　　编辑演示文稿时，为了使幻灯片的显示区域更大些，可将选项卡功能区域最小
化，只显示选项卡的名称。其方法是：双击标题栏下方的选项卡标签，就可将功能
区隐藏，再次双击选项卡标签即可将其显示出来。也可按【Ctrl+F1】组合键或者
单击"功能区最小化"按钮，将其显示或隐藏。

图1-21　添加"新建"按钮

图1-22　显示标尺和网格线

（7）选择【文件】→【选项】菜单命令，打开"PowerPoint 选项"对话框，在"常规"选项卡的"配色方案"下拉列表中选择"黑色"选项，如图1-23所示，单击 确定 按钮，完成个性化工作界面的设置操作。

图1-23　设置工作界面颜色

1.2　认 识 课 件

　　课件是根据教学大纲的要求，经过教学目标确定，教学内容和任务分析，教学活动结构及界面设计等环节，而加以制作的课程软件。它可以生动、形象地描述各种教学问题，增加课堂教学气氛，提高学生的学习兴趣，拓宽学生的知识视野，近年来被广泛应用于中小学教学，使用课件教学是现代教学发展的必然趋势，制作课件也是每位老师的必备技能。

1.2.1　课件概述

　　课件是指根据教师的教案，把需要讲述的教学内容通过计算机多媒体（视频、音频、动画）来表述并构成的课堂要件，也可以称为多媒体课件。

1. 基本定义

　　课件实质是一种软件，是在一定的学习理论指导下，根据教学目标设计的、反映某种教学策略和教学内容的计算机软件。课件的基本模式有练习型、指导型、咨询型、模拟型、游戏型、问题求解型、发现学习型等。无论哪种类型的课件，都是教学内容与教学处理策略两大类信息的有机结合。

2. 积极作用

课件具有以下几点主要作用。

◎ **激发学生的学习兴趣**：传统的教学手段枯燥无味，没有直观的形态供学生了解，使用电子化课件能把语言文字所描绘的情境直观形象逼真地展现出来，使古板变生动、抽象变形象、深奥变浅显、沉闷变愉悦，不但激发了学生的学习兴趣，更有利地使学生理解其意义。

◎ **转变教师的观念**：随着电子化教学普遍进入课堂，教育工作者树立了终身教育的观念。教师接受继续教育，对提高教师本身的教学水平有很大帮助。互联网的普及创造出的各种条件，让教师有了学习、实践、创新的机会，也能让学生接受更好的教育。

◎ **提高教师的教学水平**：课件逐渐普及后，教师以生动的语言加上有声有色的课件，使学生对知识的掌握更加容易，普遍提高学生家长对教师的信任。

◎ **节约时间**：可在最短时间内让学生清晰透彻地了解所需掌握的知识，并能灵活运用。

1.2.2 课件和PowerPoint的关系

现在比较流行的制作教学课件的软件是Flash、Authorware和PowerPoint等，在实际教学过程中，PowerPoint 2010虽然没有Flash、Authorware的功能强大，但大多数教师还是比较喜欢用它来制作课件。这是因为对于制作自用教学软件的大多数教师来说，对软件的要求一方面是无需特别安装，几乎所有计算机里都有；另一方面，操作要简单易学，方便实用，而且效果也能满足教学需要。

对于课件理论、技术上都刚起步的老师来说，PowerPoint是个制作课件的最佳选择，因为它操作上非常简单，大部分人短时间就可以基本掌握，所以，就可以花心思在如何在课件中贯彻案例的设计意图上、如何增强课件的实效性上，既是技术上的进步，也是理论上的深化，通过几个相关案例的制作，就能轻松制作出教学效果非常好的课件了。

1.2.3 设计制作课件的流程

多媒体课件也是一种软件产品，它的设计、制作与发行过程都必须按照软件工程的一系列规范来进行。但是，多媒体课件同时又是用于教学领域的一种特殊软件，它必须符合教学规律，才能最大限度地发挥自身的优越性，获得最大的教学效益。下面是多媒体课件设计制作的一般流程，如图1-24所示。

1. 确定教学目标

确定教学目标是教师根据教学目的、内容及学生实际而制定的一种具体要求和标准，它是教学目的的具体化；是课堂教学的方向；是一堂课的灵魂；是判断教学是否有效的直接依据，所以在制定教学目标时必须明确具体。制作多媒体课件应根据教学大纲的要求，首先明确教学目的、要求，以及教材的重点、难点，明确详细的教学目标以及学生学习之后要到达的"目的地"。准确、科学的教学目标，是实施课堂教学的前提和基础，所以设计课件，其内容的选取要以教材为蓝本，从实现教学目标、完成教学任务的需要出发，但又不能为课本所束缚，要充分增加课件的含金量。

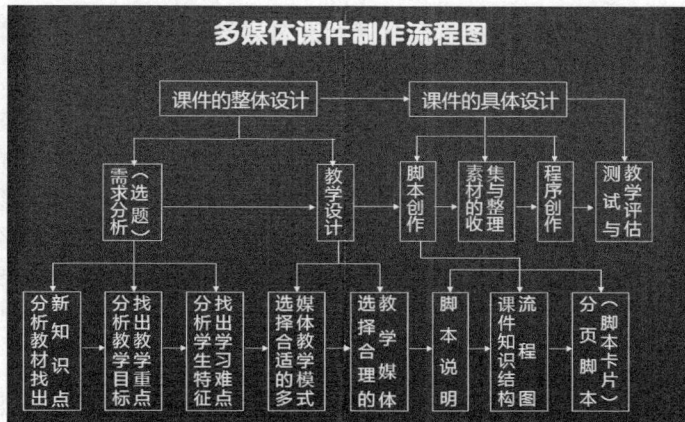

图1-24　课件制作流程图

2. 教学设计

教学设计就是运用系统科学的观点和方法，以教学目标和教学对象的特点为出发点，从而以教学效果最优化为目的来规划、实施和评价教学活动的全过程。教学设计的核心在于采用最优化的教学方法，取得最优化的教学效果。其主要设计步骤如下。

◎ 讨论总体教学目的，列出所有课题，并陈述各课题的教学目的。

◎ 细化教学目的。

◎ 列举各学习目标的学习内容。

◎ 列出学生年龄、心理特点和个性特征。

◎ 预估学生对本课题已具备的基础知识、基本技能和表达水平。

◎ 选择教学活动和教学资源。

◎ 协调所提供的服务。

3. 脚本设计

脚本也称为"稿本"，脚本的设计阶段是课件开发过程中从面向教学策略的设计到面向计算机软件实现的一个过渡，是沟通课件的构思者和制作者的一个桥梁。多媒体课件的脚本分为文字脚本和制作脚本两方面。

◎ **文字脚本**：是多媒体课件教什么、如何教，学什么、如何学的文字，它包括教学目标分析、教学内容和各知识点的取得、学习者特征、课件模式的选择、教学策略的指定、媒体的选择等，一般由学科教师完成。

◎ **制作脚本**：是在文字脚本的基础上，给出课件制作的具体方法，如页面的元素与布局、人机交互、跳转、色彩配置、文字信息的呈现、音乐或音响效果、解说词、动画及视频的要求等。

4. 素材的选择与设计

多媒体素材有声音、图像、动画、视频、文字等。使用时选用顺序是视频、动画、图像、声音和文字。素材的选取应依据授课内容而决定，但滥用素材会适得其反。例如，使用与教学无关的图形或者在非重点处运用动画，有可能分散学生的注意力；有时逼真的图画反而有碍于学生对特殊部分的了解；红色会对人产生强烈的刺激，影响注意力的集中；课件中滥用音乐，也会分散学生的注意力。

5. 实践应用

课件制作的目的就是应用，在初次制作的课件中可能会存在这样或那样的问题，如制作者在设计课件颜色时做到了色彩柔和搭配协调，但是在利用投影放映时，发现颜色不是制作时的颜色，颜色搭配没有预想的效果好等。以及出现制作时的字体在应用时比例不协调；跳转功能在使用时不能正常跳转；课件中出现错别字等情况。所以在制作好课件后就要在使用中反复修改以达到最好效果。

6. 测试评估

使用课件后，要积极征求学生和老师的意见，对课件中的不足和错误进行修改，以便课件在今后使用中发挥最好效果。

1.3 演示文稿的基本操作

在熟悉了PowerPoint的工作界面后，就需要了解演示文稿操作的相关知识。本小节将详细讲解演示文稿的基本操作，如创建、打开、保存、关闭等。

1.3.1 创建演示文稿

PowerPoint 2010中提供了多种创建演示文稿的方法，包括创建空白演示文稿、利用模板创建演示文稿和使用主题创建演示文稿等，下面就对这些创建方法进行讲解。

1. 创建空白演示文稿

启动PowerPoint 2010后，系统会自动新建一个空白演示文稿。除此之外，用户还可通过命令或快捷菜单创建空白演示文稿，方法分别如下。

◎ **通过命令创建**：启动PowerPoint 2010后，选择【文件】→【新建】菜单命令，在"可用的模板和主题"栏中单击"空白演示文稿"图标，再单击"创建"按钮，如图1-25所示。

◎ **通过快捷菜单创建**：在桌面空白处单击鼠标右键，在弹出的快捷菜单中选择【新建】→【Microsoft PowerPoint演示文稿】命令，如图1-26所示。

2. 利用模板创建演示文稿

PowerPoint中的模板有两种来源，一是软件自带的模板，二是通过Office.com下载的模板，下面分别介绍利用这两种不同的模板创建演示文稿的方法。

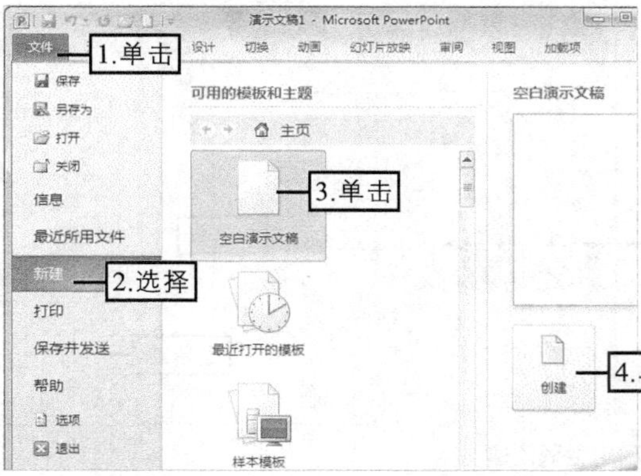

图1-25 通过命令创建

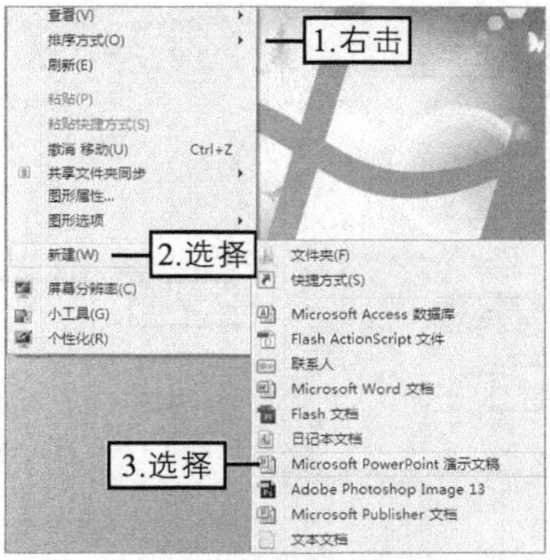

图1-26 通过快捷菜单创建

◎ **通过自带模板创建**：启动PowerPoint 2010，选择【文件】→【新建】菜单命令，在"可用的模板和主题"栏中单击"样本模板"图标 ，在打开的页面中选择所需的模板选项，单击"创建"按钮 ，如图1-27所示。

◎ **网上下载模板创建**：选择【文件】→【新建】菜单命令，在中间的"Office.com模板"栏中单击"PowerPoint演示文稿和幻灯片"图标 ，在打开的页面中选择一种演示文稿样式，然后在打开的该种演示文稿样式页面中选择需要的模板样式，单击"下载"按钮 ，如图1-28所示。在打开的"正在下载模板"对话框中显示了下载的进度。下载完成后，程序自动根据下载的模板创建演示文稿。

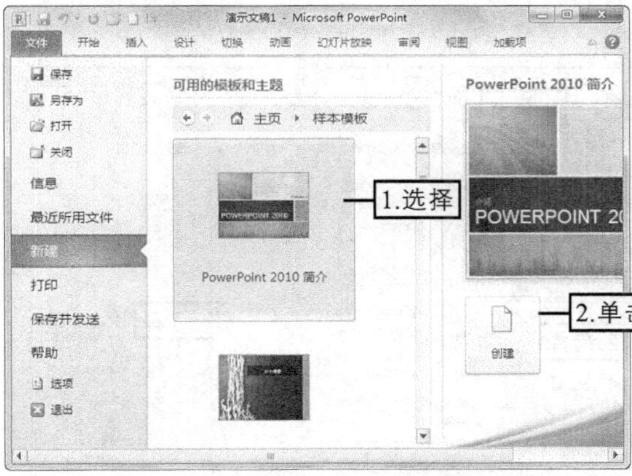

图1-27 通过自带模板创建

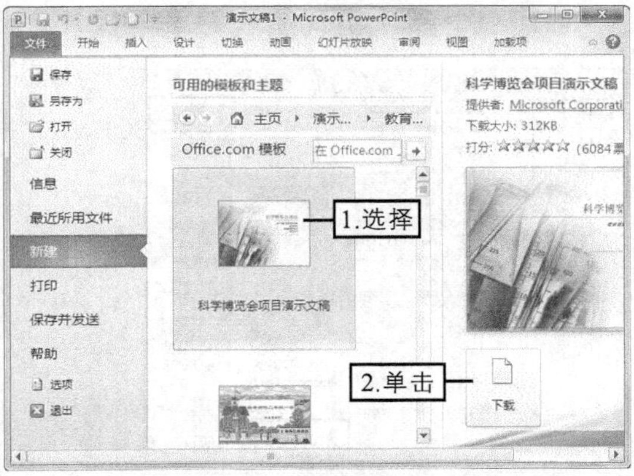

图1-28 网上下载模板创建

3. 利用主题创建

使用主题可使没有专业设计水平的用户制作出专业的演示文稿效果。其方法是选择【文件】→【新建】菜单命令，在打开页面中的"可用的模板和主题"栏中单击"主题"图标，再在打开的页面中选择需要的主题，最后单击"创建"按钮 ，如图1-29所示，创建一个有背景颜色的演示文稿。

知识提示　在"新建"命令打开的页面中的"可用的模板和主题"栏中的演示文稿都保存在计算机中；"Office.com模板"栏中的演示文稿则需要从网上下载。

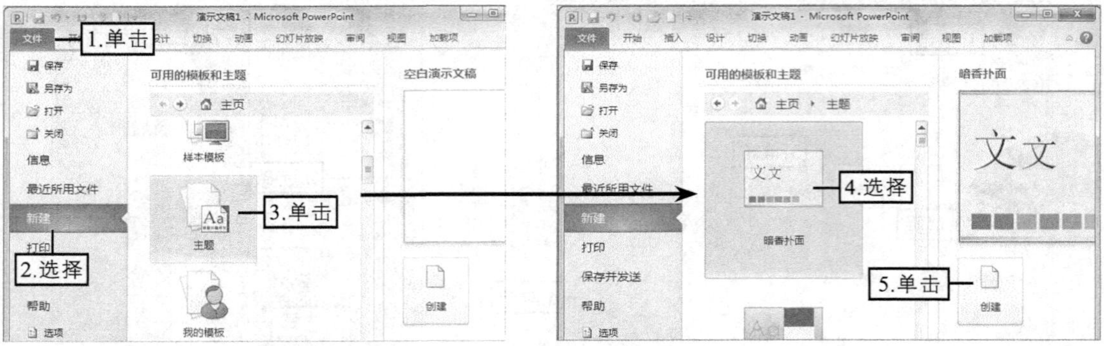

图1-29　利用主题创建

1.3.2　打开演示文稿

如果需要对创建的演示文稿进行编辑，就需要进行打开操作，常见的方法如下。

◎ **双击打开**：在计算机中找到要打开的演示文稿文件，然后双击该演示文稿，即可打开。

◎ **通过"打开"对话框打开**：选择【文件】→【打开】菜单命令，打开"打开"对话框，在其中选择需要打开的演示文稿，单击 打开(O) 按钮，如图1-30所示。

◎ **打开最近使用的演示文稿**：PowerPoint 2010提供了记录最近打开演示文稿保存路径的功能，如果想打开刚关闭的演示文稿，可选择【文件】→【最近所用文件】菜单命令，在打开的页面中将显示最近使用的演示文稿名称和保存路径，如图1-31所示，然后选择需打开的演示文稿即可。

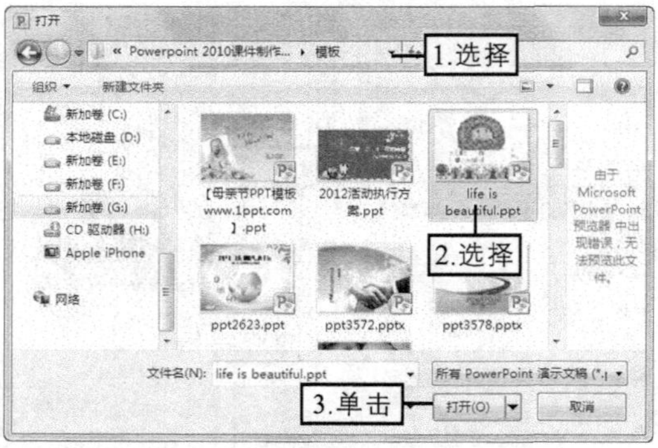

图1-30　"打开"对话框

图1-31　打开最近使用的演示文稿

知识提示

　　在"打开"对话框中，单击 打开(O) 按钮右侧的 按钮，在弹出的下拉列表中可以选择演示文稿的特殊打开方式，如图1-32所示。如"以只读方式打开"表示打开的演示文稿只能进行浏览，不能更改其中的内容；"以副本方式打开"表示将演示文稿作为副本打开，对演示文稿进行编辑时不会影响源文件的效果；"在受保护的视图中打开"表示打开的演示文稿自动进入只读状态；"打开并修复"表示PowerPoint将自动修复因未及时保存等原因损坏的演示文稿，修复完成后自动打开。

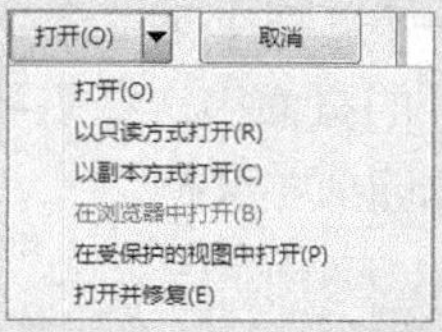

图1-32　打开方式选项

1.3.3　保存演示文稿

为了避免死机或其他意外情况出现时造成数据丢失等不必要的损失，以及保留对演示文稿的修改，都需要进行保存操作。保存演示文稿的方法主要有以下几种。

◎ **直接保存**：直接保存演示文稿是最常用的保存方法，选择【文件】→【保存】菜单命令，打开"另存为"对话框，设置保存位置和名称，单击 保存(S) 按钮。

◎ **另外保存**：若不想改变原有演示文稿中的内容，可通过"另存为"命令将演示文稿保存在其他位置。其方法是选择【文件】→【另存为】菜单命令，打开"另存为"对话框，设置保存的位置和文件名，单击 保存(S) 按钮。

◎ **保存为其他格式**：PowerPoint支持将演示文稿保存为模板等其他格式的文档。其方法是进行保存时，在"另存为"对话框的"保存类型"下拉列表框中选择一种文档格式，如图1-33所示，单击 保存(S) 按钮。

◎ **定时保存**：PowerPoint将按照设置的时间自动保存演示文稿。其方法是选择【文件】→【选项】菜单命令，打开"PowerPoint选项"对话框，单击"保存"选项卡，在"保存演示文稿"栏中设置"保存自动恢复信息时间间隔"，如图1-34所示。

图1-33　保存为其他格式文档　　　　图1-34　设置自动保存

操作技巧　　PowerPoint 2010演示文稿格式为".pptx"，不能在PowerPoint 2003及更早的版本中打开，只有将其保存为"PowerPoint 97—2003演示文稿"格式才能在旧版本中打开。

1.3.4　关闭演示文稿

关闭演示文稿的操作分为两种形式，一种是仅关闭演示文稿，另一种是关闭演示文稿并退出PowerPoint 2010。

◎ **关闭命令**：在打开的演示文稿中选择【文件】→【关闭】命令，关闭当前演示文稿。

◎ **退出命令**：在打开的演示文稿中选择【文件】→【退出】命令，关闭当前演示文稿并退出PowerPoint 2010。

◎ **标题栏按钮**：单击PowerPoint 2010工作界面标题栏右上角的 ✕ 按钮，关闭当前演示文稿并退出PowerPoint 2010。

◎ "P"按钮 ⓟ：单击该按钮，在打开的下拉菜单中选择"关闭"命令，关闭当前演示文稿并退出PowerPoint 2010。

1.3.5 课堂案例2——根据模板创建"欢迎回学校"演示文稿

本案例要求在Office.com中下载"欢迎回到学校"演示文稿模板，然后将其以"欢迎回学校"为名进行保存，完成后的参考效果如图1-35所示。

> **效果所在位置**　光盘:\效果文件\第1章\课堂案例2\欢迎回学校.pptx
> **视频演示**　光盘:\视频文件\第1章\根据模板创建"欢迎回学校"演示文稿.swf

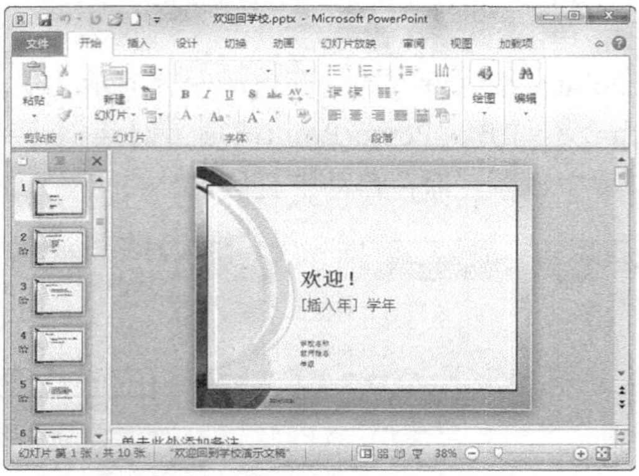

图1-35 "欢迎回学校"演示文稿效果

职业素养　一个优秀的课件，其整体的色调、风格应该是统一的，这样会使知识体系更加条理化，在给学生带来艺术享受的同时，有助于学生愉悦地获取知识，也有助于课件整体艺术品位的提升，甚至可以帮助学生理解教学内容。

（1）启动PowerPoint 2010，选择【文件】→【新建】命令，在"Office.com模板"栏中单击"PowerPoint演示文稿和幻灯片"图标 ，如图1-36所示。

（2）在展开的"Office.com模板"栏中选择"教育演示文稿"选项，如图1-37所示。

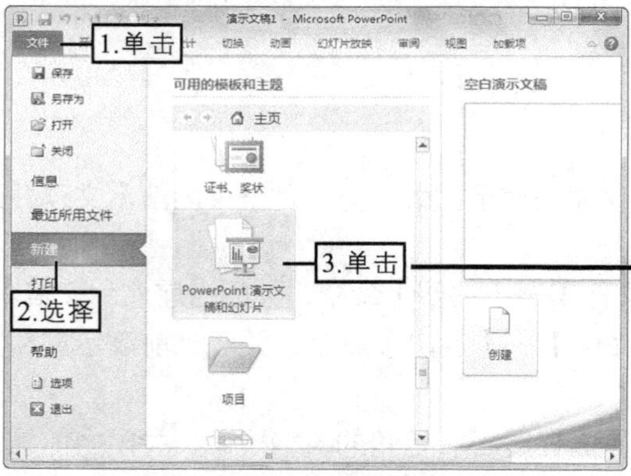

图1-36 选择下载类型

图1-37 选择模板类型

（3）在展开的该种演示文稿样式页面中选择"欢迎回到学校演示文稿"选项，单击"下载"按钮，如图1-38所示。

（4）在打开的提示框中将显示该模板的下载进度，如图1-39所示。

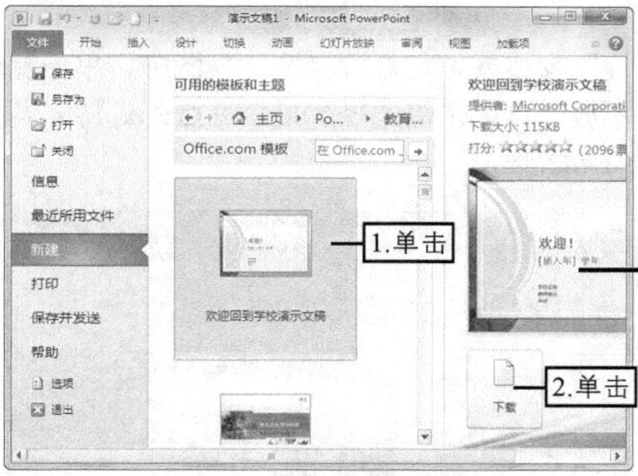

图1-38 选择模板

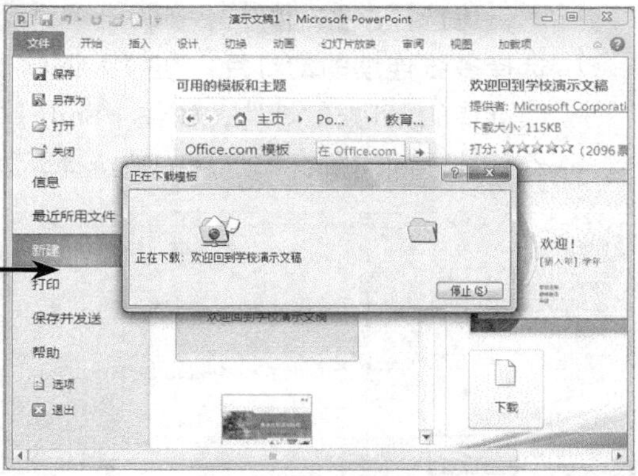

图1-39 下载模板

（5）下载完成后，PowerPoint将自动根据下载的模板新建一个演示文稿，选择【文件】→【另存为】命令，如图1-40所示。

（6）打开"另存为"对话框，在地址栏中设置保存位置，在"文件名"文本框中输入"欢迎回学校"文本，单击 保存(S) 按钮，如图1-41所示，完成操作。

图1-40 选择命令

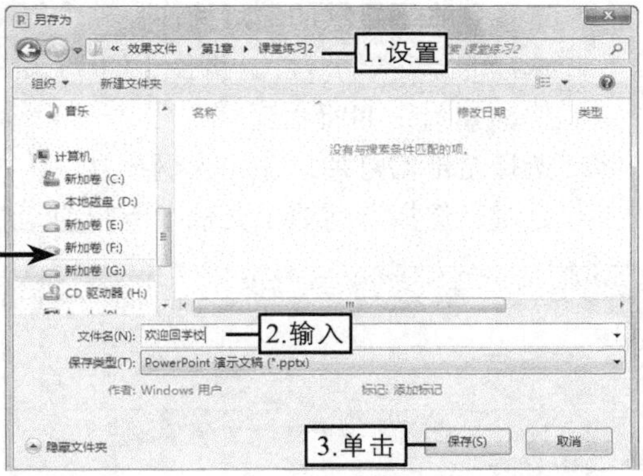

图1-41 保存演示文稿

1.4 幻灯片的基本操作

在学习了演示文稿的基本操作后，就需要了解幻灯片基本操作的相关知识。本小节将详细讲解幻灯片的基本操作，如选择、新建、移动、复制、删除、隐藏等。

1.4.1 选择和新建幻灯片

幻灯片的基本操作是建立在选择幻灯片的基础上的，另外，新建的空白演示文稿只有一张幻灯片，通常需要新建其他的幻灯片来充实演示文稿的内容。下面分别讲解选择和新建幻灯片的相关操作。

1. 选择幻灯片

选择幻灯片后，才能对其中的内容进行编辑，选择幻灯片的方法主要有以下几种。

◎ **选择单张幻灯片**：在"大纲/幻灯片"窗格或"幻灯片浏览"视图中，单击幻灯片缩略图，可选择单张幻灯片，如图1-42所示。

◎ **选择多张连续的幻灯片**：在"大纲/幻灯片"窗格或"幻灯片浏览"视图中，单击要连续选择的第1张幻灯片，按住【Shift】键不放，再单击需选择的最后一张幻灯片，两张幻灯片之间的所有幻灯片均被选择，如图1-43所示。

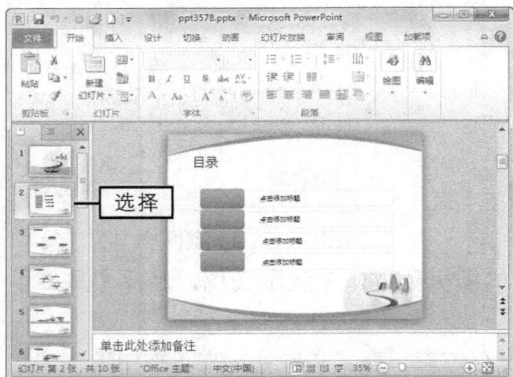

图1-42　选择单张幻灯片　　　　　　　　图1-43　选择多张连续的幻灯片

◎ **选择多张不连续的幻灯片**：在"大纲/幻灯片"窗格或"幻灯片浏览"视图中，单击要选择的第1张幻灯片，按住【Ctrl】键不放，再依次单击需要选择的多张不连续的幻灯片，如图1-44所示。

◎ **选择全部幻灯片**：在"大纲/幻灯片"窗格或"幻灯片浏览"视图中，按【Ctrl+A】组合键，选择当前演示文稿中所有的幻灯片，如图1-45所示。

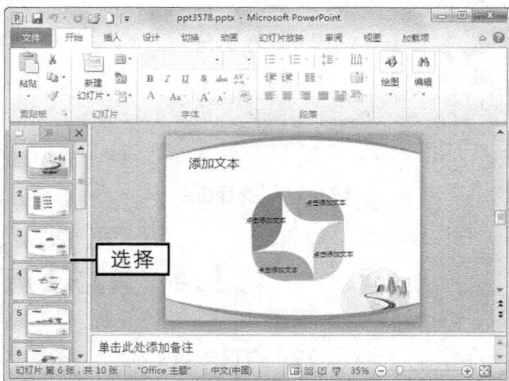

图1-44　选择多张不连续的幻灯片　　　　　图1-45　选择全部幻灯片

知识提示　若是在选择的多张幻灯片中，选择了不需要的幻灯片，可在不取消其他幻灯片的情况下，取消不需要选择的幻灯片。其方法是选择多张幻灯片后，按住【Ctrl】键不放，单击需要取消选择的幻灯片。

2. 新建幻灯片

新建幻灯片的方法主要有以下几种。

◎ **通过快捷键新建幻灯片**：启动PowerPoint 2010，在演示文稿"幻灯片"窗格中选择需要新建幻灯片处的上一张幻灯片，按【Enter】键即可在该幻灯片后新建一张与所选幻灯片版式相同的幻灯片。

◎ **通过快捷菜单新建幻灯片**：启动PowerPoint 2010，在新建的空白演示文稿"幻灯片"窗格中，选择需要新建幻灯片处的上一张幻灯片，单击鼠标右键，在弹出的快捷菜单中选择"新建幻灯片"命令，如图1-46所示。

◎ **通过选择版式新建幻灯片**：启动PowerPoint 2010，在【开始】→【幻灯片】组中单击"新建幻灯片"按钮下的按钮，在打开的下拉列表框中选择新建幻灯片的版式，如图1-47所示，即可新建一张带有版式的幻灯片。

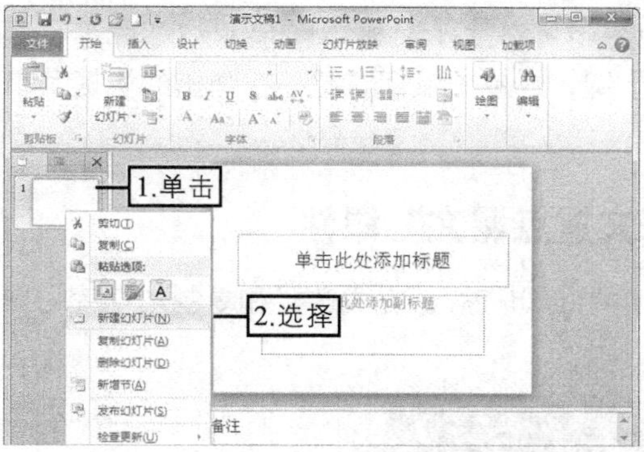

图1-46　通过快捷菜单新建幻灯片 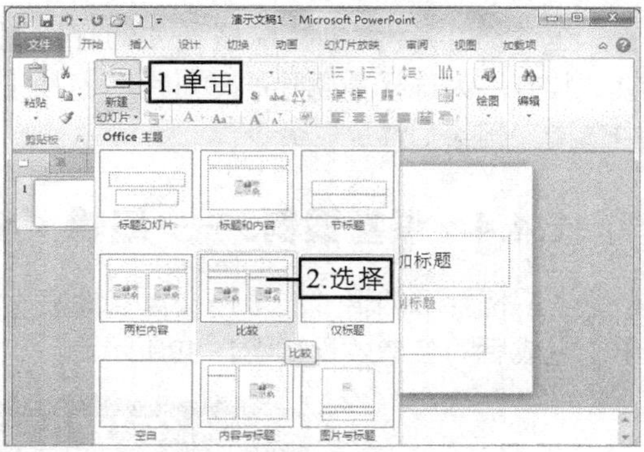　　　　　图1-47　通过版式新建幻灯片

> **知识提示**　　版式用于定义幻灯片中内容的显示位置，用户可根据需要向里面放置文本、图片以及表格等内容。

1.4.2　移动和复制幻灯片

移动幻灯片是指在制作演示文稿时，根据需要对各幻灯片的顺序进行调整；而复制幻灯片则是在制作演示文稿时，如果需要新建的幻灯片与某张已经存在的幻灯片非常相似，可以通过复制该幻灯片后再对其进行编辑，来节省时间和提高工作效率。移动和复制幻灯片有以下几种方法

◎ **通过菜单命令移动和复制幻灯片**：选择需移动的幻灯片，按住鼠标左键不放拖动到目标位置后释放鼠标完成移动操作；选择需复制的幻灯片后，按住【Ctrl】键的同时拖动到目标位置可实现幻灯片的复制。

◎ **通过菜单命令移动和复制幻灯片**：选择需移动或复制的幻灯片，在其上单击鼠标右键，在弹出的快捷菜单中选择"剪切"或"复制"命令。将鼠标定位到目标幻灯片上，单击鼠标右键，在弹出的快捷菜单中选择"粘贴"命令，即可将选择的幻灯片移动或复制到目标幻灯片后面。

◎ **通过快捷键移动和复制幻灯片**：选择需移动或复制的幻灯片，按【Ctrl+X】或

【Ctrl+C】组合键，然后在目标位置按【Ctrl+V】组合键，也可移动或复制幻灯片。

知识提示

在进行幻灯片的粘贴时，弹出的快捷菜单中将显示"粘贴选项"栏，如图1-48所示。通常有3个选项，选择"使用目标主题"选项，则移动或复制的幻灯片与现有的其他幻灯片在主题风格上保持一致，但格式上会有一些变化；选择"保留源格式"选项，则移动或复制的幻灯片可以保留幻灯片的原样，不会自动转换为现有幻灯片的主题；选择"图片"选项，则只移动或复制的幻灯片中的图片。

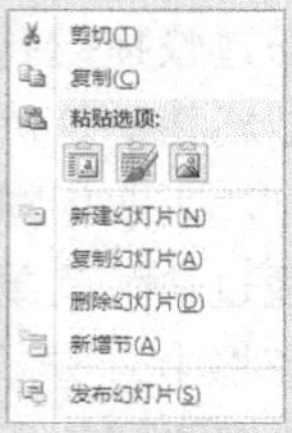

图1-48　粘贴选项

1.4.3　删除幻灯片

在"幻灯片/大纲"窗格和"幻灯片浏览"视图中可对演示文稿中多余的幻灯片进行删除，其方法为选择需删除的幻灯片后，按【Delete】键，或单击鼠标右键，在弹出的快捷菜单中选择"删除幻灯片"命令。

1.4.4　课堂案例3——编辑"小学语文重点课文"课件

本案例要求编辑"小学语文重点课文"演示文稿中的幻灯片，完成选择和复制幻灯片的操作，完成后的参考效果如图1-49所示。

图1-49　"小学语文重点课文"的效果

素材所在位置　光盘:\素材文件\第1章\课堂案例3\小学语文重点课文.pptx
效果所在位置　光盘:\效果文件\第1章\课堂案例3\小学语文重点课文.pptx
视频演示　光盘:\视频文件\第1章\编辑"小学语文重点课文"课件中的幻灯片.swf

（1）启动PowerPoint 2010，打开素材文件，在"幻灯片"窗格中单击选择第2张幻灯片，按【Ctrl+C】组合键，复制幻灯片。
（2）将鼠标定位到第2张幻灯片下方，单击鼠标右键，在弹出的快捷菜单的"粘贴选项"栏中选择"保留源格式"选项，复制一张完全相同的幻灯片，如图1-50所示。
（3）选择第3张幻灯片，选择文本内容，按【Delete】键删除，如图1-51所示。

（4）输入新的文本，如图1-52所示，保存演示文稿，完成操作。

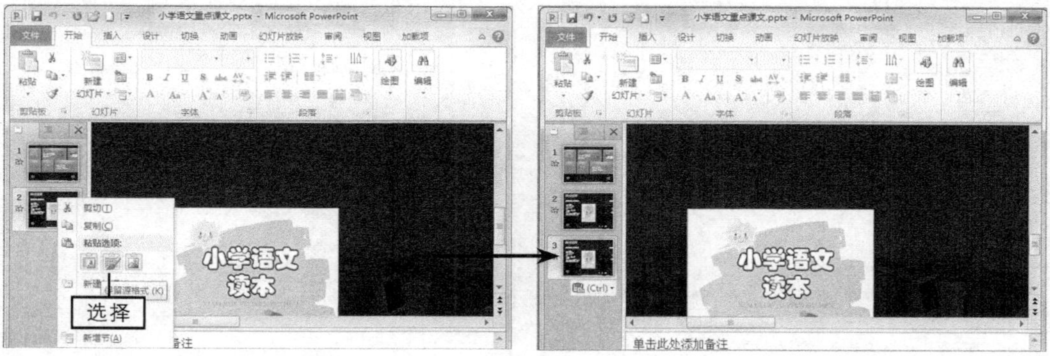

图1-50　复制幻灯片

图1-51　删除文本

图1-52　输入新文本

1.5　课堂练习

　　本课课堂练习将先使用两种不同的方法打开"基础运算公式"小学数学课件，然后根据模板创建"写景古文"小学语文课件，并对其中的幻灯片进行编辑，综合练习本章学习的知识点，巩固演示文稿和幻灯片的具体操作。

1.5.1　打开"基础运算公式"小学数学课件

1．练习目标

　　本练习的目标是打开"基础运算公式"小学数学课件，需要使用两种不同的方法，主要目的是练习打开和保存演示文稿，以及启动和退出PowerPoint 2010的相关操作。

> **素材所在位置**　光盘:\素材文件\第1章\课堂练习\基础运算公式.pptx
>
> **视频演示**　　　光盘:\视频文件\第1章\打开"基础运算公式"小学数学课件.swf

2．操作思路

　　完成本实训首先是通过"打开"对话框来打开演示文稿，然后是通过最近使用的文件来打开演示文稿。其操作思路如图1-53所示。

① 通过"打开"对话框打开演示文稿　　　　② 通过最近使用的文件打开演示文稿

图1-53　本练习思路

（1）通过菜单命令启动PowerPoint 2010，打开其工作界面。

（2）打开"打开"对话框，在其中选择"基础运算公式"演示文稿，将其打开。

（3）用其他方法启动PowerPoint 2010，通过【文件】→【最近所用文件】命令再次打开"基础运算公式"演示文稿。

1.5.2　创建"写景古文"小学语文课件

1.　练习目标

本练习要求创建"写景古文"小学语文课件，涉及的操作包括根据模板创建演示文稿，复制和删除幻灯片，以及保存演示文稿等。完成后的参考效果如图1-54所示。

效果所在位置　　光盘:\效果文件\第1章\课堂练习\写景古文.pptx

视频演示　　　　光盘:\视频文件\第1章\创建"写景古文"小学语文课件.swf

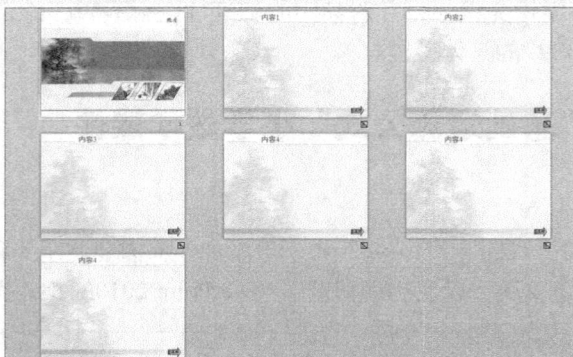

图1-54　"写景古文"参考效果

2.　操作思路

本练习首先需要根据已有的模板创建演示文稿，然后对演示文稿中的幻灯片进行删除和复制操作，最后保存好演示文稿。本练习的操作思路如图1-55所示。

① 选择模板　② 删除和复制幻灯片　③ 保存演示文稿

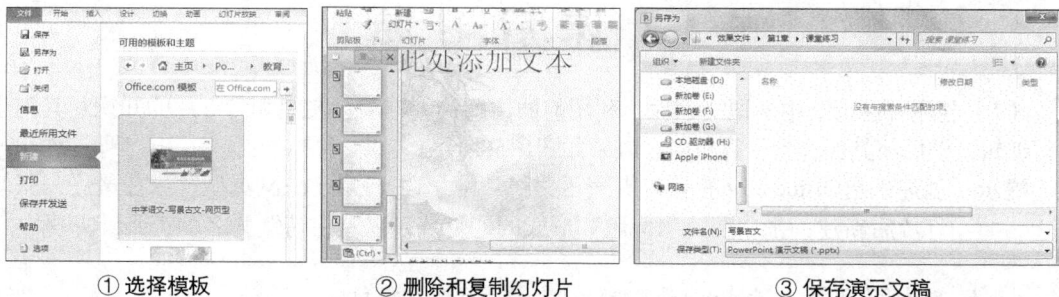

图1-55　创建"写景古文"小学语文课件的操作思路

（1）启动PowerPoint 2010，根据样本模板创建"中学语文–写景古文–网页型"演示文稿。

（2）删除第2张幻灯片，然后将第5张幻灯片复制两份。

（3）将演示文稿以"写景古文"为名进行保存。

1.6　拓　展　知　识

使用PowerPoint 2010遇到困难时可以使用"帮助"功能来获取帮助信息，其具体操作如下。

（1）启动PowerPoint 2010，单击工作界面中功能区选项卡右侧的 ⑳ 按钮。

（2）在打开的窗口的下拉列表框中输入需要获取帮助的关键字，单击 🔍搜索 ·按钮进行搜索。

（3）在打开的窗口中将显示各种相关的帮助标题，单击需要获取信息标题对应的超链接。

（4）在打开的窗口中即可查看该帮助内容，如图1-56所示。

图1-56　使用PowerPoint帮助

操作技巧　单击 🔍搜索 ·按钮右侧的下拉按钮，将打开一个下拉菜单，如图1-57所示。在其中可以设置PowerPoint帮助信息的来源，主要有两种来源："来自Office.com的内容"主要是从网上搜索并下载的PowerPoint帮助信息；"来自此计算机的内容"则是在安装PowerPoint 2010时，安装程序中自带的PowerPoint帮助信息。

图1-57　搜索菜单

1.7 课后习题

（1）创建"古诗"中学语文课件，利用前面讲解的编辑演示文稿和幻灯片的知识对其内容进行编辑，然后将其保存到计算机中，效果如图1-58所示。

提示： 创建来自Office.com的教育类演示文稿"中学语文–古诗–网页型"，在最后一张幻灯片后新建一张"图片与标题"形式的幻灯片，以"古诗"为名保存到计算机中。

效果所在位置	光盘:\效果文件\第1章\课后习题\古诗.pptx
视频演示	光盘:\视频文件\第1章\创建"古诗"中学语文课件.swf

图1-58　"古诗"参考效果

（2）根据模板创建"四大文明古国"小学历史课件，移动、复制、删除其中的幻灯片，并将其保存到计算机，效果如图1-59所示。

提示： 根据样板模板"古典型相册"创建演示文稿，删除第2张幻灯片，将第3张幻灯片移动到第2张幻灯片前面，复制第4张幻灯片到第5张幻灯片后面，将演示文稿以"四大文明古国"为名保存到计算机中。

效果所在位置	光盘:\效果文件\第1章\课后习题\四大文明古国.pptx
视频演示	光盘:\视频文件\第1章\创建"四大文明古国"小学历史课件.swf

图1-59　"四大文明古国"参考效果

第2章

处理课件中的文本

　　本章将详细讲解在课件的幻灯片中插入和编辑文本的相关操作，并对设置文本格式和编辑艺术字的相关操作进行全面讲解。读者通过学习应能够熟练掌握处理课件中各种文本的操作方法，能够使用文本详细、准确地表达制作者的思想和观点。

✳ 学习要点

- ◎ 了解和编辑文本输入场所
- ◎ 输入文本
- ◎ 文本的基本操作
- ◎ 设置字体和段落格式
- ◎ 设置项目符号和编号
- ◎ 插入和编辑艺术字

✳ 学习目标

- ◎ 掌握文本处理的基本操作
- ◎ 掌握设置文本格式的基本操作
- ◎ 掌握编辑艺术字的基本操作

2.1 输入并编辑文本

新建的幻灯片中通常只带有一些提示性的文本，要在幻灯片上表达制作者的思想内容，就要在其中输入合适的文本。幻灯片最基本的要素就是文本和图片，编辑效果优秀的文本能更好地表现幻灯片的思想和目的。

2.1.1 了解文本输入场所

幻灯片中的文本输入场所主要是占位符和文本框，下面分别介绍。

1. 占位符

在新建的幻灯片中常会出现本身含有"单击此处添加标题""单击此处添加文本"等文字的文本输入框，如图2-1所示，这种文本输入框就是占位符，在其中可输入文本内容。PowerPoint 2010中的占位符主要有以下3种类型。

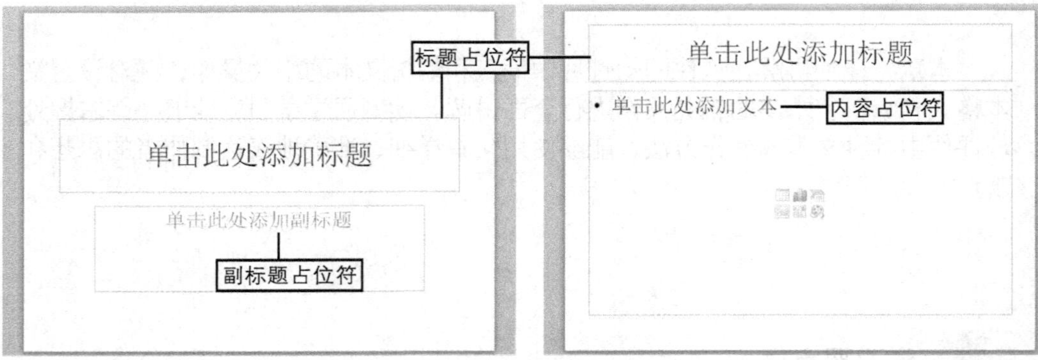

图2-1 占位符

◎ **标题占位符**：用于输入演示文稿的标题和幻灯片的标题文本。
◎ **副标题占位符**：用于输入演示文稿的副标题文本。
◎ **内容占位符**：用于输入幻灯片中的主要内容文本。

> **知识提示**
> 在内容占位符中心通常有6个项目图标，单击图标即可在内容占位符中插入对应的项目。单击▦图标可插入表格；单击📊图标可插入图表；单击🗂图标可插入SmartArt图形；单击🖼图标可插入图片；单击📷图标可插入剪贴画；单击🎬图标可插入媒体剪辑。

2. 文本框

PowerPoint中除了空白幻灯片外，都预设了占位符。占位符中的文本都是预设了格式的，如果需要在幻灯片的其他位置输入文本，或者输入不同格式的文本，就可以通过文本框来输入文本。但是在文本框中输入文本之前，必须先绘制文框。文本框包括横排文本框和垂直文本框，其中在横排文本框中输入的文本以横排显示，在垂直文本框中输入的文本将垂直显示。

2.1.2 编辑文本输入场所

为了课件的美观和专业，通常要对幻灯片中的占位符和文本框进行编辑美化，如用户可以根据需要对两者的大小、位置、角度等进行设置，还可以设置两者的主题样式、填充效果、边框以及形状效果等。另外，编辑占位符和编辑文本框的操作完全相同，下面以占位符为例进行讲解。

1. 设置几何特征

几何特征的设置主要是大小、位置和旋转角度，其具体方法如下。

◎ **设置大小**：单击选中占位符或文本框后，将鼠标移到占位符或文本框各控制点上，当鼠标光标变成⇨、↗、↕、↖形状时，按住鼠标拖动即可改变占位符或文本框的大小，如图2-2所示。

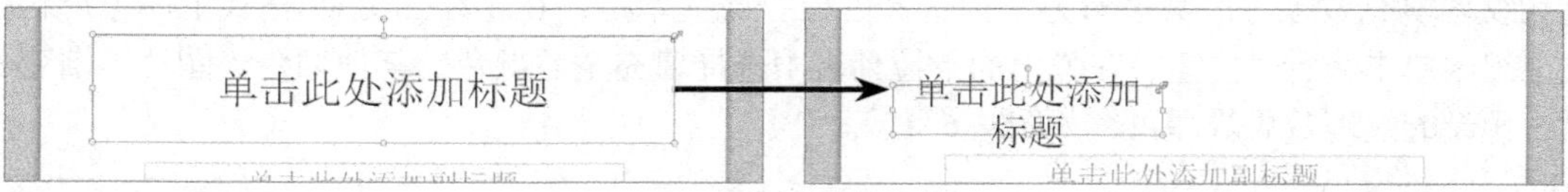

图2-2 设置大小

◎ **设置位置**：单击占位符后，将鼠标移动到占位符四周的边线上，当鼠标光标变成↖形状时，拖动鼠标移动占位符到目标位置后释放鼠标，如图2-3所示。

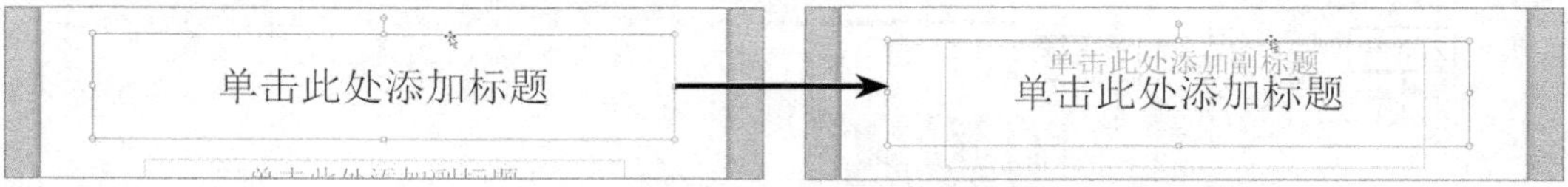

图2-3 设置位置

◎ **设置旋转角度**：单击占位符后，将鼠标光标移动到◯按钮上，当鼠标光标变成↻形状时，按住鼠标拖动旋转占位符，到所需角度后释放鼠标，如图2-4所示。

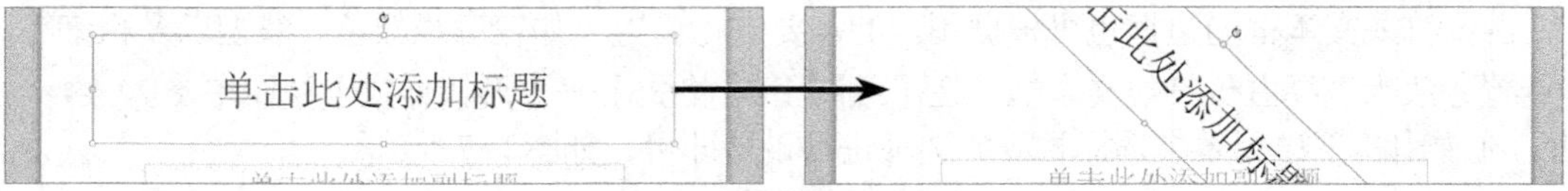

图2-4 设置旋转角度

2. 设置主题样式

PowerPoint 2010预设了多种主题填充效果，通过选择一种主题样式，可以为占位符或文本框快速填充样式效果。其设置方法为，先选择占位符或文本框，然后在【绘图工具 格式】→【形状样式】组的"快速样式"列表框中选择任意一种填充效果，即可将该样式应用到选择的占位符或文本框中，如图2-5所示。

> **知识提示**
>
> PowerPoint将根据现有幻灯片各对象的配色情况，自行调整适应的填充颜色和边框颜色，即不同的幻灯片打开的下拉列表框中的选项也会有所不同。

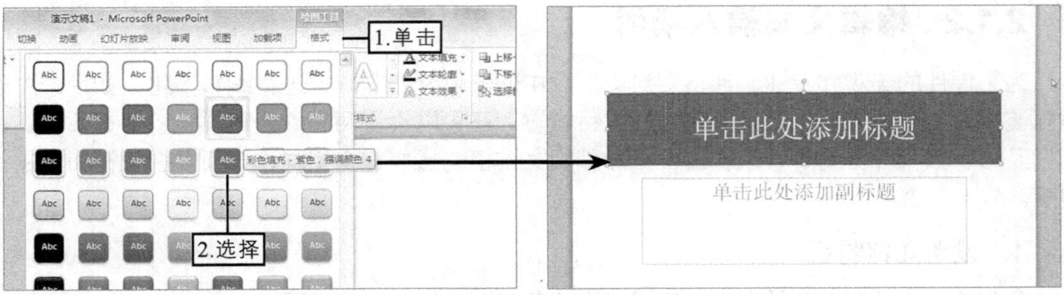

图2-5　设置主题样式

3. 设置填充效果

除了快速主题样式外，还可根据需要为占位符或文本框填充其他内容，如纯色、渐变颜色和纹理填充效果等。其设置方法为选择占位符或文本框，在【绘图工具 格式】→【形状样式】组中单击 形状填充 按钮，在弹出的下拉列表中选择填充主题颜色、其他颜色、图片、渐变效果、预设的纹理效果等即可，如图2-6所示。

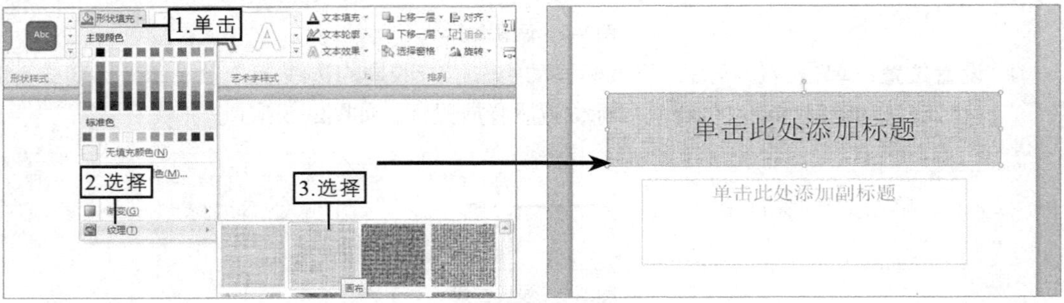

图2-6　设置填充效果

4. 设置边框

占位符或文本框的边框也可根据用户的需要进行设置，如轮廓线颜色、线型以及粗细等。其设置方法为选择占位符或文本框，在【绘图工具 格式】→【形状样式】组中单击 形状轮廓 按钮，在弹出的下拉列表中选择相应的选项进行设置即可，如图2-7所示。

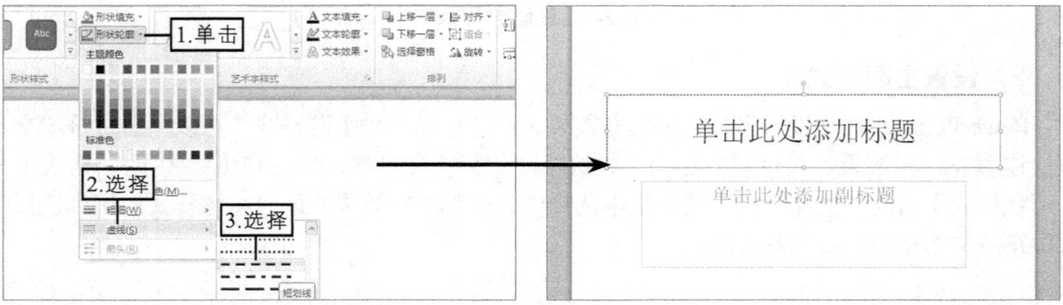

图2-7　设置边框

5. 设置形状效果

除了以上设置外，还可为占位符或文本框设置阴影、倒影、发光及三维立体等形状效果，通过设置用户可快速制作出专业的幻灯片效果。其设置方法为，先选择占位符或文本框，在【绘图工具格式】→【形状样式】组中单击 形状效果·按钮，在打开的下拉列表中列出了多种特殊效果选项，选择任意一种选项，在打开的子列表中即可选择具体的效果，如图2-8所示。

图2-8　设置形状效果

2.1.3　输入文本

在PowerPoint 2010中，最常用的文本输入方法是使用占位符和文本框输入，也可通过"大纲"窗格输入。下面具体讲解在幻灯片中输入文字的方法。

1．使用占位符输入文本

幻灯片的占位符中已经预设了文字的属性和样式，用户可根据需要在相应的占位符中输入文本。无论是哪种类型的占位符，在其中输入文本的方法都相同，其具体操作如下。

（1）在占位符中单击鼠标，占位符中的文本将自动消失，并显示出文本插入点。

（2）在文本插入点处输入需要的文本即可，如图2-9所示。

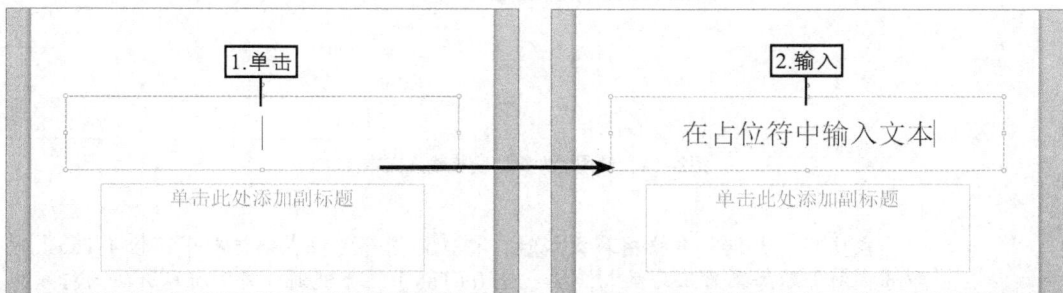

图2-9　在占位符中输入文本

2．使用文本框输入文本

使用文本框输入文本的方法与使用占位符输入文本的方法类似，不同之处在于需要首先绘制一个文本框，然后再在其中输入需要的文本，其具体操作如下。

（1）在【插入】→【文本】组中单击"文本框"按钮 ，在打开的下拉列表中选择其中一种文本框样式。

（2）将鼠标移动到幻灯片中，当鼠标光标变为↓形状时，按住鼠标左键拖动即可绘制出一个文本框，在文本框的左侧将出现文本插入点，直接输入文本即可，如图2-10所示。

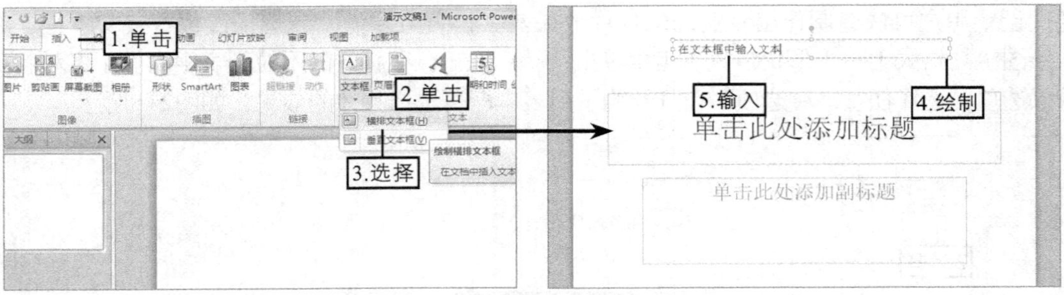

图2-10　使用文本框输入文本

3. 使用"大纲"窗格输入文本

除了通过在文本占位符中输入文本外，还可以通过"大纲"窗格输入文本，并且在其中可以浏览到所有幻灯片的文本内容，其具体操作如下。

（1）在"幻灯片"窗格中单击"大纲"选项卡，切换到"大纲"窗格中，在幻灯片图标后面单击，定位插入点，此时输入的文本即为该幻灯片的标题。

（2）在输入完标题文本后，按【Ctrl+Enter】组合键则在该幻灯片中建立下一级副标题或正文内容，可以输入下一级文本内容。

（3）输入完副标题或正文内容后，按【Ctrl+Enter】组合键可创建新的幻灯片，并进入标题输入状态，如图2-11所示。

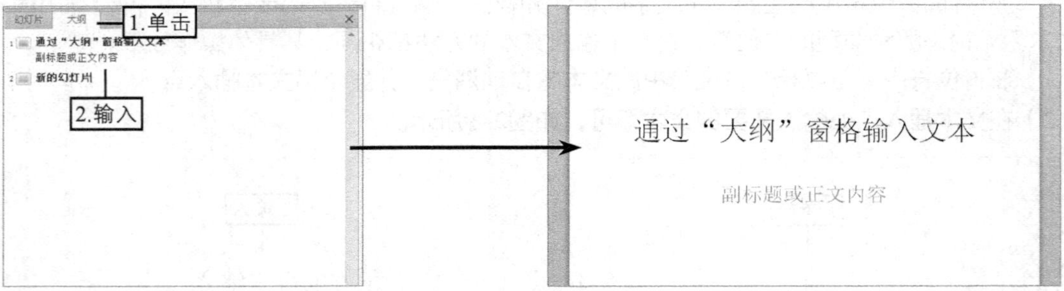

图2-11　使用"大纲"窗格输入文本

操作技巧　　在使用"大纲"窗格输入文本时，将鼠标指针定位在副标题中，按【Tab】键即可将副标题降级为正文样式，按【Shift+Tab】组合键则可将副标题升级为标题样式。使用同样的方法也可以为标题文本和正文文本进行升降级。

2.1.4　编辑文本

在幻灯片的制作过程中，一般还需要对输入的文本进行多种编辑操作，以保证文本内容无误，语句通顺。编辑文本包括选择和修改、复制和移动、查找和替换文本等操作。

1. 选择和修改文本

若输入的文本出现错误，就需要对错误的文本进行修改。在修改之前必须选择文本，再进行删除、添加等修改的操作，其具体操作如下。

（1）单击鼠标将文本插入点定位于文本中，按住鼠标左键不放进行拖曳，被选择的文本将呈蓝底显示，如图2-12所示。

（2）按【Delete】键或【BackSpace】键即可删除选择的文本，在文本插入点输入添加新的文本内容即可，如图2-13所示。

| 图2-12 选择文本 | 图2-13 修改文本 |

知识提示

选择和修改文本的操作也可在"大纲"窗格中进行，还可以在文本框中进行，其操作方法类似。另外，在选择文本后，直接输入可删除被选择文本的内容并添加新输入的文本内容。

2．复制和移动文本

如果输入已有或类似的文本，可以复制文本，再在此基础上修改；如果输入的文本位置不正确，可以移动其位置。复制文本后原位置和新位置都存在该文本；而移动文本后，原位置的文本不存在了，只有新位置才有。其具体操作如下。

（1）选择需要复制或移动的文本，在【开始】→【剪贴板】组中单击 复制 按钮或 剪切 按钮。

（2）将文本插入点定位于目标位置处，再单击"剪贴板"组中的"粘贴"按钮，即可复制或移动该文本。

操作技巧

在进行复制或移动的操作中，可以按【Ctrl+C】组合键或【Ctrl+X】组合键进行复制或剪切的操作，再在目标位置处按【Ctrl+V】组合键，执行粘贴操作。

3．查找和替换文本

在编辑文本时，如果发现有多处需要更改的相同文本时，就可以通过查找和替换功能快速查找修改，从而避免逐个查找与修改的麻烦，其具体操作如下。

（1）在【开始】→【编辑】组中单击 查找 按钮，打开"查找"对话框，在"查找内容"下拉列表框中输入需要查找的内容，单击 查找下一个(F) 按钮可在文档中逐个查找需要的内容，如图2-14所示，找到的内容将以蓝色底纹方式显示。

（2）在【开始】→【编辑】组中单击 替换 按钮，或者在"查找"对话框中单击 替换(R)... 按钮，将打开"替换"对话框，在"查找内容"文本框中输入需要查找的内容，在"替换为"文本框中输入要替换成的文本，单击 替换(R) 按钮则将当前查找到的文本进行替换，单击 全部替换(A) 按钮则进行全部替换，最后单击 关闭 按钮退出，如图2-15所示。

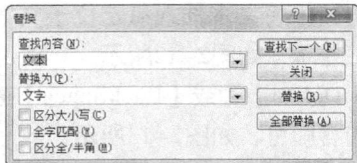

图2-14 "查找"对话框　　　　　　　　　　　图2-15 "替换"对话框

2.1.5 课堂案例1——编辑"唐宋八大家简介"小学语文课件

本案例要求根据提供的素材文档，对其进行编辑修改，主要是文本的输入和编辑操作。完成后的参考效果如图2-16所示。

素材所在位置　光盘:\素材文件\第2章\课堂案例1\唐宋八大家简介.pptx
效果所在位置　光盘:\效果文件\第2章\课堂案例1\唐宋八大家简介.pptx
视频演示　　　光盘:\视频文件\第2章\编辑"唐宋八大家简介"小学语文课件.swf

图2-16 "唐宋八大家简介"参考效果

（1）打开提供的素材文档，选择第1张幻灯片，在标题占位符中单击，输入标题"唐宋八大家简介"，如图2-17所示。

（2）单击标题占位符，将鼠标光标移动到占位符四周的边线上，当其变成形状时，拖动鼠标移动标题占位符到幻灯片右边，如图2-18所示。

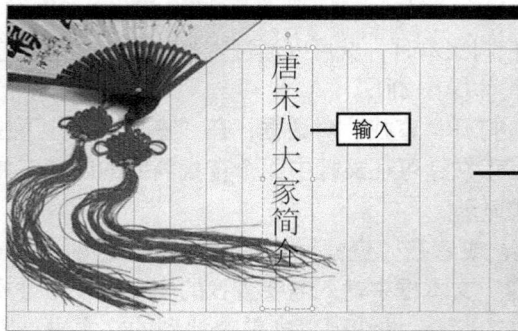

图2-17 输入文本

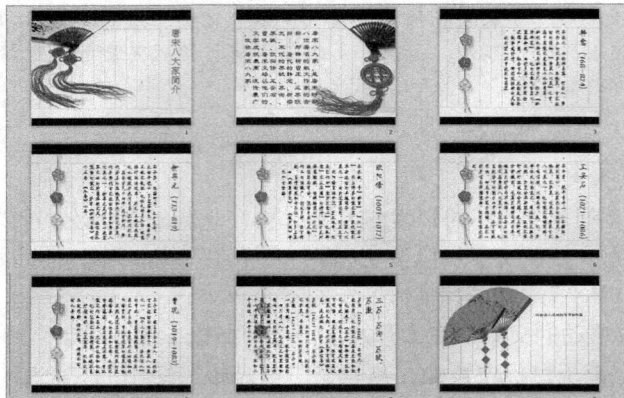

图2-18 移动占位符

（3）在第2至第8张幻灯片的占位符中输入文本内容。

（4）选择第8张幻灯片，在【插入】→【文本】组中单击"文本框"按钮，在打开的下拉列表中选择"横排文本框"选项，如图2-19所示。

（5）移动到幻灯片中，当鼠标光标变为↓形状时，按住鼠标左键拖动绘制一个文本框，在文本框的左侧出现文本插入点，输入"这些诗人还有其他哪些作品"文本，如图2-20所示。

图2-19　插入文本框　　　　　　　　　　　图2-20　输入文本

（6）选择第7张幻灯片，拖动鼠标选择其中的文本，如图2-21所示。

（7）按【Delete】键将其删除，然后输入新的文本，如图2-22所示。

图2-21　选择文本　　　　　　　　　　　图2-22　修改文本

（8）选择第3张幻灯片，在【开始】→【编辑】组中单击　查找按钮，如图2-23所示。

（9）打开"查找"对话框，在"查找内容"文本框中输入"喊"，单击　查找下一个(F)　按钮找到该文本内容，如图2-24所示，返回"查找"对话框，单击　替换(R)...　按钮。

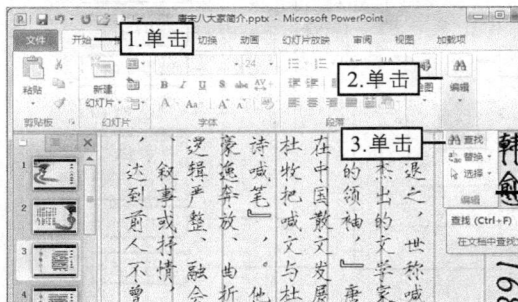

图2-23　选择操作　　　　　　　　　　　图2-24　查找文本

知识提示　单击 ⸚⸚替换 按钮右侧的 · 按钮，在打开的列表中选择"替换字体"选项，将打开"替换字体"对话框，在其中可以设置替换幻灯片中的文本字体。

（10）打开"替换"对话框，在"替换为"文本框中输入"韩"，单击 全部替换(A) 按钮，如图2-25所示。

（11）所有幻灯片中的"喊"文本替换为"韩"，并在打开的提示框中显示替换结果；单击 确定 按钮，关闭该提示框，接着单击 关闭 按钮关闭"替换"对话框，如图2-26所示，完成操作。

图2-25　替换文本

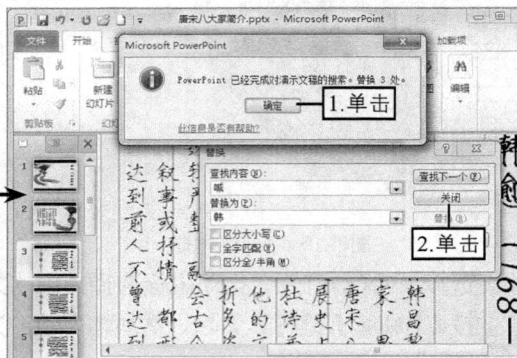

图2-26　完成操作

2.2　美化文本

默认状态下，在占位符或文本框中输入的文本是系统默认或主题中已经确定的格式，往往会略显单调，为了使幻灯片更加美观，可以对文本进行格式的设置和美化。

2.2.1　设置字符格式

丰富美观的文本能在幻灯片中起到一定的强调作用，这就需要设置文本的字符格式，其中包括设置文本的字体、字号、颜色、特殊效果等。

在幻灯片中选择需要设置字体格式的文本后，在"开始"选项卡的"字体"组中的工具呈可用状态显示，如图2-27所示。此时便可以通过单击其中的按钮进行设置，此外，还可以单击"字体"组右下角的"字体"对话框启动器，打开"字体"对话框，在其中的"字体"和"字符间距"选项卡中同样可设置文本的格式和效果，如图2-28所示。

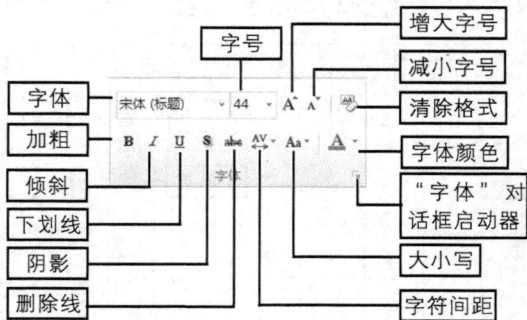

图2-27　"字体"组

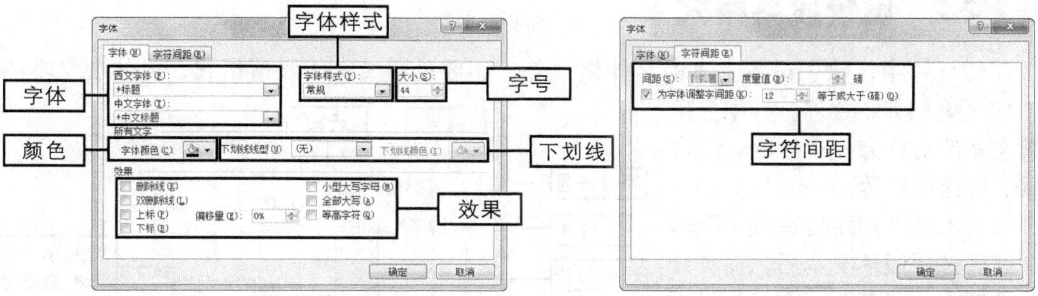

图2-28 "字体"对话框

◎ **设置文本字体**：单击"字体"下拉列表框右侧的 按钮，在打开的下拉列表中选择需要的字体，如图2-29所示。当鼠标悬停在该选项上时，可在幻灯片中浏览到对应的效果，单击相应的选项即可应用该字体类型。

◎ **设置文本字号**：将文本字号设置为不同的大小，能够使幻灯片内容的层次更清晰。单击"字号"下拉列表框右侧的 按钮，在打开的下拉列表中选择需要的字号即可，如图2-30所示。此外还可以直接按"增大字号"按钮 A 或"减小字号"按钮 A 进行字号的设置，如果没有需要的字号，可在"字号"下拉列表框中直接输入。

◎ **设置文本颜色**：设置字体颜色可以使幻灯片具有更强的视觉效果。单击"颜色"按钮 A 右侧的 按钮，在打开的下拉列表中选择一种喜欢的颜色即可，如图2-31所示。如果这些颜色不能满足需要，可选择列表中的"其他颜色"选项，打开"颜色"对话框，如图2-32所示，在其中重定义颜色，最后单击 确定 按钮即可。

图2-29 设置字体 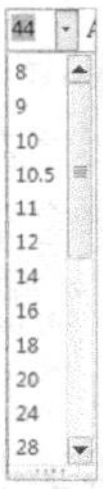　　图2-30 设置字号 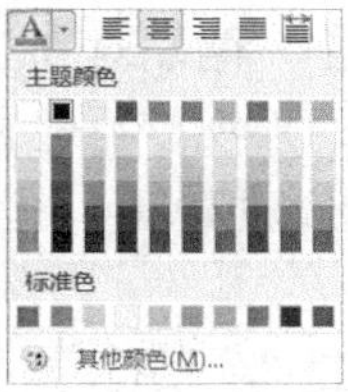　　图2-31 设置颜色 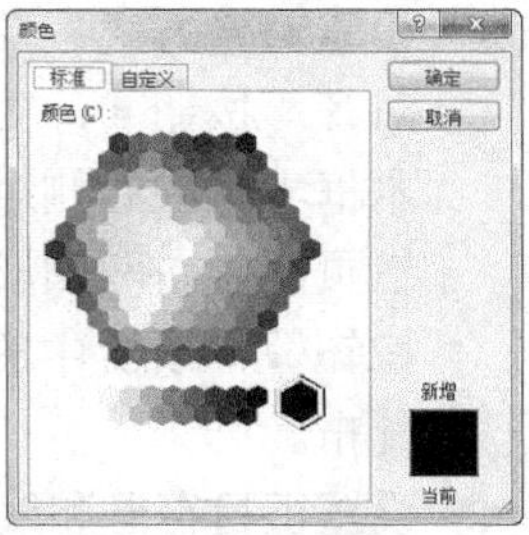　　图2-32 "颜色"对话框

◎ **设置文本特殊效果**：单击"加粗"按钮 B 、"倾斜"按钮 I 、"下划线"按钮 U 、"删除线"按钮 abc 、"文字阴影"按钮 S ，可依次设置文本的加粗、倾斜、下划线、删除线、阴影效果，单击"字符间距"按钮 AV ，可设置文本中字与字之间的距离。此外，还可以打开"字体"对话框，在其中设置更多效果，如双删除线、上标、下标、彩色下划线等效果，从而使文本更具特色。

> 知识提示　　对于带有英文字母的文本，可单击"更改大小写"按钮 Aa 设置英文的大小写，如果想要撤销对文本进行的字体格式的所有设置，可单击"清除所有格式"按钮 ，清除所选内容的所有格式，只留下纯文本。

2.2.2　设置段落格式

在幻灯片中，除了设置文本的字体格式外，还要设置文本的段落格式，以体现文本的层次，使之更加美观合理。其中包括设置文本的对齐方式、行距、缩进方式、段落间距等。

将文本插入点定位在某一段落中，或者选择段落文本后，在"开始"选项卡"段落"组的工具呈可用状态显示，如图2-33所示，即可通过其中的选项进行设置，还可单击其右下角的"段落"对话框启动器，打开"段落"对话框，在"缩进与间距"和"中文版式"选项卡中进行设置，如图2-34所示。

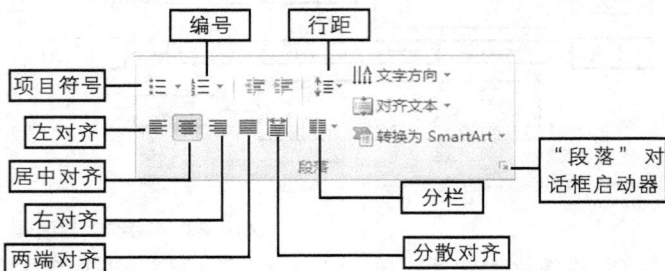

图2-33　"段落"组

图2-34　"段落"对话框

◎ **设置对齐方式**：单击"左对齐"按钮，文本在文本框中靠最左侧对齐；单击"居中对齐"按钮，文本在文本框中靠中心位置对齐；单击"右对齐"按钮，文本在文本框中靠最右侧对齐；单击"两端对齐"按钮，文字左右两端同时对齐，这样可以在页面左右两侧形成整齐的外观，不过最后一行文字会靠左对齐；单击"分散对齐"按钮，段落中的文本会分散对齐，最后一行会根据需要增加字符间距，使其均匀分布。

◎ **设置项目符号和编号**：单击"项目符号"按钮右侧的·按钮，可在打开的下拉列表中选择项目符号的类型；单击"编号"按钮右侧的·按钮，可在打开的下拉列表中选择编号的类型。

◎ **设置行距**：单击"行距"下拉按钮，可在打开的下拉列表中选择行距值，设置段落内部行与行之间的距离。

◎ **设置分栏**：单击"分栏"下拉按钮，选择其中的选项可将文本拆分为两栏或更多栏。

◎ **设置缩进方式**：打开"段落"对话框，在"缩进"栏内可设置文本前的缩进值，还可设置首行缩进或悬挂缩进的度量值。

◎ **设置段落间距**：打开"段落"对话框，在"间距"栏内可设置当前段落与前面一段或后面一段之间的距离。

2.2.3 设置项目符号和编号

使用项目符号与编号功能，可为属于并列关系的段落添加●、★、◆等项目符号，也可添加"1.2.3."或"A.B.C."等编号。

1. 设置项目符号

在列举或并列的文本段落前可添加段落符号，使幻灯片内容条理清晰。在幻灯片中设置项目符号的具体操作方法为选择需要设置项目符号的文本，在【开始】→【段落】组中，单击"项目符号"按钮右侧的 按钮，在打开的列表中选择一种项目符号的样式即可。

> **知识提示**　如果需要自行创建项目符号，可以在打开的列表中选择"项目符号和编号"选项，打开"项目符号和编号"对话框，在"项目符号"栏中单击 图片(P) 按钮，打开"图片项目符号"对话框，在列表中选择一种项目符号样式，单击 确定 按钮，如图2-35所示。

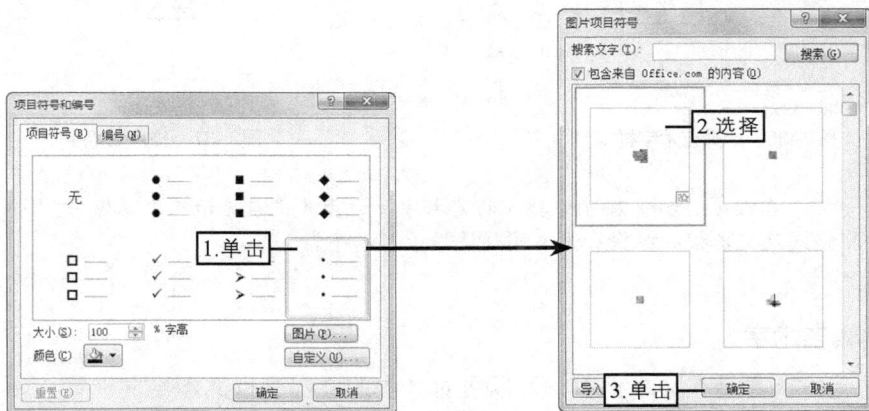

图2-35　自定义项目符号

2. 设置编号

设置段落编号与设置项目符号类似，具体操作方法为选择需要设置编号的文本，在【开始】→【段落】组中单击"编号"按钮右侧的 按钮，在打开的列表中选择一种编号的样式即可。

> **知识提示**　在打开的列表中选择"项目符号和编号"选项，打开"项目符号和编号"对话框的"编号"选项卡，在其中可以设置编号的大小、颜色、起始编号。

2.2.4 插入和编辑艺术字

在幻灯片中，不仅可插入不同样式的艺术字，还可对艺术字进行一定的编辑。运用好艺术字能使文本在幻灯片中更加突出，给课件增加更加丰富的演示效果。

1. 插入艺术字

要在幻灯片中使用艺术字，首先要将艺术字插入到幻灯片中，再对其进行编辑与处理，其具体操作如下。

（1）选择需要插入艺术字的幻灯片，在【插入】→【文本】组中单击 按钮，在打开的列表框中选择一种样式，如图2-36所示。

（2）此时在幻灯片中显示有应用了该样式的文本框，其中包含文本"请在此放置您的文字"，在其中输入需要的文字即可，如图2-37所示。

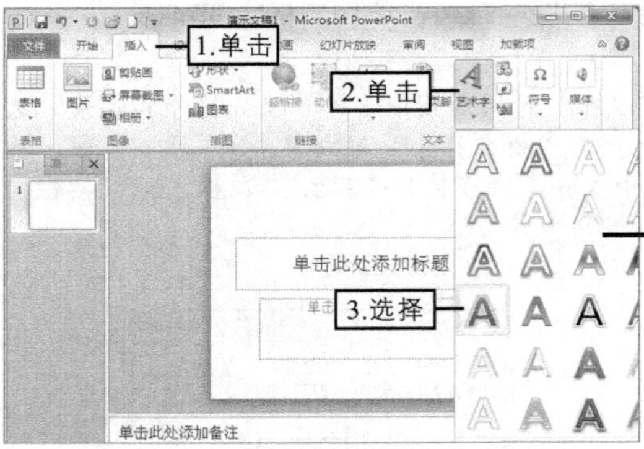

图2-36　选择艺术字样式 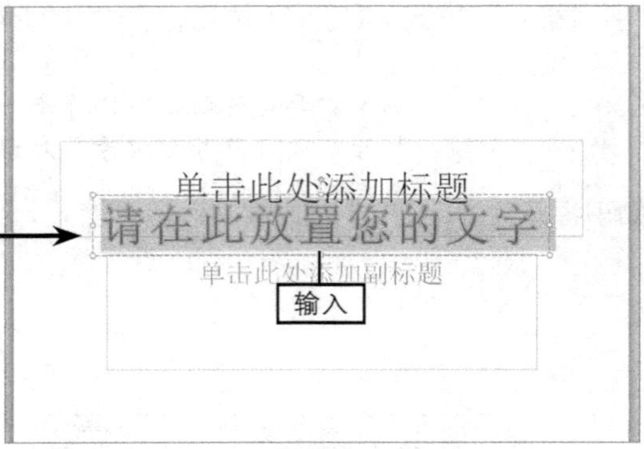　　　　　　　图2-37　插入艺术字

> **操作技巧**
> 在PowerPoint 2010中插入的艺术字，由于其文本显示在文本框中，所以对文本格式及文本框的编辑和设置同样适用于艺术字。

2. 编辑艺术字

插入的艺术字显示在文本框中，所以可对其中的文本进行文本格式设置，如字体、字号、颜色、对齐方式等，其方法与前面设置文本格式的方法相同。此外，在选择艺术字后，PowerPoint工作界面上会显示"绘图工具 格式"选项卡，单击该选项卡可显示其功能区，如图2-38所示，在其中的"艺术字样式"组中主要是设置与编辑艺术字的相关选项。

图2-38　"绘图工具 格式"选项卡功能区

◎ **修改艺术字样式**：若对插入的艺术字样式不满意，可进行修改。选择艺术字，在【绘图工具 格式】→【艺术字样式】组中的样式列表框中选择一种样式即可。

◎ **设置文本填充**：在"艺术字样式"组中单击 按钮，在打开的下拉列表中选择填充样式，可设置为纯色、渐变色、图片或纹理等填充效果，如图2-39所示。

◎ **设置文本轮廓**：在"艺术字样式"组中单击 按钮，在打开的下拉列表中可选择艺术字轮廓的颜色、宽度及线型，如图2-40所示。

◎ **设置文本效果**：在"艺术字样式"组中单击 按钮，在打开的下拉列表中可选择艺术字的外观效果，可设置阴影、发光、映像及三维旋转等效果，如图2-41所示。

图2-39 设置文本填充　　图2-40 设置文本轮廓　　图2-41 设置文本效果

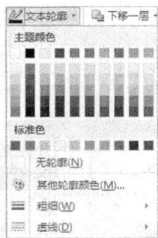

2.2.5　课堂案例2——美化"唐宋八大家简介"小学语文课件

本案例要求为编辑提供的素材文件中的文本，其中涉及设置文本格式和插入艺术字的操作，完成后的参考效果如图2-42所示。

素材所在位置	光盘:\素材文件\第2章\课堂案例2\唐宋八大家简介.pptx
效果所在位置	光盘:\效果文件\第2章\课堂案例2\唐宋八大家简介.pptx
视频演示	光盘:\视频文件\第2章\美化"唐宋八大家简介"小学语文课件.swf

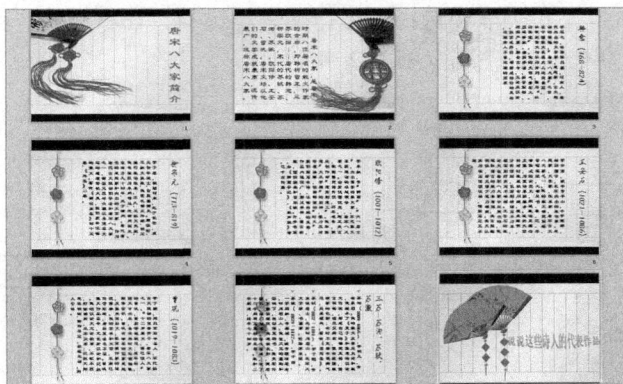

图2-42 "唐宋八大家简介"参考效果

职业素养　语文课件分为记述型、说教型和情议型三种类型。记述型课件适用于带情节的故事、历史、事件，表现手段多选用照片、文字、录像等再现情节；说教型课件适用于描述原理、成因等抽象内容，多用动画、文字，以描述其组成、机制；情议型课件适用于散文、议论文，多使用图片作底图，突出运用文字效果，引人思考。

（1）打开素材文档，选择第1张幻灯片，选择标题文本，在【开始】→【字体】组中单击"字体"下拉列表框右侧的 按钮，在打开的下拉列表中选择"隶书"选项，单击"字号"下拉列表框右侧的 按钮，在打开的下拉列表中选择"54"选项。

（2）单击"加粗"按钮 B，为文本设置加粗，单击"颜色"按钮 A 右侧的 按钮，在打开的下拉列表中选择"深红"选项，如图2-43所示。

（3）在【绘图工具 格式】→【艺术字样式】组中单击 文本效果 按钮，在打开的下拉列表中选择"阴影"选项，在打开的列表的"外部"栏中选择"向右偏移"选项，如图2-44所示示，然后适当调整占位符的位置。

图2-43 设置文本格式

图2-44 设置文本效果

（4）选择第2张幻灯片中的正文文本，在【开始】→【字体】组的"字体"下拉列表框中选择"隶书"选项，在"字号"下拉列表框中选择"32"选项，在"段落"组中单击"项目符号"按钮≔右侧的·按钮，在打开的下拉列表中选择"无"选项，如图2-45所示，然后适当调整占位符的大小。

（5）单击【段落】组右下角的"段落"对话框启动器，打开"段落"对话框，在"缩进"栏的"特殊格式"下拉列表中选择"首行缩进"选项，在右侧的"度量值"数值框中输入"2厘米"，单击 确定 按钮，如图2-46所示。

图2-45 设置项目符号

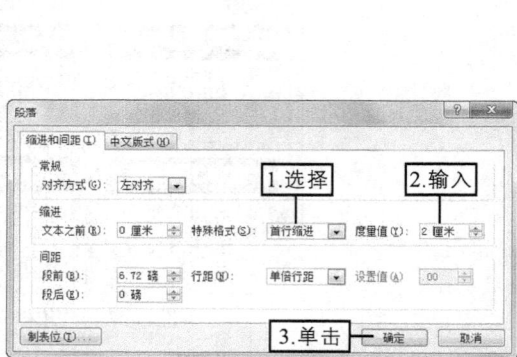

图2-46 设置段落缩进

（6）用同样的方法将第3到第8张幻灯片的正文文本字体设置为"隶书"，并将第3到第7张幻灯片中的项目符号设置为"无"，并调整占位符大小。

（7）选择第8张幻灯片中的正文文本，在【开始】→【段落】组中单击"项目符号"按钮≔右侧的·按钮，可在打开的下拉列表中选择"项目符号和编号"选项，如图2-47所示。

（8）打开"项目符号和编号"对话框，在列表框中选择"箭头项目符号"选项，单击"颜色"按钮，在打开的列表中选择"深红"选项，单击 确定 按钮，如图2-48所示。

（9）选择第9张幻灯片，删除其中的文本框，在【插入】→【文本】组中单击 按钮，在打开的列表框中选择"填充-红色，强调文字颜色2，暖色粗糙棱台"选项，如图2-49所示。

（10）在应用了该样式的文本框中输入"说说这些诗人的代表作品"。

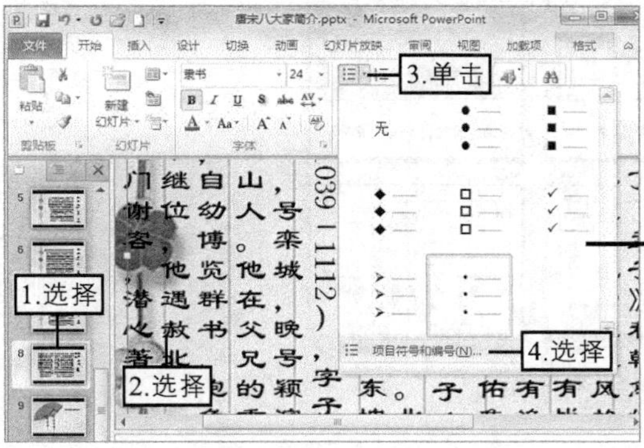

图2-47 设置项目符号 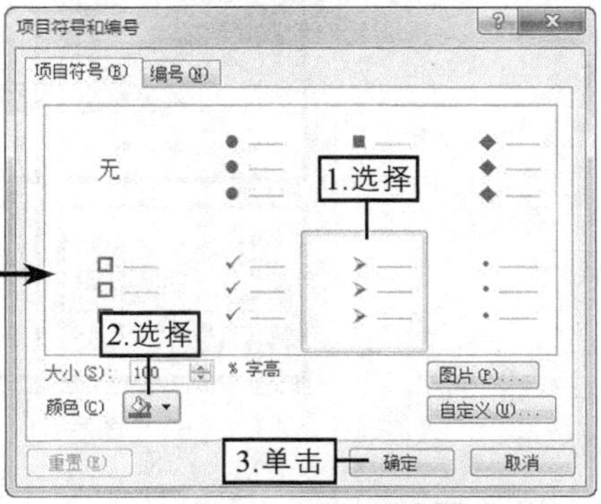　　　　　　　　图2-48 自定义项目符号

（11）选择输入的文本，在【绘图工具 格式】→【艺术字样式】组中单击 文本效果▾ 按钮，在打开的下拉列表中选择"转换"选项，在打开的列表中选择"停止"选项，如图2-50所示。保存演示文稿，完成操作。

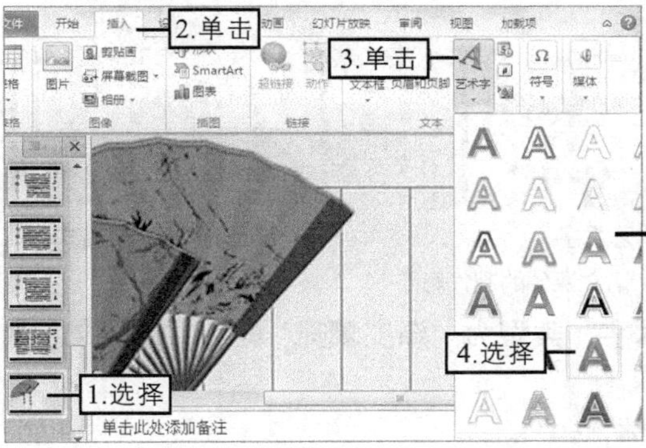

图2-49 添加艺术字 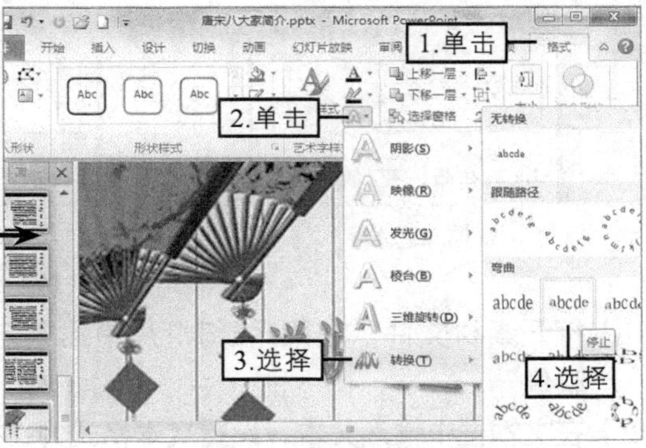　　　　　　　　图2-50 编辑艺术字

2.3 课堂练习

本课课堂练习将分别制作一个古文课件和一个鲁迅主要作品介绍的课件，从综合练习本章学习的知识点，巩固文本处理的具体操作。

2.3.1 制作"陋室铭"小学语文课件

1. 练习目标

本练习的目标是制作"陋室铭"小学语文课件，在提供的素材文件中输入和编辑文本。在编辑过程中，主要涉及艺术字和段落格式的编辑。本练习完成后的参考效果如图2-51所示。

> 素材所在位置　光盘:\素材文件\第2章\课堂练习\陋室铭.pptx
>
> 效果所在位置　光盘:\效果文件\第2章\课堂练习\陋室铭.pptx
>
> 视频演示　　　光盘:\视频文件\第2章\制作"陋室铭"小学语文课件.swf

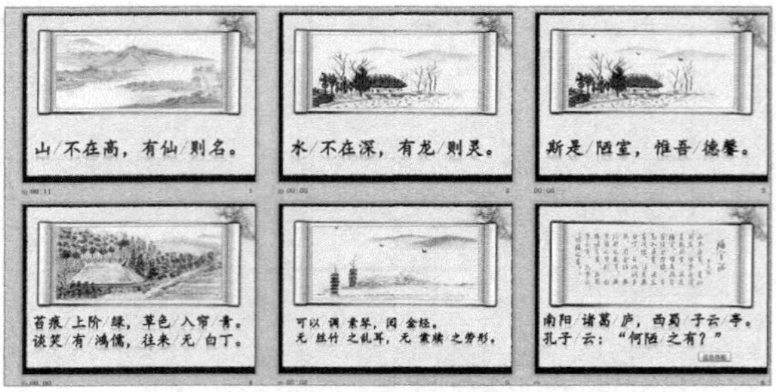

图2-51 "陋室铭"参考效果

2. 操作思路

完成本练习需要先插入艺术字，再在各幻灯片中设置艺术字的样式，然后设置文本格式和段落格式等，其操作思路如图2-52所示。

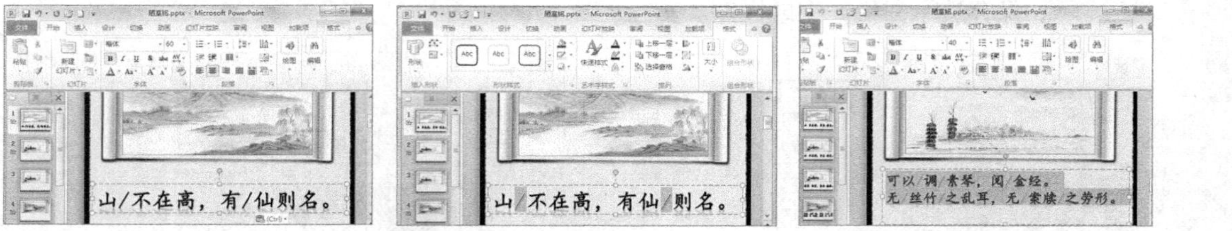

① 插入艺术字　　　　　　② 编辑艺术字　　　　　③ 设置文本和段落格式

图2-52 制作"陋室铭"语文课件的制作思路

（1）打开素材文件，在第1张幻灯片中插入艺术字，类型为"渐变填充-黑色，强调文字4，映像"。

（2）在文本框中输入文本，设置文本格式为"楷体，60"。

（3）选择文本中的两个"/"文本，更改艺术字样式为"渐变填充-水绿色，强调文字颜色1，轮廓-白色"，并将文本填充颜色设置为"红色"。

（4）用同样的方法在其他幻灯片中插入艺术字，第4和第6张幻灯片中文本字号为"48"，第5张幻灯片中文本字号为"40"。

（5）将第5和第6张幻灯片中的文本设置为"文本左对齐"。

2.3.2 制作"鲁迅主要作品"小学语文课件

1. 练习目标

本练习要求制作"鲁迅主要作品"小学语文课件，需要将提供的素材文件进行编辑，制作出需要的演示文稿，涉及插入文本框、输入文本、设置文本格式、编辑艺术字等操作。完成后的参考效果如图2-53所示。

素材所在位置	光盘:\素材文件\第2章\课堂练习\鲁迅主要作品.pptx	
效果所在位置	光盘:\效果文件\第2章\课堂练习\鲁迅主要作品.pptx	
视频演示	光盘:\视频文件\第2章\制作"鲁迅主要作品"小学语文课件.swf	

图2-53 "鲁迅主要作品"演示文稿参考效果

2. 操作思路

完成本实训需要先在标题幻灯片中插入文本框并输入文本和编辑文本格式，再在目录幻灯片中插入文本框并输入文本和设置段落格式，最后在其他幻灯片中插入文本框输入文本并设置项目符号和段落格式等，其操作思路如图2-54所示。

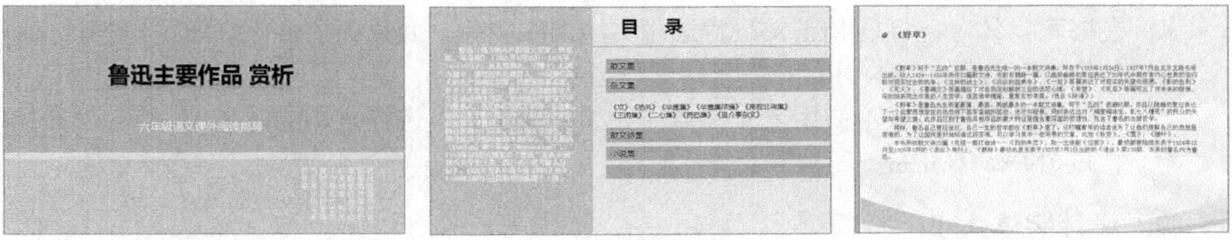

① 插入并编辑文本　　② 设置文本段落格式　　③ 插入项目符号

图2-54 制作"鲁迅主要作品"语文课件的操作思路

（1）打开素材文件，在第1张幻灯片中插入两个横排文本框和一个竖排文本框，输入标题文本，并将其格式设置为"微软雅黑，40，加粗"，标题的艺术字样式为"渐变填充-黑色，强调文字4，映像"。

（2）输入副标题文本，设置格式为"微软雅黑，20，白色"，在竖排文本框中输入文本，设置格式为"宋体，14，白色"。

（3）选择第2张幻灯片，插入横排文本框，在目录下面输入文本，格式为"微软雅黑"，字号有"12"和"14"两种，并在左侧文本框中输入文本，设置格式为"宋体，12"，并设置段落格式为"首行缩进，0.8厘米"。

（4）在第3张目录标题幻灯片中插入文本框，输入文本，并将其格式设置为"微软雅黑，28，加粗"，标题的艺术字样式为"渐变填充-黑色，强调文字4，映像"。

（5）在第4张幻灯片中插入两个文本框，标题文本格式设置为"宋体，18，加粗"，为其插入项目符号，项目符号的图片为"bullets, icons, network blitz…"，正文文本格式同样为"宋体，12"，并设置段落格式为"首行缩进，0.8厘米"。

（6）在第5张幻灯片中插入与第3张幻灯片相同格式的文本，在第6和第7张幻灯片中用和第4张幻灯片相同的方法插入和设置文本格式。

（7）在最后一张幻灯片中插入和第2张幻灯片相同的文本框，格式相同，不同的是标题字号为

"32"，右下角文本的颜色为"黑色"，完成本练习操作。

2.4 拓 展 知 识

本节主要介绍制作课件或其他演示文稿时的文本设计技巧，以拓展学生知识面。

1. 字体搭配原则

在制作课件或其他类型的演示文稿时要注意选择合适的字体进行搭配，下面介绍计算机中已安装字体的一些搭配原则。

◎ 在修改幻灯片中的字体时，尽量通过母版修改，最好不要对单张幻灯片上的字体进行修改，保持整个演示文稿同级别文字使用相同的字体。

◎ 幻灯片标题字体最好选用更容易阅读的宋体或楷体等字体，这类字体在文字的笔画开始、结束的地方有额外的装饰，而且笔画的粗细会有所不同；当每张幻灯片中的文字较多时，正文要使用在段落中便于阅读的黑体或微软雅黑等字体，这类字体文字的笔画开始、结尾没有装饰，笔画的粗细也相同。

◎ 在搭配字体时，标题和正文尽量选用常用到的字体，而且还要考虑标题字体和正文字体的搭配效果，这样才能更好地传递信息。

◎ 在演示文稿中尽量不使用英文字体，如果要使用，可选择常用的两种英文字体Arial与Times New Roman。

2. 设计字体大小

字体大小还需根据课件或者演示文稿演示的场合和环境来决定，因此在选用字体大小时要注意以下几点。

◎ 如果演示的场合较大，观众较多，那么幻灯片中的字体就应该越大，要保证最远的位置都能看清幻灯片中的文字。

◎ 同类型和同级别的标题和文本内容要设置同样大小的字号，这样可以保证内容的连贯性，让观众更容易地把信息归类，也更容易理解和接受信息。

◎ 如果幻灯片标题太长，应尽量减少标题的字数，最好不考虑缩小字体大小。

知识提示　常用的字号大小有3种：第1种是超大字，字号为40以上，但这种字号占用空间大，主要用于标题字号；第2种比第1种略小的，字号在20~30之间，这种字号大小最常用，看起来既不费劲，也能输入较多的内容；第3种是字号在14~16之间，通常使用在一些特殊情况下。

3. 设置字符间距和行距

字符间距和行距的设置也能影响课件和演示文稿的演示效果，相关技巧总结如下。

◎ 在调整字体间距和行距时还要根据幻灯片中文本的多少来进行考虑，不能只为了增加内容的可读性而忽略了文本内容。

◎ 如果有两个大写字母同时出现在相邻位置时，如A和V，由于形状的原因，可能会影响它们之间的间距，看不出它们之间的关系，这时在调整字符间距时，要考虑字母的形状进行调整。

◎ 在调整行间距时，将行距调整到"1.5倍行距"最为合适。如果幻灯片中的文字较少，为了提高幻灯片的文字占有率而将行距调整到很大，这样也不合适，要根据实际情况进行调整。

4. 常用字体搭配

制作幻灯片时使用不同的字体进行搭配能在演示时起到不同的效果，常用的字体搭配有以下几种。

◎ **标题（方正粗宋简体）+正文（微软雅黑）**：适合于政府、政治会议之类的严肃场合使用的演示文稿，因为粗宋字体显得规矩、有力，是政府部门最常用的字体。

◎ **标题（方正综艺简体）+正文（微软雅黑）**：这两种字体的搭配让幻灯片画面显得庄重、严谨，适用于课题汇报、咨询报告之类的演示文稿。

◎ **标题（方正粗倩简体）+正文（微软雅黑）**：方正粗倩简体给人一种洒脱的感觉，让画面显得鲜活，适用于企业宣传、产品展示之类的演示文稿。

◎ **标题（方正胖娃简体）+正文（方正卡通简体）**：这两种字体的搭配是漫画类演示文稿的经典搭配，适用于卡通、动漫、娱乐之类的演示文稿。

◎ **标题（方正卡通简体）+正文（微软雅黑）**：适用于中小学教学课件类的演示文稿，因为卡通字体给人一种活泼的感觉，而微软雅黑字体清楚，适合中小学生阅读。

◎ **标题（黑体）+正文（宋体）**：这类字体搭配是制作演示文稿最常用的，黑体较为庄重，可用于标题或需特别强调的文本；宋体的显示非常清晰，适合于正文文本。

知识提示　在排版文字时要注意整个演示文稿的字体大小，可通过改变字体的大小来提炼主题，但要注意，并不是标题的字越大越好，标题和正文的大小应循序渐进。在排版文字时还要注意控制每张幻灯片的字数，每张幻灯片不宜输入太多的文字，在设置项目符号时，同级别的文字最好使用相同的项目符号。

2.5 课后习题

（1）打开"正确坐立走.pptx"小学品德与社会课件，利用前面讲解的文本处理的相关知识对其内容进行编辑，制作一个完整的课件，最终效果如图2-55所示。

提示：在第1张幻灯片中输入标题，设置字符格式为"华文行楷，80"，并设置文本填充为"线性渐变，彩虹出釉"，文本效果为"阴影，左上对角透视"；在第2到4张幻灯片中插入文本框并输入文本，字符格式为"楷体，40"；在第7张幻灯片中插入文本，字符格式为"华文楷体，32，加粗；首行缩进2厘米"。

素材所在位置	光盘:\素材文件\第2章\课后习题\正确坐立走.pptx
效果所在位置	光盘:\效果文件\第2章\课后习题\正确坐立走.pptx
视频演示	光盘:\视频文件\第2章\编辑"正确坐立走"小学品德与社会课件.swf

图2-55　"正确坐立走"参考效果

（2）打开"蒲公英的种子.pptx"演示文稿，在其中输入并编辑文本，设置文本和段落格式，最终效果如图2-56所示。

提示：　在第1张幻灯片中输入文本，字符格式为"方正少儿简体，80，填充-橄榄色，强调文字3，轮廓-文本2"；第2张幻灯片中标题文本的字符格式为"方正少儿简体，44，填充-橄榄色，强调文字3，轮廓-文本2"，正文文本的字符格式为"方正少儿简体，28，加粗"，并添加编号为"带圆圈编号"；第3张幻灯片中文本的字符格式同第2张；第4张幻灯片中文本的字符格式为"方正少儿简体，60，加粗，红色"，并将其中的特殊文本设置为蓝色；第5到第7张幻灯片字体同第4张；最后几张幻灯片的文本的字符格式同第2张，主要需要设置编号。

素材所在位置	光盘\素材文件\第2章\课后习题\蒲公英的种子.pptx
效果所在位置	光盘\效果文件\第2章\课后习题\蒲公英的种子.pptx
视频演示	光盘\视频文件\第2章\编辑"蒲公英的种子"小学语文课件.swf

图2-56　"蒲公英的种子"参考效果

第**3**章

处理课件中的图形图像

　　本章将详细讲解在课件中插入和编辑图形图像的相关操作，并对制作电子相册和一些图形图像的高级处理技巧进行全面讲解。读者通过学习应能够熟练掌握处理课件中图形图像的各种操作方法，让制作出来的课件更加生动形象，更能引起学生的兴趣。

✳ 学习要点

◎　插入各种图片
◎　编辑图片
◎　绘制和编辑图形
◎　创建和编辑电子相册
◎　处理图像技巧

✳ 学习目标

◎　掌握图片处理的基本操作
◎　掌握图形处理的基本操作
◎　掌握电子相册的操作方法
◎　掌握图像处理的高级技巧

3.1 插入并编辑图片

图片作为幻灯片中不可缺少的元素，广泛应用于各种类型的课件中，合理添加图片不仅可以为课件增色，还可以起辅助文字说明的作用。本节将详细讲解在课件中插入和编辑图片的相关操作。

3.1.1 了解幻灯片中的图片

了解幻灯片中的图片主要涉及图片的类型和获取方法，以及常用的图片和文本混排的样式，下面分别介绍。

1. 图片类型

在幻灯片中可插入多种类型的图片，如JPEG、GIF、PNG、WMF等。不同类型的图片有其不同的作用和用途。

◎ **JPEG**：JPEG图片是一种位图格式的图片，由于其高保真的压缩性，被广泛应用于网络传播图片，其特点是图片文件小、节省磁盘空间。在幻灯片中插入该类型的图片时应注意选用一些分辨率较高的图片。

◎ **GIF**：GIF图片是基于一种无损压缩模式的图片，其压缩比高，占用空间少。在一个GIF文件中可以存多幅彩色图像，并可将存于一个文件中的多幅图像数据逐幅读出并显示到屏幕上，从而构成动画，但由于其自身的局限性，一般只能制作成简单的动画。

◎ **PNG**：PNG图片同样具有文件容量小、清晰度较高的特点，除此之外，其还支持背景透明，在幻灯片中可用于制作动画对象。

◎ **WMF**：WMF图片是Windows平台下的一种矢量图形格式，矢量图像基于数学公式表达图像内容，因此无论放大多少倍，其内容都不会失真。该类型的图片在幻灯片中一般用于制作动画。

2. 获取方法

获取图片的方法主要有以下几种。

◎ **通过网络搜索**：网络是一个大平台，保存了丰富的图片资源，只要在搜索引擎中输入搜索图片的类型或关键字，即可显示对应的图片，通过免费下载或者网上支付购买后即可使用。

◎ **拍摄获取**：用户也可拍摄相关主题内容的图片，然后上传到计算机中，经过处理后选择应用到幻灯片中。

◎ **使用PowerPoint自带的图片**：PowerPoint中集合了许多照片和图像，它们可以直接被插入到幻灯片中。

◎ **软件制作**：用CorelDraw、Illustrator等软件可绘制WMF图片；用Flash、Fireworks、Gif Tools、Ulead GIF Animator等软件可制作GIF图片。

3. 图文混排样式

幻灯片中的主要内容是文字，插入图片不当可能会影响页面效果，下面介绍一些常用的图文混排样式，以提高演示文稿的可阅读性。

◎ **常规型**：这是一种最常用的版面设计样式，一般幻灯片中各对象由上而下的排列顺序为图片、标题、图表、表格和说明文等，符合人们的心理顺序和逻辑顺序，能够产生良好的阅读效果，如图3-1所示。

◎ **左右型**：左右型幻灯片版式中，一般在一侧放置图片内容，另一侧放置文字内容，从而左右对称，形成衬托和对比，符合人们视线的流动顺序，如图3-2所示。

图3-1　常规型

图3-2　左右型

◎ **全图型**：指图文中图形占据页面的主体部分，而文字是辅助部分，图片覆盖了整张幻灯片的范围，而文字置于图片之上。这种样式的幻灯片，文字多是辅助功能，因此要注意减少文字数量，突出核心。如果文字过多，会大大削减图片的表现张力，如图3-3所示。

◎ **多文本多页面型**：指页面上文字较多，留给图片的空间很少或几乎没有。这一类样式在很多工作型的演示文稿中应用十分普遍，如教学课件、工作汇报、政府报告等，通常都需要将大部分的空间安排给文本展示，图片更多的起点缀及辅助表达的作用，如图3-4所示。

图3-3　全图型

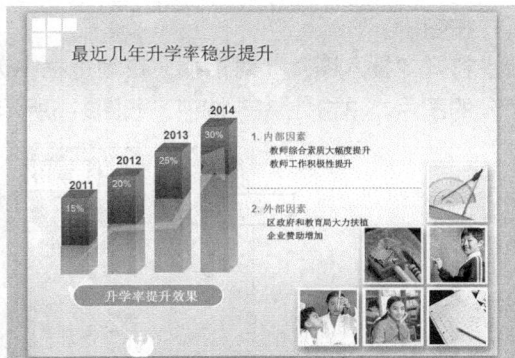

图3-4　多文本多页面型

3.1.2　插入图片

在PowerPoint 2010中插入图片有多种方法，包括插入剪贴画、插入收集的图片素材、插入屏幕中显示的图片等，下面分别进行介绍。

1. 插入剪贴画

PowerPoint 2010中自带有一个剪辑库，其中包含大量的图片，这些图片就是剪贴画，用户可以很方便地将需要的图片插入到幻灯片中，其具体操作如下。

（1）打开演示文稿，选择需要插入图片的幻灯片，在【插入】→【图像】组中单击"剪贴画"按钮。

（2）打开"剪贴画"任务窗格，单击"结果类型"右侧的下拉按钮，在打开的下拉列表中单击选中"插图"和"照片"复选框。

（3）在"搜索文字"文本框中输入需要图片的关键字，单击选中"包括 Office.com 内容"复选框，单击 搜索 按钮。

（4）在下面的列表框中将显示所有搜索到的剪贴画，如图3-5所示，单击即可将其插入到幻灯片中。

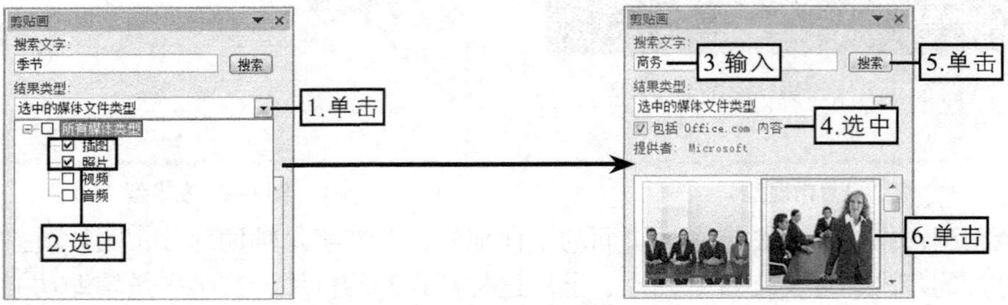

图3-5 在幻灯片中插入剪贴画

2. 插入计算机中保存的图片

PowerPoint自带的剪贴画是有限的，有时需要使用其他的图片来增加幻灯片的效果，如风景图片、照片等。这时，用户可以将保存在计算机中的图片插入到幻灯片中，具体操作如下。

（1）打开演示文稿，选择需要插入图片的幻灯片，在【插入】→【图像】组中单击"图片"按钮。

（2）打开"插入图片"对话框，在地址栏中选择素材文件图片所在位置，然后选择需要插入的图片，单击 插入(S) 按钮，如图3-6所示，即可将其插入到幻灯片中。

图3-6 在幻灯片中插入电脑中保存的图片

操作技巧　　打开图片所在的文件夹窗口，选择所需的图片文件，通过复制粘贴操作也可以将其插入到对应的幻灯片中。

3. 插入屏幕中显示的图片

如果希望将当前打开的窗口中的图片应用到幻灯片中，可使用PowerPoint 2010的屏幕截图功能，通过该功能可将屏幕中显示的任意内容以图片的形式插入到幻灯片中，具体操作如下。

（1）打开演示文稿，选择需要插入图片的幻灯片，在【插入】→【图像】组中单击"屏幕截图"按钮📷，在打开的下拉列表中选择"屏幕剪辑"选项，如图3-7所示。

图3-7　在幻灯片中插入屏幕中显示的图片

（2）当窗口以白色透明状态显示时，将鼠标光标移动到需要的图片左上角，按住鼠标不放，拖动到右下角，选择的图片区域呈正常显示。

（3）释放鼠标，选择的区域将以图片形式插入到幻灯片中。

知识提示　　在【插入】→【图像】组中单击"屏幕截图"按钮📷，在打开的下拉列表的"可用视窗"列表框中选择一个窗口，可将整个窗口以图片形式插入到幻灯片中。

3.1.3　图片的基本编辑

插入图片之后，其位置、大小、颜色、边框等属性不一定符合制作者的要求，这就需要对其进行编辑。编辑前应选择图片，PowerPoint工作界面上会显示"图片工具 格式"选项卡，单击选项卡可显示其功能区，如图3-8所示，在其中可以对图片进行以下一些基本编辑操作。

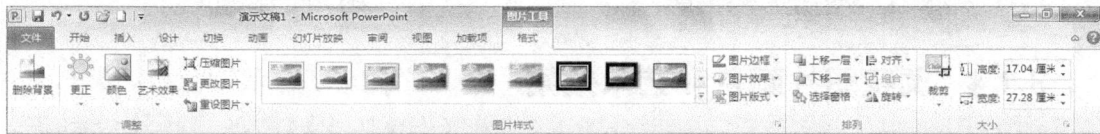

图3-8　"图片工具 格式"选项卡功能区

◎ **调整图片大小**：选择图片后，将鼠标移动到图片四周的尺寸控制点上，当鼠标指针变为↖、↗、↕、↔时，按住鼠标左键进行拖动可改变图片大小，此外，还可在"大小"组中的"高度"和"宽度"数值框中输入一定的值来设置图片的大小。如果只需要显示图片中的某些部分，可以单击"剪裁"按钮，图片四周出现8个裁剪点，移动鼠标指针指向裁剪点，按住鼠标左键进行拖动即可对图片进行裁剪，如图3-9所示。

◎ **移动与旋转图片**：将鼠标移动到图片上，当鼠标指针变为✛时，按住鼠标左键进行拖动，可将图片移动到新的位置；将鼠标移动到绿色控制点上，当鼠标指针变为❀形状时，按住鼠标左键进行拖动，可旋转图片，如图3-10所示。

图3-9 裁剪图片    图3-10 移动和旋转图片

操作技巧

图片中被剪除部分并没有真正被剪去，只是被隐藏了，再次单击"裁剪"按钮，将图片的控制点拖回原来的位置即可复原图片。

◎ **改变图片的排列顺序**：在【图像工具 格式】→【排列】组中单击 上移一层 按钮或 下移一层 按钮右侧的下拉按钮，在打开的下拉列表中选择所需的选项即可改变图片的叠放次序，如图3-11所示。

◎ **组合图片**：选择需组合的多张图片，在【图像工具 格式】→【排列】组中单击 组合 按钮，在打开的下拉列表中选择"组合"选项，即将多种图片组合成一个整体，如图3-12所示。

图3-11 改变图片的排列顺序    图3-12 组合图片

3.1.4 调整图片颜色和艺术效果

PowerPoint 2010有强大的图片调整功能，可快速实现调整图片颜色、设置艺术效果和调整亮度对比度等操作，使图片的效果更加完美。

◎ **调整颜色**：选择幻灯片中的图片，在【图像工具 格式】→【调整】组中单击"颜色"按钮，在打开的下拉列表中选择对应的选项即可调整图片的颜色，如图3-13所示。

图3-13 调整图片颜色

◎ **设置艺术效果**：选择幻灯片中的图片，在【图像工具 格式】→【调整】组中单击"艺术效果"按钮，在打开的下拉列表中选择对应的选项即可设置图片的艺术效果，如图3-14所示。

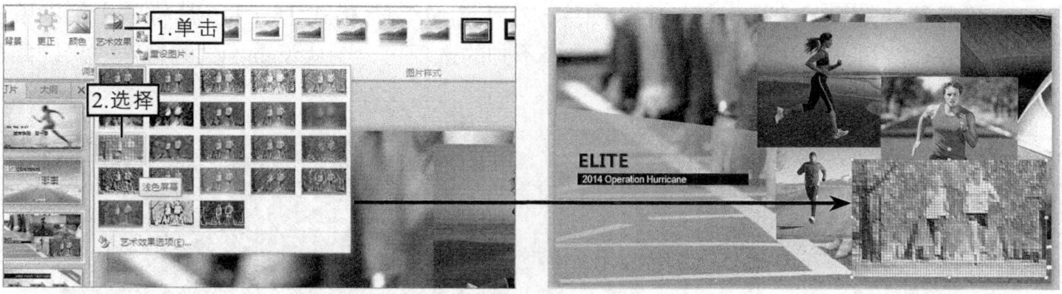

图3-14 设置图片艺术效果

◎ **更正图片**：选择幻灯片中的图片，在【图像工具 格式】→【调整】组中单击"更正"按钮，在打开的下拉列表中选择对应的选项，可以设置图片的亮度和对比度，并柔化和锐化图片，如图3-15所示。

图3-15 更正图片

> **知识提示**
>
> 对于组合过的图片，只能进行颜色调整，不能设置艺术效果，也不能进行亮度和对比度的调整。

3.1.5 设置图片样式

PowerPoint提供了多种预设的总体外观样式，在【图像工具 格式】→【图片样式】组的列表中进行选择即可给图片应用相应的样式,除此以外,还可以为图片设置特殊效果和版式。

◎ **快速设置图片样式**:选择幻灯片中的图片,在【图像工具 格式】→【图片样式】组的列表框中选择任意一种图片样式,将其应用于相应图片,如图3-16所示。

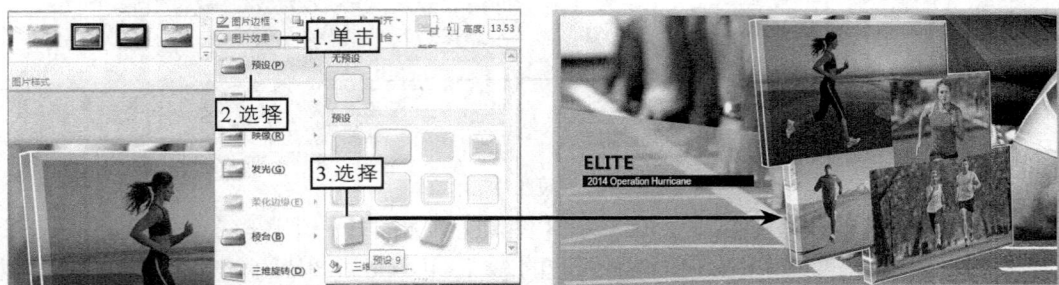

图3-16 快速设置图片样式

◎ **设置图片效果**:选择幻灯片中的图片,在【图像工具 格式】→【图片样式】组中单击 图片效果·按钮,在打开的下拉列表中选择不同的选项可为图片设置不同的特殊效果,如图3-17所示。

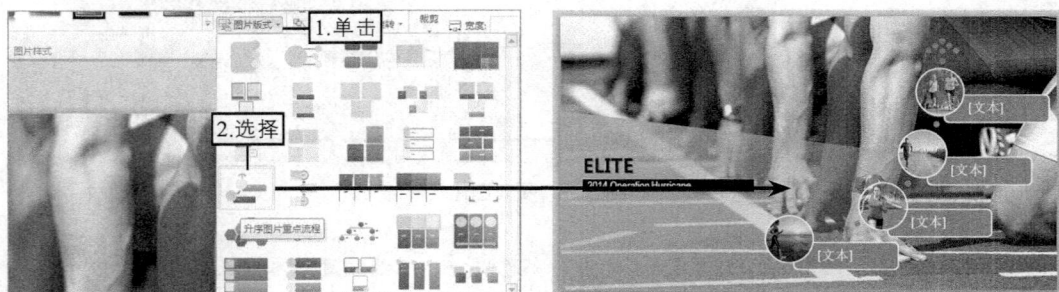

图3-17 设置图片效果

◎ **设置图片版式**:若有多张图片,并希望对每张图片进行介绍,可设置图片版式。选择需设置的多张图片,在【图像工具 格式】→【图片样式】组中单击 图片版式·按钮,在打开的下拉列表中选择一种版式即可,如图3-18所示。

图3-18 设置图片版式

知识提示 设置图片版式就是将图片转换为SmartArt图形,相关知识将在第6章中详细讲解。另外要注意,设置图片样式后,可能会导致图片的清晰度降低。

3.1.6 其他图片编辑操作

还有一些操作在编辑图片时也经常使用，如对齐图片、旋转图片、压缩图片等。

◎ **对齐图片**：选择幻灯片中的图片，在【图像工具 格式】→【排列】组中单击 对齐 按
钮，在打开的下拉列表中选择需要的对齐选项，如图3-19所示。另外，选择一张图片
并拖动到一定位置时，将自动出现一条虚线，该虚线为当前幻灯片中其他图片的参考
线，通过它可以将所有图片进行对齐。

◎ **旋转图片**：选择幻灯片中的图片，在【图像工具 格式】→【排列】组中单击 旋转 按
钮，在打开的下拉列表中选择需要的旋转选项，如图3-20所示。

◎ **压缩图片**：选择幻灯片中的图片，在【图像工具 格式】→【调整】组中单击 压缩图片 按
钮，打开"压缩图片"对话框，在其中可设置图片压缩的相关选项，如图3-21所示。

图3-19 对齐图片选项　　图3-20 旋转图片选项　　图3-21 "压缩图片"对话框

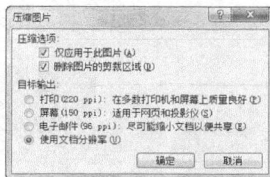

3.1.7 课堂案例1——编辑"氧气制取"中学化学课件

本案例要求根据提供的素材文档，对其进行编辑修改，主要是插入和编辑其中的图片。完
成后的参考效果如图3-22所示。

素材所在位置	光盘:\素材文件\第3章\课堂案例1\氧气制取.pptx
效果所在位置	光盘:\效果文件\第3章\课堂案例1\氧气制取.pptx
视频演示	光盘:\视频文件\第3章\编辑"氧气制取"中学化学课件.swf

图3-22 "氧气制取"演示文稿参考效果

（1）打开提供的素材文档，选择第1张幻灯片，在【插入】→【图像】组中单击"剪贴画"按钮。

（2）打开"剪贴画"任务窗格，在"搜索文字"文本框中输入"实验"，单击选中"包括Office.com内容"复选框，单击 搜索 按钮，如图3-23所示。

（3）在下面的列表框中单击"做化学实验的学生""科学实验试管""装着不同颜色液体的烧杯"3个选项，将这3张剪贴画插入到幻灯片中，然后分别调整3张图片的大小。

（4）同时选择这3张图片，在【图像工具 格式】→【图片样式】组中单击 图片版式 按钮，在打开的下拉列表中选择"螺旋图"选项，如图3-24所示。

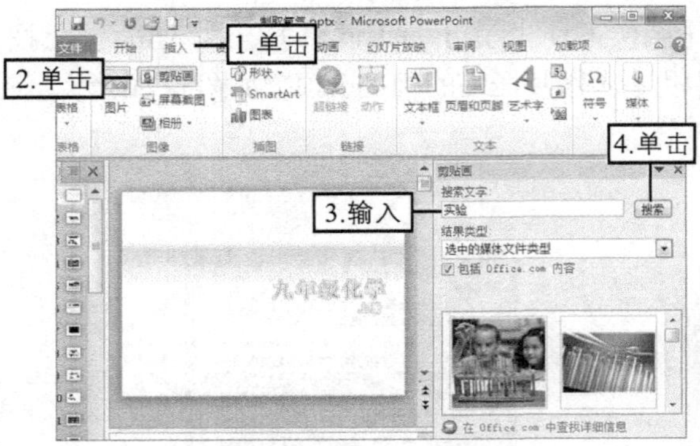

图3-23　插入剪贴画

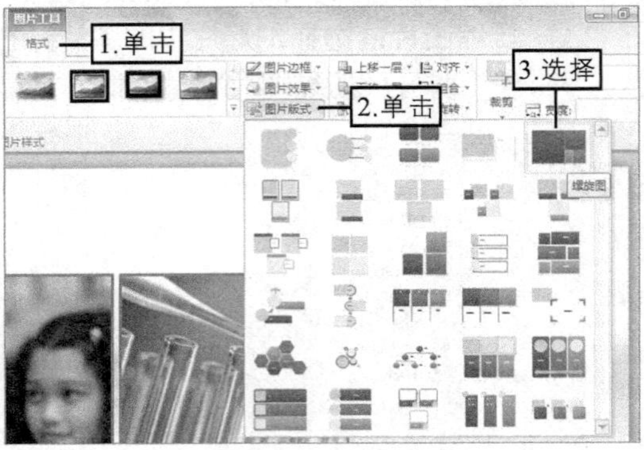

图3-24　设置图片版式

（5）选择设置版式后的图片，在【SmartArt工具 格式】→【排列】组中单击 下移一层 按钮右侧的下拉按钮，在打开的下拉列表中选择"下移一层"选项，如图3-25所示。

（6）将标题文本移动到右上角，将图片移动到左下角，如图3-26所示。

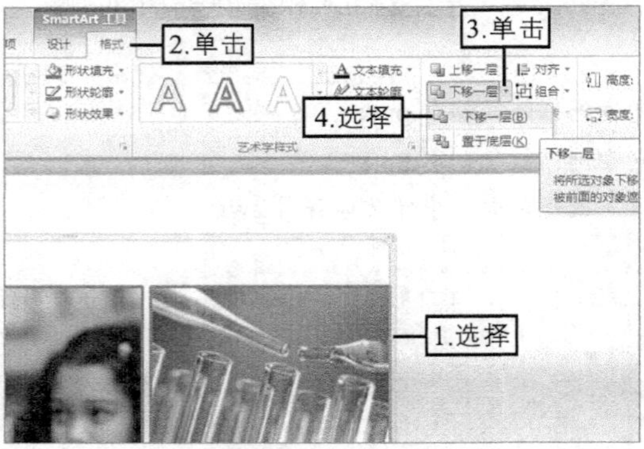

图3-25　排列图片

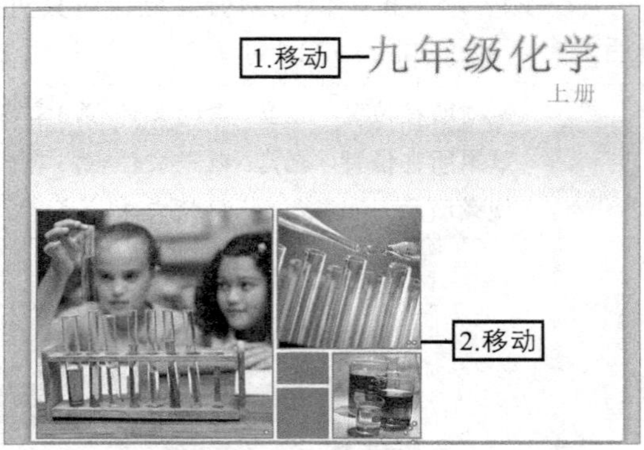

图3-26　移动图片

（7）选择第14张幻灯片，在【插入】→【图像】组中单击"图片"按钮，如图3-27所示。

（8）打开"插入图片"对话框，在地址栏中选择素材文件图片所在位置，然后选择"图.tif"图片，单击 插入(S) 按钮，如图3-28所示，将图片插入到幻灯片中。

（9）缩小图片，在【图片工具 格式】→【排列】组中单击 下移一层 按钮右侧的下拉按钮，在打开的下拉列表中选择"下移一层"选项，如图3-29所示。

（10）选择插入的图片，在【图片工具 格式】→【图片样式】组中单击列表右侧的下拉按钮，在打开的列表框中选择"柔化边缘矩形"选项，如图3-30所示。

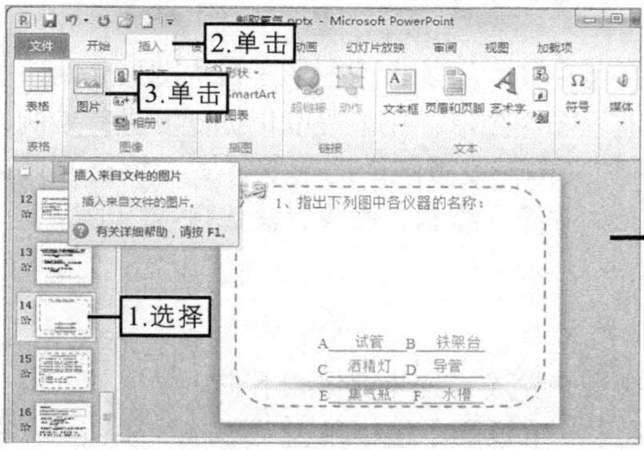

图3-27　插入图片

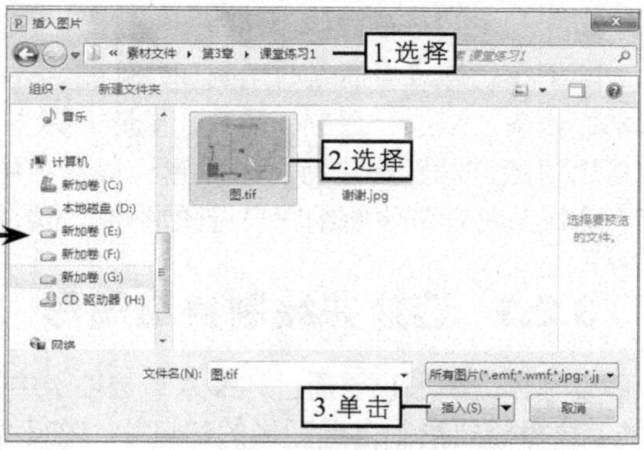

图3-28　选择图片

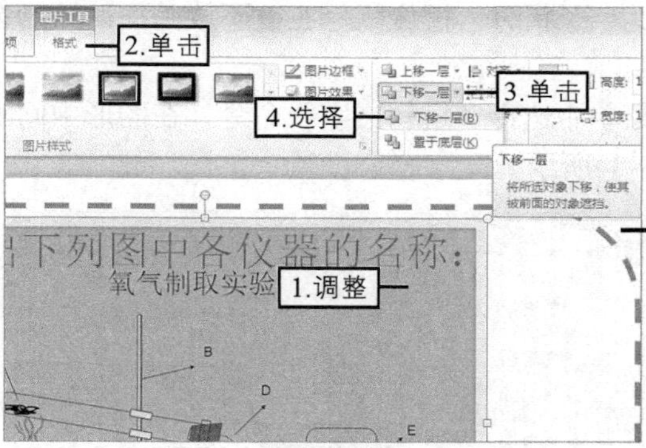

图3-29　排列图片

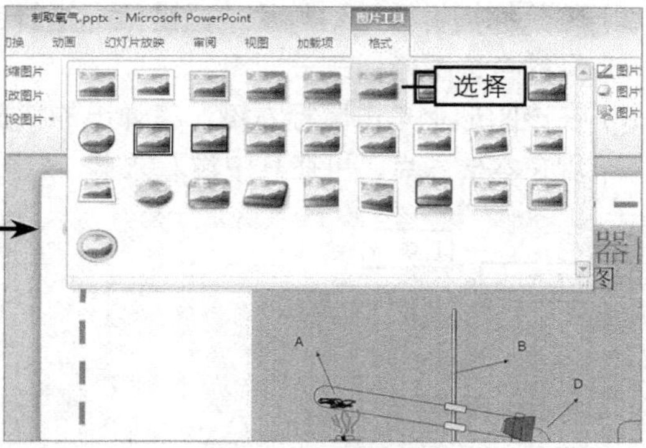

图3-30　设置图片样式

（11）选择最后一张幻灯片，使用看图软件打开素材图片查看，在【插入】→【图像】组中单击"屏幕截图"按钮，在打开的下拉列表中选择"屏幕剪辑"选项，如图3-31所示。

（12）打开的素材图片以白色透明状态显示，通过鼠标拖动选择的图片区域呈正常显示，释放鼠标后，选择的区域将以图片形式插入到幻灯片中，如图3-32所示。

图3-31　屏幕截图

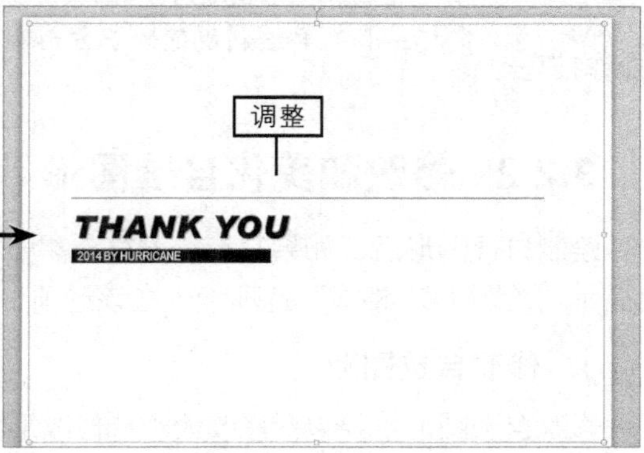

图3-32　插入图片

（13）适当调整图片的大小，并整理其他幻灯片中的内容，然后保存演示文稿，完成。

3.2 插入自选图形

除了在幻灯片中插入剪贴画和外部图片外，还可在其中添加自选图形。自选图形包括一些基本的线条、矩形、圆形、箭头、星形、标注、流程图等图形，用户可以根据需要进行绘制，还可以对绘制的图形进行各种编辑，如在其中添加文本，设置图形的形状样式、填充及效果等。本小节将详细讲解编辑自选图形的基本方法，如选择、绘制、修改、美化自选图形等。

3.2.1 选择并绘制自选图形

绘制自选图形也要通过"插入"选项卡中的命令来完成，具体操作如下。

（1）选择需要绘制自选图形的幻灯片，在【插入】→【插图】组中单击"形状"按钮，在打开的列表中选择一种自选图形样式，如图3-33所示。

（2）将鼠标指针移至幻灯片中，当鼠标指针变为+形状时，按住鼠标左键不放并拖动绘制选择的自选图形样式。

（3）在该图形上单击鼠标右键，在弹出的快捷菜单中选择"编辑文字"命令，在图形中间出现文本插入点，可在其中输入文本，如图3-34所示。

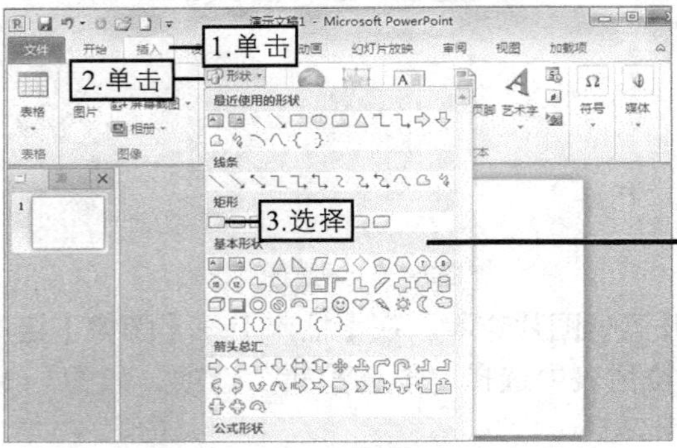

图3-33 选择图形样式 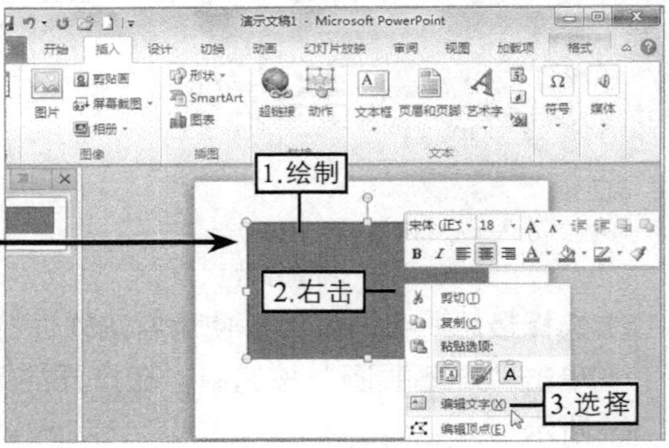   图3-34 绘制图形

操作技巧　　在绘制自选图形时，如果要从中心开始绘制图形，则按住【Ctrl】键不放拖动鼠标；如果要绘制规范的正方形和圆形，则按住【Shift】键不放拖动鼠标。

3.2.2 修改和美化自选图形

绘制自选图形后，如果其形状不符合需要，则可对其进行修改调整。在选择自选图形后，会显示"绘图工具 格式"选项卡，在该选项卡中可以修改自选图形的形状、大小、样式等。

1. 修改自选图形

修改自选图形主要包括修改大小和修改形状两个操作。

◎ **修改大小**：拖动图形四周的8个尺寸控制点即可调整其大小。

◎ **修改形状**：选择绘制的图形，在【绘图工具 格式】→【插入形状】组中单击"编辑形状"按钮，在打开的下拉列表中选择"更改形状"选项，在打开的列表框中选择一种图形，可修改当前图形的形状，如图3-35所示。

图3-35　修改形状

2. 美化自选图形

美化自选图形的方式主要有更改图形样式、设置形状填充、设置形状轮廓、设置形状效果4种，分别介绍如下。

◎ **更改图形样式**：选择绘制的图形，在【绘图工具 格式】→【形状样式】组的"形状样式"列表中单击 按钮，在打开的列表中选择一种图形样式，如图3-36所示。

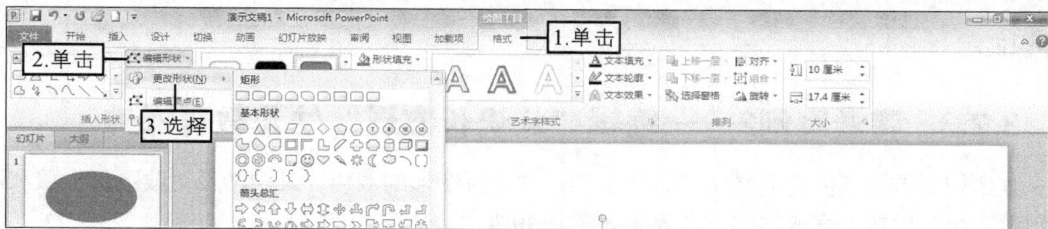

图3-36　更改图形样式

◎ **设置形状填充**：选择绘制的图形，在【绘图工具 格式】→【形状样式】组中单击 形状填充 按钮，在打开的下拉列表中选择形状内部的填充颜色或效果，可设置为纯色、渐变色、图片、纹理等填充效果，如图3-37所示。

◎ **设置形状轮廓**：选择绘制的图形，在【绘图工具 格式】→【形状样式】组中单击 形状轮廓 按钮，在打开的下拉列表中选择形状外部边框的显示效果，可设置其颜色、宽度及线型，如图3-38所示。

◎ **设置形状效果**：选择绘制的图形，在【绘图工具 格式】→【形状样式】组中单击 形状效果 按钮，在打开的下拉列表中可选择形状的外观效果，可设置为阴影、发光、映像、柔化边缘、棱台、三维旋转等效果，如图3-39所示。

图3-37　设置形状填充　　　　图3-38　设置形状轮廓　　　　图3-39　设置形状效果

知识提示　　如果绘制的是线条图形，则只能对其进行形状轮廓和形状效果的设置，不能进行形状填充的设置操作。另外，线条和其他图形之间不能相互更改。

3.2.3　课堂案例2——编辑"认识长方形"幼儿教育课件

本案例要求为提供的素材文档添加图形，并设置图形的颜色，其中涉及更改图形形状和调整图形大小的操作，完成后的参考效果如图3-40所示。

素材所在位置　光盘:\素材文件\第3章\课堂案例2\认识长方形.pptx
效果所在位置　光盘:\效果文件\第3章\课堂案例2\认识长方形.pptx
视频演示　　　光盘:\视频文件\第3章\编辑"认识长方形"幼儿教育课件.swf

图3-40　"认识长方形"演示文稿参考效果

（1）打开素材文档，选择第3张幼灯片，在【插入】→【插图】组中单击"形状"按钮，在打开的列表的"矩形"栏中选择"矩形"选项，如图3-41所示。

（2）在幼灯片中拖动鼠标绘制矩形，在【绘图工具 格式】→【形状样式】组中单击 形状填充 按钮，在打开的下拉列表的"标准色"栏中选择"绿色"选项，如图3-42所示。

图3-41　选择图形样式

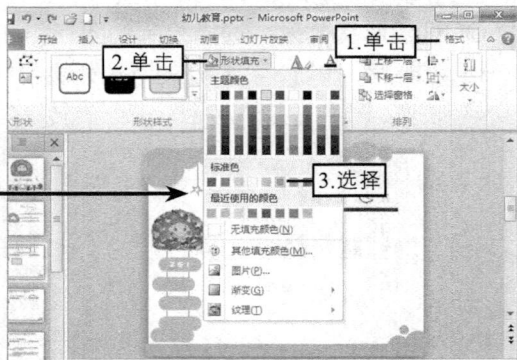

图3-42　填充颜色

（3）复制绘制的矩形图形，在【绘图工具 格式】→【插入形状】组中单击"编辑形状"按钮，在打开的列表中选择"更改形状"选项，在打开的列表框的"基本形状"栏中选择"立方体"选项，如图3-43所示。

（4）将更改形状后的"立方体"图形的颜色填充为"黄色"，然后继续复制绘制的矩形图形，通过尺寸控制点修改其大小，效果如图3-44所示。

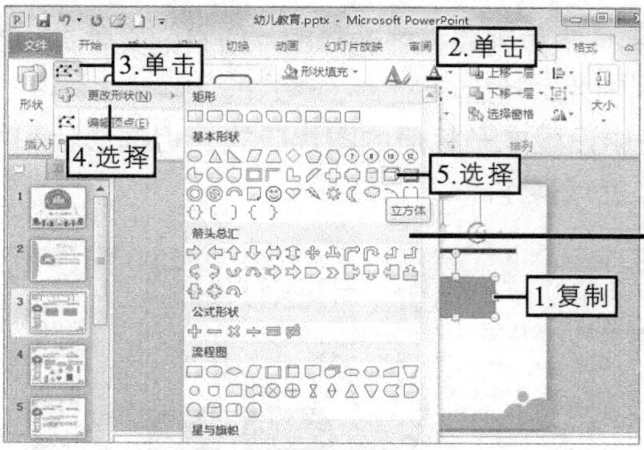

图3-43　更改图形形状

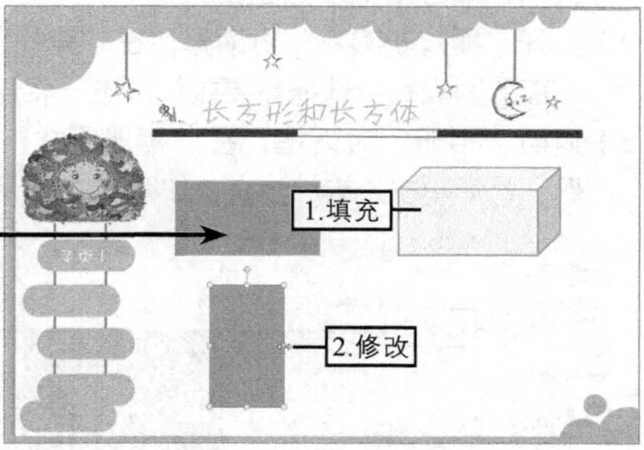

图3-44　修改图形大小

（5）用同样的方法复制立方体图形，并修改其大小，效果如图3-45所示。

（6）选择第4张幻灯片，用相同的方法绘制各种图形，如图3-46所示，然后保存文档，完成操作。

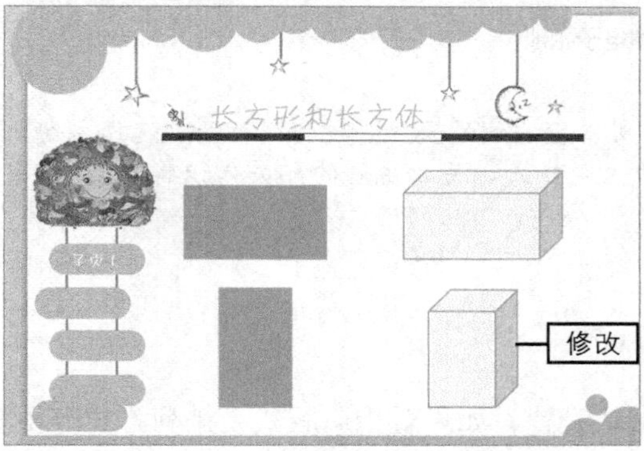

图3-45　复制并修改图形

图3-46　绘制图形

职业素养　在制作幼儿早教课件时，要从教学对象的角度考虑，把幼儿的生理、心理特点作为制作形式的主要依据。学龄前儿童的思维直观、具体，注意力容易分散，因此，要考虑到如何将书面化的知识以趣味化的形式呈现，吸引幼儿的注意力。

3.3　应用电子相册

PowerPoint 2010具有制作电子相册的功能，用户可以方便地将各种图片制作成电子相册，还可以根据实际需要选择电子相册的主题和图片的排版方式，从而使制作的电子相册更加个性化。

3.3.1 创建电子相册

应用PowerPoint的电子相册功能可以将多张图片制作为电子相册，再对其进行版式、主题、图片样式等编辑，即可得到精美的像册。创建电子相册的具体操作如下。

（1）新建一个演示文稿，在【插入】→【图像】组中单击"相册"按钮，打开"相册"对话框，单击 文件/磁盘(F)... 按钮。

（2）打开"插入新图片"对话框，在"查找范围"下拉列表框中选择图片所在的文件夹，在下面的列表框中选择需要制作成电子相册的图片，然后单击 插入(S) 按钮。

（3）返回"相册"对话框，在"相册版式"栏中设置电子相册的图片版式、相框形状和主题，然后单击 创建(C) 按钮，如图3-47所示，完成操作。

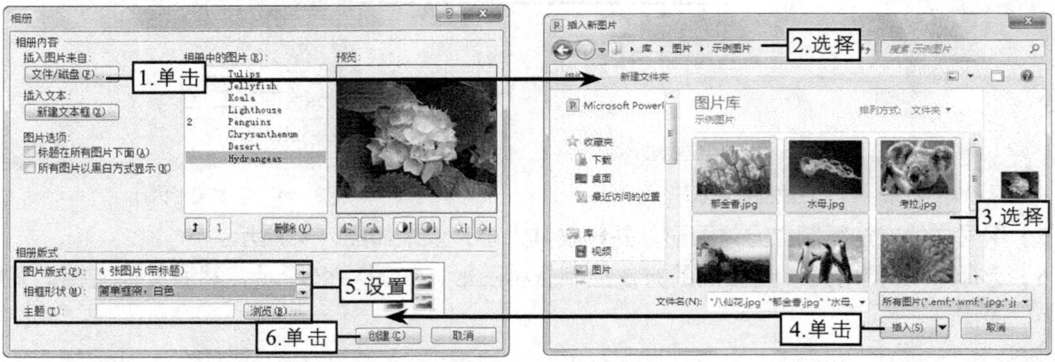

图3-47　创建电子相册

知识提示　单击"相册版式"栏的"主题"文本框右侧的 浏览(B)... 按钮，打开"选择主题"对话框，在其中可以选择电子相册的主题样式。关于主题的相关知识将在第4章中详细讲解。

3.3.2 编辑电子相册

初次创建的电子相册，每页的内容都采用默认设置，如果对相册版式、排列方式等不满意，可以进行编辑操作。

编辑电子相册主要在"编辑相册"对话框中进行，在打开的电子相册的【插入】→【图像】组中单击"相册"按钮的下拉按钮，在打开的下拉列表中选择"编辑相册"选项，即可打开"编辑相册"对话框，如图3-48所示，在其中可进行新增图片、更改相册版式、增加文本框和调整图片排列顺序等设置。

◎ 文件/磁盘(F)... 按钮：用于添加图片，其方法与新建相册的方法相同。

◎ "相册中的图片"列表框：在其中选择图片后，单击 新建文本框(X) 按钮，可以添加

图3-48　"编辑相册"对话框

文本框，用以对图片进行说明。

◎ **"所有照片以黑白方式显示"复选框**：单击选中该复选框，则以黑白方式显示相册中的所有图片。

◎ ⬆和⬇**按钮**：单击⬆或⬇按钮，可以向上或向下移动所选图片的位置。

◎ 删除(U)**按钮**：单击该按钮可将所选图片删除。

◎ 🔄和🔄**按钮**：单击🔄或🔄按钮，可以顺时针或逆时针旋转所选图片。

◎ ◐和◑**按钮**：单击◐或◑按钮，可以提高或降低所选图片的对比度。

◎ 📊和📊**按钮**：单击📊或📊按钮，可以提高或降低所选图片的亮度。

◎ **"相册版式"栏**：在其中可以更换图片版式、相框形状和主题样式，其设置与新建相册中的设置相同。

操作技巧　编辑电子相册的过程中，可在"编辑相册"对话框的"预览"栏中查看设置后的效果，编辑完成后，单击 更新(U) 按钮，即可将所做的更改应用于电子相册中。

3.3.3　课堂案例3——制作"植物"中学生物课件

本案例要求利用提供的素材图片制作一个生物课件，其中涉及创建和编辑电子相册的操作，完成后的参考效果如图3-49所示。

> **素材所在位置**　光盘:\素材文件\第3章\课堂案例3\植物\
> **效果所在位置**　光盘:\效果文件\第3章\课堂案例3\植物.pptx
> **视频演示**　　　光盘:\视频文件\第3章\制作"植物"中学生物课件.swf

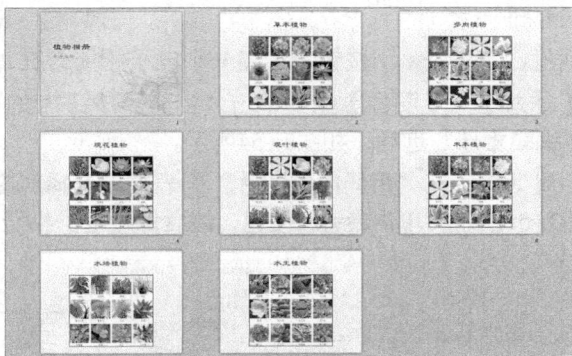

图3-49　"植物"演示文稿参考效果

（1）新建一个演示文稿，在【插入】→【图像】组中单击"相册"按钮🖼，如图3-50所示，打开"相册"对话框，单击 文件/磁盘(F)... 按钮。

（2）打开"插入新图片"对话框，在"查找范围"下拉列表框中选择素材文件夹，在下面的列表框中选择所有图片，然后单击 插入(S) ▾ 按钮，如图3-51所示。

（3）返回"相册"对话框，在"相册版式"栏的"图片版式"下拉列表框中选择"1张图片（带标题）"选项，在"相框形状"下拉列表框中选择"简单框架，黑色"选项，在

"主题"文本框右侧单击 浏览(B)... 按钮，如图3-52所示。

图3-50　创建相册

图3-51　选择图片

（4）打开"选择主题"对话框，在中间列表框中选择"Dragon.thmx"选项，单击 选择 按钮，如图3-53所示。

图3-52　设置相册版式

图3-53　设置主题

（5）返回"相册"对话框，单击 创建(C) 按钮，创建一个电子相册，在每张幻灯片中输入对应的文本内容，在【插入】→【图像】组中单击"相册"按钮 的下拉按钮，在打开的下拉列表中选择"编辑相册"选项，如图3-54所示。

（6）打开"编辑相册"对话框，在"相册中的图片"列表框中选择对应的选项，通过 按钮调整其位置，如图3-55所示，单击 更新(U) 按钮，最后保存电子相册，完成操作。

图3-54　输入文本

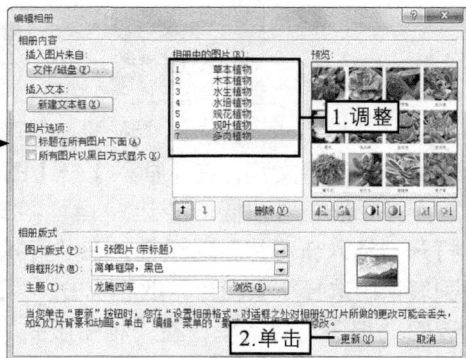

图3-55　编辑相册

3.4　图像处理高级技巧

图片在课件中的应用非常广泛，插入了图片的幻灯片更专业、更具说服力。PowerPoint 2010具有一定的图像处理能力，下面介绍一些比较常用的图像处理技巧。

3.4.1　删除图片背景

课件的制作过程中，图片与背景的搭配非常重要，有时为了使图片与背景搭配合理，需要删除图片的背景。可以使用Photoshop等专业图像处理软件删除图片的背景，PowerPoint 2010也提供了删除图片背景的能力。

删除背景的具体操作方法是：在幻灯片中选择需去除背景的图片，在【图片工具 格式】→【调整】组中，单击"删除背景"按钮📄。当图片的背景将变为紫红色时，拖动鼠标调整控制框的大小，然后在【背景消除】→【优化】组中单击"标记要保留的区域"按钮➕或者"标记要删除的区域"按钮➖，在图片对应的区域单击，然后在幻灯片空白区域单击，或者在【背景消除】→【关闭】组中单击"保留更改"按钮✓，即可看到图片的背景已删除，如图3-56所示。

图3-56　删除图片背景

只有背景颜色和图像内容都比较简单，图像和背景颜色有较大差别的图片使用PowerPoint删除背景才能得到较好的效果。

操作技巧

3.4.2　将图片裁剪为形状

为了能让插入在课件中的图片更好地配合内容演示，有时需要让图片随形状的变化而变化。此时，除了使用Photoshop等专业图像处理软件来对图片进行修改外，还可以使用PowerPoint 2010中的裁剪功能来进行。

将图片裁剪为形状的具体操作方法是选择幻灯片中的图片，在【图片工具 格式】→【大小】组中单击"裁剪"按钮📐下的 按钮，在打开的下拉列表中选择"裁剪为形状"选项，在其子列表中选择需裁剪的形状样式，此时选择的图片将显示为选择的形状样式，如图3-57所示，拖动鼠标调整图片显示即可完成将图形裁剪为形状的操作。

图3-57　将图片裁剪为形状

若将图片裁剪为形状后觉得不符合要求，可在"裁剪"下拉列表中选择"填充"或"调整"选项，此时形状中的图片可以随意进行调整。

操作技巧

3.4.3　重组剪贴画

剪贴画是PowerPoint中自带的图片类型，PowerPoint 2010提供了重组剪贴画的功能，使用户能够编辑个性化的剪贴画。其原理是将剪贴画打散（将组合在一起的图片分离为多个图片）后对剪贴画上不需要的部分删除，对需要的部分进行保留，并且还可进行进一步的加工，如重新填充颜色或渐变色等。

重组剪贴画的具体操作方法是选择插入的剪贴画，单击鼠标右键，在弹出的快捷菜单中选择【组合】→【取消组合】命令，在打开的提示对话框中单击 是(Y) 按钮，打散剪贴画，即可对剪贴画进行编辑，如图3-58所示为剪贴画重新填充颜色后的操作。

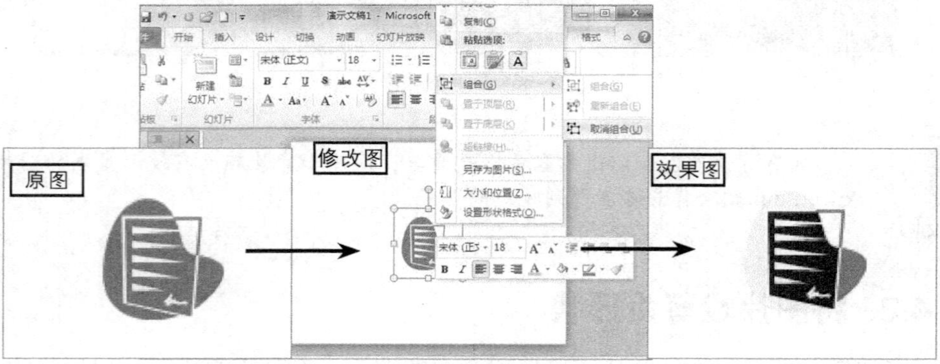

图3-58　重组剪贴画

剪贴画的格式并不完全相同，通常只有WMF格式的剪贴画才能进行重组，其他格式，如JPG和PNG，则不能进行重组。

操作技巧

3.4.4　应用组合形状

在矢量图形图像处理软件CorelDRAW里运用焊接、裁剪、相交、简化等操作可将两个或两个以上的形状裁剪为任意图形。在PowerPoint 2010中也可以快速地将形状裁剪为任意图形，下面介绍如何在PowerPoint 2010中应用组合形状。

1. 自定义添加"组合形状"选项

在PowerPoint 2010工作界面中自定义添加"组合形状"选项后，就可将形状裁剪为任意图形。下面将在PowerPoint 2010工作界面中自定义添加"组合形状"选项，其具体操作如下。

（1）启动PowerPoint 2010，选择【文件】→【选项】菜单命令，打开"PowerPoint选项"对话框，单击"自定义功能区"选项卡。

（2）在"从下列位置选择命令"下拉列表框中选择"不在功能区中的命令"选项，在其下方的列表中选择"组合形状"选项。

（3）在"自定义功能区"下拉列表中选择"工具选项卡"选项，在其下方的列表框"绘图工具"栏中双击"格式"复选框，在展开的列表中选择"形状样式"选项。

（4）单击 新建组(N) 按钮，在"格式"复选框展开的列表中选择"新建组（自定义）"选项，单击 重命名(M)... 按钮，在打开的"重命名"对话框的"显示名称"文本框中输入"组合形状"文本，单击 确定 按钮。

（5）返回"PowerPoint选项"对话框，单击 添加(A) >> 按钮即可将选择的"组合形状"选项添加到"组合形状（自定义）"选项下，单击 确定 按钮完成添加操作，如图3-59所示。

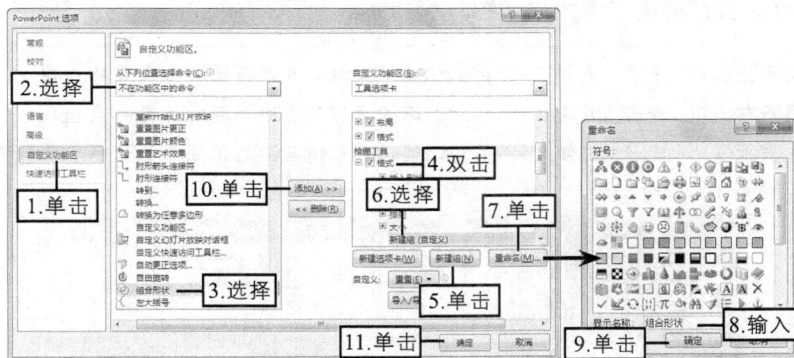

图3-59　添加"组合形状"选项

2. 任意裁剪形状

添加"组合形状"选项后，就可对绘制的形状进行任意裁剪。其具体操作方法是在【插入】→【插图】组中单击"形状"按钮，在打开的下拉列表中选择任意形状，在幻灯片编辑区中进行绘制，多绘制几个形状，并使各形状之间有重叠的部分。选择绘制的所有形状，在【绘图工具 格式】→【组合形状】组中单击"组合形状"按钮，在打开的下拉列表中选择所需的选项，如图3-60所示。

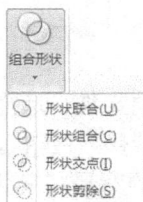

图3-60　"组合形状"下拉列表

"组合形状"下拉列表中各选项的含义如下。

◎ **形状联合**：形状联合是指将多个相互重叠或分离的形状结合生成一个新的图形对象，如图3-61所示。

◎ **形状组合**：形状组合是指将多个相互重叠或分离的形状结合生成一个新的图形对象，但形状的重合部分将被剪除，如图3-62所示。

◎ **形状交点**：形状交点是指多个形状的未重叠的部分将被剪除，重叠的部分将被保留并生成一个新的图形对象，如图3-63所示。

◎ **形状剪除**：形状剪除是指将被剪除的形状覆盖或被其他对象覆盖的部分清除所产生新的对象。如图3-64所示。

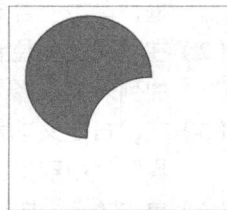

| 图3-61 形状联合 | 图3-62 形状组合 | 图3-63 形状交点 | 图3-64 形状剪出 |

3.4.5 课堂案例4——编辑"直线与圆的位置关系"小学数学课件

本案例要求编辑"直线与圆的位置关系"数学课件中的图片，其中涉及删除图片背景和重组剪贴画的操作，完成后的参考效果如图3-65所示。

素材所在位置	光盘:\素材文件\第3章\课堂案例4\直线与圆的位置关系.pptx
效果所在位置	光盘:\效果文件\第3章\课堂案例4\直线与圆的位置关系.pptx
视频演示	光盘:\视频文件\第3章\编辑"直线与圆的位置关系"小学数学课件.swf

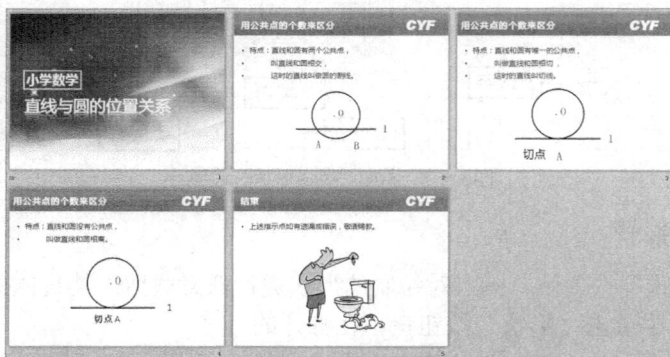

图3-65 "直线与圆的位置关系"参考效果

（1）打开素材文件，选择第4张幻灯片中的图片，在【图片工具 格式】→【调整】组中单击"删除背景"按钮，如图3-66所示。

（2）当图片的背景将变为紫红色时，拖动鼠标调整控制框的大小，然后在【背景消除】→【优化】组中单击"标记要删除的区域"按钮，在图片对应的背景区域单击，然后在

【背景消除】→【关闭】组中单击"保留更改"按钮 ✓，如图3-67所示，删除图片的背景，然后将多余删除的文字补充到其中。

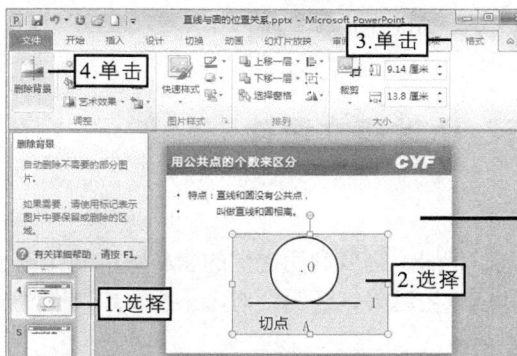

图3-66 选择操作

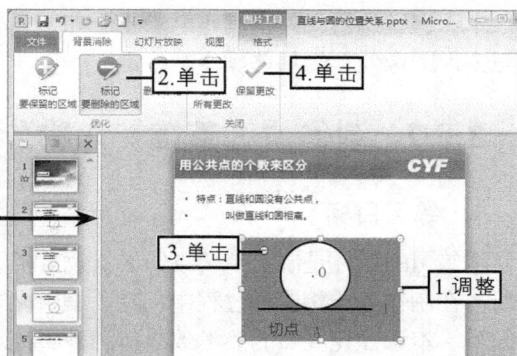

图3-67 删除背景颜色

（3）选择最后一张幻灯片，在【插入】→【图像】组中单击"剪贴画"按钮 ，打开"剪贴画"任务窗格，在"搜索文字"文本框中输入"再见"文本，单击 搜索 按钮。

（4）在下面的列表框中将显示所有搜索到的剪贴画，单击选择的幻灯片将其插入到幻灯片中，如图3-68所示。

（5）调整图像大小，在并在其上单击鼠标右键，在弹出的快捷菜单中选择【组合】→【取消组合】命令，如图3-69所示。

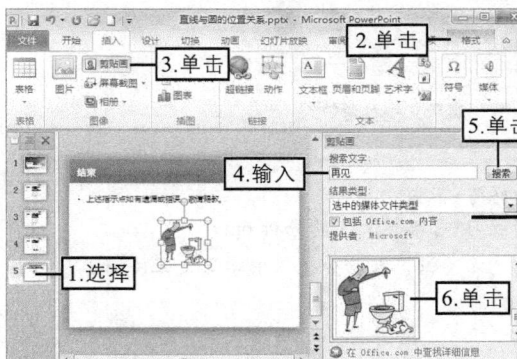

图3-68 插入剪贴画

图3-69 打散剪贴画

（6）在打开的提示对话框中单击 是(Y) 按钮，如图3-70所示，打散剪贴画。

（7）选择幻灯片中的图片，在【图像工具 格式】→【调整】组中单击"颜色"按钮 ，为剪贴画中的部分填充新的颜色，效果如图3-71所示，完成操作。

图3-70 确认操作

图3-71 填充颜色

3.5 课堂练习

本课课堂练习将分别制作电子相册和感恩教师节演示课件，综合练习本章学习的知识点，学习图形图像处理的具体操作。

3.5.1 制作"《茶馆》人物分析"中学语文课件

1. 练习目标

本练习的目标是制作"《茶馆》人物分析"电子相册，需要利用提供的素材图片制作电子相册。在制作电子相册的过程中，除了编辑文本和插入主题外，还需要对电子相册中的图片进行编辑。本课件完成后的参考效果如图3-72所示。

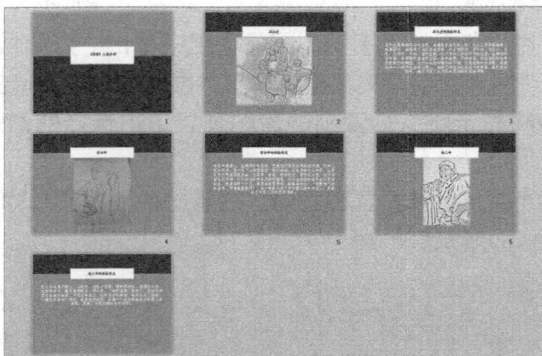

图3-72 "《茶馆》人物分析"演示文稿参考效果

素材所在位置　光盘:\素材文件\第3章\课堂练习\茶馆\
效果所在位置　光盘:\效果文件\第3章\课堂练习\《茶馆》人物分析.pptx
视频演示　　　光盘:\视频文件\第3章\制作"《茶馆》人物分析"中学语文课件.swf

2. 操作思路

完成本练习需要先创建电子相册，再在电子相册中编辑幻灯片并输入文本，然后设置图片样式等，其操作思路如图3-73所示。

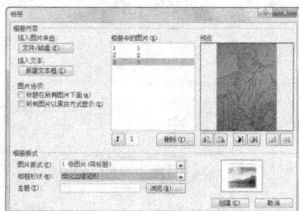　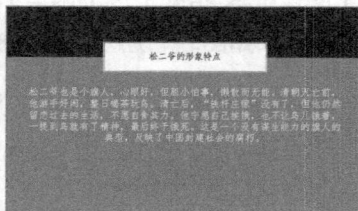　

①插入图片　　　　　　　　②输入文本　　　　　　　　③编辑图片

图3-73 制作"《茶馆》人物分析"语文课件的制作思路

（1）在PowerPoint 2010中新建电子相册，插入素材图片"1-3"，设置图片版式为"1张图片

（带标题）"，相框形状为"柔化边缘矩形"，主题为"Black Tie.thmx"。

（2）在第2到第4张幻灯片后分别插入一张幻灯片，并在文本框中输入文本。

（3）设置第2张幻灯片中图片的艺术效果为"塑封"，设置第4张幻灯片中图片的图片效果为"半映像，接触"，设置第6张幻灯片中图片的图片艺术效果为"影印"。

（4）将电子相册以"《茶馆》人物分析"为名进行保存。

3.5.2　制作"感恩教师节"演示课件

1. 练习目标

本练习要求制作"感恩教师节"演示课件，需要将提供的素材图片设置为幻灯片背景，并对各素材图片进行编辑，涉及使用不同方法插入和编辑图片、绘制和编辑自选图形、删除图片背景、将图片剪切为形状等操作。完成后的参考效果如图3-74所示。

图3-74　"感恩教师节"参考效果

素材所在位置	光盘:\素材文件\第3章\课堂练习\感恩教师节\
效果所在位置	光盘:\效果文件\第3章\课堂练习\感恩教师节.pptx
视频演示	光盘:\视频文件\第3章\制作"感恩教师节"演示课件.swf

2. 操作思路

完成本练习需要先插入和编辑图片，再创建和编辑自选图形，然后使用图形的高级处理方式处理幻灯片中的图片，其操作思路如图3-75所示。

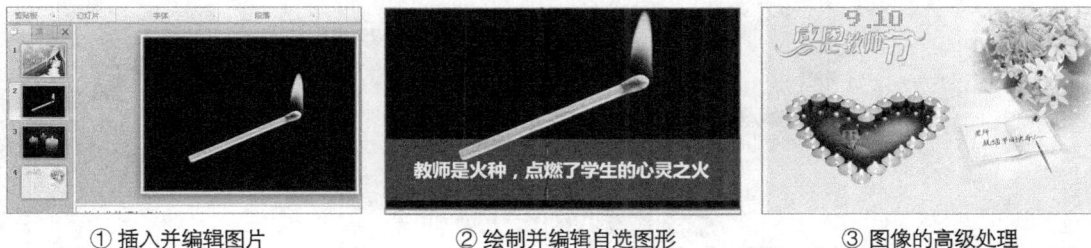

① 插入并编辑图片　　　② 绘制并编辑自选图形　　　③ 图像的高级处理

图3-75　制作"感恩教师节"演示文稿的操作思路

（1）新建演示文稿，通过屏幕截图的方式将素材文件"8.tif"和"9.tif"插入到第1张和第4张幻灯片中，并将两张图片的样式设置为"柔化边缘矩形"样式。

（2）通过插入图片的方式将素材文件"10.jpg"和"11.jpg"插入到第2张和第3张幻灯片中，并将两张图片的样式设置为"柔化边缘矩形"。

（3）选择第2张幻灯片，在其中绘制矩形，设置填充颜色为"灰色-25%"，设置形状轮廓为"无轮廓"，在【绘图工具 格式】→【形状样式】组中单击 形状填充 按钮，在打开的下拉列表中选择"其他填充颜色"选项，打开"颜色"对话框，将填充颜色的透明度设置为"70%"，然后在该图形上插入文本框，输入文本内容。

（4）用同样的方法为第3张幻灯片绘制矩形和输入文本内容，选择第4张幻灯片，插入"9.jpg"图片，将图片的背景删除，并调整图片的大小。

（5）在第4张幻灯片中插入"12.jpg"图片，将图片裁剪为"心形"形状，然后将图片效果设置为"柔化边缘 25磅"，并调整图片大小，将其放入幻灯片的适当位置。

（6）将演示文稿以"感恩教师节"为名进行保存。

3.6 拓 展 知 识

本节主要介绍图片的搭配原则和图片与文字的处理技巧的相关知识。

1. 图片的搭配原则

不同类型、不同排列方式的幻灯片，其搭配图片的方法不同，只有选择合适的图片才能体现出图片应有的效果。总的说来，应注意以下几个搭配原则。

◎ **图片与主题搭配原则**：制作演示文稿时应根据主题来选择图片，即图片应为文本内容服务，起到补充的效果，或者图片是文本内容的再现，使观众从图中了解到文本中难以理解的内容。如图3-76所示的图片，其中主要的内容是书本、博士帽和孩子，就可以用来制作与教育相关的演示文稿。

◎ **图片与幻灯片搭配原则**：配图时不仅要考虑图片颜色与幻灯片主色的搭配，还要考虑有背景的幻灯片与图片的搭配。主色是指幻灯片的主要颜色，在选择图片时可考虑与主色相近的图片，但也不可太接近，否则不能突出图片。采用图片或颜色填充幻灯片背景时，最好选用没有背景色的图片，才能融入背景。如图3-77所示的幻灯片中的图片颜色泛黄，接近该幻灯片中的主色调黄色，因而能更好地与幻灯片融为一体。

图3-76　图片与主题搭配

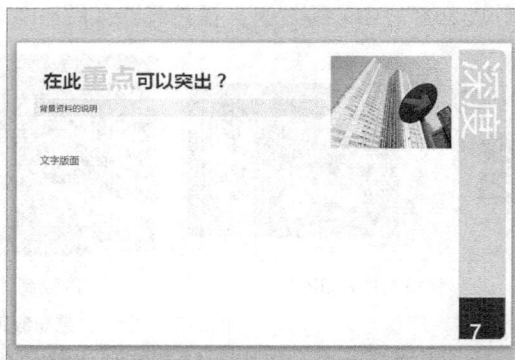

图3-77　图片与幻灯片搭配

◎ **图片排列原则**：一般图片应放置在文本的空白位置，如文本在幻灯片的左侧，图片就放在幻灯片的右侧。在某些特殊情况下也可将图片与文本放在一起，这样能让幻灯片的内容更加清晰、合理。如果一张幻灯片中有多幅图片，那应该注意这几幅图片的摆放位置、顺序等，一般会将重点的图片放在最显眼、最前面的位置。同时也应注意图片摆放的位置要有规律、不零乱。

◎ **演示文稿统一原则**：演示文稿由多张幻灯片组成，一张幻灯片的成功不代表整个演示文稿的成功。在图片选择上最好一个演示文稿选择同一种类型的图片，不要多种图片混搭，出现风格不一致，从而显得不伦不类。

2. 图片与文字的处理

若只是单纯的图片加文字，幻灯片会显得中规中矩，而且版式呆板、无创意，因此，专业演示文稿中的图片与文字几乎都会经过处理，常用的处理方法如下。

◎ **为文字填充背景**：该方法是最常用和最简单的，为文字内容添加一个色块，并且色块颜色最好选用与图片相同或相近的颜色，这样可以使整个幻灯片画面统一。

◎ **通过抠图凸显主题**：要想突出图片的主体部分，可通过裁剪将不要的部分或通过抠图将无关的背景去掉。如果图片的背景色是纯色，可在PowerPoint中将图片的背景色设置为透明色；如果不是纯色，可通过删除背景的方法将图片不需要的背景删除，也可通过其他专业软件进行抠图。

> **知识提示**　将纯色背景图片透明化的方法为选择图片，在【图片工具 格式】→【调整】组中单击"颜色"按钮，在打开的列表中选择"设置透明色"选项，然后将鼠标指针移至图片的纯色背景上，此时鼠标指针变为形状，单击鼠标左键，即可去除纯色背景。

◎ **改变图片样式**：在排列图片时可通过改变图片的样式来改变图片的显示方式，使版面整体显得活泼、协调。

◎ **把图片某一部分作为文字背景**：在幻灯片中插入一张图片后，如果图片上有文字且不符合主题，可将文字去掉，然后在该位置插入文本框并输入所需的文字。如果图片上没文字，可直接在图片上的空白位置插入文本框，输入所需的文字。

3.7 课 后 习 题

（1）打开"母亲节贺卡.pptx"演示文稿，利用前面讲解的图片处理的相关知识对其内容进行编辑，使其页面美观，层次鲜明。

素材所在位置	光盘:\素材文件\第3章\课后习题\母亲节贺卡.pptx	
效果所在位置	光盘:\效果文件\第3章\课后习题\母亲节贺卡.pptx	
视频演示	光盘:\视频文件\第3章\编辑"母亲节贺卡"演示文稿.swf	

提示：在两张幻灯片中插入素材图片，在第1张幻灯片中将素材图片裁剪为"圆形"，然后适当裁剪多余图像，将图片效果设置为"柔化边缘 25磅"；在第2张幻灯片中将

图片的样式应用为"旋转，白色"，将图片效果设置为"映像 半映像，接触"样式。处理后的效果如图3-78所示。

图3-78　"母亲节贺卡"参考效果

（2）以创建电子相册的方法制作"创意科技"演示课件，再在其中输入文本，然后设置图片样式等，最终效果如图3-79所示。

提示： 将素材图片"1-8"全部插入到新建的电子相册中，设置图片版式为"2张图片（带标题）"，相框形状为"矩形"，主题为"Technic.thmx"。设置第2张幻灯片中两张图片的图片样式为"柔化边缘矩形"，设置第3张幻灯片中两张图片的图片效果为"半映像，接触"，设置第4张幻灯片中两张图片的图片版式为"蛇形图片半透明文本"，设置第5张幻灯片中两张图片的图片版式为"图片重点块"样式。

素材所在位置	光盘:\素材文件\第3章\课后习题\创意科技\
效果所在位置	光盘:\效果文件\第3章\课后习题\创意科技.pptx
视频演示	光盘:\视频文件\第3章\制作"创意科技"演示课件.swf

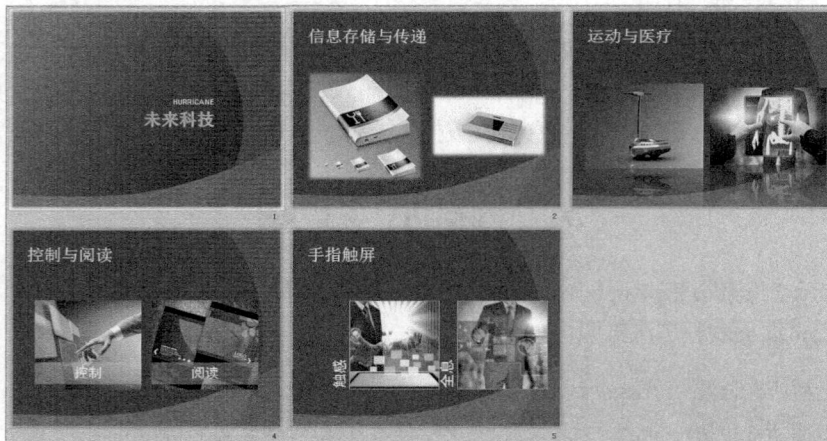

图3-79　"创意科技"参考效果

第4章

学习课件外观设计

　　本章将详细讲解对课件中的幻灯片进行布局和背景配色的相关操作，并对如何设计和制作幻灯片母版进行全面讲解。读者通过学习应能够熟练掌握课件外观设计的各种操作方法，通过设置幻灯片版式、改变幻灯片背景、为幻灯片配色，使幻灯片更加的美观，给予学生更多的视觉享受。

学习要点

- ◎　设置幻灯片的版式
- ◎　幻灯片布局原则
- ◎　应用主题和模板
- ◎　系统配色
- ◎　设置系统背景
- ◎　进入和退出母版
- ◎　制作幻灯片母版
- ◎　制作其他类型母版

学习目标

- ◎　掌握幻灯片布局的基本操作
- ◎　掌握幻灯片背景配色的基本操作
- ◎　掌握制作幻灯片母版的操作方法

4.1 幻灯片布局与背景配色

幻灯片中可以同时包含文本、表格、图片、动画、声音等多种不同类型的对象，各对象之间只有进行合理的布局，才能将幻灯片的内容和思想准确地传达出来。制作完美的课件，不仅要有丰富的信息，更要有美观的界面，使幻灯片的放映能给人以视觉上的享受，幻灯片是否美观，背景和配色都很重要。本节将详细讲解在课件中进行幻灯片布局与背景配色的相关操作。

4.1.1 版式设置与布局原则

对幻灯片进行合理的布局，可以根据内容需要直接应用幻灯片版式，还可以按照一定的原则，对各种对象进行合理的安排。

1. 设置幻灯片版式

幻灯片版式是指一张幻灯片中的文本、图像等元素的布局方式，它定义了幻灯片上要显示内容的位置和格式设置信息。选择同一种版式制作的幻灯片略显单调，PowerPoint提供了多种预设的版式，包括"标题和内容""两栏内容""比较"等，用户可以根据不同的内容选择不同的版式。设置幻灯片版式的具体操作如下。

（1）新建演示文稿，在【开始】→【幻灯片】组中单击"版式"按钮 版式 。

（2）打开"Office主题"下拉列表框，在其中选择需要的版式，即可将其应用于当前幻灯片，如图4-1所示。

图4-1 设置幻灯片版式

> **知识提示**
>
> 在制作幻灯片内容之前应先选择好版式，选择时应根据幻灯片中的内容来确定，如果幻灯片中全是文字，则选择文字版式，如果有其他对象，则应根据对象的类型选择不同的版式。如果幻灯片的内容有所改变，需要修改版式时，可以重新单击"版式"按钮 版式 ，在打开的下拉列表框中选择新的版式。

2. 幻灯片布局的原则

存在于幻灯片中的对象有文本、表格、图片、声音、动画等，要将这些对象进行合理的布局，就需要注意遵循以下几个原则。

◎ **均衡统一：**同一演示文稿中各张幻灯片的标题文本、图片等的位置及页边距大小等应尽量统一，一张幻灯片中应尽量保持幻灯片上下、左右各部分内容量的均衡，背景与配色也应和谐统一。

◎ **有机结合**：幻灯片中的文本、图片、表格、图表等对象应有机地结合在一起，相互配合以传达信息，但同一张幻灯片中各对象的数量也不宜过多，以避免累赘。

◎ **强调主题**：对于幻灯片中要表达的核心内容，以及演示文稿最后的结论部分，应通过字体、颜色、样式等方式进行强调，以引起观众的注意。

◎ **内容精简**：普通人在短时间内可接收并记忆的最大信息量约为7条，因此在一张幻灯片中，文本最好不要超过7行，尽量精简其内容，做到言简意赅，以利于观众接受。

操作技巧　在制作幻灯片的过程中，并不是所有的原则都要同时遵循，幻灯片所表达的内容各有不同，所遵循的原则也各不相同，应灵活运用。

4.1.2　应用模板和主题

应用模板和主题不仅可提高课件的制作速度，还能为课件设置统一的背景、外观，使整个课件风格统一、布局完整。下面分别进行介绍。

1. 模板和主题的区别

模板是一张幻灯片或一组幻灯片的图案或蓝图，其后缀名为.potx。模板可以包含版式、主题颜色、主题字体、主题效果和背景样式，甚至还可以包含内容，如图4-2所示。而主题则只包括了设置好的颜色、字体和背景效果这3个部分，并将其整合到了一起，如图4-3所示。总而言之，模板和主题的最大区别是模板中可包含多种元素，如图片、文字、图表、表格、动画等，而主题中没有包含这些元素。

图4-2　模板

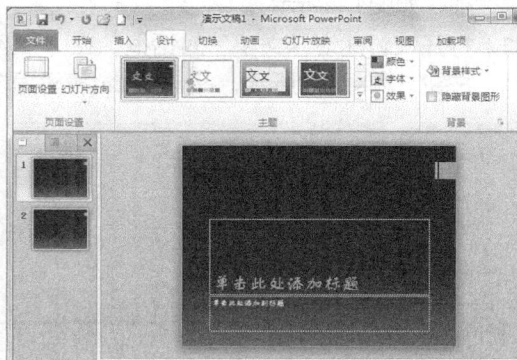

图4-3　主题

2. 创建模板

PowerPoint中自带了很多课件模板，用户可以直接利用这些模板创建演示文稿，相关操作可参考第1章，这里不再赘述。PowerPoint也支持将制作好的演示文稿保存为模板文件，其具体操作如下。

（1）打开制作好的演示文稿，选择【文件】→【保存并发送】菜单命令，在打开的页面"文件类型"栏中选择"更改文件类型"选项,在"更改文件类型"栏中双击"模板"选项,如图4-4所示。

(2)打开"另存为"对话框,在"保存位置"下拉列表框中选择模板的保存位置,单击 保存(S) 按钮,如图4-5所示,即可完成创建PowerPoint模板的操作。

图4-4 创建模板

图4-5 保存模板

> 创建的PowerPoint模板文件可以保存在任何地方,如果要使用创建的模板制作演示文稿,则需要将该模板复制到C:\Documents and Settings\Administrator\Application Data\Microsoft\Templates文件夹中。
>
> 操作技巧

3. 使用模板

使用自己创建的模板来制作演示文稿,其具体操作如下。

(1)选择【文件】→【新建】菜单命令,在"可用模板和主题"栏中选择"我的模板"选项,如图4-6所示。

(2)打开"新建演示文稿"对话框,在"个人模板"选项卡中选择所需的模板,单击 确定 按钮,如图4-7所示,PowerPoint将根据自定义模板创建演示文稿。

图4-6 选择创建模式

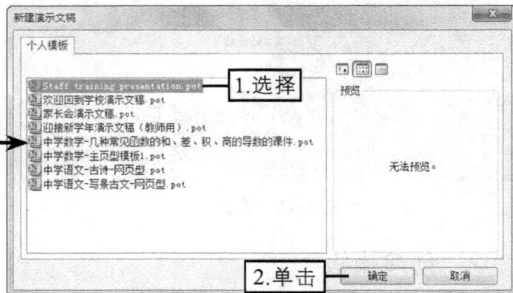

图4-7 选择模板

4. 应用主题

PowerPoint 2010为用户提供了多种主题样式,使用这些主题样式可一步到位地设置幻灯片的背景、文本配色等，将其应用在幻灯片上。其具体操作如下。

（1）打开演示文稿，选择一张幻灯片，在【设计】→【主题】组中单击"主题样式"列表框右侧的"其他"按钮，展开"主题样式"列表框，显示PowerPoint内置的和来自Office.com的所有主题样式。

（2）若将主题应用于所有幻灯片，直接单击主题样式，或在该主题样式上单击鼠标右键，在弹出的快捷菜单中选择"应用于所有幻灯片"命令；如果选择"应用于选定幻灯片"命令，则该主题只应用于当前幻灯片，如图4-8所示。

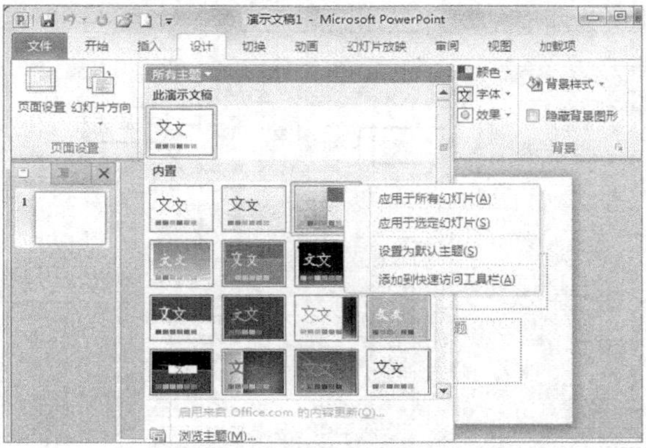

图4-8 应用主题

4.1.3 课件配色

颜色的搭配是影响幻灯片美观性的重要因素之一，在利用PowerPoint 2010制作课件的过程中，用户不仅可应用系统自带的配色方案，还可根据需要自定义配色方案。

1. 配色原理

颜色的种类多，搭配方法也有很多，在制作课件时，要想使搭配的颜色和谐统一，可参照以下几点原则进行。

◎ **总体协调，局部对比**：幻灯片的整体色彩应该协调、统一，局部和小范围的地方可以用一些强烈的色彩来进行区分、对比。

◎ **明确主色调**：每张幻灯片都应有统一的主色调，如果同一个课件中运用太多的颜色，没有主次之分，则会让人感觉眼花缭乱。

◎ **主色调随内容而定**：根据演示文稿的内容不同，主色调也应不同。如内容为理科最好以蓝色为主色调；政治最好以红色为主色调；语文和英语以黄色为主色调；生物以绿色为主色调等；历史地理以灰色或者褐色为主色调等。

◎ **尽量使用邻近色**：使用邻近色更易产生层次感，并使整体颜色更和谐，如深蓝、蓝色和浅蓝的搭配使用，黄色、橙色的搭配使用。用邻近色制作的课件给人正式、严谨的感觉，整个课件看起来比较协调。

◎ **加强背景与内容的对比度**：为了突显内容，应尽量使背景色和内容的颜色对比度较高，深色背景用浅色的文字，浅色背景用深色文字。不仅是文字，图表中各对象之间都需要用对比度较大的颜色来进行区分。

2. 应用系统配色方案

PowerPoint 2010提供的主题样式中都有固定的配色方案，但主题样式有限，并不能完全满足课件的制作需求，这时可通过应用系统自带的配色方案，快速解决颜色的搭配问题，其具体操作如下。

（1）首先需要为课件应用一种主题样式，然后在【设计】→【主题】组中，单击 颜色▾ 按钮。

（2）打开下拉列表框，当鼠标光标移动到配色方案选项上时，在幻灯片中可即时浏览其效果，选择该选项即可为所有幻灯片应用该配色方案，如图4-9所示。

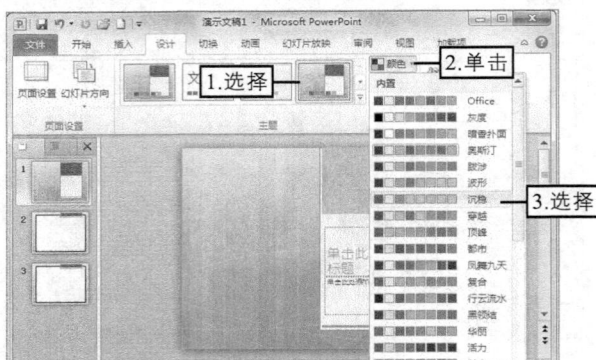

图4-9 应用主题

> 操作技巧
>
> 选择一种配色方案后，在其上单击鼠标右键，在弹出的快捷菜单中选择"应用于所有幻灯片"命令，则将该配色方案应用于所有幻灯片；选择"应用于选定幻灯片"命令，则该配色方案只应用于当前幻灯片。

3. 自定义配色方案

在PowerPoint 2010中，用户还可以根据需要自定义配色方案，其具体操作如下。

（1）在【设计】→【主题】组中，单击 颜色▾ 按钮，在打开的下拉列表框中选择"新建主题颜色"选项。

（2）打开"新建主题颜色"对话框，在"主题颜色"栏中为幻灯片中的文字、背景和超链接等分别设置颜色，并在右边的"示例"栏中预览效果，然后在下方的"名称"文本框中输入该主题配色方案的名称，最后单击 保存(S) 按钮，如图4-10所示，保存方案的同时也将其应用到当前演示文稿中。

图4-10 自定义配色方案

4.1.4 设置课件背景

设置课件的背景即是设置课件中所有幻灯片的背景，在PowerPoint 2010中设置课件背景也分为应用系统背景和自定义背景两种方式。

1. 应用系统背景

PowerPoint 2010提供的系统背景比较简单，
直接选择应用即可，其具体操作如下。

（1）选择课件中的一张幻灯片，在【设计】→
【背景】组中，单击 背景样式 按钮。

（2）打开下拉列表框，当鼠标光标移动到背景样
式选项上时，在幻灯片中可即时浏览其效
果，选择该选项即可为所有幻灯片应用该背
景样式，如图4-11所示。

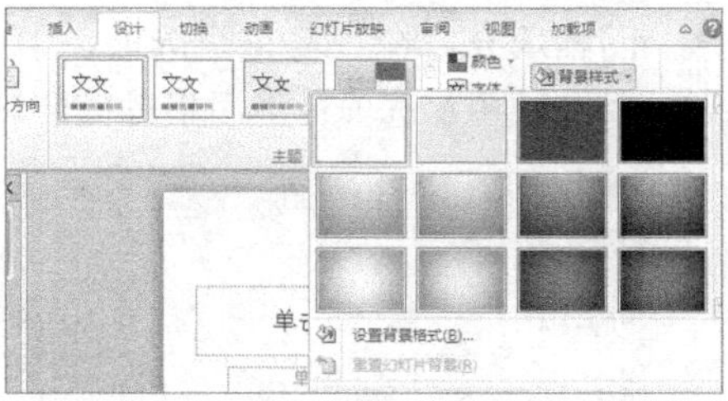

图4-11 应用系统背景

2. 自定义背景

在幻灯片中如果只用纯色作为背景，可能会显得单调，这时用户可根据需要自定义背景，
既可选择纯色或渐变色，也可选择纹理或图案等作为背景，甚至还可以选择计算机中的任意图
片作为背景，使整个画面更丰富。其方法为在【设计】→【背景】组中单击 背景样式 按钮，
在打开的下拉列表框中选择"设置背景格式"选项，打开"设置背景格式"对话框，默认选择
"填充"选项卡，在该选项卡中选择所需的填充效果进行设置。

"设置背景格式"对话框中各填充效果设置方法如下。

◎ **纯色填充**：该种背景填充效果只能选择一种填充色，在"设置背景格式"对话框"填
充"选项卡中单击选中"纯色填充"单选项，再在"填充颜色"栏中单击"颜色"按
钮 ，在弹出的列表中选择一种颜色；另外，在"填充颜色"栏中拖动"透明度"滑
块 或在右侧的数值框中输入，还可设置填充色的透明度，如图4-12所示。

◎ **渐变填充**：渐变色是指由两种或两种以上的颜色分布在画面上，并均匀过渡。在"填
充"选项卡中单击选中"渐变填充"单选项，可以为幻灯片设置渐变色的背景。包括
设置渐变的预设颜色、类型、方向、角度、颜色、亮度、透明度等，如图4-13所示。

图4-12 设置纯色背景

图4-13 设置渐变色背景

◎ **图片或纹理填充**：在"填充"选项卡中单击选中"图片或纹理填充"单选项，单击
"纹理"按钮 ，在打开的列表中选择一种纹理作为幻灯片背景；在"插入自"栏中
通过 文件(F)... 按钮和 剪贴画(R)... 按钮，可以选择插入文件中的图片或剪贴画作为幻灯片背

景。当选择纹理填充时，系统会自动选中"将图片平铺为纹理"复选框，在"平铺选项"栏中可对偏移量、缩放比例、对齐方式、镜像类型、透明度等进行详细的设置，如图4-14所示。

◎ **图案填充：** 在"填充"选项卡中单击选中"图案填充"单选项，在下面的列表框中选择一种图案选项，然后根据需要设置图案的前景色和背景色即可，如图4-15所示。

图4-14　设置纹理和图片背景　　　　　　　　图4-15　设置图案背景

知识提示　　在"设置背景格式"对话框中设置背景填充效果后，单击 关闭 按钮则只在当前幻灯片中应用设置的背景填充效果，单击 全部应用(L) 按钮则对演示文稿中的所有幻灯片都应用设置的背景填充效果。

4.1.5　课堂案例1——制作"中学写景古文课件"模板

本案例要求根据提供的素材文档，制作出新的模板文件，主要是设计新的布局，配置新的颜色，设置新的背景。完成后的参考效果如图4-16所示。

素材所在位置　光盘:\素材文件\第4章\课堂案例1\中学写景古文课件.potx
效果所在位置　光盘:\效果文件\第4章\课堂案例1\中学写景古文课件.potx
视频演示　　　光盘:\视频文件\第4章\制作"中学写景古文课件"模板.swf

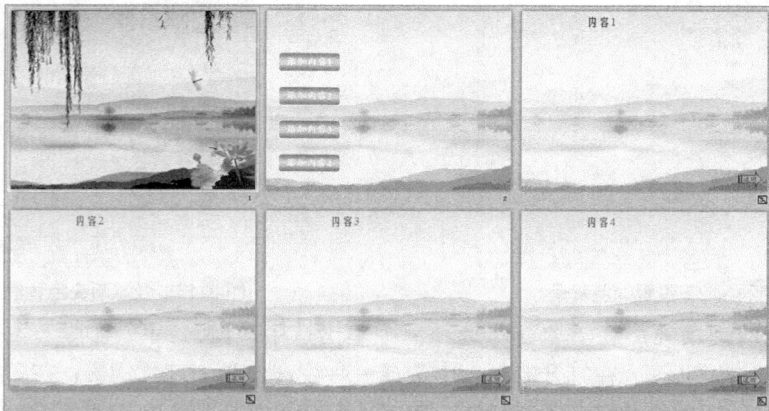

图4-16　"中学写景古文课件"参考效果

（1）首先将素材文件"中学写景古文课件.potx"复制到C:\Documents and Settings\Administrator\Application Data\Microsoft\Templates文件夹中。

（2）启动PowerPoint 2010，选择【文件】→【新建】菜单命令，在"可用的模板和主题"栏中选择"我的模板"选项，如图4-17所示。

（3）打开"新建演示文稿"对话框，在"个人模板"选项卡中选择"中学写景古文课件.potx"选项，单击 确定 按钮，如图4-18所示，创建新的演示文稿。

图4-17　选择创建模式

图4-18　选择模板

（4）在【设计】→【背景】组中单击 背景样式 按钮，在打开的下拉列表框中选择"设置背景格式"选项，如图4-19所示。

（5）打开"设置背景格式"对话框，在"填充"选项卡中单击选中"图片或纹理填充"单选项，单击 文件(F)... 按钮，如图4-20所示。

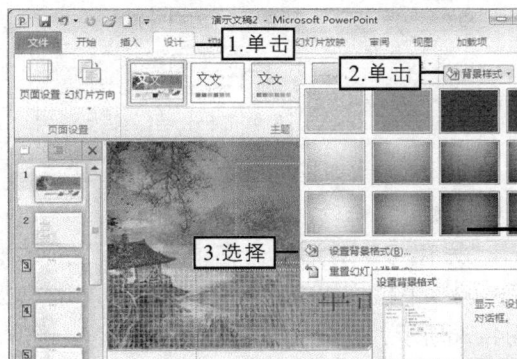

图4-19　设置背景格式

图4-20　设置图片版式

（6）打开"插入图片"对话框，选择背景图片所在的文件夹，选择"背景1.tif"选项，单击 插入(S) 按钮，如图4-21所示。

（7）返回到"设置背景格式"对话框，在下面的"透明度"数值框中输入"50%"，如图4-22所示，单击 全部应用(L) 按钮，对课件中的所有幻灯片都设置该图片背景。

（8）选择第1张幻灯片，再次单击 文件(F)... 按钮，打开"插入图片"对话框，选择"背景.tif"图片，单击 插入(S) 按钮。

（9）返回到"设置背景格式"对话框，在下面的"透明度"数值框中输入"0%"，单击 关闭 按钮，对该幻灯片设置图片背景。

图4-21 插入图片

图4-22 设置图片样式

（10）在"主题"组中单击 ☒ 字体▾ 按钮，在打开的下拉列表框中选择"新建主题字体"选项，如图4-23所示。

（11）打开"新建主题字体"对话框，在"中文"栏的"标题字体"下拉列表框中选择"汉仪长美黑简"选项，在"正文字体"下拉列表框中选择"微软雅黑"选项，单击 保存(S) 按钮，如图4-24所示。

图4-23 选择操作

图4-24 设置字体

（12）单击 ■颜色▾ 按钮，在打开的下拉列表框中选择"灰度"选项，如图4-25所示。

（13）选择【打开】→【保存】菜单命令，打开"另存为"对话框，在"文件名"文本框中输入"中学写景古文课件"，在"保存类型"下拉列表框中选择"PowerPoint模板（*.potx）"选项，单击 保存(S) 按钮，如图4-26所示，完成操作。

图4-25 设置配色

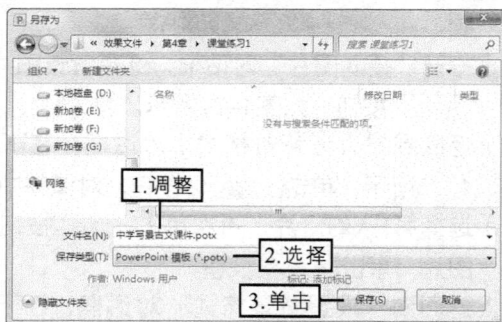

图4-26 保存模板

4.2 制 作 母 版

母版是定义演示文稿中所有幻灯片或页面格式的幻灯片视图或页面，用它可以制作演示文稿中的统一标志、文本格式、背景、颜色主题以及动画等。对母版进行相关的编辑后，即可快速制作出多张样式相同的幻灯片，从而能极大地提高工作效率。

4.2.1 进入和退出幻灯片母版

幻灯片母版是模板的一部分，它是存储相关应用的设计模板信息的幻灯片，包括字体、占位符大小或位置、背景设计、配色方案等，可以直接在母版的基础上快速制作出多张具有相同风格的幻灯片。如图4-27所示为幻灯片母版视图，第1张幻灯片是该演示文稿的普通幻灯片的母版，第2张幻灯片则是该演示文稿标题幻灯片的母版，其他幻灯片则是不同版式、不同内容的幻灯片母版。设置幻灯片母版时，通常只设置第1和第2张幻灯片的母版样式。

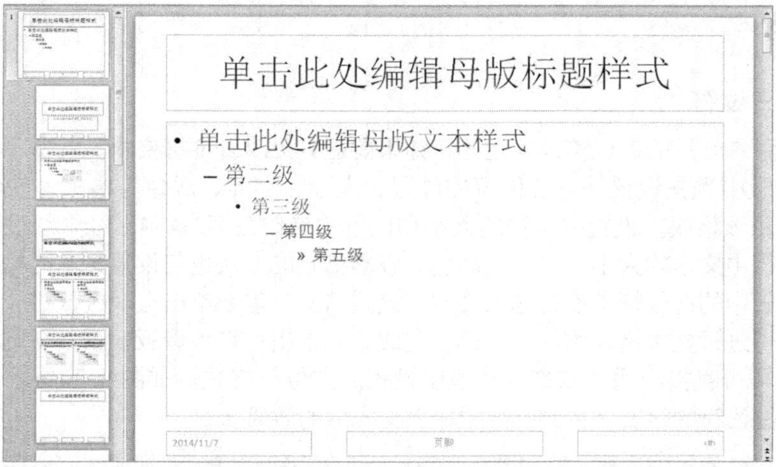

图4-27 幻灯片母版视图

进入幻灯片母版的具体操作如下。

（1）在【视图】→【母版视图】组中单击"幻灯片母版"按钮 就可进入幻灯片母版视图，并出现"幻灯片母版"选项卡及其功能区，如图4-28所示。

图4-28 进入幻灯片母版

（2）在打开的选项卡功能区中可以对母版进行编辑，其中包括对母版背景、占位符格式、项目符号、页眉页脚等的设置，完成编辑后单击"关闭母版视图"按钮 即可退出幻灯片母版，如图4-29所示。

图4-29 退出幻灯片母版

4.2.2　制作幻灯片母版

制作幻灯片母版的操作主要包括设置背景、占位符、文本和段落格式、页眉和页脚等。

1．设置母版背景

若要为所有幻灯片应用统一的背景，可在幻灯片母版中进行设置，设置的方法和设置单张幻灯片背景的方法类似，具体操作如下。

（1）进入幻灯片母版视图，选择需要设置背景的幻灯片。

（2）在【幻灯片母版】→【背景】组中单击 背景样式 按钮，在打开的下拉列表框中选择任意一种系统背景样式即可；若要自定义背景样式，则选择"设置背景格式"选项，在打开的"设置背景格式"对话框中进行设置。

> 自定义幻灯片母版的背景样式也可以设置纯色填充、渐变填充和图片或纹理填充等多种背景效果，其具体操作方法与自定义设置幻灯片背景完全相同，这里不再赘述。
>
> 知识提示

2．设置占位符

课件中各张幻灯片的占位符是固定的，如果要逐一更改占位符格式，既费时又费力，这时可在幻灯片母版中预先设置好各占位符的位置、大小、字体、颜色等格式，使幻灯片中的占位符都自动应用该格式。设置占位符的大小和位置的操作在第2章中已经介绍过，这里不再赘述。设置占位符中文本的大小、字体、颜色、段落格式的方法也与设置文本的相同，不同之处在于幻灯片母版中的占位符中没有输入文本，设置格式时需要单击选择占位符，保持占位符的选中状态，即可进行文本格式的设置。设置完成后，退出幻灯片母版视图，在幻灯片的占位符中输入文本，即可直接应用在幻灯片母版中设置的占位符格式。如图4-30所示为设置了幻灯片母版中标题占位符的格式，在幻灯片中输入文本后的效果。

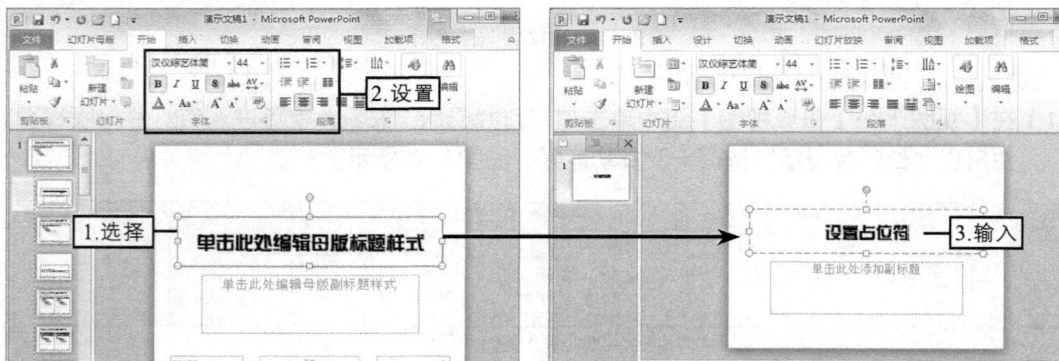

图4-30　设置占位符

3．设置页眉和页脚

在幻灯片母版中还可以为幻灯片添加页眉页脚，包括日期、时间、编号、页码等内容，其具体操作如下。

（1）进入幻灯片母版视图，在【插入】→【文本】组中单击"页眉和页脚"按钮 。

（2）在打开的"页眉和页脚"对话框中，单击选中"日期和时间"复选框设置日期和时间；单击选中"幻灯片编号"复选框设置幻灯片的编号；单击选中"页脚"复选框，在下方的文本框中输入文字，将其设置为页脚，最后单击 应用(A) 按钮完成设置，如图4-31所示。

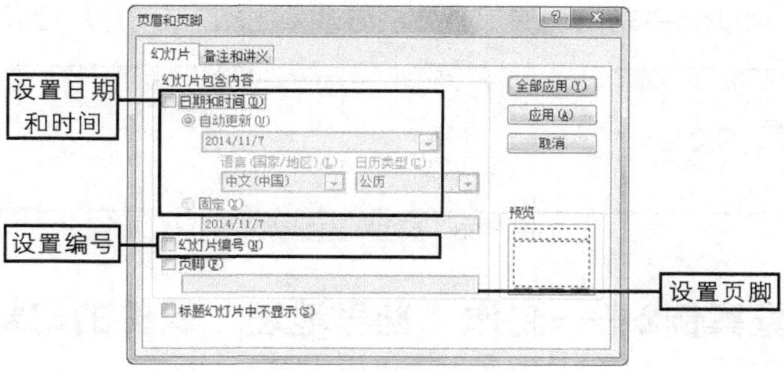

图4-31　设置页眉和页脚

操作技巧　　在"页眉和页脚"对话框中单击选中"自动更新"单选项，页脚显示的日期将自动根据计算机日期进行修改；若单击选中"固定"单选项，则可在下方的文本框中输入一个固定的时间，不会根据日期而变化；若是在标题幻灯片中不显示页眉和页脚，则需要单击选中"标题幻灯片中不显示"复选框。

4.2.3　制作其他类型的母版

PowerPoint中除了幻灯片母版外，还有讲义母版和备注母版两种母版类型，但这两种母版在演示文稿中的应用比较少，因为在演示文稿的放映过程中不会显示出来，只有通过打印才能看到。

1. 制作讲义母版

讲义是演讲者在演示演示文稿时使用的纸稿，纸稿中显示了每张幻灯片的大致内容、要点等。讲义母版就是设置该内容在纸稿中的显示方式，制作讲义母版主要包括设置每页纸张上显示的幻灯片数量、排列方式以及页眉和页脚的信息等。

制作讲义母版的方法为，在【视图】→【母版视图】组中单击"讲义母版"按钮 ，进入讲义母版编辑状态，如图4-32所示。在"页面设置"面板中可设置讲义方向、幻灯片方向、每页幻灯片显示的数量，在"占位符"面板中可通过单击选中或撤销选中复选框来显示或隐藏相应内容，在讲义母版中还可移动各占位符的位置、设置占位符中的文本样式等。在"关闭"面板中单击"关闭母版视图"按钮 ，退出讲义母版的编辑状态。

图4-32　讲义母版功能区

2. 制作备注母版

备注是指演讲者在幻灯片下方输入的内容，根据需要可将这些内容打印出来。要想使这些备注信息显示在打印的纸张上，就需要对备注母版进行设置。

制作备注母版的方法为在【视图】→【母版视图】组中单击"备注母版"按钮 🖹，进入备注母版编辑状态，如图4-33所示。其设置方法与讲义母版以及幻灯片母版相同。

图4-33　备注母版功能区

4.2.4　课堂案例2——制作"世界地理"课件的幻灯片母版

本案例要求制作一个世界地理课件的幻灯片母版，其中涉及制作幻灯片母版的相关操作，完成后的参考效果如图4-34所示。

素材所在位置	光盘:\素材文件\第4章\课堂案例2\
效果所在位置	光盘:\效果文件\第4章\课堂案例2\世界地理.pptx
视频演示	光盘:\视频文件\第4章\制作"世界地理"课件的幻灯片母版.swf

图4-34　"世界地理"演示文稿参考效果

职业素养

地理教材中，有许多内容适合制作课件。适合制作课件的情况主要有以下几种：常规实际演示或教学方法所不能解决的问题；在现实实验中仪器设备太笨重、太昂贵时；常规真实情景不可能长时间稳定时；通过课件能很好解决而且有优势，并能使学习者有切身的体会，例如四季的形成、地壳运动等抽象的内容，利用计算机的图形、动画、视频等功能，进行显示、模拟，使之直观、形象化，促进学生的理解和记忆。

（1）启动PowerPoint 2010，在【视图】→【母版视图】组中单击"幻灯片母版"按钮 ▭，如4-35所示。

（2）进入幻灯片母版视图，选择第1张幻灯片，在【幻灯片母版】→【背景】组中单击 ▨背景样式▾ 按钮，在打开的下拉列表框中选择"设置背景格式"选项，如图4-36所示。

图4-35　进入母版视图

图4-36　设置背景

（3）打开"设置背景格式"对话框，在"填充"选项卡中单击选中"图片或纹理填充"单选项，单击 文件(F)... 按钮，如图4-37所示。

（4）打开"插入图片"对话框，选择背景图片所在的文件夹，这里选择"2.tif"图片，单击 插入(S) 按钮，如图4-38所示。

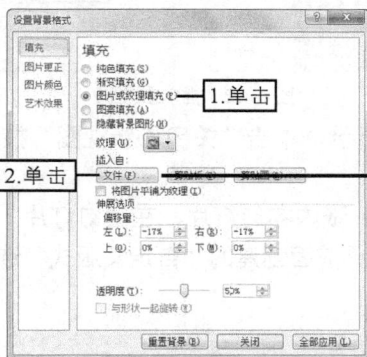

图4-37　选择背景样式

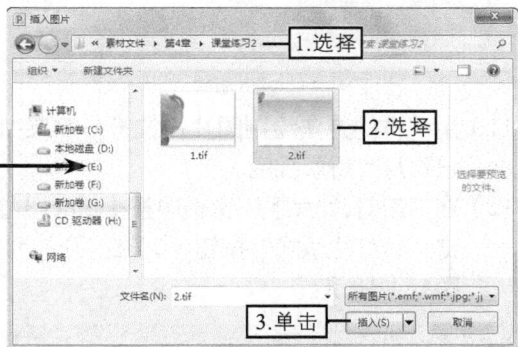

图4-38　选择图片

（5）选择第2张幻灯片，用同样的方法把素材"1.tif"图片设置为背景。

（6）选择标题占位符，设置字体格式为"楷体，32，加粗，文字阴影"，设置段落格式为"文本左对齐"，如图4-39所示。

（7）选择副标题占位符，设置格式为"宋体，18，文本左对齐"，如图4-40所示。

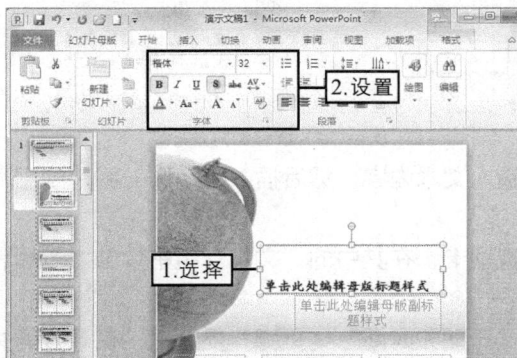

图4-39　设置标题格式

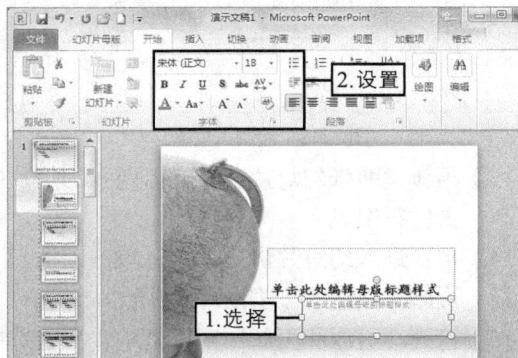

图4-40　设置副标题格式

（8）选择第1张幻灯片，用同样的方法设置标题占位符格式为"楷体，32，文字阴影，文本左对齐"，设置副标题占位符格式为"宋体，20，文本左对齐"。

（9）在【幻灯片母版】→【编辑母版】组中单击"插入版式"按钮，新建一张幻灯片，在"母版版式"组中单击"插入占位符"按钮，在打开的列表中选择"内容"选项，如图4-41所示。

（10）在幻灯片中拖动鼠标绘制一个内容占位符，再在"母版版式"组中单击"插入占位符"按钮，在打开的列表中选择"图片"选项，如图4-42所示。

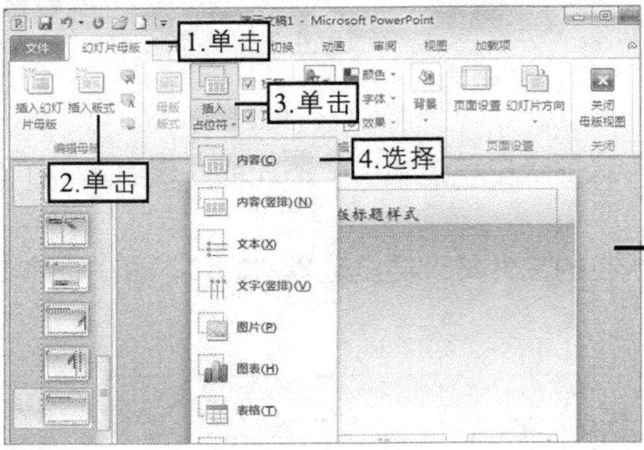

图4-41 插入版式 　　　　　　　　　　　图4-42 插入占位符

（11）用同样的方法绘制图片占位符，效果如图4-43所示，单击"关闭母版视图"按钮退出幻灯片母版视图。

（12）在"幻灯片/大纲"窗格中按【Enter】键，新建一张内容幻灯片，在"幻灯片"组中单击"幻灯片版式"按钮，在打开的列表框中选择前面创建的"自定义版式"选项，如图4-44所示。

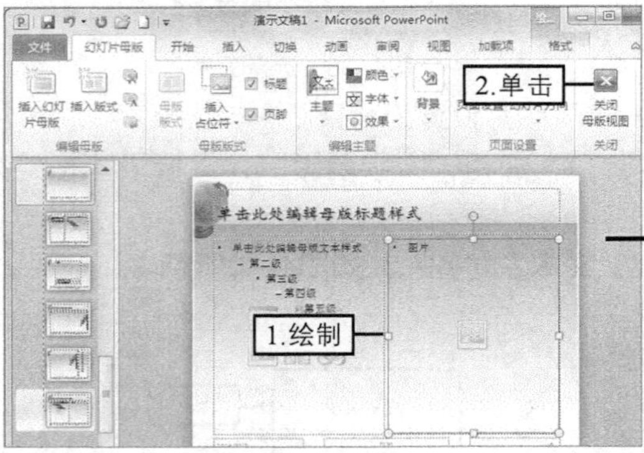

图4-43 绘制占位符 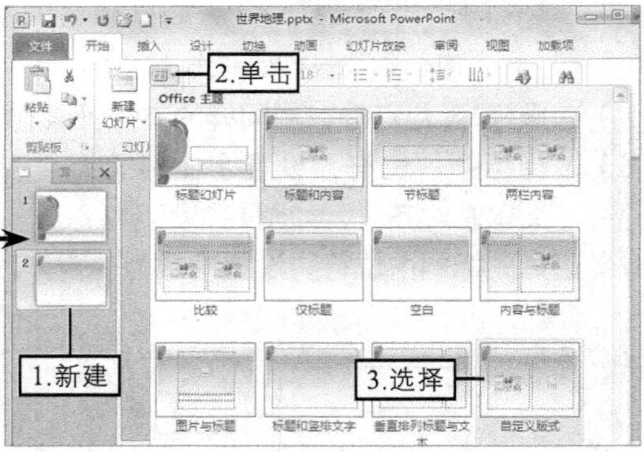 　　　　　　　　　　图4-44 设置幻灯片版式

（13）再新建两张幻灯片，并在前两张幻灯片中输入文本内容，然后插入"3.jpg"图片到图片占位符中。

（14）再次进入幻灯片母版视图，单击"插入"选项卡，在其中的"文本"组中单击"页眉和页脚"按钮，如图4-45所示。

（15）打开"页眉和页脚"对话框中，单击选中"日期和时间""页脚"复选框，在下方的文本框中输入"中国地理 课件"文本，单击 全部应用(Y) 按钮，如图4-46所示，然后退出母版编辑视图，保存课件，完成操作。

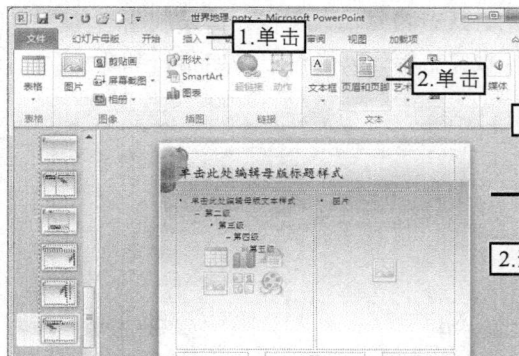

图4-45 插入页眉和页脚

图4-46 设置页脚

4.3 课堂练习

本课课堂练习将分别制作电子相册和教师节演示课件，综合练习本章学习的知识点，学习图形图像处理的具体操作。

4.3.1 制作"中学英语"课件模板

1. 练习目标

本练习的目标是制作"中学英语"课件模板，主要涉及幻灯片布局和背景配色的相关操作。在制作课件模板的过程中，除了设置背景图片和输入文本外，还需要绘制自选图形和设置主题字体。本练习完成后的参考效果如图4-47所示。

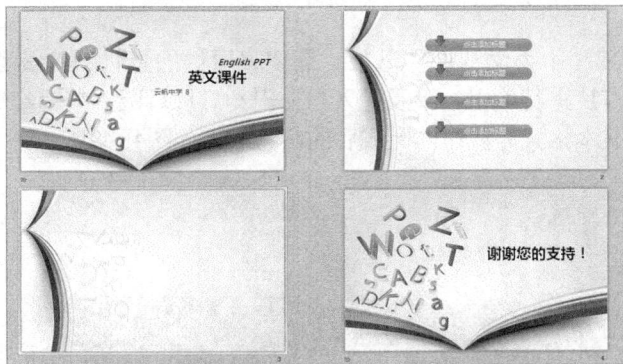

图4-47 "中学英语"演示文稿参考效果

素材所在位置 光盘:\素材文件\第4章\课堂练习\中学英语\

效果所在位置 光盘:\效果文件\第4章\课堂练习\中学英语.potx

视频演示 光盘:\视频文件\第4章\制作"中学英语"课件模板.swf

2. 操作思路

完成本练习需要先在新建的演示文稿中设置幻灯片背景并输入文本，再绘制图形和设置主题字体样式，然后调整幻灯片样式并将其保存为模板文档等，其操作思路如图4-48所示。

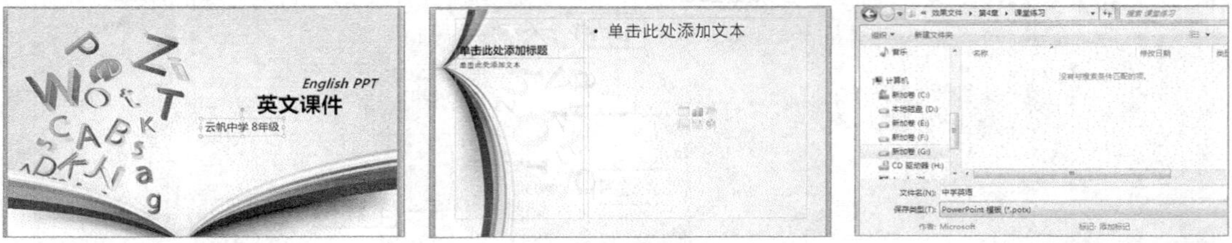

① 设置背景　　　　　② 设置主题字体　　　　　③ 保存模板

图4-48　制作"中学英语"课件模板的制作思路

（1）启动PowerPoint 2010，新建3张幻灯片，在第1和第4张幻灯片中设置背景图片为"图片1.jpg"，在第2和第3张幻灯片中设置背景图片为"图片2.jpg"。

（2）在第1张幻灯片中删除占位符，插入3个文本框，输入文本，3个文本框中的文本格式分别为"微软雅黑，24，加粗，倾斜，文本右对齐""微软雅黑，40，加粗，居中""微软雅黑，20，文本左对齐"。

（3）用同样的方式在第4张幻灯片中输入文本，格式为"微软雅黑，40"。

（4）设置第3张幻灯片的版式为"内容与标题"，主题字体为"暗香扑面"。

（5）在第2张幻灯片中绘制自选图形"圆角矩形"和"下箭头"，颜色为"深红""深蓝，文字2，淡色40%"，在圆角矩形上添加文本框，格式为"微软雅黑，20，居中"。

（6）将演示文稿保存为模板文件。

4.3.2　制作"高中力学"课件母版

1. 练习目标

本练习要求制作"高中力学"课件母版，需要将提供的素材图片设置为幻灯片母版的背景，并对母版中的幻灯片进行编辑，涉及进入与退出幻灯片母版、编辑幻灯片主题、设置页眉和页脚、设置图片、文本格式等操作。完成后的参考效果如图4-49所示。

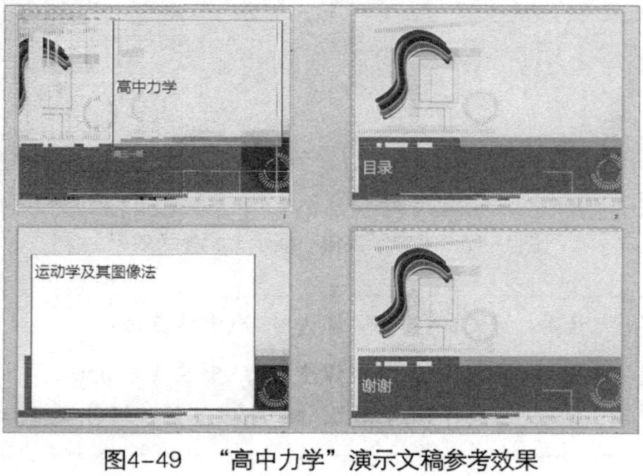

图4-49　"高中力学"演示文稿参考效果

素材所在位置	光盘:\素材文件\第4章\课堂练习\高中力学\
效果所在位置	光盘:\效果文件\第4章\课堂练习\高中力学.pptx
视频演示	光盘:\视频文件\第4章\制作"高中力学"课件母版.swf

2. 操作思路

完成本练习需要设置幻灯片背景和页眉页脚，再在幻灯片中设置文本格式和版式，然后新建一种幻灯片的版式，其操作思路如图4-50所示。

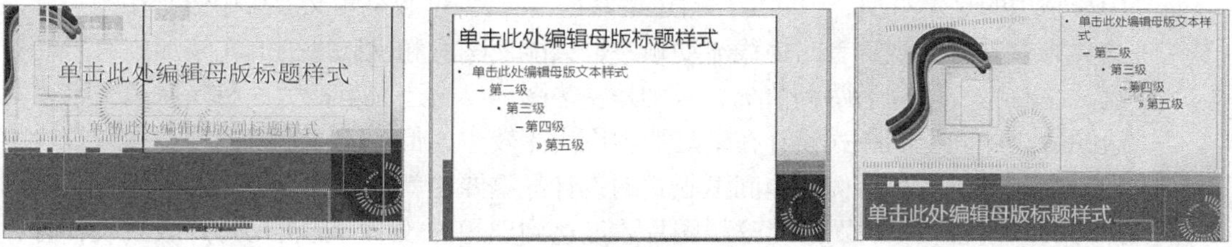

① 设置幻灯片背景　　② 设置文本格式和版式　　③ 新建幻灯片版式

图4-50　制作"高中力学"课件母版的操作思路

（1）新建演示文稿，进入幻灯片母版模式，将素材图片"背景.tif"设置为标题幻灯片的背景，将素材图片"背景1.tif"设置为其他幻灯片的背景。

（2）设置幻灯片母版的页眉和页脚，日期为"自动更新"，并设置日期的格式，进行幻灯片编号，页脚为"高中物理-力学"，页眉和页脚的文字颜色为"黑色"，页脚的字体格式为"微软雅黑"。

（3）选择标题幻灯片，移动标题占位符的位置，设置文本格式为"微软雅黑，40，深蓝、文字2、深色50%，文本左对齐"，移动副标题占位符的位置，设置文本格式为"微软雅黑，20，水绿色、强调文字颜色5、淡色60%，文本左对齐"。

（4）选择内容幻灯片，移动标题占位符的位置，设置文本格式为"微软雅黑，40，黑色，文本左对齐"，移动内容占位符的位置，设置文本格式为"微软雅黑，24，黑色，文本左对齐"。

（5）插入版式，在标题占位符下面的左侧绘制图片占位符，右侧绘制内容占位符。

（6）插入版式，将素材图片"背景2.tif"设置为该版式幻灯片的背景，移动标题占位符，设置文本格式为"水绿色、强调文字颜色5、淡色60%"，并在幻灯片右上角插入内容占位符，退出母版视图。

（7）新建3张幻灯片，两张版式为"1-自定义版式"，一张为"自定义版式"，保存文档。

4.4 拓 展 知 识

本节主要介绍课件中幻灯片的版式设计和颜色搭配的相关知识。

1. 幻灯片版式设计

幻灯片版式的设计主要有文字型、图文混排型和全图型3种方式。为幻灯片设计版式不仅可以提高画面的美观性，还能增加课件的专业性。

◎ **文字型幻灯片版式**：文字型幻灯片的版式设计包括字体格式、段落格式、排列方式等，幻灯片版式的设计主要是根据文本内容的多少来决定。文字型幻灯片的版式设计主要包括两种，一种是通栏型，就是文字从上到下进行排列；另一种是左右型，即左右都有文字。需注意在对文字进行排版时，要根据文字内容的多少对文字的间距和行距进行合理的设置，如果段落文本较多，可设置相应的项目符号，使各段落之间的结构更清晰。

◎ **图文混排型版式**：图文混排是幻灯片中最常见的一种版式设计，图文混排型版式设计中最常用的是左右型、中间型、斜边型3种。左右型排版是图文混排中最常用的一种，这类排版既符合观赏者的视线流动顺序，又能使图片和横向排列的文字形成有力的对比。左右型一般分为两种情况，一种是左边图片，右边文字；另一种是左边文字，右边图片。中间型的版式设计在幻灯片中应用比较少，但一般都是将图片排在幻灯片中间，文字排于图片两侧。中间型版式的设计最重要的就是图片与文字的搭配，必须选择与文本内容相符的图片，这样图片才能达到理想的效果。在对幻灯片版式设计时，针对这一类型，左右文字与图片之间的距离要保持一致，这样才能使图文的搭配更协调。上下型版式设计在幻灯片中也比较常用。在对这类版式进行设计时，要注意文字的多少和文字与图片的排列位置，这样才能使整个版式更协调。

◎ **全图型版式**：全图型版式多用于标题页幻灯片。在对全图型幻灯片版式进行设计时，图片的选用和排列方式非常重要，而且文字内容必须要少，只需突出重点即可。使用全图型版式设计，既可给学生一种强烈的视觉冲击力，让观众快速理解、记忆所传递的内容，又可增加幻灯片画面的美观性。但在使用这种类型时，要特别注意图片和文字的搭配效果。如图4-51所示为全图型的幻灯片版面。

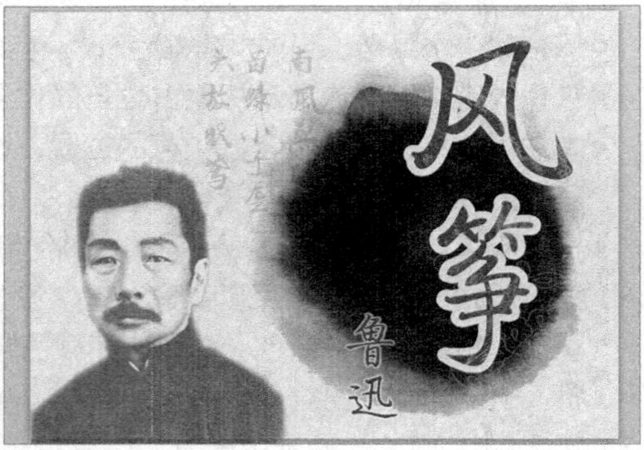

图4-51　全图型版式

2. 颜色搭配

颜色搭配是制作课件的必要环节，颜色搭配的好坏，不仅会影响课件的美观性，还影响课件的品质感，对课件中知识的传达效果也有一定的影响。

◎ **从优秀的演示文稿中学习**：对没有美术基础的老师来说，配色显得非常困难，如果搭配不好就会影响整个课件的效果。在为课件配色时，最好应用系统提供的配色方案，若提供的配色方案不能满足需要时，可学习、借鉴一些优秀演示文稿中的配色方案，这样才不会因配色失败而导致整个课件的质量降低。如图4-52所示为两个配色较好的演示文稿，左边是用于工作报告类演示文稿的模板，主要采用蓝色和白色这两种颜色。右边的演示文稿其主题色是红色和淡红色两种，颜色搭配比较合理。

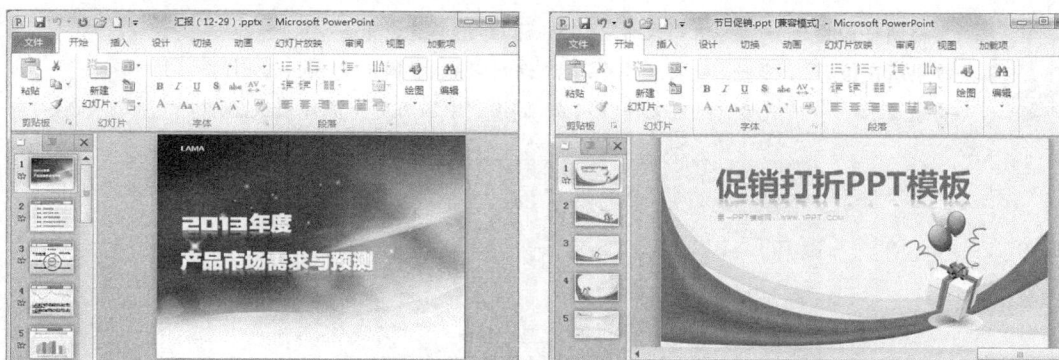

图4-52　配色优秀的演示文稿

◎ **通过课件内容相关因素搭配**：课件制作的主要目的是展示其中的内容，主要内容是各学科的知识，颜色搭配可以根据各学科的相关因素来搭配，如理科可以使用冷色调的颜色。还可以根据学校校徽的颜色搭配，校服的颜色搭配，各班级班徽的颜色搭配等。这样不仅可以提高课件的美观性，还能达到宣传学校的作用，一举两得。

◎ **学习专业网站的颜色搭配**：为课件配色可借鉴的方案很多，制作者不仅可学习一些优秀演示文稿里的配色方案，还可学习专业PPT网站的配色，如http//www.17ppt.com、http://sc.chinaz.com等。因为网站都是一些专业人士设计的，因此其配色比较专业。在制作课件时，如果不知道如何配色，可打开这一类专业网站，然后借鉴其配色方案。如图4-53所示为两个国外的专业PPT网站。

图4-53　专业PPT网站

4.5　课后习题

（1）新建演示文稿，利用前面讲解的课件版式设计的相关知识制作出中学历史课件模板，最终效果如图4-54所示。

提示：插入"背景.jpg"作为幻灯片背景，在幻灯片中绘制矩形"形状填充和形状轮廓都为白色，透明度为60%，置于底层"，设置标题文本为"汉仪长美黑简，渐变填充−黑色、轮廓−白色、外部阴影"。新建一张幻灯片，版式为"垂直排列标题与文本"。继续新建幻灯片，为新建的幻灯片设置版式为"节标题"。

素材所在位置	光盘:\素材文件\第4章\课后习题\背景.jpg
效果所在位置	光盘:\效果文件\第4章\课后习题\中国历史.potx
视频演示	光盘:\视频文件\第4章\制作"中国历史"课件模板.swf

图4-54 "中国历史"演示文稿参考效果

（2）新建演示文稿，利用前面讲解的课件版式设计的相关知识制作中学化学课件母版，最终效果如图4-55所示。

   提示：将"背景.png"和"背景1.png"设置为母版背景，在幻灯片中绘制矩形"水蓝色，强调文字颜色5"，形状轮廓为黑色，透明度为43%。新建一个版式，在其中插入两个文本占位符，设置占位符的格式。

素材所在位置	光盘:\素材文件\第4章\课后习题\背景1.png、背景2.png
效果所在位置	光盘:\效果文件\第4章\课后习题\中学化学.pptx
视频演示	光盘:\视频文件\第4章\制作"中学化学"课件母版.swf

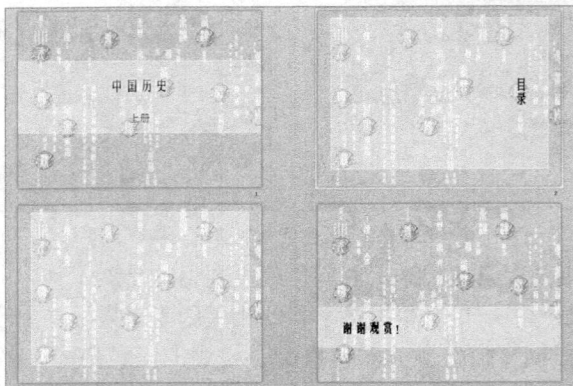

图4-55 "中学化学"演示文稿参考效果

第**5**章

添加表格和图表

本章将详细讲解在课件中插入与编辑表格和图表的相关操作，并对美化表格和图表进行全面讲解。读者通过学习应能够熟练掌握处理课件中表格和图表的各种操作方法，通过添加表格和图表，使课件中各数据信息之间的关系或对比更明显、更直观，也更利于学生理解各种数据信息。

学习要点

◎ 创建表格和图表
◎ 编辑表格和图表
◎ 设置表格和图表的样式
◎ 设置表格中文本格式
◎ 设置图表各元素的样式

学习目标

◎ 掌握表格处理的基本操作
◎ 掌握图表处理的基本操作

5.1 创建并美化表格

在制作幻灯片的过程中，当信息或数据比较繁多时，只用文字或图片来表示会显得比较复杂，不易理解，因此可以采用表格的形式，将数据进行分类显示。本节将详细讲解在课件中创建并美化表格的相关操作。

5.1.1 创建表格

在PowerPoint 2010中可以通过插入表格、手动绘制表格和插入Excel电子表格3种方式来创建表格，下面分别介绍。

1. 插入表格

插入表格是一种直接插入指定行列数表格的方法，可通过以下两种方式实现。

◎ **通过"插入表格"列表插入**：选择所需插入表格的幻灯片，在【插入】→【表格】组中单击"表格"按钮 🔲，在打开的"插入表格"列表中拖动鼠标选择要插入的行数和列数，如图5-1所示。

◎ **通过"插入表格"对话框插入**：选择需插入表格的幻灯片，在【插入】→【表格】组中单击"表格"按钮 🔲，在弹出的"插入表格"列表中选择"插入表格"选项，或在内容占位符中单击"插入表格"按钮 🔲，打开"插入表格"对话框，在其中的"列数"和"行数"数值框中输入要插入表格的行数和列数，单击 [确定] 按钮即可插入对应的表格，如图5-2所示。

图5-1 通过"插入表格"列表插入表格

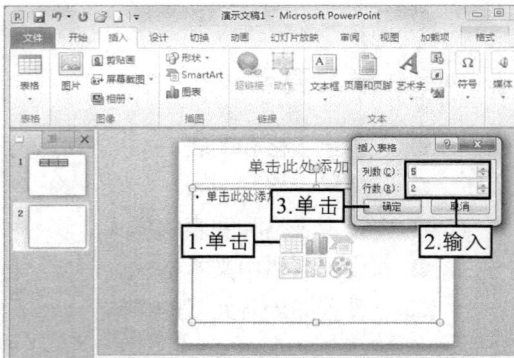

图5-2 通过"插入表格"对话框插入表格

2. 手动绘制表格

在幻灯片中还可手动绘制表格，其具体操作如下。

（1）选择需插入表格的幻灯片，在【插入】→【表格】组中单击"表格"按钮 🔲，在打开的"插入表格"列表中选择"绘制表格"选项。

（2）鼠标指针将变为铅笔状 ✐，在幻灯片中按住鼠标左键并拖动，绘制表格的外边框，如图5-3所示。

（3）在显示出来的【表格工具 设计】→【绘图边框】组中单击"绘制表格"按钮 🔲，鼠标指

针再次变为铅笔状 ∅，移动鼠标指针到表格当中，按住鼠标左键并拖动，绘制单元格的边框线，如图5-4所示。

图5-3 绘制表格边框

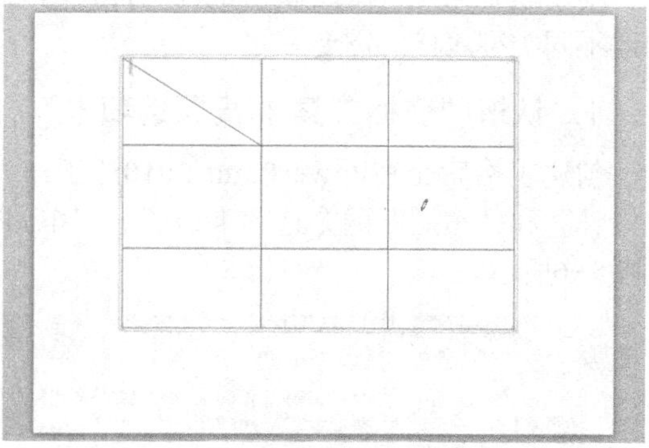

图5-4 绘制表格

操作技巧 单击"绘图边框"组中的"擦除"按钮 ▦，鼠标指针将变为 ∅ 形状，将其移动到要删除的表格框线上，然后单击鼠标左键，即可将该框线删除。

3. 插入Excel电子表格

除了插入表格和绘制表格外，在幻灯片中还可以创建Excel电子表格，在【插入】→【表格】组中单击"表格"按钮 ▦，在打开的"插入表格"列表中选择"Excel电子表格"选项，即可插入Excel电子表格，如图5-5所示。

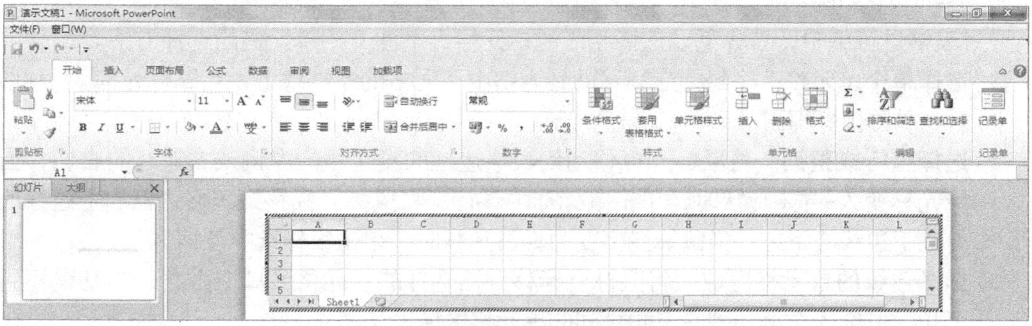

图5-5 插入Excel电子表格

在PowerPoint的界面中将显示Excel程序的功能区，接下来便可以对表格进行编辑操作，与在Excel程序中编辑一样，完成后在幻灯片的空白位置单击鼠标即可返回到PowerPoint的初始界面。若要再次编辑Excel电子表格，则双击幻灯片中的表格即可。

知识提示 插入的Excel电子表格是OLE（可用于在程序之间共享信息的程序集成技术，所有Office程序都支持OLE，所以可以通过链接和嵌入对象共享信息。）嵌入对象。因此应用到表格的主题并不会根据演示文稿的主题而更改，用户也不能通过PowerPoint中的选项来编辑表格。

5.1.2 编辑表格

刚创建到幻灯片中的表格是各行各列均匀分布的，接下来就可以对表格进行编辑，以满足创建不同类型表格的需要。

1. 认识"表格工具 布局"选项卡

创建表格后，在PowerPoint 2010的工作界面中会显示"表格工具"选项卡，其中包含了"设计"和"布局"两个选项卡，通过"布局"选项卡中的选项可对表格进行各种编辑操作，如图5-6所示。

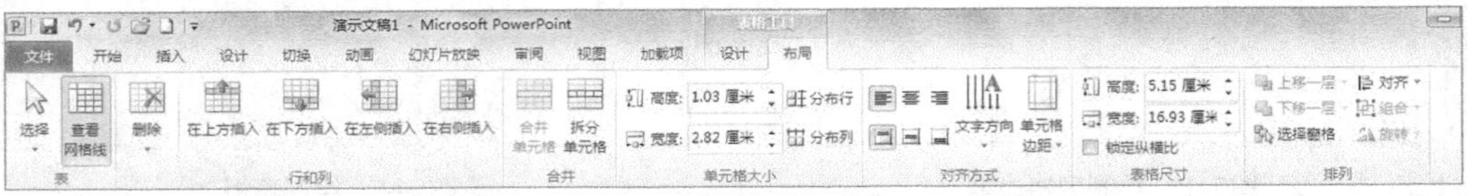

图5-6 "表格工具 布局"选项卡功能区

2. 在表格中输入文本

在表格中输入文本的方法非常简单，创建表格后，将鼠标光标定位到需输入文本的单元格中即可输入所需的文本。设置表格中的文本格式的方法则与在幻灯片中设置文本的方法相同。

> **操作技巧**
> 在一个单元格中将文本输入完成后，需重新定位鼠标光标或者按方向键，才能定位到下一个单元格中继续输入。

3. 选择单元格

要对表格进行编辑，首先需要选择相应的单元格，下面介绍单元格的选择方法。

◎ **选择单个单元格**：将鼠标光标移动到表格中单元格的左端线上，当鼠标光标变为➚形状时，单击鼠标即可。

◎ **选择整行或整列**：将鼠标光标移动到表格边框的左边线的左侧或右边线的右侧，当鼠标光标变为→或←形状时，单击鼠标选中该行；将鼠标光标移到表格边框的上边线的上方或下边线的下方，当鼠标光标变为↓或↑形状时，单击鼠标选中该列。

◎ **选择连续的单元格区域**：将鼠标光标移到需选择的单元格区域左上角，拖动鼠标到右下角，可选择左上角到右下角之间的单元格区域。

◎ **选择整个表格**：将鼠标光标移动到任意单元格中单击，再按【Ctrl +A】组合键，可选择整个表格。

4. 插入/删除行和列

在制作表格的过程中，如果发现行列数不符合实际需要时，可以插入行或列，如果出现有多余的行或列时，则可以将它们删除。

◎ **插入行和列**：选择表格中要插入位置的上（或下）一行或列，在【布局】→【行和列】组中单击"在上方插入"按钮▦、"在下方插入"按钮▦、"在左侧插入"按钮▦或"在右侧插入"按钮▦进行插入。

◎ **删除行和列**：选择需要删除的行或列，在【布局】→【行和列】组中单击"删除"按钮，在打开的列表中选择"删除列"或"删除行"选项即可。

　　　在表格中选择某行或某列后，按【Delete】键或者【Back Space】键，只能删除其中的内容，而不能删除该行或列。

5. 合并拆分单元格

在制作表格的过程中，常常需要使用不同大小的单元格，这时可以通过合并或拆分单元格来实现。

◎ **合并单元格**：选择需要合并的几个单元格，单击鼠标右键，在弹出的快捷菜单中选择"合并单元格"命令，或者在【布局】→【合并】组中单击"合并单元格"按钮，即可将选择的单元格合并为一个单元格。

◎ **拆分单元格**：选择需要拆分的单元格，在【布局】→【合并】组中单击"拆分单元格"按钮，打开"拆分单元格"对话框，在"列数"和"行数"数值框中输入需要的数值，然后单击 确定 按钮，即可将一个单元格拆分为几个。

6. 调整行高和列宽

当在单元格中输入的内容太多时，表格会自动改变该行的高度来满足需求，这时就需要调整表格的行高和列宽，使表格的布局更加和谐美观，有以下几种方法。

◎ 将鼠标指针移到表格外边框的控制点上，当其变为双向箭头↔、↗、↕、↖时，按住鼠标左键并拖动可以改变整个表格的行高或列宽。

◎ 将鼠标指针移到表格的内部边框线上，当其变为÷或╫形状时，按住鼠标左键并拖动可以改变所选择的内部线所在的行高或列宽。

◎ 选择单元格后，在【表格工具 布局】→【单元格大小】组中的"行高"和"列宽"数值框中设置行高和列宽的值；若单击 分布行 和 分布列 按钮，可以使表格内所有单元格的行高或列宽相同。

5.1.3　美化表格

幻灯片中的表格颜色、样式及文本格式都会影响幻灯片的整体效果，因此在制作完表格内容后，还需要对表格进行美化，使幻灯片更加美观。

1. 美化边框和底纹

设置表格的边框和底纹样式可以使表格的轮廓更加鲜明，也使表格看起来更加专业。

在选择表格后，可以通过"表格工具 设计"选项卡中的选项对表格的边框、底纹进行设置，如图5-7所示，在功能区中的"表格样式"组中有一个外观样式列表，其中包含有许多设计好边框和底纹颜色的样式，可直接选择应用。

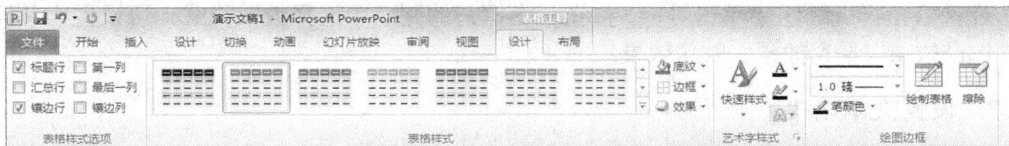

图5-7　"表格工具 设计"选项卡功能区

另外还可以根据需要自定义表格的边框和底纹，具体操作如下。

（1）选择需要添加边框和底纹的表格，单击"表格工具 设计"选项卡。

（2）在"绘图边框"组的"笔样式"下拉列表框中选择边框的线型，如图5-8所示；在"笔粗细"下拉列表框中选择边框的线条宽度，如图5-9所示；在"笔颜色"下拉列表框中选择边框的颜色，如图5-10所示。

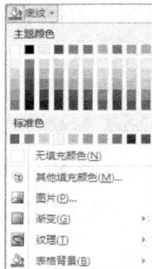

图5-8 笔样式　　　　　　　　图5-9 笔粗细　　　　　　　　图5-10 笔颜色

（3）在"表格样式"组中单击 边框 按钮，在打开的列表中选择表格边框的显示类型，如图5-11所示，即可将边框线设置为选定的样式。

（4）在"表格样式"组中单击 底纹 按钮，在打开的列表中选择表格的填充颜色，可设置为纯色、渐变色、纹理或图片等填充效果，如图5-12所示。

图5-11 边框　　　　　　　　图5-12 底纹

知识提示　在"底纹"列表中选择相应的选项，可使用纯色、图片、渐变或纹理填充表格，如果选择"表格背景"选项，在其中选择的背景色将显示在应用于单元格的填充色的下面。所以，边框和底纹并不只是针对整个表格，对表格中的部分单元格也可以进行设置。

2. 设置表格效果

对表格也可设置一些特殊效果，如单元格凹凸、阴影及映像等效果，具体操作如下。

（1）选择需要设置效果的表格，单击"表格工具 设计"选项卡。

（2）在"表格样式"组中单击 效果 按钮，在打开的列表中选择效果样式，可设置为单元格凹凸效果、阴影效果、映像效果。

3. 设置文本格式

文本是表格中的重要内容，同样需要对其进行一定的格式设置，首先要在表格中选择需要设置的文本，或选择该文本所在的单元格，接下来便可以进行格式的设置操作。

◎ **设置字体格式**：选择文本后，会自动出现浮动工具栏，可通过其中的选项设置文本的字体、字号、颜色等格式，如图5-13所示。

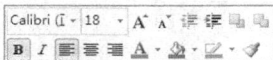

图5-13　设置字体格式的浮动工具栏

◎ **设置文本为艺术字样式**：在【表格工具 设计】→【艺术字样式】组中可设置艺术字的样式、填充颜色、轮廓样式、艺术字效果。

◎ **设置对齐方式**：在【表格工具 布局】→【对齐方式】组中可设置文本在单元格中的对齐方式。

5.1.4　课堂案例1——编辑"九九乘法表"小学数学课件

本案例要求根据提供的素材文档，对其进行编辑修改，主要是处理幻灯片中的表格。完成后的参考效果如图5-14所示。

素材所在位置	光盘:\素材文件\第5章\课堂案例1\九九乘法表.pptx
效果所在位置	光盘:\效果文件\第5章\课堂案例1\九九乘法表.pptx
视频演示	光盘:\视频文件\第5章\编辑"九九乘法表"小学数学课件.swf

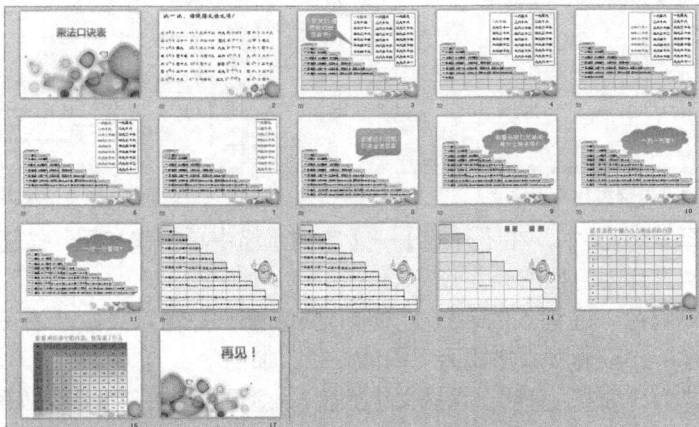

图5-14　"九九乘法表"演示文稿参考效果

（1）打开提供的素材文档，选择第15张幻灯片，在【插入】→【表格】组中单击"表格"按钮，在打开的"插入表格"列表中选择"插入表格"选项，如图5-15所示。

（2）打开"插入表格"对话框，在其中的"列数"和"行数"数值框中都输入"10"，单击 确定 按钮，如图5-16所示。

（3）选择插入的表格，将鼠标光标移动到表格的边框上，调整表格的大小，并在第1行和第1列中输入数字。

（4）选择该表格，在【表格工具 布局】→【对齐方式】组中单击"居中"按钮和"垂直居中"按钮，如图5-17所示。

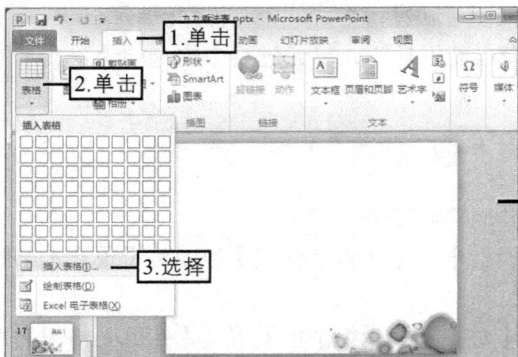

图5-15 插入表格

图5-16 设置表格行列数

（5）在【表格工具 设计】→【表格样式】组中单击"表格样式"列表框右下角的"其他"
按钮，在弹出的下拉列表框的"中"栏中选择"中度样式4-强调1"选项，如图5-18
所示。

图5-17 设置表格文本格式

图5-18 设置表格样式

（6）在表格中选择第1列文本，在【开始】→【字体】组中单击"加粗"按钮 **B**，将该表格复
制到第16张幻灯片中，如图5-19所示。

（7）选择第15张幻灯片，在插入的表格上方插入文本框，并输入文本"请在表格中输入九九
乘法表的内容"，设置文本格式为"宋体，32，加粗"。

（8）设置文本样式为"填充-蓝色，强调文字颜色1，金属棱台，映像"，如图5-20所示。

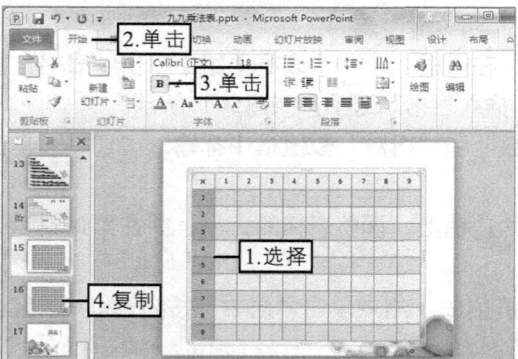

图5-19 设置文本格式

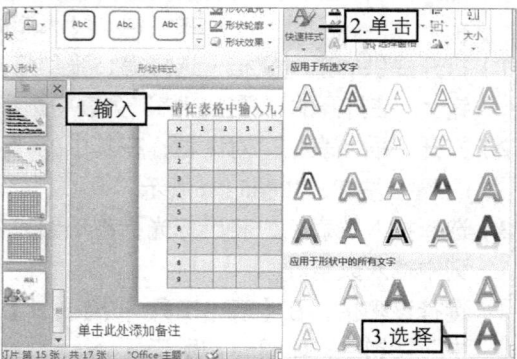

图5-20 设置艺术字

（9）在第16张幻灯片中插入文本框，输入"看看乘法表中的内容，你发现了什么"文本，设置与上一张幻灯片中文本相同的艺术字样式。

（10）选择表格中的第1列和第1行，在【表格工具 设计】→【表格样式】组中单击 底纹 按钮，在打开的列表中选择"蓝色，强调文字颜色1，深色25%"选项，用同样的方法设置其他列和行的底纹颜色，分别为"深蓝，文字2，淡色40%""蓝色，强调文字颜色1，淡色40%""深蓝，文字2，淡色60%""蓝色，强调文字颜色1，淡色60%""深蓝，文字2，淡色80%""蓝色，强调文字颜色1，淡色80%""白色，背景1，深色15%""白色，背景1，深色5%""白色，背景1"，效果如图5-21所示。

（11）在【表格工具 设计】→【表格样式】组中单击 效果 按钮，在打开的列表中选择"映像"选项，在弹出的列表框的"映像变体"栏中选择"紧密映像，接触"选项，如图5-22所示，然后保存演示文稿，完成操作。

图5-21 设置底纹

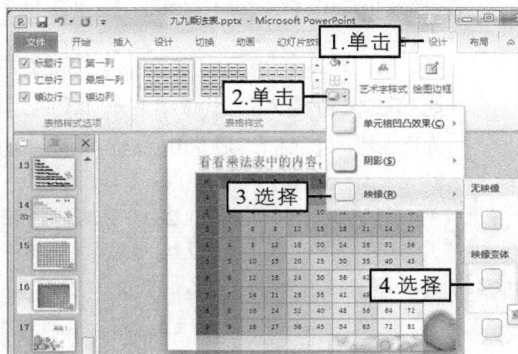

图5-22 设置艺术效果

5.2 创建并美化图表

在PowerPoint中添加表格，可以使多项数据显示得更清楚，为了使各数据之间的关系或对比更直观、更明显，还可以使用PowerPoint提供的图表功能在幻灯片中添加图表，并对图表进行一定的编辑操作，使幻灯片的外观更加丰富。本小节将详细讲解幻灯片中图表的处理方法，如插入图表、编辑图表、美化图表等。

5.2.1 插入图表

在PowerPoint 2010中，使用图表可根据复杂数据的比例来显示其对应关系。在PowerPoint中插入图表主要有两种方法。

◎ **通过功能区插入**：选择需要插入图表的幻灯片，在【插入】→【插图】组中单击"图表"按钮 ，打开"插入图表"对话框，在左侧的窗格中选择一种图表类型，在右侧的列表框中选择一种图表，然

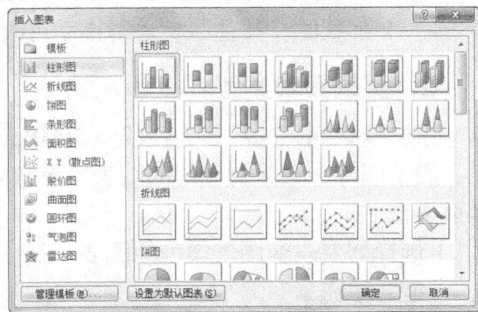

图5-23 "插入图表"对话框

后单击 确定 按钮，如图5-23所示。在该幻灯片中即可显示创建的图表，同时，系统将自动启动Excel 2010，在蓝色框线内的相应单元格中输入需在图表中表现的数据，如图5-24所示。

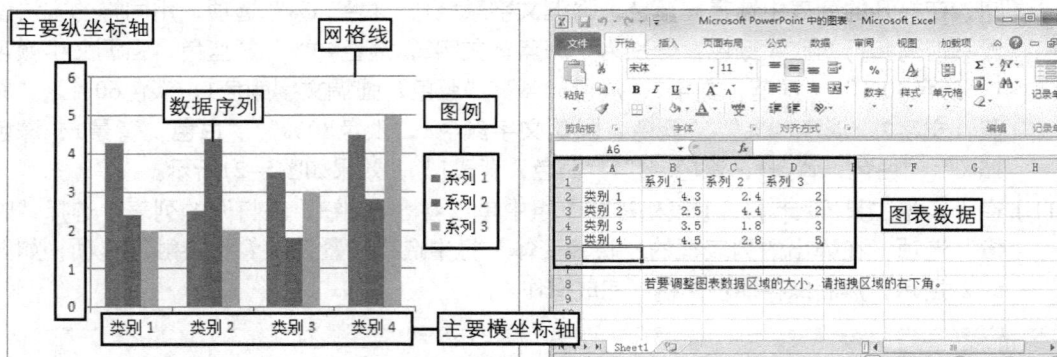

图5-24　插入图表

◎ **通过占位符插入**：选择第4张幻灯片，单击占位符中的"插入图表"按钮，打开"插入图表"对话框，后面的操作与通过功能区插入相同。

> **知识提示**　在PowerPoint 2010中选择的图表类型不同，使用Excel 2010编辑的数据也不相同，其中蓝色的框线内的数据为显示在图表中的数据，当在蓝色框线外的单元格中输入数据后，蓝色框线会自动改变其范围。

5.2.2　编辑图表

编辑图表的操作主要包括调整图表的位置和大小、更改图表类型、编辑图表中的数据、更改图表布局和更改图表样式等，下面分别进行讲解。

1. 调整图表位置和大小

PowerPoint默认创建的图表位置和大小不一定符合制作者的需求，这时就需要改变图表的位置和大小。其调整方法非常简单，与幻灯片中其他对象的操作相似。

◎ **调整图表位置**：单击选择图表，这时将出现一个文本框样式的边框将图表框住，将鼠标移动到该边框上，当其变为 形状时按住鼠标左键拖动可将其移动到其他位置。

◎ **调整图表大小**：选择图表后，将鼠标移到图表的控制点上，当鼠标变为⇔、╱、↕、形状时，按住鼠标进行拖动可改变图表大小。

2. 更改图表类型

系统默认插入的图表为柱状图，但PowerPoint 2010还提供了很多图表类型，如折线图、饼图、股价图等，如果对创建的图表不满意就可以更改图表的类型。在幻灯片中更改图表类型的具体操作如下。

（1）选择需要改变图表类型的图表，在【图表工具 设计】→【类型】组中单击"更改图表类型"按钮。

（2）打开"更改图表类型"对话框，在左侧的窗格中选择一种图表类型，在右侧的列表框中选择一种图表，然后单击 [确定] 按钮即可更改图表的类型。

知识提示　　　"更改图表类型"对话框与创建图表过程中的"插入图表"对话框的界面和操作完全相同，功能都是设置图表的类型。

3. 编辑图表中的数据

插入图表后，图表中的数据只是示例数据，用户要根据实际情况编辑图表中的数据，这时只需在Excel表格中进行编辑，而PowerPoint中的图表将用新数据自动更新，其具体操作如下。

（1）选择需要进行数据编辑的图表，在【图表工具 设计】→【数据】组中，单击"编辑数据"按钮 。

（2）此时会再次打开Excel 2010工作界面，若要编辑单元格中的标题内容或数据，则在工作表中单击需要更改的标题或数据的单元格，然后键入新的数据信息，如图5-25所示。

（3）输入完成后，可在幻灯片的图表中看到已经更改后的效果，如图5-26所示。然后关闭Excel 2010窗口，返回到幻灯片中进行其他的操作。

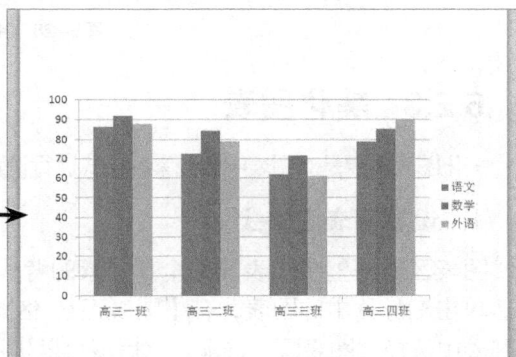

图5-25　输入新数据　　　　　　　　　　图5-26　编辑数据后的效果

知识提示　　　选择图表后，在【图表工具 设计】→【数据】组中单击"选择数据"按钮 ，在打开Excel 2010的同时将打开"选择数据源"对话框，通过它也可编辑数据。其中在左侧的"图例项"列表框中单击 [添加(A)] 按钮，在打开的对话框中设置名称和值后，可添加相应的数据项。选择数据项后，单击 [编辑(E)] 按钮可对其中的数据进行编辑，单击 [删除(R)] 按钮可将其从图表中删除。在右侧的"水平轴标签"列表框中单击 [添加(A)] 按钮，也可编辑其中的数据，如图5-27所示。

图5-27　"选择数据源"对话框

4. 更改图表布局

创建图表后，图表将应用系统默认的布局方式，图表中的元素按特定的排列顺序在图表中显示，如果对该布局不满意，也可以更改图表的布局。

◎ **快速布局**：选择需要更改的图表，在【图表工具 设计】→【图表布局】组中包含多种预定义的布局样式，直接选择需要的布局样式即可。

◎ **手动调整布局**：将鼠标指针移动到图表中，单击鼠标左键，选择一个图表元素，拖动也可改变其位置和大小。

> **知识提示**
> 对于图表中的某些元素，可手动改变其位置或大小，如标题、图表区、图例、数据标签，而其他元素则不能手动改变其位置或大小。

5. 更改图表样式

创建图表后，图表会应用系统默认的样式，用户可以根据需要对其更改。选择需要更改样式的图表后，在【图表工具 设计】→【图表样式】组中选择需要的图表样式即可，如图5-28所示。

图5-28　更改图表样式

5.2.3　美化图表

美化图表主要是对图表中各元素的格式进行设置，包括设置各元素的颜色、形状以及文本格式等。

1. 设置图表区格式

图表区即是整个图表及其全部元素的背景界面，可设置其背景色以及图表区中的文本格式。单击幻灯片中的图表，在【图表工具 格式】→【当前所选内容】组中的"图表元素"下拉列表中选择"图表区"选项，然后就可以进行图表区格式的设置。

◎ **设置形状样式**：在"形状样式"组中可设置图表区的背景填充色、轮廓、效果。

◎ **设置文本格式**：在【开始】→【字体】组中可设置图表区中文本的字体格式，还可以在【图表工具 格式】→【艺术字样式】组中设置文本的艺术字效果，如图5-29所示。

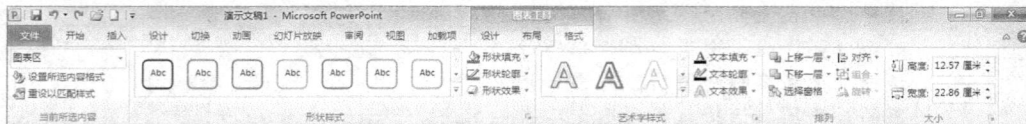

图5-29　设置图表区格式

2. 设置绘图区格式

在二维图表中，绘图区是通过轴来界定的包括所有数据系列的背景；在三维图表中，绘图区是通过轴来界定的包括所有数据系列、分类名、刻度线标志和坐标轴标题的背景。在默认情况下，绘图区的背景颜色同图表区的一样，都为白色，为了突出绘图区，可以重新设置其背景的颜色、样式、效果，具体操作如下。

（1）单击幻灯片中的图表，在"图表元素"下拉列表中选择"绘图区"选项。

（2）在【图表工具 格式】→【形状样式】组中设置绘图区的背景填充色、轮廓及效果，效果如图5-30所示。

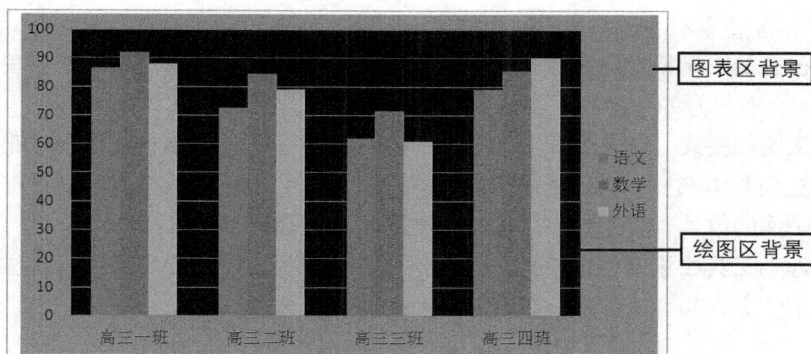

图5-30 设置绘图区和图表区背景的参考效果

> **操作技巧** 设置绘图区格式的操作与设置图表区的类似，区别在于不能对绘图区中的文本进行格式的设置，如果创建的是三维图表，还可单独设置其背景墙（含背面墙、侧面墙）和基底的背景色。

3. 设置数据系列格式

数据系列是图表中的重要元素，它使各组数据呈图形化显示，如图表中的柱形、饼形等图形，并且以不同的颜色进行区分。设置数据系列格式包括对形状、形状样式等的设置，可通过"设置数据系列格式"对话框来实现。其方法为选择幻灯片的图表中某种数据系列的图形，单击鼠标右键，在弹出的快捷菜单中选择"设置数据系列格式"命令，打开"设置数据系列格式"对话框，在左侧的窗格中单击对应的选项卡，在右侧的窗格中进行相应的设置即可，如图5-31所示。

图5-31 设置数据系列格式

> **知识提示** 将图表中各系列设置为不同的格式及效果，能够使数据形成更强烈的对比，更加突出图表所表达的内容。不同类型的图表，其数据系列的形状各不相同，所能设置的格式也各不相同。

4. 设置图例格式

图例是图表中对数据系列的具体说明，同时还包含用于标识图表中的数据系列或分类指定的图案或颜色，能使观看者对图表一目了然。

◎ **应用已有的图例格式**：选择图表，在【图表工具 布局】→【标签】组中单击"图例"按钮，在打开的下拉列表中选择一种图例样式，如图5-32所示。

◎ **自定义图例格式**：在【图表工具 布局】→【标签】组中单击"图例"按钮，在打开的下拉列表中选择"其他图例选项"选项，打开"设置图例格式"对话框，在其中可设置图例的位置、填充颜色、边框和效果等，如图5-33所示。

◎ **通过浮动工具栏设置图例格式**：在图例上单击鼠标右键，显示浮动工具栏，在其中可设置图例文本的字体格式，如图5-34所示。

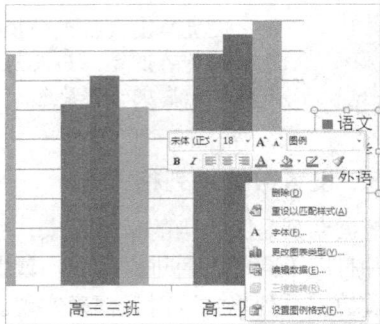

图5-32 选择图例样式　　图5-33 "设置图例格式"对话框　　　　图5-34 浮动工具栏

5. 设置网格线格式

网格线可以具体显示图表中数据系列的数值，可分为主要横网格线和主要纵网格线两种类型。

◎ **应用已有的网格线格式**：选择图表，在【图表工具 布局】→【坐标轴】组中单击"网格线"按钮，在打开的下拉列表中选择一种网格线和网格线样式，如图5-35所示。

◎ **自定义网格线格式**：在图表中选择一条网格线，单击鼠标右键，在弹出的快捷菜单中选择"设置网格线格式"命令，打开"设置主要网格线格式"对话框，在其中可以设置网格线的线条颜色和线型，如图5-36所示。

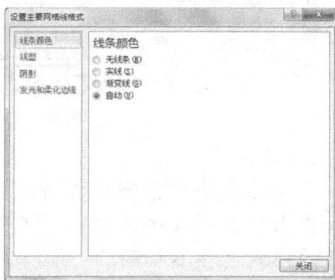

图5-35 选择网格线样式　　　　　图5-36 "设置主要网格线格式"对话框

6. 设置坐标轴格式

图表中通常有对数据进行度量和分类的坐标轴，为图表设置坐标轴格式能够使图表看起来更加鲜明，也有助于观看者理解图表。

◎ **应用已有的坐标轴格式**：选择图表，在【图表工具 布局】→【坐标轴】组中单击"坐标轴"按钮 📊，在打开的下拉列表中选择一种坐标轴和坐标轴样式，如图5-37所示。

◎ **自定义坐标轴格式**：在图表中选择一条坐标轴，单击鼠标右键，在弹出的快捷菜单中选择"设置坐标轴格式"命令，打开"设置坐标轴格式"对话框，在其中可以设置坐标轴的类型、标签格式、刻度线格式、对齐方式等，如图5-38所示。

图5-37　选择坐标轴样式

图5-38　"设置坐标轴格式"对话框

5.2.4　课堂案例2——编辑"空气的组成"中学化学课件

本案例要求为提供的素材演示文稿添加图表，并设置图表的格式，其中涉及插入、编辑、美化图表的操作，完成后的参考效果如图5-39所示。

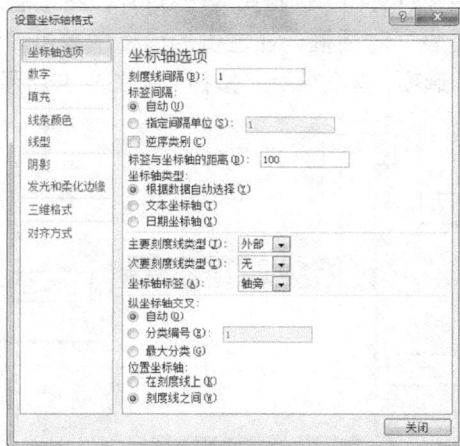

图5-39　"空气的组成"参考效果

素材所在位置　光盘:\素材文件\第5章\课堂案例2\空气的组成.pptx

效果所在位置　光盘:\效果文件\第5章\课堂案例2\空气的组成.pptx

视频演示　　　光盘:\视频文件\第5章\编辑"空气的组成"中学化学课件.swf

职业素养　　　科学性是化学课件的重要评价指标之一，制作化学课件的科学性原则主要包括模拟原理要正确，要反映主要的机制，细节可以淡化；要尊重事实，允许必要夸张；显示的文字、符号、公式及概念、规律的表述无误，配音也要正确几点。

（1）打开素材文档，选择第5张幻灯片，在【插入】→【插图】组中单击　图表按钮，打开"插入图表"对话框，在左侧的窗格中单击"饼图"选项卡，在右侧的列表框中选择"饼图"选项，单击　确定按钮，如图5-40所示。

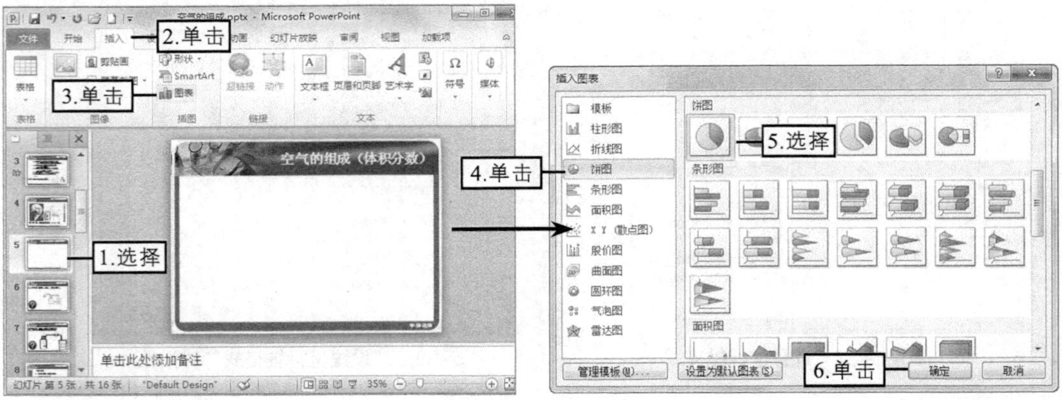

图5-40　插入图表

（2）在打开的Excel工作表中输入数据，如图5-41所示。

（3）调整图表大小，在【图表工具 设计】→【图表布局】组中单击"快速布局"按钮　，在弹出的列表中选择"布局6"选项，如图5-42所示。

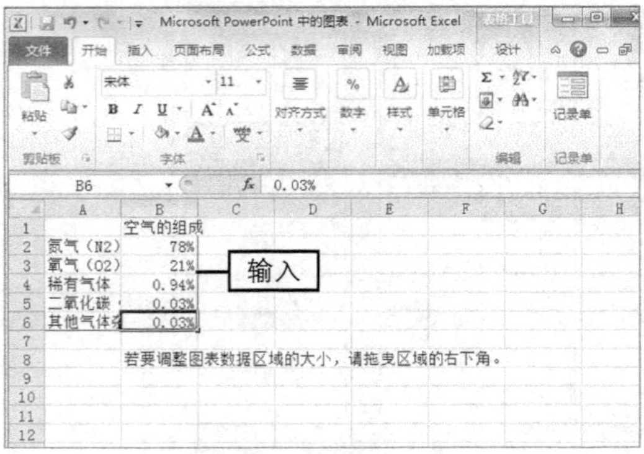

图5-41　输入数据

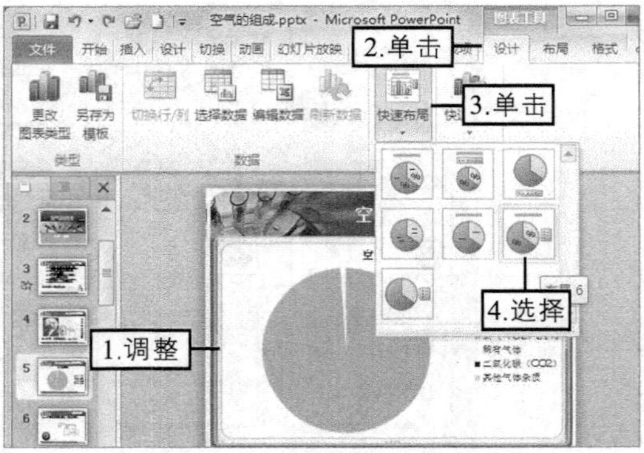

图5-42　设置图表布局

（4）在【图表工具 布局】→【标签】组中，单击　数据标签按钮，在打开的列表中选择"其他数据标签选项"选项，如图5-43所示。

（5）打开"设置数据标签格式"对话框，在"标签选项"选项卡的"标签包括"栏中单击选中"值"复选框，撤销选中"百分比"复选框，单击[关闭]按钮，如图5-44所示。

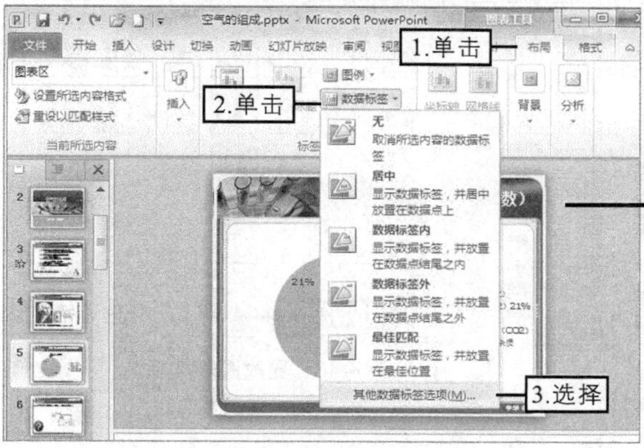

图5-43 选择操作

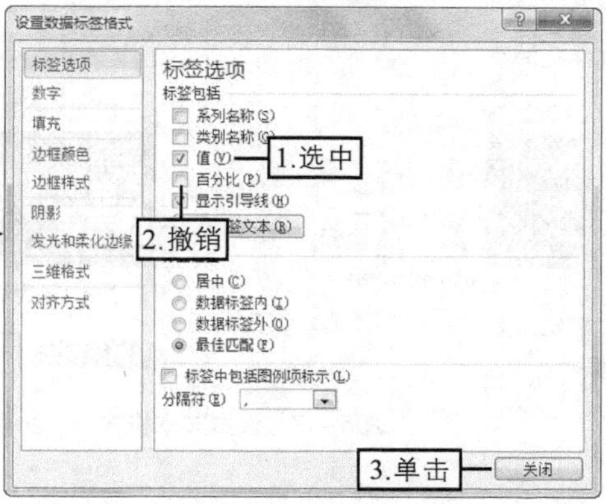

图5-44 设置标签选项

（6）在图表的图例中选择"稀有气体"图例项，单击鼠标右键，在弹出的快捷菜单中选择"设置图例项格式"命令，如图5-45所示。

（7）打开"设置图例项格式"对话框，在"填充"选项卡中单击选中"纯色填充"单选项，在"填充颜色"栏中将颜色设置为"绿色"，单击[关闭]按钮，如图5-46所示。

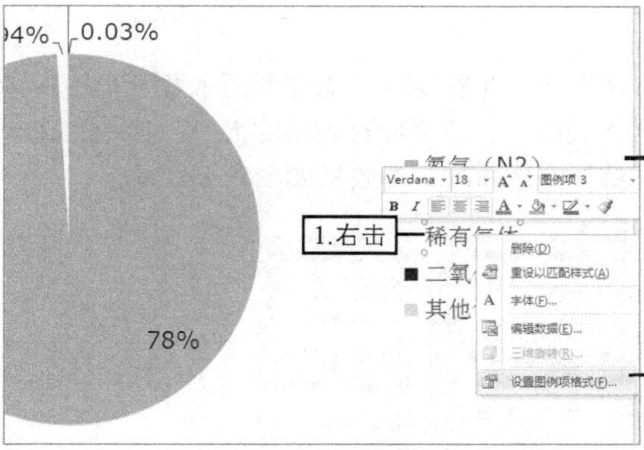

图5-45 设置图例项

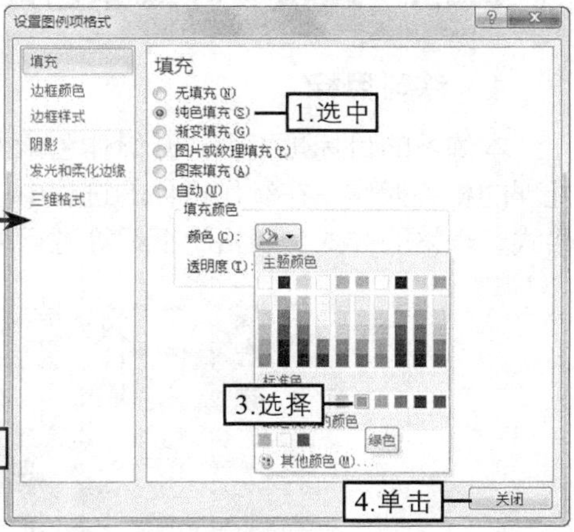

图5-46 设置颜色

（8）用同样的方法将"二氧化碳（CO_2）"图例项的颜色设置为"红色"，将"其他杂质"图例项的颜色设置为"黑色"。

（9）选择图例，在【开始】→【字体】组中将图例的文本设置为"微软雅黑"，选择标题文本，同样将其设置为"微软雅黑"。

（10）移动图表标题文本的位置，在【图表工具 格式】→【艺术字样式】组中将标题文本格式设置为"渐变填充-深蓝，强调文字颜色4，映像"，如图5-47所示。

（11）在【图表工具 设计】→【类型】组中，单击"更改图表类型"按钮📊，打开"更改图表类型"对话框，在右侧的列表框的"饼图"栏中选择"分离型饼图"选项，然后单击[确定]按钮，如图5-48所示，更改图表类型。

（12）保存演示文稿，完成操作。

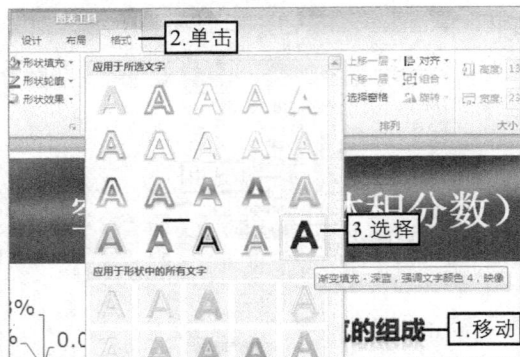

图5-47　设置文本格式

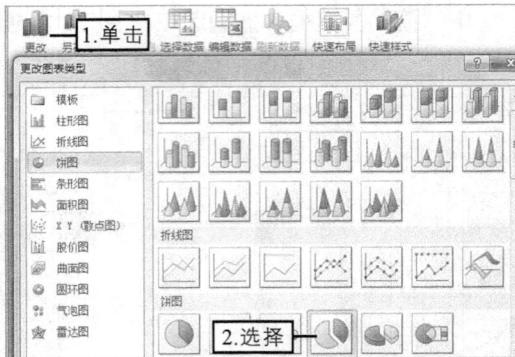

图5-48　更改图表类型

5.3　课堂练习

本课课堂练习将分别编辑"叶绿体色素提取和分离"和"解体"演示文稿课件，综合练习本章学习的知识点，学习添加表格和图表的具体操作。

5.3.1　编辑"叶绿体色素提取和分离"中学生物课件

1. 练习目标

本练习的目标是编辑"叶绿体色素提取和分离"中学生物课件，需要利用本章所学的表格处理的相关操作。在制作课件的过程中，除了插入表格外，还需要对表格的大小、其中的文本格式、表格的样式和表格的框线等进行编辑。本练习完成后的参考效果如图5-49所示。

图5-49　"叶绿体色素提取和分离"演示文稿参考效果

素材所在位置	光盘:\素材文件\第5章\课堂练习\叶绿体色素提取和分离.pptx
效果所在位置	光盘:\效果文件\第5章\课堂练习\叶绿体色素提取和分离.pptx
视频演示	光盘:\视频文件\第5章\编辑"叶绿体色素提取和分离"中学生物课件.swf

2. 操作思路

完成本练习需要先插入表格和调整表格大小，再在表格中输入文本并编辑文本格式，然后设置表格样式等，其操作思路如图5-50所示。

① 插入表格　　　　　② 输入并编辑文本　　　　　③ 美化表格

图5-50　编辑"叶绿体色素提取和分离"生物课件的制作思路

（1）打开素材文件，在第6张幻灯片中插入一个"5×5"的表格，并调整表格的大小。

（2）在表格中输入文本，设置文本格式为"居中，垂直居中"，选择第1行的第1列和第2列两个单元格，在【表格工具 布局】→【合并】组中单击"合并单元格"按钮 ，将两个单元格合并为一个，用同样的方法合并第1列的第2、3行和第4、5行单元格。

（3）在【表格工具 设计】→【表格样式】组中将表格的样式设置为"深色样式1-强调1"。

（4）在【表格工具 设计】→【绘图边框】组中将"笔颜色"设置为"白色"，将边框设置为"内部框线"，保存演示文稿。

5.3.2　编辑"解体"中学历史课件

1. 练习目标

本练习要求编辑"解体"演示文稿课件，需要利用本章所学的处理图表的相关操作，涉及使用不同方法插入和编辑图片、绘制和编辑自选图形、删除图片背景、将图片剪切为形状等操作。完成后的参考效果如图5-51所示。

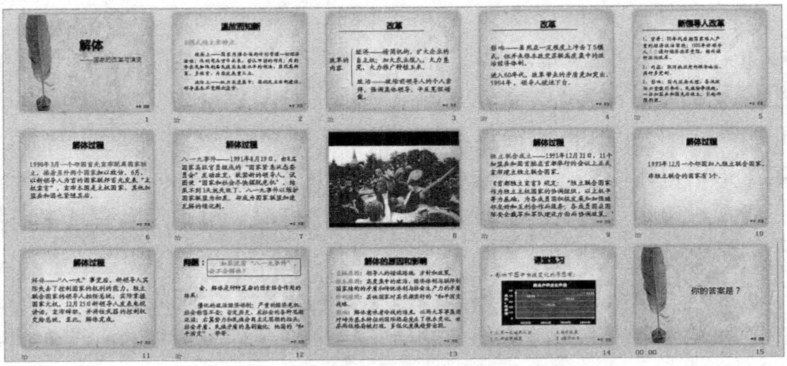

图5-51　"解体"演示文稿参考效果

素材所在位置	光盘:\素材文件\第5章\课堂练习\解体.pptx
效果所在位置	光盘:\效果文件\第5章\课堂练习\解体.pptx
视频演示	光盘:\视频文件\第5章\编辑"解体"中学历史课件.swf

117

2. 操作思路

完成本练习需要先插入图表，再编辑图表中的数据并调整图表大小，然后设置图表样式，并美化图表，其操作思路如图5-52所示。

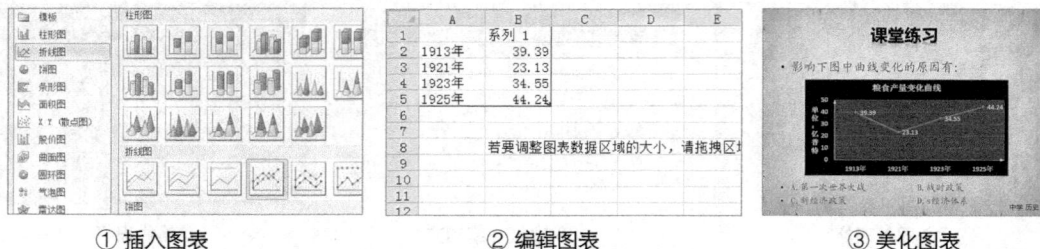

① 插入图表　　　　　　② 编辑图表　　　　　　③ 美化图表

图5-52　编辑"解体"历史课件的操作思路

（1）打开素材文件，在第14张幻灯片中插入"带数据标记的折线图"图表。

（2）在Excel表格中输入数据，删除"系列2"和"系列3"两列数据，并调整图表大小。

（3）返回PowerPoint，在【图表工具 设计】→【图表样式】组中，设置图表样式为"样式42"，在【图表布局】组中设置布局为"布局9"，输入图表标题。

（4）在【图表工具 布局】→【坐标轴】组中，单击"坐标轴"按钮，选择【主要横坐标轴】→【其他主要横坐标轴选项】选项，打开"设计坐标轴格式"对话框，单击"线性"选项卡，在"箭头设置"栏中单击"后端类型"按钮，在打开的列表中选择"箭头"选项，单击"后端大小"按钮，在打开的列表中选择"右箭头6"选项，然后单击"线条颜色"选项卡，设置颜色为"白色"。

（5）用同样的方法设置纵坐标轴，在【图表工具 布局】→【便签】组中单击"坐标轴标题"按钮，选择【主要纵坐标轴标题】→【其他主要纵坐标轴标题选项】选项，在插入的文本框中输入纵坐标轴的标题，保存课件。

5.4 拓展知识

在PowerPoint中提供了多种图表类型，不同的图表类型所使用的场合各不相同。

◎ **柱形图**：是默认图表类型，通常用来描述不同时期数据的变化情况或描述不同类别数据之间的差异，也可以同时描述不同时期、不同类别数据的变化和差异。

◎ **折线图**：是用直线段将各数据点连接起来而组成的图形，以折线方式显示数据的变化趋势。通常折线图用来分析数据随时间的变化趋势，也可用来分析多组数据随时间变化的相互作用和相互影响。

◎ **饼图**：通常只用一组数据系列作为源数据。它是将一个圆划分为若干个扇形，每个扇形代表数据系列中的一项数据值，其大小用来表示相应数据项占该数据系列总和的比例值。通常饼图用来描述比例、构成等信息。

◎ **条形图**：条形图使用水平横条的长度来表示数据值的大小，主要用来比较不同类别数据之间的差异情况。一般把分类项在垂直轴上标出，而把数据的大小在水平轴上标出。这样可以突出数据之间差异的比较，而淡化时间的变化。

◎ **面积图**：实际上是折线图的另一种表现形式，它使用折线和分类轴（X轴）组成的面积以及两条折线之间的面积来显示数据系列的值。面积图除了具备折线图的特点，强调数据随时间的变化以外，还可通过显示数据的面积来分析部分与整体的关系。

◎ **XY散点图**：与折线图类似，它不仅可以用线段，而且可以用一系列的点来描述数据。XY散点图除了可以显示数据的变化趋势以外，更多地用来描述数据之间的关系。

◎ **股价图**：是一类比较复杂的专用图形，通常需要特定的几组数据。主要用来研判股票或期货市场的行情，描述一段时间内股票或期货的价格变化情况。

◎ **曲面图**：是在原始数据的基础上，通过跨两维的趋势线描述数据的变化趋势，而且可以通过拖放图形的坐标轴方便地变换观察数据的角度。

◎ **圆环图**：与饼图类似，但它可以显示多个数据系列。即它由多个同心的圆环组成，每个圆环划分为若干个圆环段，每个圆环段代表一个数据值在相应数据系列中所占的比例。常用来比较多组数据的比例和构成关系。

◎ **气泡图**：气泡图相当于在XY散点图的基础上增加了第3个变量，即气泡的尺寸。用于分析更加复杂的数据关系。除了描述两组数据之间的关系之外，还可以描述数据本身的另一种指标。

◎ **雷达图**：由一组坐标轴和3个同心圆构成，每个坐标轴代表一个指标。主要用来制作进行多指标体系分析的专业图表。

5.5 课后习题

（1）打开"化学实验.pptx"演示文稿，利用前面讲解的表格处理的相关知识编辑和美化幻灯片中的表格，最终效果如图5-53所示。

提示：将第7张幻灯片的表格样式设置为"中度样式4-强调1"，将表格中的文本格式设置为"深蓝、文字2、深色25%，居中，垂直居中"，然后调整其他文本框的位置；将第8张幻灯片的表格样式设置为"主题样式2-强调1"，将表格中的文本格式设置为"居中，垂直居中"，将表格所有框线设置为"白色"，并设置其中运算符号的格式为"白色，加粗"。效果如图5-53所示。

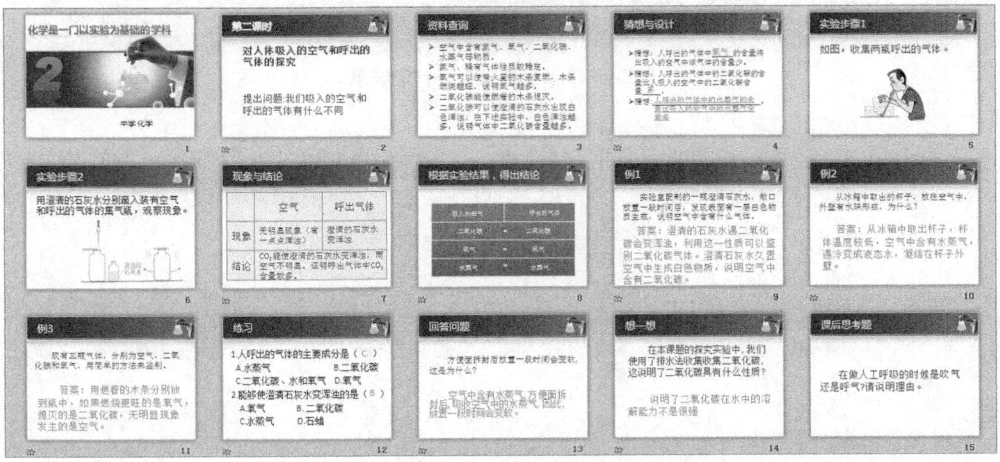

图5-53   "化学实验"参考效果

素材所在位置	光盘:\素材文件\第5章\课后习题\化学实验.pptx
效果所在位置	光盘:\效果文件\第5章\课后习题\化学实验.pptx
视频演示	光盘:\视频文件\第5章\编辑"化学实验"中学化学课件.swf

（2）打开"世界.pptx"演示文稿，利用前面讲解的图表处理的相关知识编辑和美化幻灯片中的图表，最终效果如图5-54所示。

提示： 在素材文件的第5张幻灯片中插入"三维簇状柱形图"，输入图表数据时，删除系列2和系列3，输入系列1时，需要增加间隔，前两组数据间间隔4行，后面的间隔分别为3、2、1、1、1、1行，设置图表的样式为"样式30"，显示数据标签，删除图例和坐标轴标题，插入文本框，输入"单位：亿"，并设置文本格式为"楷体，加粗"。

素材所在位置	光盘:\素材文件\第5章\课后习题\世界人口.pptx
效果所在位置	光盘:\效果文件\第5章\课后习题\世界人口.pptx
视频演示	光盘:\视频文件\第5章\编辑"世界人口"中学地理课件.swf

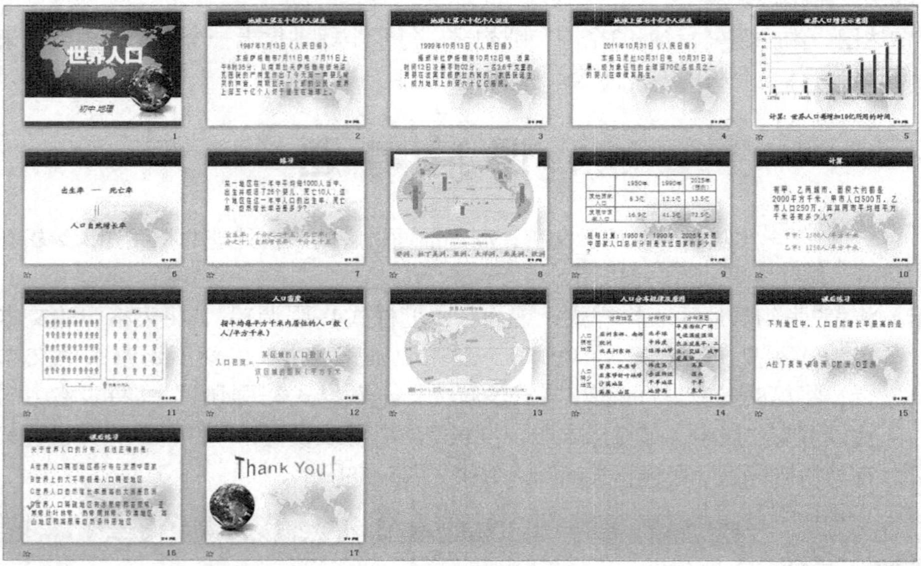

图5-54　"世界人口"参考效果

第**6**章

添加SmartArt图形

本章将详细讲解在课件中插入和编辑SmartArt图形的相关操作，并对设置和美化SmartArt图形进行全面讲解。读者通过学习应能够熟练掌握处理课件中SmartArt图形的各种操作方法，让制作出来的课件更加生动形象，更能引起学生的兴趣。

✳ 学习要点

- ◎ 插入SmartArt图形
- ◎ 设置SmartArt图形的大小和形状
- ◎ 添加和删除形状
- ◎ 调整SmartArt图形的布局
- ◎ 设置SmartArt图形的样式和形状格式

✳ 学习目标

- ◎ 掌握插入SmartArt图形的基本操作
- ◎ 掌握编辑SmartArt图形的基本操作
- ◎ 掌握美化SmartArt图形的操作方法

6.1 插入与编辑SmartArt图形

在课件中插入SmartArt图形，可以说明一种层次关系、一个循环过程或一个操作流程等，它使幻灯片所表达的内容更加突出，也更加生动。本节将详细讲解在课件中插入和编辑SmartArt图形的相关操作。

6.1.1 认识SmartArt图形

在PowerPoint中可以插入一些具有说明性意义的图示，用简单的方式表达复杂的表述，这种图示在PowerPoint中就被称为SmartArt图形。

1. 认识图示

图示即用图形来表示、说明对象，如说明对象的流程，显示非有序信息块或者分组信息块，说明各个组成部分之间的关系等，如图6-1所示即为一种表示血液循环的图示。

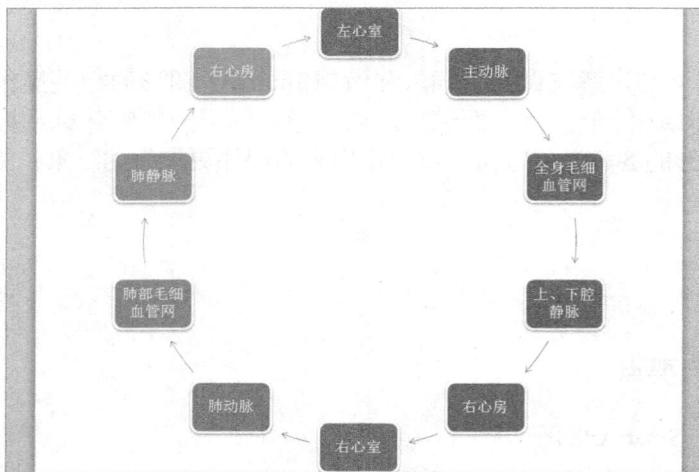

图6-1 初中生物的血液循环图示

2. SmartArt图形的类型

SmartArt图形有多种类型，如"流程""层次结构""循环""关系"等，而且每种类型包含几个不同的布局。

◎ **列表**：主要用于显示非有序信息或分组信息，通常可通过编号1、2、3…的形式来表示，主要用于强调信息的重要性，如图6-2所示。

◎ **流程**：主要用于显示一个作业的整个过程，或一个项目需要经过的主要步骤，通常可用箭头进行连接，从项目的开始指向末尾，如图6-3所示。

◎ **循环**：主要用于表示一个项目中可持续操作的部分，或表示阶段、事件、任务的连续性，主要用于强调重复过程，如图6-1所示为块循环SmartArt图形。

◎ **层次结构**：主要用于显示组织中的分层信息或上下级关系，或显示组织中的分层信息或报告关系等，如图6-4所示。

◎ **关系**：主要用于显示两种对立或对比观点，或比较和显示两个观点之间的关系，以及显示与中心观点的关系等，如图6-5所示。

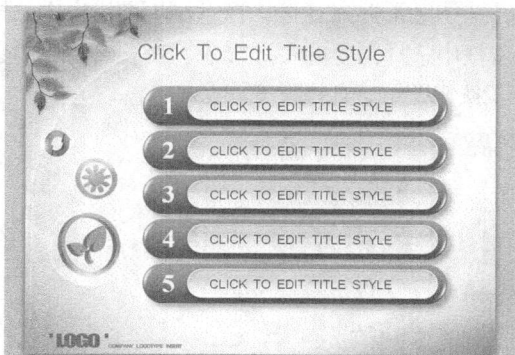

图6-2 列表-垂直图片列表

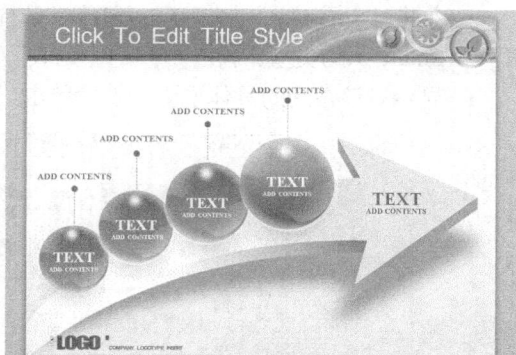

图6-3 流程-连续块状流程

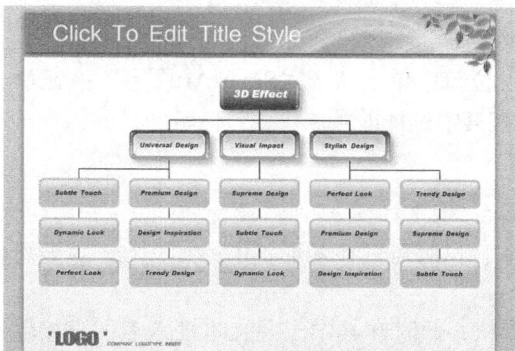

图6-4 层次结构-组织结构图

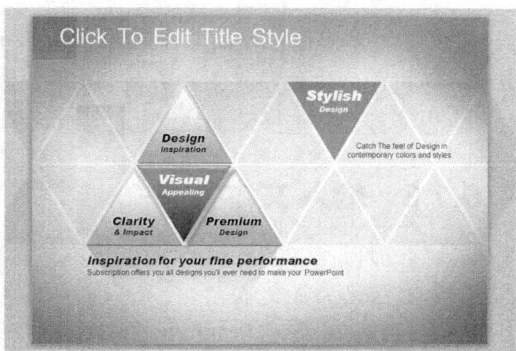

图6-5 关系-分段棱锥图

◎ **矩阵**：用于以象限的方式显示部分与整体的关系，如图6-6所示。

◎ **棱锥图**：用于显示比例关系、互连关系或层次关系，最大的部分通常置于底部，向上渐窄，如图6-7所示。

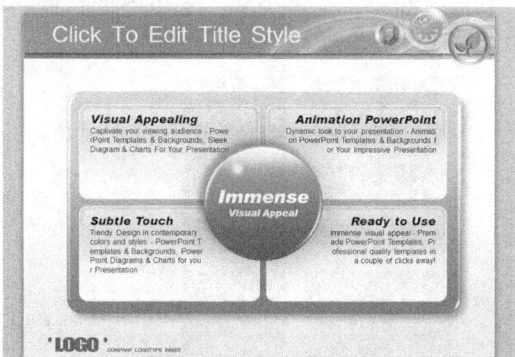

图6-6 矩阵-带标题的矩阵

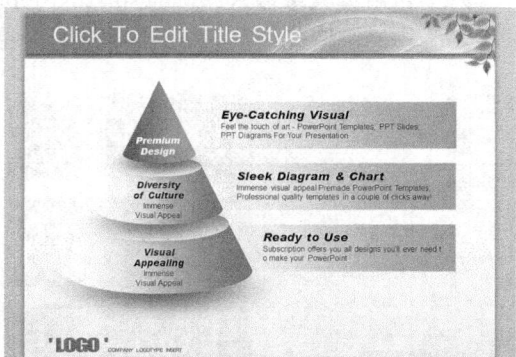

图6-7 棱锥图-基本棱锥图

6.1.2 插入SmartArt图形

在幻灯片中插入SmartArt图形主要有以下两种方法。

◎ **通过功能区插入**：选择需要插入SmartArt图形的幻灯片，在【插入】→【插图】组中单击"SmartArt"按钮 ，打开"选择SmartArt图形"对话框，在左侧的窗格中内选择SmartArt的类型，再在中间的"列表"列表框中选择需要的布局样式，在右侧窗格中会显示对该布局的具体说明，然后单击 确定 按钮即可，如图6-8所示。

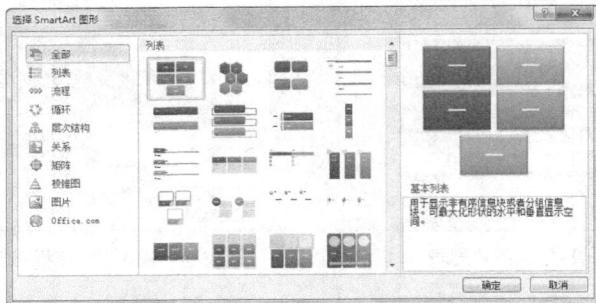

图6-8　"选择SmartArt图形"对话框

◎ **通过内容占位符插入**：在幻灯片的内容占位符中单击"插入SmartArt图形"按钮 ，也能打开"选择SmartArt图形"对话框，在其中选择即可。

6.1.3　输入文本

插入到幻灯片中的SmartArt图形都不包含文本，这时可以在各形状中添加文本。主要可使用以下3种方法来添加文本。

◎ **直接输入**：单击SmartArt图形中的一个形状，此时在其中出现文本插入点，直接输入文本即可。

◎ **通过"文本窗格"输入**：选择SmartArt图形，在【SmartArt工具 设计】→【创建图形】组中单击 文本窗格 按钮，在打开的"在此键入文字"窗格中输入所需的文字，如图6-9所示。

◎ **通过右键菜单输入**：选择SmartArt图形，在需要输入文本的形状上单击鼠标右键，在弹出的快捷菜单中选择"编辑文字"命令，如图6-10所示。

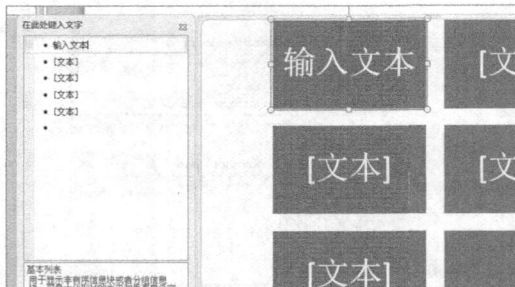

图6-9　通过"文本窗格"输入文本

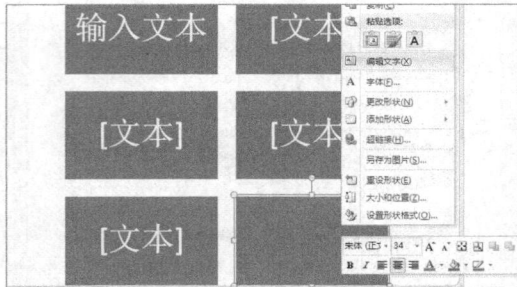

图6-10　通过右键菜单输入文本

操作技巧　　选择SmartArt图形后，单击外边框左侧的"展开"按钮 ，也可以打开"在此键入文字"窗格。

6.1.4　调整布局

如果对初次创建的SmartArt图形的布局不满意，可随时更换为其他布局，默认情况下，SmartArt图形是"从左到右"进行布局的，还可调整图形循环或指向的方向。

◎ **更换布局**：选择SmartArt图形，在【SmartArt工具 设计】→【布局】组中单击"布局样式"列表框右侧的"其他"按钮，在打开的列表框中可选择该类型的其他布局，如图6-11所示。

◎ **更换类型和布局**：若是要更换为其他类型的布局，则在如图6-11所示的列表框中选择"其他布局"选项，打开"选择SmartArt图形"对话框，选择其他类型的布局。

◎ **调整指向方向**：选择SmartArt图形，在【SmartArt工具 设计】→【创建图形】组中，单击文本窗格按钮，可调整SmartArt图形中形状的指向或循环方向为"从右向左"。

◎ **调整分支布局**：如果创建的是层次结构类型的SmartArt图形，单击选择图形中某个形状后，在【SmartArt工具 设计】→【创建图形】组中单击布局按钮，可更改所选形状的分支布局，如图6-12所示。

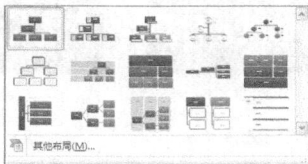

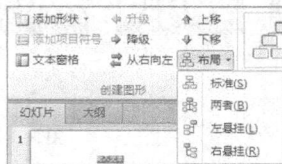

图6-11　更换布局　　　　图6-12　调整分支布局

> **知识提示**　布局按钮通常为不可选择状态，只有选择与层次结构类型的"组织机构图"相关的SmartArt图形时才能使用。

6.1.5　添加和删除形状

在默认情况下，创建的SmartArt图形中的形状是固定的，而在实际制作时，形状可能不够或者有多余的，这时就需要添加或删除形状以满足需要。

1. 添加形状

在SmartArt图形中单击最接近新形状的添加位置的现有形状，在【SmartArt工具 设计】→【创建图形】组中单击添加形状按钮右侧的按钮，如图6-13所示，在列表中选择其中一个选项来为新形状设置位置。

图6-13　添加形状

◎ **在后面添加形状**：在所选形状所在的级别上，要在该形状后面插入一个形状。

◎ **在前面添加形状**：在所选形状所在的级别上，要在该形状前面插入一个形状。

◎ **在上方添加形状**：在所选形状的上一级别插入一个形状。此时新形状将占据所选形状的位置，而所选形状及其下的所有形状均降一级。

◎ **在下方添加形状**：在所选形状的下一级别插入一个形状。此时新形状将添加在同级别的其他形状结尾处。

◎ **添加助理**：在所选形状与下一级之间插入一个形状。此选项仅在"组织结构图"布局中才可见。

2. 删除形状

删除形状的方法很简单，选择需要删除的形状的边框，按【Delete】键即可将其删除，但并不是所有的形状都可以删除，不同的布局，执行删除操作的结果是不同的。

◎ 如果在有2级形状的情况下删除1级形状，则第一个2级形状将提升为1级。以"组织结构图"布局为例，删除形状前后对比如图6-14所示。

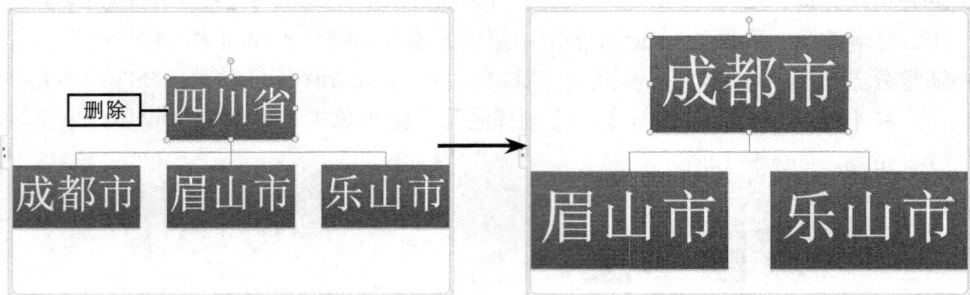

图6-14　删除形状前后对比效果

◎ 在包含图片内容形状的布局中，其包含图片的形状不能删除，只能删除包含它的1级形状。此外，有背景的形状也不能删除，只能删除背景对应的文本框。

> **知识提示**　所选布局应以提供数据的最佳视觉表示。当添加或删除形状时，形状的对齐方式和位置会根据形状的数量而自动更新，如果选择的是一个连接或链接到其他形状的形状（如直线或箭头），然后进行添加或删除操作，会同时添加或删除连接形状及其指向的形状，从而保持布局设计的平衡。

6.1.6　调整形状级别

在编辑SmartArt图形的过程中，还可以根据需要对图形间各形状的级别进行调整，如将下一级的形状提升一级，将上一级的形状下降一级。其方法是选择需升级或降级的形状，在【SmartArt图形设计】→【创建图形】组中单击 ↑升级 按钮或 →降级 按钮，将提升或降低形状的级别。

6.1.7　调整大小和位置

在插入的SmartArt图形中，用户有时会觉得图形大小不合适，这时可调整SmartArt图形的大小，还可单独调整其中形状的大小，如果位置不满意，则可以调整其位置。

1. 调整大小

在SmartArt图形中调整大小主要有以下3种情况。

◎ **调整SmartArt图形的大小**：选择SmartArt图形后，将鼠标指针移至边框四周的尺寸控点上，当其变为⇔、↗、↕、↖形状时，按住鼠标左键不放并拖动，即可调整其大小。

◎ **调整形状的大小**：在SmartArt图形中选择需要调整的形状，用同样的方法调整其大小。

◎ **精确调整**：选择图形或者形状，通过【SmartArt图形 格式】→【大小】组的"宽度"和"高度"数值框进行调整。

> **知识提示**　调整SmartArt图形的大小后，其中的形状会根据布局按比例进行自动调整，而调整SmartArt图形或形状大小，形状中的文字大小都会自动调整以适应其形状。

2. 调整位置

SmartArt图形中调整位置有以下两种情况。

◎ **调整SmartArt图形的位置**：选择SmartArt图形后，将鼠标指针移至SmartArt图形的边框上，当其变为 形状时，按住鼠标左键不放并拖动，可将其移动到新的位置。

◎ **调整形状的位置**：在SmartArt图形中选择需要调整的形状，用同样的方法移动其位置，但只能移动到SmartArt图形边框内的其他位置。

> **知识提示**　根据所用的SmartArt图形的布局，如果移动具有对应形状的形状（如箭头或直线），则对应的形状也将移动，若要同时对多个形状进行操作，在单击第一个形状后，按住【Ctrl】键的同时再单击其他形状即可选择，同时调整其大小和位置。

6.1.8　课堂案例1——编辑"三省六部制度"中学历史课件

本案例要求根据提供的素材文档，对其进行编辑修改，主要是插入和编辑SmartArt图形。完成后的参考效果如图6-15所示。

> 素材所在位置　光盘:\素材文件\第6章\课堂案例1\三省六部制度.pptx
>
> 效果所在位置　光盘:\效果文件\第6章\课堂案例1\三省六部制度.pptx
>
> 视频演示　光盘:\视频文件\第6章\编辑"三省六部制度"中学历史课件.swf

图6-15　"三省六部制度"参考效果

（1）打开素材文件，选择第6张幻灯片，在【插入】→【插图】组中单击"SmartArt"按钮 ，如图6-16所示。

（2）打开"选择SmartArt图形"对话框，在左侧的窗格中内单击"层次结构"选项卡，再在中间的列表框中选择"标记的层次结构"选项，单击 确定 按钮，如图6-17所示。

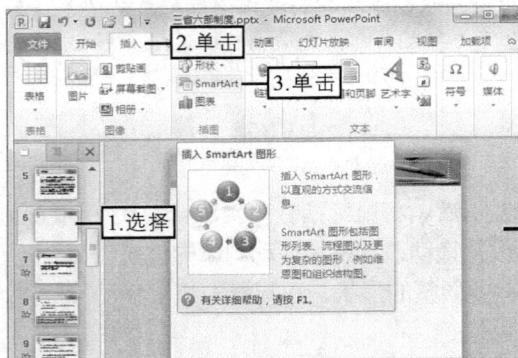

图6-16　插入SmartArt图形

图6-17　选择SmartArt图形布局

（3）选择SmartArt图形中的第1个形状，在【SmartArt工具 设计】→【创建图形】组中单击 添加形状 按钮右侧的 · 按钮，在打开的列表中选择"在下方添加形状"选项，如图6-18所示，在SmartArt图形的第2行中添加一个形状。

（4）选择SmartArt图形的第3行中第1个形状，按【Delete】键将其删除，用同样的方法删除第3行中第2个形状。

（5）选择第3行中剩下的那个形状，单击 添加形状 按钮右侧的 · 按钮，在打开的列表中选择"在后面添加形状"选项，如图6-19所示，在图形第3行中添加一个形状。

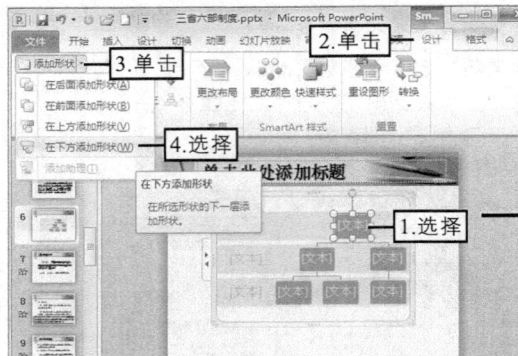

图6-18　添加下级形状

图6-19　添加同级形状

（6）用同样的方法为图形第3行再添加4个形状，并调整其在SmartArt图形中的大小。

（7）在SmartArt图形中显示了"[文本]"字样的形状中单击，并输入文本，然后选择第2行第3个形状，在其上单击鼠标右键，在弹出的快捷菜单中选择"编辑文字"命令，如图6-20所示，然后在形状中输入文本。

（8）在【创建图形】组中单击 文本窗格 按钮，在打开的"在此键入文字"窗格中输入所需的文字，如图6-21所示，单击 ⊠ 按钮，关闭文本窗格。

图6-20 通过右键菜单输入文字

图6-21 通过文本窗格输入文字

（9）选择第1行的矩形形状，在【图片工具 格式】→【大小】组的"高度"数值框中输入
    "4"，"宽度"数值框中输入"24.4"，如图6-22所示，将第2行和第3行的矩形形状设
    置为同样大小。

（10）选择第1行的第1个形状，在【大小】组的"高度"数值框中输入"3.7"，"宽度"数
     值框中输入"5"，如图6-23所示，将第2行的所有形状设置为同样大小。

图6-22 调整形状大小（1）

图6-23 调整形状大小（2）

（11）选择第3行的所有形状，在"大小"组的"高度"数值框中输入"3.7"，"宽度"数值
     框中输入"2.21"，如图6-24所示，设置第3行所有形状的大小。

（12）选择SmartArt图形，在【开始】→【字体】组中设置文本格式为"华文中宋，加粗，文
     字阴影，黑色"，如图6-25所示。保存课件，完成操作。

图6-24 调整形状大小（3）

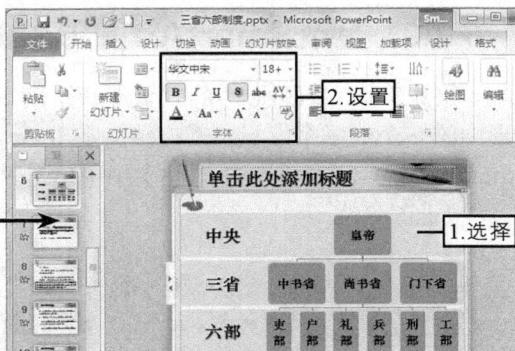

图6-25 设置文本格式

6.2 美化SmartArt图形

创建SmartArt图形后，其外观样式和字体格式都保持默认设置，用户可以根据实际需要对其进行各种设置，使SmartArt图形更加美观。本节将详细讲解美化SmartArt图形的基本操作，如设置形状样式、更改SmartArt样式、设置艺术字样式等。

6.2.1 更改SmartArt样式

在PowerPoint 中对于创建的SmartArt图形，用户可以手动修改其样式和颜色，以避免单一的样式，使幻灯片更具特色，其具体操作如下。

（1）选择需要修改样式和颜色的SmartArt图形，在【SmartArt工具 设计】→【SmartArt样式】组中单击"更改颜色"按钮 ，在打开的列表框中选择需要的颜色效果的缩略图即可，如图6-26所示。

（2）单击"SmartArt样式"组的"快速样式"列表框右下角的"其他"按钮 ，在其中选择所需的样式即可，如图6-27所示。

图6-26 更改SmartArt图形的颜色　　　　图6-27 更改SmartArt图形的样式

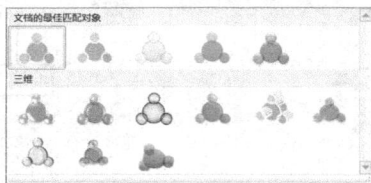

> 知识提示　　SmartArt图形中的快速样式是各种效果（如线型、棱台或三维）的组合，可应用于SmartArt图形中的形状以创建独特且具专业设计效果的外观。

6.2.2 更改SmartArt图形中的形状

如果对SmartArt图形中的默认形状不满意，希望突出其中的某些形状，可更改SmartArt图形中的一个或多个形状，其方法为在SmartArt图形中选择需要更改的一个或多个形状，在【SmartArt工具 格式】→【形状】组中单击 更改形状 按钮，在打开的列表框中选择需要的形状即可，如图6-28所示。

> 知识提示　　SmartArt图形包含的形状比"更改形状"列表框中的多，如果在更改形状后，希望恢复原始形状，可在新形状上单击鼠标右键，在弹出的快捷菜单中选择"重设形状"命令，将撤销对形状进行的所有格式更改，如图6-29所示。

图6-28 "更改形状"列表框

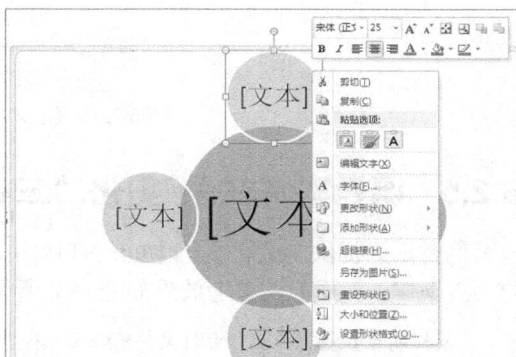

图6-29 重设形状

6.2.3 设置形状格式

对于SmartArt图形中的形状，还可自定义其填充颜色、边框样式及形状效果，其操作方法与前面设置形状样式的方法一致。首先在SmartArt图形中选择需要设置的形状，然后即可对【SmartArt工具 格式】→【形状样式】组中的选项进行设置，如图6-30所示。

图6-30 "形状样式"组

◎ "快速样式"列表：在其中选择需要的样式即可。

◎ 形状填充 按钮：可将形状填充为纯色、图片、渐变色、纹理等背景颜色。

◎ 形状轮廓 按钮：可设置形状轮廓的颜色、线型及宽度。

◎ 形状效果 按钮：可给形状添加阴影、映像、发光、棱台、三维旋转等效果，使形状更加生动。

> **知识提示** 设置形状的格式，可以选择单个形状进行设置，还可选择多个形状进行设置，如果单击SmartArt图形的外边框选择整个SmartArt图形，则是对SmartArt图形的背景及外边框进行格式设置，其中的形状格式不会改变。

6.2.4 设置文本样式

在SmartArt图形的形状中输入的文本一般为默认的字体、字号，这时如果用户需要，可以对其中的文本设置其字体、字号、颜色等格式，还可将文本设置为艺术字样式，其方法与设置幻灯片文本的方法一致。

◎ **设置文本格式**：选中形状中的文本，即可显示浮动工具栏，可设置文本的字体、字号、对齐方式等格式。

◎ **设置艺术字样式**：选中形状中的文本，或直接选择形状，通过【SmartArt工具 格式】→【艺术字样式】组中的选项即可将文本设置为艺术字样式，如图6-31所示，可设置艺术字的文本填充、文本轮廓和文本效果。

图6-31 【艺术字样式】组

6.2.5 课堂案例2——美化"三省六部制度"中学历史课件

本案例要求为提供的素材文档中的幻灯片中的SmartArt图形设置样式，涉及美化SmartArt图形的相关操作，完成后的参考效果如图6-32所示。

> **素材所在位置** 光盘:\素材文件\第6章\课堂案例2\三省六部制度.pptx
> **效果所在位置** 光盘:\效果文件\第6章\课堂案例2\三省六部制度.pptx
> **视频演示** 光盘:\视频文件\第6章\美化"三省六部制度"中学历史课件.swf

图6-32 美化"三省六部制度"演示文稿参考效果

职业素养　制作历史课件时，虽然有较强的兼容性，但历史是一个封闭的系统，不能由执教老师重组改造，无法适应千变万化的教学情况。为此，可以在历史课件中设置多个功能模块，这些功能模块可以由教师自由组合，形成一个完整的历史课件。制作历史课件时可以注意以下3点：一是注重人的主体性；二是摆脱教材版本的限制；三是易于改革教学方法。

（1）打开素材文档，选择第6张幻灯片，选择其中的SmartArt图形，在【SmartArt工具 设计】→【SmartArt样式】组中单击"更改颜色"按钮 ，在打开的列表框的"强调文字颜色2"栏中选择"渐变循环-强调文字颜色2"选项，如图6-33所示。

（2）在【SmartArt样式】组中单击"快速样式"按钮 ，在打开列表框的"文档的最佳匹配对象"栏中选择"中等效果"选项，如图6-34所示。

（3）在SmartArt图形中，同时选择3个矩形形状，在【SmartArt工具 格式】→【形状】组中单击"更改形状"按钮 ，在打开列表框的"矩形"栏中选择"减去对角的矩形"选项，如图6-35所示。

图6-33　更改颜色

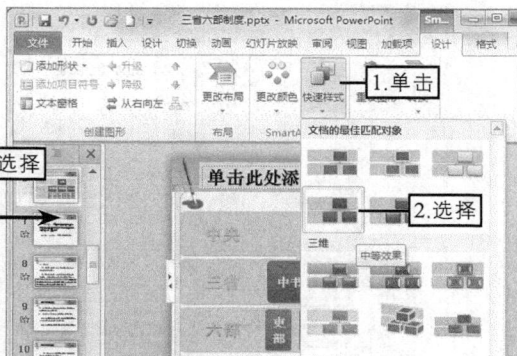

图6-34　设置样式

（4）选择SmartArt图形，在"艺术字样式"组中单击"文本填充"按钮 A· 右侧的按钮·，在打开的列表中选择"白色"选项，如图6-36所示。

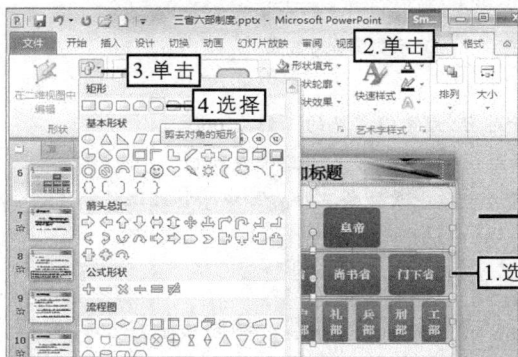

图6-35　更改形状

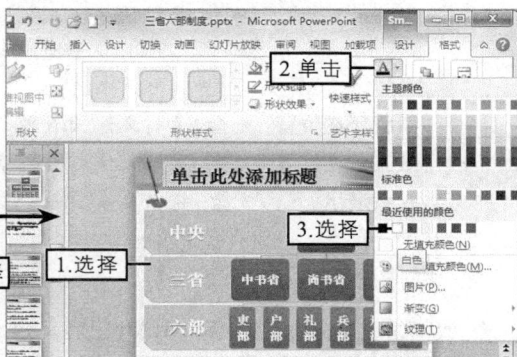

图6-36　设置文本格式

（5）保存文档，完成操作。

> **知识提示**　无论是SmartArt图形，还是图表、表格、艺术字和文本，进行美化编辑的相关操作都在其打开的工具的"格式"选项卡中进行。

6.3　课　堂　练　习

本课课堂练习将分别编辑"力学中常见的三种力"和"动物的分类"演示课件，综合练习本章学习的知识点，学习处理SmartArt图形的具体操作。

6.3.1　编辑"力学中常见的三种力"中学物理课件

1．练习目标

本练习的目标是编辑"力学中常见的三种力"中学物理课件，需用到本章所学的处理SmartArt图形的相关知识进行操作。主要涉及插入SmartArt图形、调整大小、添加图形、编辑文本、设置文本格式、应用图形样式等操作。本练习完成后的参考效果如图6-37所示。

图6-37 编辑"力学中常见的三种力"演示文稿参考效果

> **素材所在位置** 光盘:\素材文件\第6章\课堂练习\力学中常见的三种力.pptx
> **效果所在位置** 光盘:\效果文件\第6章\课堂练习\力学中常见的三种力.pptx
> **视频演示** 光盘:\视频文件\第6章\编辑"力学中常见的三种力"中学物理课件.swf

2. 操作思路

完成本练习需要先插入SmartArt图形,再对插入的图形进行编辑,然后设置图形样式等,其操作思路如图6-38所示。

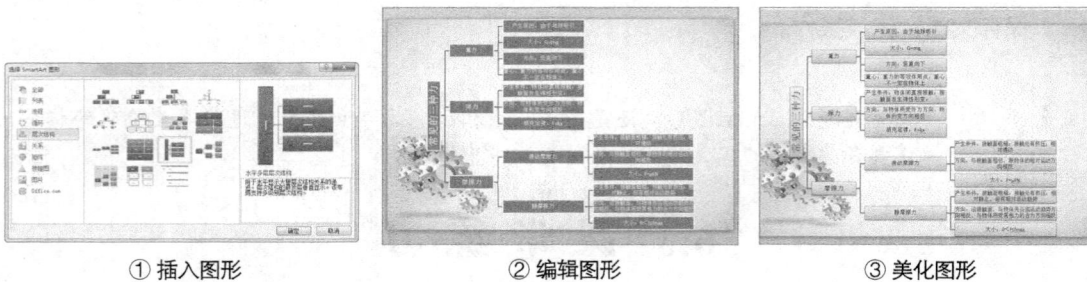

① 插入图形　　　　　② 编辑图形　　　　　③ 美化图形

图6-38 编辑"力学中常见的三种力"物理课件的制作思路

（1）打开素材文件,插入"水平多层层次结构"SmartArt图形。

（2）在最上面的二级形状下插入4个三级形状,在中间的二级形状下插入3个三级形状,在最下面的二级形状下插入2个三级形状,在最下面的2个三级形状下分别插入3个四级形状。

（3）打开文本窗格,在形状中输入文本,将所有三级形状的宽度设置为"5.99",所有四级形状的宽度设置为"7.44"。

（4）设置所有二级和三级形状中的文本字号为"12",所有四级形状中文本字号为"11"。

（5）设置SmartArt图形的SmartArt样式为"细微效果",保存演示文稿。

6.3.2　编辑"动物的分类"中学生物课件

1. 练习目标

本练习要求编辑"动物的分类"中学生物课件，需用到本章所学的处理SmartArt图形的相关知识进行操作。主要涉及插入SmartArt图形、调整大小、添加图形、编辑文本、设置文本格式、更改图形颜色、应用图形样式等操作。完成后的参考效果如图6-39所示。

图6-39　编辑"动物的分类"演示文稿参考效果

素材所在位置	光盘:\素材文件\第6章\课堂练习\动物的分类.pptx
效果所在位置	光盘:\效果文件\第6章\课堂练习\动物的分类.pptx
视频演示	光盘:\视频文件\第6章\编辑"动物的分类"中学生物课件.swf

2. 操作思路

完成本练习需要先插入SmartArt图形，再对插入的图形进行编辑，然后设置图形样式等，其操作思路如图6-40所示。

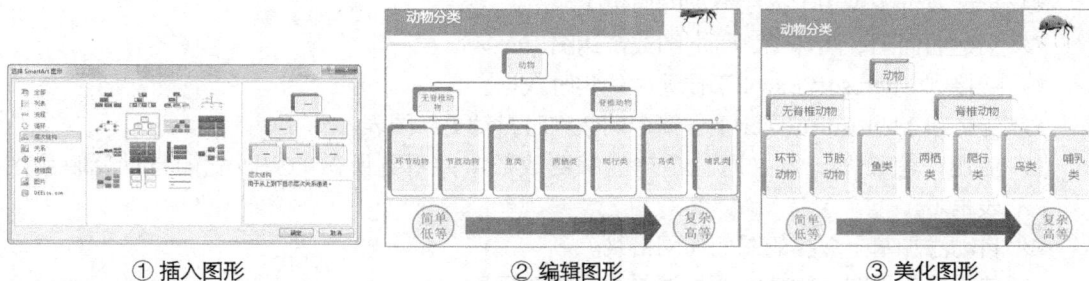

① 插入图形　　　② 编辑图形　　　③ 美化图形

图6-40　编辑"动物的分类"生物课件的操作思路

（1）打开素材文件，插入SmartArt图形"层次结构"。

（2）在右侧的二级形状下插入4个三级形状。

（3）打开文本窗格，在形状中输入文本，将所有三级形状的高度设置为"5"。

（4）设置所有二级和三级形状中的文本字号为"24"，字体为"微软雅黑"。

（5）设置SmartArt图形的SmartArt样式为"优雅"，更改颜色为"渐变范围–强调文字颜色6"，将二级形状的宽度设置为"6"，保存演示文稿。

6.4 拓 展 知 识

下面主要介绍SmartArt图形和图表的不同使用环境，以及将幻灯片中的文本直接转换为SmartArt图形的相关知识。

1. SmartArt图形和图表的不同使用环境

SmartArt 图形是信息和观点的可视表示形式，而图表是数字值或数据的可视图示。一般来说，SmartArt 图形是为文本设计的，而图表是为数字设计的。可使用下面的信息来决定何时使用 SmartArt 图形和图表。

如果要执行下列任一操作，可以使用SmartArt图形。

- ◎ 创建组织结构图。
- ◎ 显示层次结构，如决策树。
- ◎ 演示过程或工作流中的各个步骤或阶段。
- ◎ 显示过程、程序或其他事件的流。
- ◎ 列表信息。
- ◎ 显示循环信息或重复信息。
- ◎ 显示各部分之间的关系，如重叠概念。
- ◎ 创建矩阵图。
- ◎ 显示棱锥图中的比例信息或分层信息。
- ◎ 通过键入或粘贴文本并使其自动放置和排列来快速创建图示。

如果要执行下列任一操作，可以使用图表。

- ◎ 创建条形图或柱形图。
- ◎ 创建折线图或 XY 散点（数据点）图。
- ◎ 创建股价图（用于描绘波动的股价）。
- ◎ 创建曲面图、圆环图、气泡图或雷达图。
- ◎ 链接到 Microsoft Excel 工作簿中的实时数据。
- ◎ 当更新 Microsoft Excel 工作簿中的数字时自动更新图表。
- ◎ 使用"假设"计算，同时希望能够更改数字并看到所做的更改立即自动反映到图表中。
- ◎ 自动添加基于数据的图例和网格线。
- ◎ 使用特定于图表的功能，如误差线或数据标签。

2. 将幻灯片中的文本转换为SmartArt图形

将文本转换为SmartArt图形是一种将现有幻灯片转换为专业设计插图的快速方法，其具体操作步骤如下。

（1）选择包含要转换的幻灯片文本的占位符，在【开始】→【段落】组中单击 转换为 SmartArt 按钮，在打开的列表框中选择一种SmartArt图形布局，如图6-41所示。

（2）如果列表框中的SmartArt图形布局不能满足需要，可以选择"其他SmartArt图形"选项，打开"选择SmartArt图形"对话框，在其中选择一种SmartArt图形布局。

（3）在幻灯片中可以看到选择的文本已经转换为了选择的SmartArt图形，如图6-42所示。

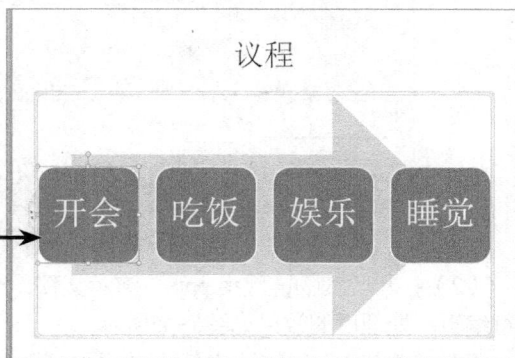

图6-41　选择操作　　　　　　　　　　　　图6-42　转换效果

知识提示　　除了占位符中的文本外，幻灯片中插入的文本框中的文本也能转换为SmartArt图形，两种操作的方法完全相同。另外，SmartArt图形也可以转换为文本，只需要在【SmartArt工具 设计】→【重置】组中单击 按钮，在打开的列表中选择"转换为文本"选项即可，如图6-43所示。

图6-43　将SmartArt图形转换为文本

6.5　课 后 习 题

（1）打开"食物链.pptx"演示文稿，利用前面讲解的SmartArt图形的相关知识对其内容进行编辑。处理后的效果如图6-44所示。

提示： 在第5张幻灯片中插入"V型列表"流程，在第2行和第3行形状后添加形状，输入文本，设置文本格式为"黑体，44"，调整图形的大小，图形颜色更改为"渐变范围-强调文字颜色3"，图形样式修改为"优雅"。

素材所在位置	光盘:\素材文件\第6章\课后习题\食物链.pptx
效果所在位置	光盘:\效果文件\第6章\课后习题\食物链.pptx
视频演示	光盘:\视频文件\第6章\编辑"食物链"中学生物课件.swf

图6-44　"食物链"演示文稿参考效果

（2）打开"食物链教案.pptx"演示文稿，利用前面讲解的SmartArt图形的相关知识对其内容进行编辑。处理后的效果如图6-45所示。

提示：在第2张幻灯片中插入"水平项目符号列表"，更改颜色为"彩色范围-强调文字颜色4至5"（后面的SmartArt图形使用同样的颜色），文本修改为"微软雅黑"（本案例所有字体都使用相同设置）；第5张幻灯片中插入"重点流程"；第6张幻灯片中插入"垂直括号列表"；第8张幻灯片中插入"连续块状流程"，并删除和调整形状大小；第9张幻灯片中插入"表格列表"；第13张幻灯片中插入"垂直箭头列表"，并删除形状；第14~23张幻灯片中插入"水平项目符号列表"，并删除形状。

素材所在位置　光盘:\素材文件\第6章\课后习题\食物链教案.pptx

效果所在位置　光盘:\效果文件\第6章\课后习题\食物链教案.pptx

视频演示　　光盘:\视频文件\第6章\编辑"食物链教案"演示课件.swf

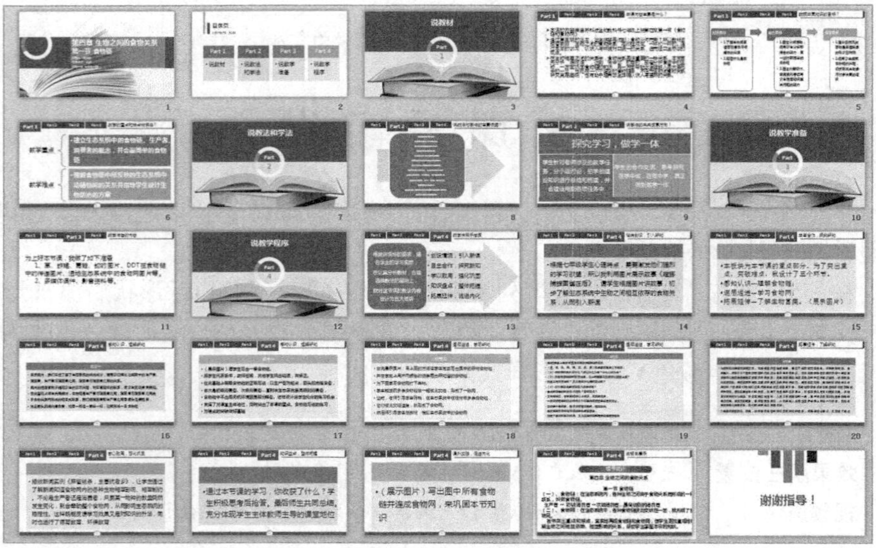

图6-45　"食物链教案"演示文稿参考效果

第7章

添加多媒体对象

本章将详细讲解在课件中插入和编辑多媒体对象的相关操作，并对添加数学公式的方法进行全面讲解。读者通过学习应能够熟练掌握处理课件中多媒体对象和数学公式的各种操作方法，让制作出来的课件更加生动形象，更加专业。

学习要点

◎ 插入各种音频文件

◎ 编辑音频文件

◎ 插入各种视频文件

◎ 编辑视频文件

◎ 利用数学输入面板添加和编辑公式

◎ 利用"公式"按钮添加和编辑公式

学习目标

◎ 掌握处理音频的基本操作

◎ 掌握处理视频的基本操作

◎ 掌握添加公式的操作方法

7.1 添加音频文件

在幻灯片中可以添加声音，以达到强调或实现特殊效果的目的，声音的加入使课件的内容更加丰富多彩。在PowerPoint 2010中，可以通过计算机、网络或Microsoft剪辑管理器中的文件添加声音，也可以自己录制声音，将其添加到演示文稿中，或者使用CD中的音频文件。本节将详细讲解在课件中插入和编辑音频文件的相关操作。

7.1.1 插入剪辑管理器中的音频

剪辑管理器就是PowerPoint管理各种多媒体项目的程序，其中包括图片、音频、视频等。

1. 插入音频

插入剪辑管理器中音频的方法与插入剪贴画的类似，具体操作如下。

（1）打开演示文稿，选择需要插入音频文件的幻灯片，在【插入】→【媒体】组中单击 按钮下面的 按钮，在弹出的列表中选择"剪贴画音频"选项。

（2）打开"剪贴画"窗格，单击其中的音频图标 或在其上单击鼠标右键，在弹出的快捷菜单中选择"插入"命令，将音频插入到当前幻灯片中，如图7-1所示。

图7-1 插入剪辑管理器中的音频

2. 预览播放

插入操作完成后，在幻灯片中将显示一个声音图标 和一个播放音频的浮动工具栏，如图7-2所示，并且PowerPoint窗口中将显示"音频工具 格式"和"音频工具 播放"两个选项卡。在【音频工具 播放】→【预览】组中单击"播放"按钮 ，或者在播放音频的浮动工具栏中单击"播放/暂停"按钮 ，都可以预览该音频文件的效果。

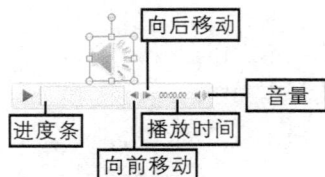

图7-2 声音图标和播放音频的浮动工具栏

7.1.2　插入文件中的音频

PowerPoint 2010剪辑管理器中的声音毕竟是有限的，在实际的制作过程中，往往需要插入与幻灯片内容相符合的声音，如背景音乐、MTV音乐等，这时就需要插入外部的声音文件。其具体操作如下。

（1）打开演示文稿，选择需要插入音频文件的幻灯片，在【插入】→【媒体】组中单击 🔊 按钮下面的 按钮，在弹出的列表中选择"文件中的音频"选项。

（2）打开"插入音频"对话框，在"保存范围"下拉列表中选择音频的位置，在中间列表框中选择需插入的音频文件，单击 插入(S) 按钮，如图7-3所示。

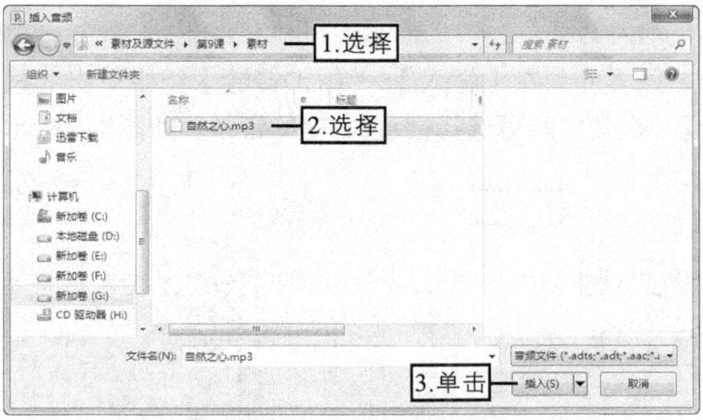

图7-3　在幻灯片中插入计算机中保存的音频文件

> **操作技巧**
>
> 在【插入】→【媒体】组中单击 按钮上面的 🔊 按钮，同样可以打开"插入音频"对话框。

7.1.3　播放CD音频

创建演示文稿后，有时需要添加CD中的乐曲以伴随演示文稿播放，这时不需要将CD乐曲导出到计算机中成为独立的文件，只需直接在幻灯片中插入CD乐曲进行播放。在PowerPoint 2010中，播放CD乐曲命令并不在功能区的对应列表中，如果需要播放CD音频，则应该先将播放CD乐曲选项添加到"插入"选项卡中，其具体操作如下。

（1）启动PowerPoint 2010，选择【文件】→【选项】菜单命令，如图7-4所示。

（2）打开"PowerPoint选项"对话框，在左侧的窗格中单击"自定义功能区"选项卡，在右侧的"主选项卡"列表框中展开"插入"选项，选择"媒体"选项，单击 新建组(N) 按钮，在"媒体"选项下新建一个"自定义"选项，选择该选项，单击 重命名(M)... 按钮，打开"重命名"对话框，在"显示名称"文本框中输入"CD音频"，单击 确定 按钮，如图7-5所示，创建一个"CD音频"选项。

（3）在左侧的"从下列位置选择命令"下拉列表框中选择"所有命令"选项，在下面的列表框中选择"播放CD乐曲"选项，单击 添加(A) >> 按钮，如图7-6所示，在功能区中添加该按钮，单击 确定 按钮。

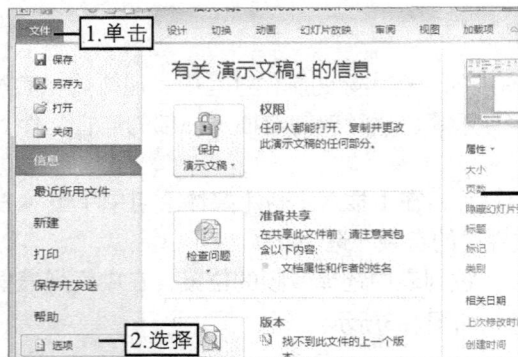

图7-4　选择操作

图7-5　新建组

（4）返回PowerPoint工作界面，在【插入】→【CD音频】组中单击 按钮，即可打开"插入CD乐曲"对话框，在其中即可选择播放CD中的音频，如图7-7所示。

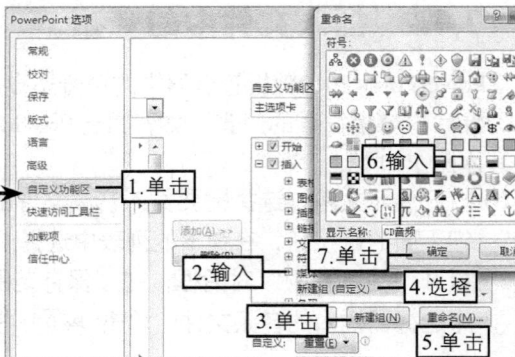

图7-6　新建按钮

图7-7　播放CD

知识提示　由于幻灯片中只能播放CD音频，不能对其进行编辑，所以如果需要插入CD音频，建议先使用Windows Media Player或其他的相似程序，将CD音频创建为MP3格式的音频文件，然后再将其插入到幻灯片中。

7.1.4　插入录制音频

在放映幻灯片时，演讲者可以录制声音并将其插入到幻灯片中，这种方式主要应用于自动放映幻灯片时的讲解或旁白。插入录制声音的具体操作如下。

（1）选择需插入声音的幻灯片，在【插入】→【媒体】组中单击 按钮下面的 按钮，在打开的列表中选择"录制音频"选项。

（2）打开"录音"对话框，在"名称"文本框中输入录制的声音名称，单击 按钮开始录音，然后单击 按钮停止录音，最后单击 确定 按钮完成录音操作，如图7-8所示。

操作技巧　"录制音频"选项通常呈不可选择状态，只有当计算机中安装或连接有音频输入设备时才能进行选择。

图7-8 "录音"对话框

7.1.5 调整音频

默认情况下，插入的声音只能在当前幻灯片中播放，切换到其他幻灯片时没有声音，而且声音的音量、开始和结束方式等不一定符合要求，这时就需要对插入的声音进行编辑和调整。除此之外，对于音频图标，也可以像图片一样进行美化。

1. 编辑音频

在幻灯片中插入声音文件后，程序就会自动在其中创建一个声音图标◀，选择该声音图标后，单击"音频工具 播放"选项卡，如图7-9所示，在此选项卡中可对声音进行编辑，如设置音量、为声音设置放映时隐藏、循环播放和播放声音的方式等。

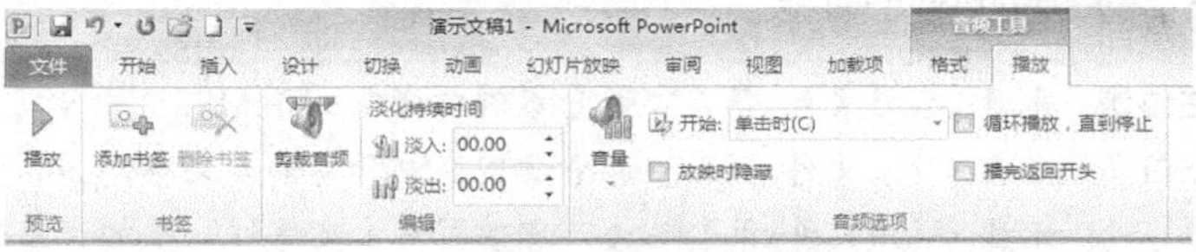

图7-9 "音频工具 播放"选项卡功能区

◎ **试听声音播放效果**：选择声音图标后，在"预览"组中单击"播放"按钮▶，可试听声音效果，单击"暂停"按钮可停止试听。

◎ **裁剪音频**：选择声音图标后，在"编辑"组中单击"剪裁音频"按钮，打开"剪裁音频"对话框，在其中可以通过设置开始和结束时间来裁剪音频，如图7-10所示。

图7-10 "剪裁音频"对话框

◎ **设置淡化持续时间**：选择声音图标后，在"编辑"组的"淡化持续时间"栏的"淡入"和"淡出"数值框中可以设置声音开始和结束的淡化效果。

◎ **设置音量**：选择声音图标后，在"音频选项"组中单击"音量"按钮，可试听声音效果，在弹出的列表中选择音量的大小。

◎ **隐藏声音图标**：选择声音图标后，在"音频选项"组中单击选中"放映时隐藏"复选框，在幻灯片放映时将不显示声音图标。

> 在通常情况下，如果不把声音图标拖到幻灯片之外，将会一直显示声音图标，只有在放映时才会隐藏起来。
>
> 知识提示

◎ **设置播放时间**：选择声音图标后，在"音频选项"组中单击选中"循环播放，直到停止"复选框，在该张幻灯片放映期间，声音将循环播放，直到转到下一张幻灯片为止。单击选中"播完返回开头"复选框，声音播放完毕，将停止播放，并返回到声音的开头。

◎ **设置声音的播放方式**：在【音频选项】组的"开始"下拉列表中可设置声音的播放方式。包括"自动""在单击时""跨幻灯片播放"3个选项，其中如果选择"跨幻灯片播放"选项，那么即使切换幻灯片也能播放声音。

2. 设置声音图标格式

如果在幻灯片放映时显示声音图标，还可设置声音图标的格式，其方法与设置图片的方法相同。首先在幻灯片中选中声音图标，再单击"音频工具 格式"选项卡，在其功能区中即可设置声音图标的样式、在幻灯片中的排列位置和大小等，使声音图标更具特色、更加生动。

7.1.6 课堂案例1——为"中学写景古文课件"添加音频

本案例要求为提供的模板文件添加音频，并对其进行编辑调整，主要是插入和编辑其中的图片。完成后的参考效果如图7-11所示。

素材所在位置	光盘:\素材文件\第7章\课堂案例1\梅花三弄.MP3、中学写景古文课件.potx
效果所在位置	光盘:\效果文件\第7章\课堂案例1\中学写景古文课件.potx
视频演示	光盘:\视频文件\第7章\为"中学写景古文课件"添加音频.swf

图7-11 添加音频后的参考效果

（1）打开演示文稿，选择需要插入音频文件的幻灯片，在【插入】→【媒体】组中单击 按钮下面的 按钮，在打开的列表中选择"文件中的音频"选项，如图7-12所示。

（2）打开"插入音频"对话框，在"保存范围"下拉列表中选择音频的位置，在中间列表框中选择提供的素材文件，单击 插入(S) 按钮，如图7-13所示。

（3）在【音频工具 播放】→【编辑】组中单击"剪裁音频"按钮 ，在"开始时间"数值框中输入"00:06"，在"结束时间"数值框中输入"05:06"，单击 确定 按钮，如图7-14所示。

图7-12　选择操作

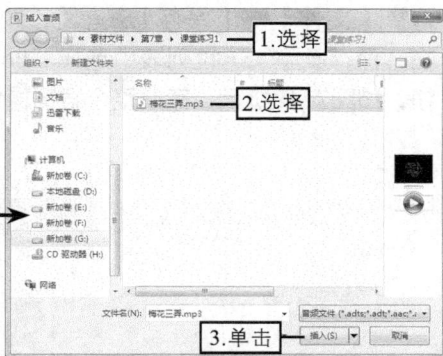

图7-13　选择音频文件

（4）在【音频选项】组中单击"音量"按钮 ，在打开的列表中选择"高"选项，如图7-15
　　所示。

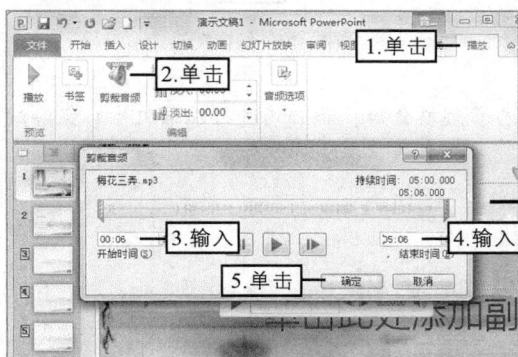

图7-14　剪裁音频

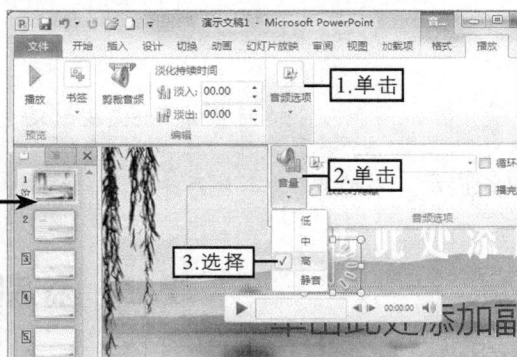

图7-15　调整音量

（5）在【音频选项】组的"开始"下拉列表中选择"跨幻灯片播放"选项，单击选中"放映
　　时隐藏"复选框，如图7-16所示。

（6）选择【文件】→【信息】菜单命令，在中间的窗格中单击"压缩媒体"按钮 ，在打开
　　的列表中选择"演示文稿质量"选项，如图7-17所示。

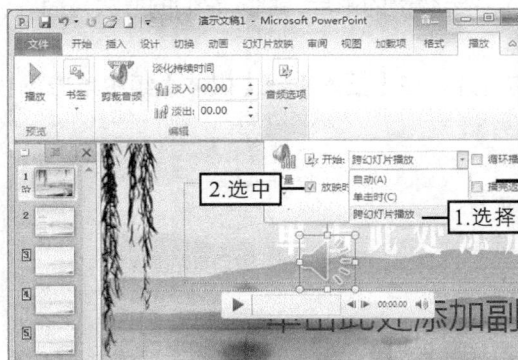

图7-16　编辑音频

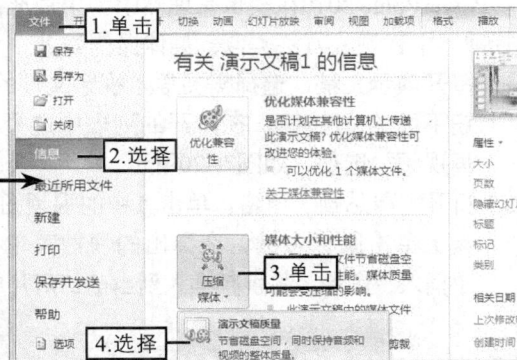

图7-17　压缩文件

（7）打开"压缩媒体"对话框，在其中显示压缩剪裁音频的进度，完成后单击 关闭 按钮，
　　如图7-18所示。

（8）选择【文件】→【保存】菜单命令，打开"另存为"对话框，设置文件的保存位置，在"保存类型"下拉列表中选择"PowerPoint模板"选项，输入文件名称，单击 保存(S) 按钮，如图7-19所示，完成整个案例操作。

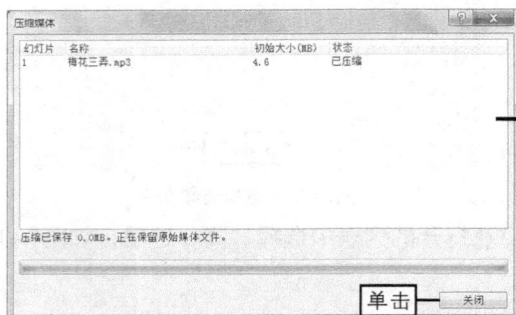

图7-18 压缩媒体

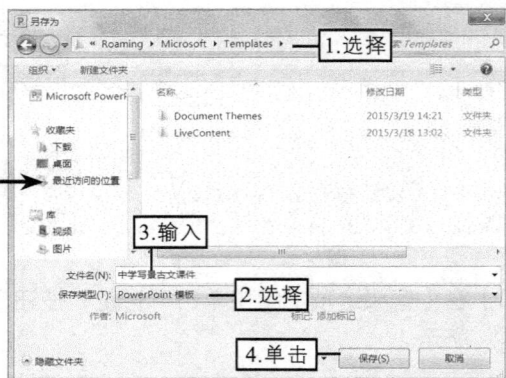

图7-19 保存文件

> 知识提示 　无论是剪裁音频还是视频文件，在剪裁操作后，都必须进行压缩文件和保存演示文稿的操作，只有进行完这两个操作后，在播放演示文稿时，才能正确播放剪裁后的音频和视频文件。

7.2 添加视频文件

除了可以在幻灯片中插入声音外，还可以插入影片，在放映幻灯片时，便可以直接在幻灯片中放映影片，使幻灯片看起来更加丰富多彩。本节将详细讲解在幻灯片中添加和编辑视频文件的基本方法。

7.2.1 插入剪辑管理器中的视频

PowerPoint 2010在剪辑管理器中为用户准备了一定数量的影片，插入它们的方法与插入剪辑管理器中音频的方法类似，具体操作如下。

（1）打开演示文稿，选择需要插入视频文件的幻灯片，在【插入】→【媒体】组中单击 按钮下面的 按钮，在打开的列表中选择"剪贴画视频"选项，如图7-20所示。

（2）打开"剪贴画"窗格，单击其中的视频图标或在其上单击鼠标右键，在弹出的快捷菜单中选择"插入"命令，将视频插入到当前幻灯片中。

图7-20 添加剪贴画视频

> 知识提示 　剪辑管理器中的影片实际上就是一些动态GIF文件，由于能产生动画效果，所以将其归为影片剪辑一类，将其插入到幻灯片中后，可像图片一样调整其大小和位置，并设置样式和效果，在放映时可看到其动画效果。

7.2.2　插入计算机中的视频

除了剪辑管理器中的影片外，同样可以在幻灯片中插入外部的影片，可支持的类型包括Windows Media文件、Windows视频文件、影片文件和Windows Media Video文件及动态GIF文件等。插入电脑中保存的视频的方法有两种：一种是通过菜单命令插入；另一种是通过占位符插入。

◎ **通过菜单命令插入**：选择需要插入视频文件的幻灯片，在【插入】→【媒体】组中单击 按钮下面的 按钮，在弹出的下拉列表中选择"文件中的视频"选项，打开"插入视频文件"对话框，在该对话框中选择需插入的视频插入。

◎ **通过占位符插入**：单击占位符中的"插入媒体剪辑"图标 ，同样打开"插入视频文件"对话框，在该对话框中选择需插入的视频插入。

7.2.3　插入网站中的视频

网络中的视频资源更加的丰富，PowerPoint 2010也提供了插入网站中视频的功能。

1. 插入视频

在幻灯片中插入网站视频的具体操作如下。

（1）打开演示文稿，选择需要插入视频文件的幻灯片，在【插入】→【媒体】组中单击 按钮下面的 按钮，在打开的列表中选择"来自网站的视频"选项。

（2）打开"从网站插入视频"对话框，在下面的文本框中输入该视频的HTML代码，单击 插入(S) 按钮，如图7-21所示。

（3）将视频插入到幻灯片中，然后可以调整视频的大小和位置，然后在【视频工具 格式】→【预览】组或【视频工具 播放】→【预览】组中单击"播放"按钮 ，如图7-22所示，即可播放插入的网络视频。

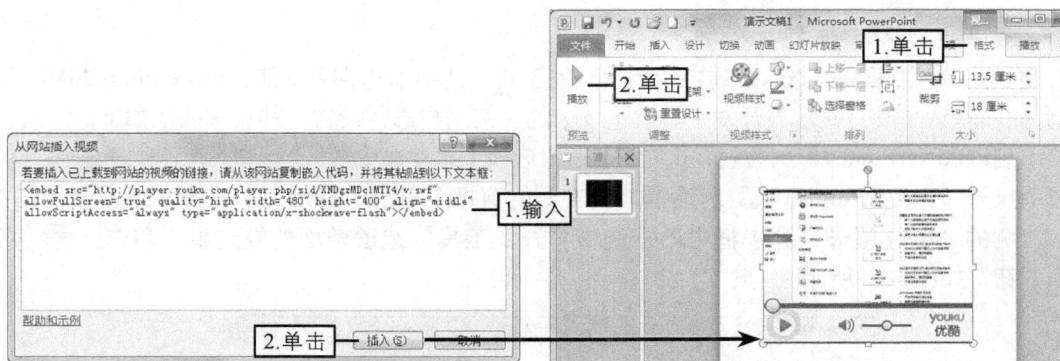

图7-21　输入HTML代码　　　　图7-22　播放视频

2. 了解并获取视频的HTML代码

HTML代码也叫嵌入代码，它是使用HTML语言编写的网络代码。HTML语言也叫超文本标记语言，是迄今为止网络上应用最为广泛的标注语言，也是构成网页文档的主要语言。网络中的各种元素，包括图片、文本、视频、网页等，都是使用HTML语言编辑的，都有其HTML代码。获取网站中视频的HTML代码主要有以下两种方法。

◎ **直接复制HTML代码**：打开网站中视频所在的网页，直接复制该视频的HTML代码，如图7-23所示，然后粘贴到"从网站插入视频"对话框的文本框中即可。

图7-23　复制HTML代码

◎ **套用HTML代码**：可以将下面的播放网络视频的通用HTML代码直接粘贴到"从网站插入视频"对话框的文本框中，然后将代码中的"这里放置视频的地址"替换为该视频的网络地址即可。

<embed pluginspage="http://www.macromedia.com/go/getflashplayer" src="这里放置视频的地址" width="800" height="615" type="application/x-shockwave-flash" play="false"loop="false" menu="true" /></embed />

7.2.4　插入Flash动画

Flash动画同样可以作为教学课件使用，因此，在制作演示文稿时可使用相应的Flash动画，这样可以带给观众不一样的视听享受。

1. 显示"开发工具"选项卡

在幻灯片中插入Flash动画需要使用"开发工具"选项卡的相关功能，PowerPoint 2010的工作界面中默认是没有显示"开发工具"选项卡的，需用户进行设置，其具体操作如下。

（1）启动PowerPoint 2010，选择【文件】→【选项】菜单命令。

（2）打开"PowerPoint选项"对话框，在左侧的窗格中单击"自定义功能区"选项卡，在右侧的"主选项卡"列表框中单击选中"开发工具"选项前面的复选框，单击 确定 按钮，如图7-24所示。

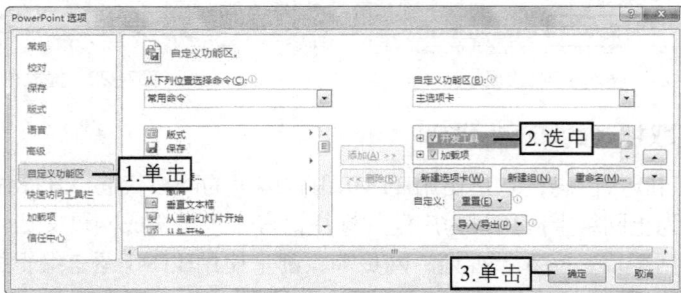

图7-24　显示"开发工具"选项卡

2. 插入Flash动画

在PowerPoint 2010的工作界面中显示了"开发工具"选项卡后，即可插入Flash动画，其具体操作如下。

（1）选择需要插入Flash动画的幻灯片，在【开发工具】→【控件】组中单击"其他控件"按钮，如图7-25所示。

（2）打开"其他控件"对话框，在其中的列表框中选择"Shockwave Flash Object"选项，单击 确定 按钮，如图7-26所示。

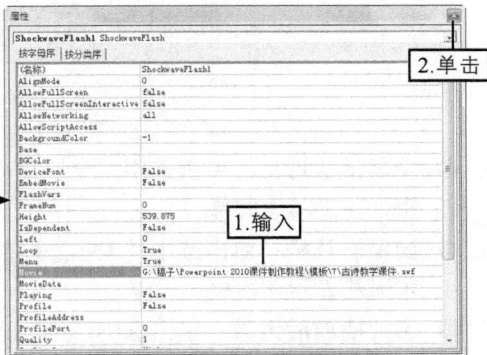

图7-25　选择操作 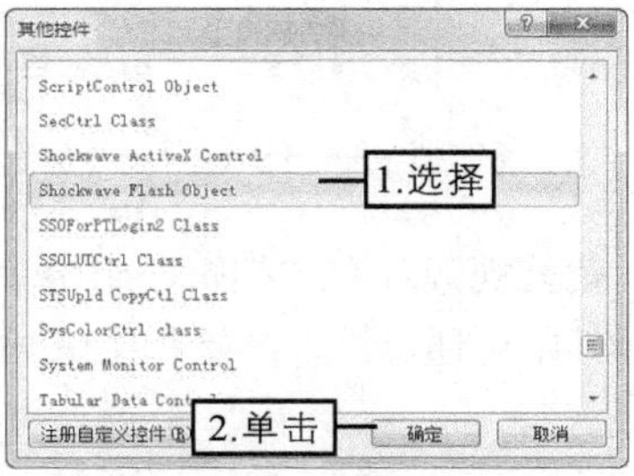　　　　　　　　　　　　图7-26　选择控件

（3）将鼠标移到幻灯片中，当鼠标光标将变为＋形状时，在需插入Falsh的位置按住鼠标左键不放，拖动绘制一个播放Flash动画的区域。在绘制的区域上单击鼠标右键，在弹出的快捷菜单中选择"属性"命令，如图7-27所示。

（4）打开"属性"对话框，在"Movie"文本框中输入Flash动画的详细位置，单击 按钮关闭对话框，如图7-28所示。

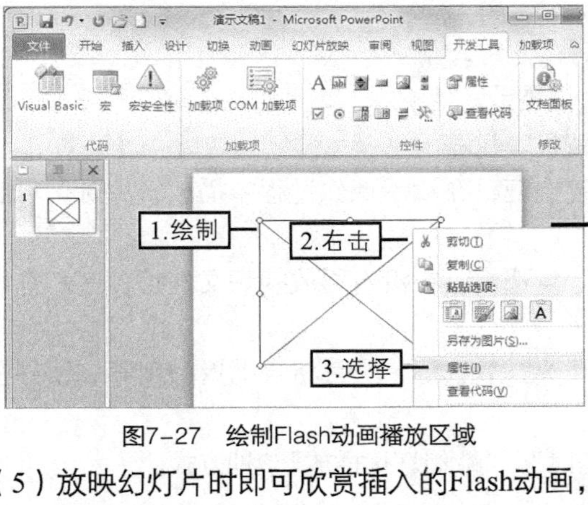

图7-27　绘制Flash动画播放区域　　　　　图7-28　设置动画属性

（5）放映幻灯片时即可欣赏插入的Flash动画，默认为自动播放。

操作技巧　　Flash动画也可以通过插入计算机中视频的方法插入到幻灯片中，虽然这种方式操作很简单，但插入的Flash动画不能预览；而通过控件插入的Flash动画则最为直观，可以直接播放，但不能编辑视频的格式。

7.2.5 调整视频

插入视频后，PowerPoint功能区中将显示"视频工具 格式""视频工具 播放"两个选项卡，这时就可以对插入的视频进行编辑和调整。

1. 编辑视频

在幻灯片中插入视频文件后，单击"视频工具 播放"选项卡，如图7-29所示，在此选项卡中可对视频进行编辑，如设置音量、循环播放、播放视频的方式等，其中的大部分功能与编辑音频文件类似。

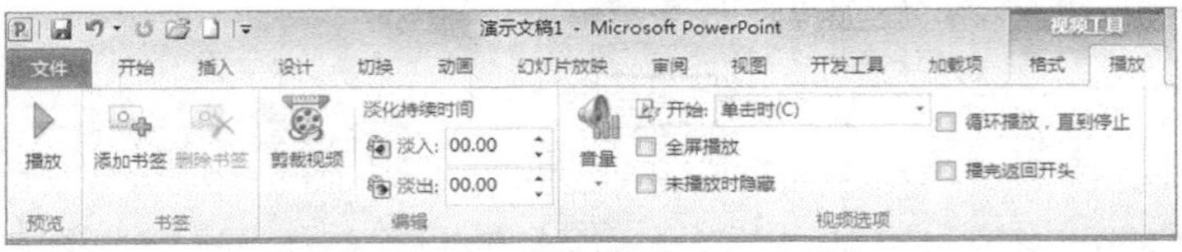

图7-29 "视频工具 播放"选项卡功能区

◎ **裁剪视频**：在"编辑"组中单击"剪裁视频"按钮 ，打开"剪裁视频"对话框，在其中可通过设置开始和结束时间来裁剪视频，如图7-30所示。

图7-30 "剪裁视频"对话框

◎ **全屏播放影片**：单击选中"全屏播放"复选框，在演示课件过程中播放影片时，可使影片充满整个屏幕。

◎ **隐藏影片框**：单击选中"未播放时隐藏"复选框，在没有播放视频文件时，在幻灯片中无法显示该视频。

◎ **影片播放后倒带**：单击选中"播完返回开头"复选框，影片将自动返回到第一帧并在播放一次后停止。

◎ **设置视频的播放方式**：有"自动""单击时""跨幻灯片播放"3种方式。

知识提示 PowerPoint几乎支持所有的视频格式，但若要在幻灯片中插入视频文件，最好使用WMV和AVI格式的视频文件，这两种视频文件也是Windows自带的视频播放器支持的文件类型。如果要在幻灯片中插入其他类型的视频文件，则需要在计算机中安装支持该文件类型的视频播放器，如插入MP4视频文件，需要安装默认的视频播放器Apple QuickTime。否则，插入的其他视频文件将显示为音频文件样式。

2. 设置视频格式

设置视频文件格式的方法与设置图片格式的方法相同，首先在幻灯片中选择插入的视频文件，再单击"视频工具 格式"选项卡，在其功能区中即可设置视频样式、在幻灯片中的排列位置、大小等，提高视频文件的播放效果。

7.2.6　课堂案例2——为"出塞"语文课件添加视频

本案例要求为提供的素材文档添加视频文件，并设置视频文件的格式，其中涉及插入视频和编辑视频的操作，完成后的参考效果如图7-31所示。

素材所在位置　光盘:\素材文件\第7章\课堂案例2\出塞.pptx、古诗词教学课件.swf
效果所在位置　光盘:\效果文件\第7章\课堂案例2\出塞.pptx
视频演示　　　光盘:\视频文件\第7章\为"出塞"语文课件添加视频.swf

图7-31　"出塞"演示文稿参考效果

（1）打开演示文稿，选择第4张幻灯片，在【插入】→【媒体】组中单击 按钮下面的 按钮，在打开的列表中选择"文件中的视频"选项，如图7-32所示。

（2）打开"插入视频"对话框，在"保存范围"下拉列表中选择音频的位置，在中间列表框中选择提供的素材文件，单击 插入(S) 按钮，如图7-33所示。

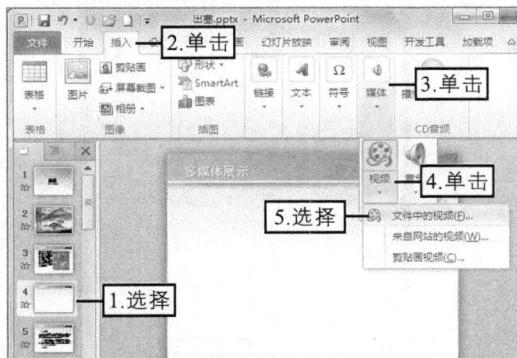

图7-32　选择操作

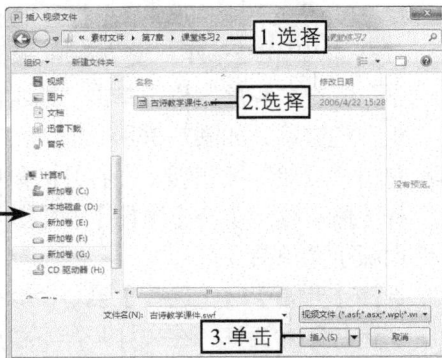

图7-33　选择视频文件

（3）在【视频工具 播放】→【视频选项】组的"开始"下拉列表中选择"自动"选项，单击选中"未播放时隐藏"复选框，如图7-34所示。

（4）在【视频工具 格式】→【视频样式】组的"视频样式"列表框的"中等"栏中选择"复杂框架，黑色"选项，如图7-35所示。

（5）在"预览"组中单击"播放"按钮 ，预览视频，然后保存文档，完成操作。

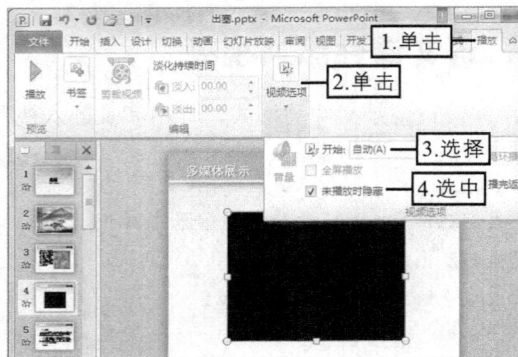

图7-34　设置视频播放

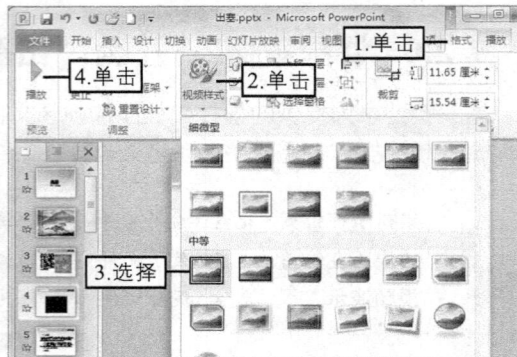

图7-35　设置视频样式

7.3　添 加 公 式

在使用PowerPoint 2010制作课件的过程中，有时需要在幻灯片中添加各种公式，除了一些常用的公式可以直接添加外，还可以通过其他一些方法添加公式。本节将详细讲解在幻灯片中添加和编辑公式的基本方法。

7.3.1　利用数学输入面板添加

数学输入面板是Windows自带的一个小工具，能够直接手写复杂的公式并插入到幻灯片中，这也是最简单的一种添加公式的方法。

1．打开数学输入面板

由于数学输入面板是Windows的一个附件程序，所以打开方式有以下3种。

◎ 单击"开始"按钮 ，在打开的菜单的"搜索程序和文件"文本框中输入"数学"，在"程序"栏中单击"数学输入面板"超链接，如图7-36所示。

◎ 单击"开始"按钮 ，在打开的菜单中选择【所有程序】→【附件】→【数学输入面板】菜单命令。

◎ 选择【开始】→【运行】菜单命令，打开"运行"对话框，在"打开"下拉列表框中输入"mip"，单击 确定 按钮。

图7-36　打开数学输入面板

2. 添加公式到幻灯片中

打开数学输入面板后，即可在其中输入公式，并添加到幻灯片中，具体操作如下。

（1）在数学输入面板的黄色手写区域内，按住鼠标左键不放，拖动绘制公式，同时在上面的文本框中自动识别并显示公式。

（2）输入完正确的公式后，在幻灯片的文本框中单击定位插入点，然后在数学输入面板中单击 __插入__ 按钮，即可将公式添加到幻灯片中，如图7-37所示。

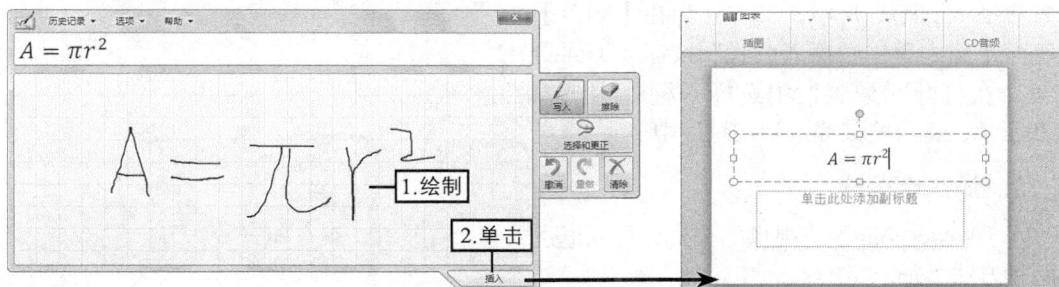

图7-37　添加公式

3. 编辑公式

手动绘制的公式难免会出现程序无法识别的问题，这时可以通过数学输入面板的编辑按钮进行编辑，各按钮的功能介绍如下。

◎ ____按钮：单击该按钮可继续输入公式。

◎ ____按钮：单击该按钮，在需要删除的对象上按住鼠标左键不放，即可删除该对象。

◎ ____按钮：单击该按钮，在数学输入面板中单击某个对象，该对象将呈现红色。打开更改列表，在其中选择一个选项，可以更改对象，如图7-38所示。

图7-38　选择和更改

◎ ____按钮：单击该按钮可撤销上一步操作。

◎ ____按钮：单击该按钮可还原上一步操作。

◎ ____按钮：单击该按钮可将输入的公式清除。

> **操作技巧**　　编辑公式的时候，单击某个编辑按钮，该按钮将显示为蓝色，表示可以使用该按钮对应的功能。

7.3.2　利用"插入公式"按钮添加

在【插入】→【符号】组中有一个"插入公式"按钮 π，通过该按钮也能在幻灯片中添加公式，这也是目前最常用的一种添加公式的方法。

1．添加常用公式

PowerPoint 2010提供了一些常用的公式，可以直接插入到幻灯片中，其方法为在【插入】→【符号】组中单击"插入公式"按钮 π 下面的 公式 按钮，在打开的列表框中选择一种公式，如图7-39所示，就可将其插入到幻灯片中。

2．添加新公式

对于PowerPoint没有提供的公式，可以通过以下两种方法添加。

◎ 在【插入】→【符号】组中单击"插入公式"按钮 π 下面的 公式 按钮，在打开的列表框中选择"插入新公式"选项，在【公式工具 设计】选项卡的功能区中选择公式对象添加新公式，如图7-40所示。

图7-39　添加常用公式

图7-40　"公式工具 设计"选项卡功能区

◎ 在【插入】→【符号】组中单击"插入公式"按钮 π 上面的 π 按钮，直接打开"公式工具 设计"选项卡添加新公式。

3．编辑公式

如果对添加的公式不满意，可以选择公式，打开"公式工具 设计"选项卡，通过功能区中的各种对象对公式进行编辑。功能区的主要功能介绍如下。

◎ "工具"组：在其中单击 专业型 按钮，可以将所选内容转换为二维形式，以便专业化显示；在其中单击 线性 按钮，可以将所选内容转换为一维形式，以便编辑；在其中单击 普通文本 按钮，可以将所选内容转换为文本，在数字区域使用非数字文本。

◎ "符号"组：在其中的列表框中选择各种数学符号插入到公式中，单击右侧的"其他"按钮，展开"符号"列表框，单击右上角的按钮，在打开的列表中可以选择不同类型的符号，如图7-41所示，主要有基础数学、希腊字母、字母类符号、

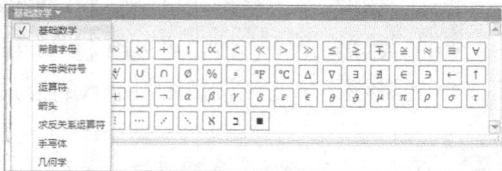

图7-41　添加符号

运算符、箭头、求反关系运算符、手写体、几何学8种类型。

◎ **"结构"组**：主要包含了分数、上下标、根式、积分、大型运算符、括号、函数、导数符号、极限和对数、运算符以及矩阵11种结构，单击对应的按钮，在打开的列表框中可以选择具体的结构类型插入到幻灯片中。

知识提示　在PowerPoint过去的版本中，一直使用的是公式编辑器（MathType）来输入一些复杂的公式，由于操作比较复杂，在PowerPoint 2010中已经很少使用。通常在【插入】→【文本】组中单击"对象"按钮，打开"插入对象"对话框，在"对象类型"列表框中选择"Microsoft 公式 3.0"选项，单击 确定 按钮，即可打开公式编辑器窗口，为幻灯片添加公式，如图7-42所示。

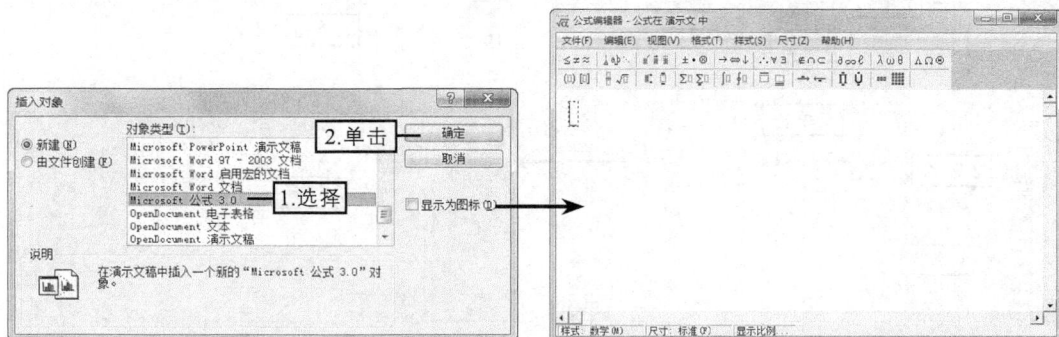

图7-42　启动公式编辑器

7.3.3　课堂案例3——编辑"正切函数"中学数学课件

本案例要求在提供的素材文件的幻灯片中添加数学公式，主要是使用插入公式按钮的操作，完成后的参考效果如图7-43所示。

素材所在位置　光盘:\素材文件\第7章\课堂案例3\正切函数.pptx
效果所在位置　光盘:\效果文件\第7章\课堂案例3\正切函数.pptx
视频演示　　　光盘:\视频文件\第7章\编辑"正切函数"中学数学课件.swf

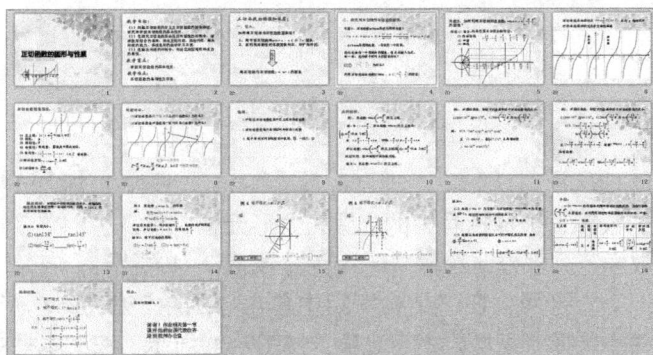

图7-43　"正切函数"演示文稿参考效果

职业素养

数学是一门比较枯燥、乏味的学科，因此教师在制作数学课件时，应尽量多用一些SmartArt图形、动画、声音或视频等对象来增加教学的趣味性和生动性，风格设计也尽量采用暖色或鲜艳的色彩，这样才能引起学生对数学的兴趣。

（1）打开素材文件，选择第4张幻灯片，在其中插入横排文本框，并输入文本内容，然后将鼠标光标定位到下一行中。

（2）在【插入】→【符号】组中单击"插入公式"按钮π上面的π按钮，如图7-44所示。

（3）在【公式工具 设计】→【符号】组中单击右侧的"其他"按钮，展开"符号"列表框，单击右上角的按钮，在打开的列表中选择"几何学"选项，如图7-45所示。

图7-44　插入公式

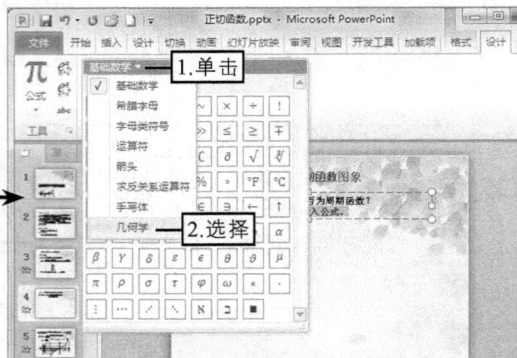

图7-45　选择符号类型

（4）在打开的"几何学"列表框中选择"因为"选项，如图7-46所示，在文本框中插入因为符号。

（5）在"结构"组中单击"括号"按钮，在打开的列表框的"常用方括号"栏中选择"事例实例"选项，如图7-47所示，在文本框中插入公式。

图7-46　插入符号

图7-47　插入结构公式

（6）删除公式右侧的数字，选择括号中的虚线正方形元素，输入"x+"，然后在"符号"组中打开"基础数学"列表框，选择"π"选项，如图7-48所示。

（7）在括号后输入"="符号，在"结构"组中单击"函数"按钮，在打开的列表框的"常用函数"栏中选择"正切公式"选项，如图7-49所示，在文本框中插入正切公式。

（8）用复制粘贴的方法将公式中的"θ"替换为"x+π"，如图7-50所示。

图7-48 插入符号

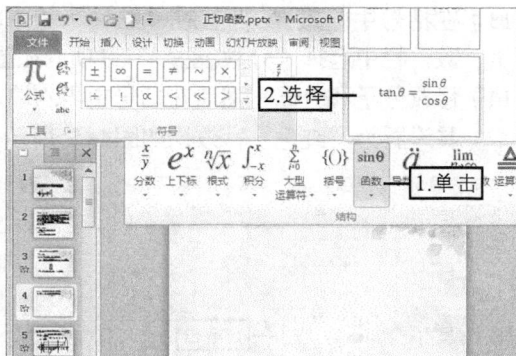

图7-49 插入函数公式

（9）输入"="符号，复制前面制作好的正切公式，并在分子和分母前分别输入一个"-"符号。

（10）在括号后输入"="符号，在"结构"组中单击"函数"按钮 $\sin\theta$，在打开的列表框的"三角函数"栏中选择"正切函数"选项，如图7-51所示，插入正切函数。

图7-50 编辑公式

图7-51 插入正切函数

（11）修改正切函数，并继续复制其他函数，完成整个公式的制作，完成后的效果如图7-52所示，继续输入其他文本。

（12）插入一个右箭头形状，将鼠标光标移动到该箭头右侧，在"结构"组中单击"括号"按钮 {()}，在打开的列表框的"方括号"栏中选择"方括号"选项，如图7-53所示。

图7-52 输入其他公式

图7-53 插入方括号

（13）在括号中输入"–"，在"结构"组中单击"分数"按钮 $\frac{x}{y}$，在打开的列表框的"分数"栏中选择"分数(竖式)"选项，如图7-54所示，在文本框中插入分数。

（14）修改分子和分母，然后在括号中再次输入一个分数，然后选择括号和括号内的数字，将其设置为"红色"，效果如图7-55所示。

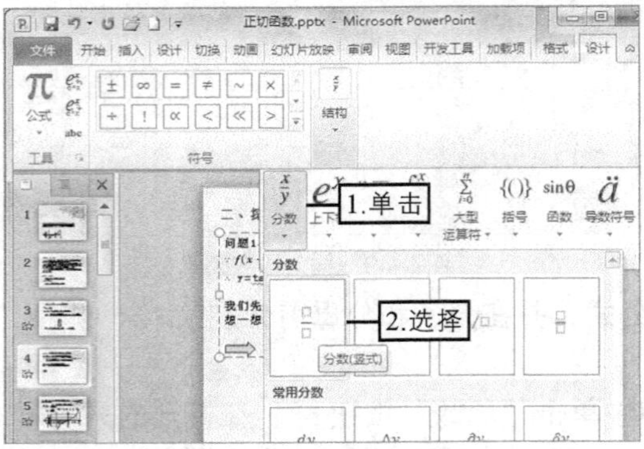

图7-54　插入分数

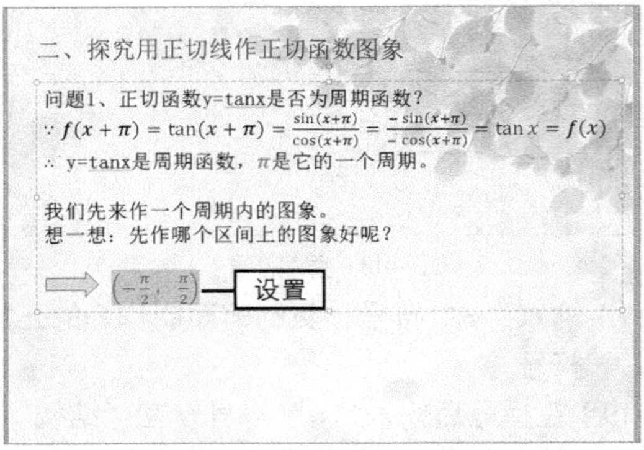

图7-55　设置分数公式

（15）继续输入文本，在"符号"组中打开"手写体"列表框，在"手写体"栏中选择" x "选项，如图7-56所示，在文本框中插入手写体的小写x文本。

（16）在"符号"组中打开"运算符"列表框，在"常用关系运算符"栏中选择" $\in$ "选项，如图7-57所示，在文本框中插入包含于符号。

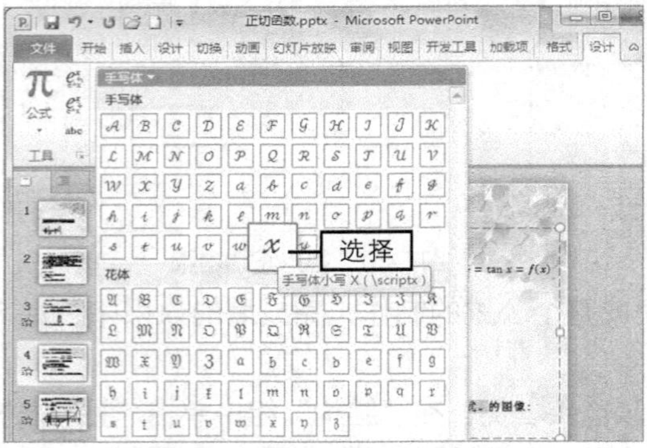

图7-56　插入手写体小写x符号

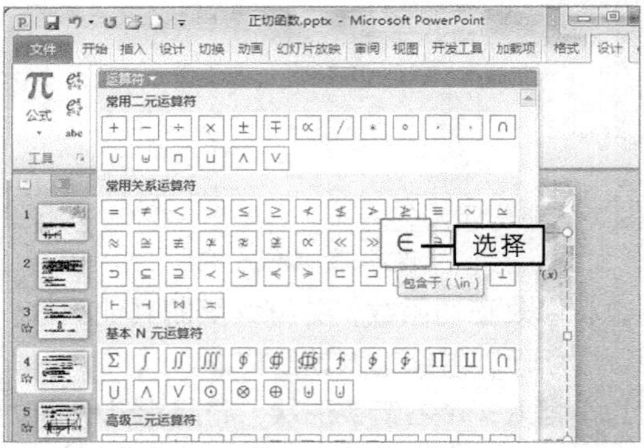

图7-57　插入包含于符号

（17）将前面插入的红色公式复制到包含于符号后面，并将其颜色设置为"黑色"，保存演示文稿，完成制作。

知识提示　　本案例只在第4张幻灯片中添加了公式，其他幻灯片中的公式都是通过公式编辑器添加的，用户可以试试使用本节所学的知识重新添加这些公式。

7.4　课堂练习

本课课堂练习将分别为"感恩教师节"演示课件添加音频和在"参数方程"中学数学课件

中插入公式，综合练习本章学习的知识点，学习在幻灯片中添加多媒体对象的具体操作。

7.4.1 为"感恩教师节"演示课件添加音频

1. 练习目标

本练习的目标是为前面制作的"感恩教师节"演示课件添加音频，在进行添加的过程中，除了添加外部音频文件并进行编辑外，还需要添加录制的音频。另外在添加音频后，需要对其进行压缩保存，这样才能保存对音频文件的编辑。本练习完成后的参考效果如图7-58所示。

图7-58 添加音频的参考效果

素材所在位置 　光盘:\素材文件\第7章\课堂练习\感恩教师节.pptx
效果所在位置 　光盘:\效果文件\第7章\课堂练习\感恩教师节.pptx
视频演示 　　　光盘:\视频文件\第7章\为"感恩教师节"演示课件添加音频.swf

2. 操作思路

完成本练习需要先将计算机中的音频文件插入到幻灯片中，再对插入的音频文件进行编辑，然后录制音频并插入到幻灯片中等，其操作思路如图7-59所示。

① 添加音频文件　　　　　　② 编辑音频　　　　　　③ 录制音频

图7-59 在演示课件中添加音频的制作思路

（1）打开素材文件，选择第1张幻灯片，在其中插入"背景音乐.mp3"音频文件。

（2）剪裁该音频文件，开始时间为"00:16"，结束时间为"05:45"，设置该音频跨幻灯片播放，放映时隐藏和循环播放。

（3）在最后一张幻灯片中录制声音，然后将插入的音频压缩为演示文稿质量，保存课件。

7.4.2 编辑"参数方程"中学数学课件

1. 练习目标

本练习要求编辑"参数方程"中学数学课件，需要在提供的素材演示文稿的部分幻灯片中插入各种数学公式，涉及插入和编辑公式的各种操作。完成后的参考效果如图7-60所示。

图7-60 "参数方程"演示文稿参考效果

素材所在位置	光盘:\素材文件\第7章\课堂练习\参数方程.pptx
效果所在位置	光盘:\效果文件\第7章\课堂练习\参数方程.pptx
视频演示	光盘:\视频文件\第7章\编辑"参数方程"中学数学课件.swf

2. 操作思路

完成本练习需要在不同的幻灯片中用不同的方法插入和编辑各种数学公式，其操作思路如图7-61所示。

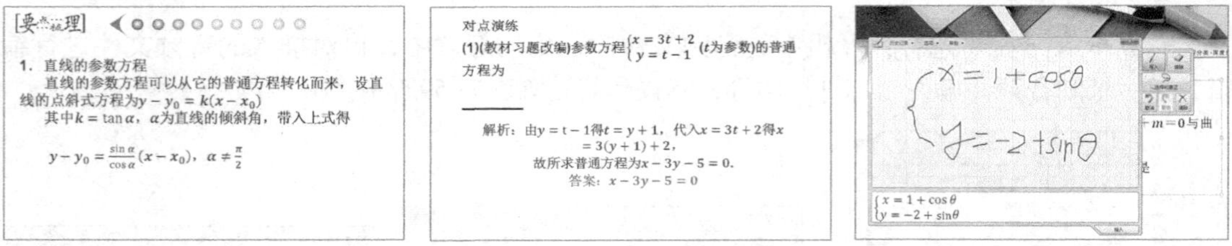

① 插入公式　　　　　　② 编辑公式　　　　　③ 利用数学输入面板插入公式

图7-61 编辑"参数方程"演示文稿的操作思路

（1）打开素材文件，在第4张幻灯片中插入和编辑数学公式，结构包括下标、方括号、分数（竖式）、正弦函数、余弦函数，以及不等于、Alpha符号。

（2）第5张幻灯片中插入的数学公式结构包括下标、单方括号、分数（竖式）、正切公式等。

（3）第6张幻灯片中插入的数学公式结构包括实例（两条件）和方括号等。

（4）第7张幻灯片中插入的数学公式结构包括平方根、正切函数，以及度符号。

（5）第8张幻灯片中插入的数学公式结构包括Theta符号等。

（6）第9张幻灯片中插入的数学公式结构包括单方括号、上标，以及包含于和π符号等。

（7）第10张幻灯片中插入的数学公式结构包括实例（两条件），以及大于和Phi符号等。

（8）第11张幻灯片中插入的数学公式结构包括实例（两条件）、上标，以及Theta符号等。

（9）第14张幻灯片中利用数学输入面板插入数学公式，并对其进行编辑。

（10）第16张幻灯片中插入的数学公式结构包括方括号、上标，以及小于和乘号符号等。

（11）第17张幻灯片中插入的数学公式结构包括反余弦函数、下标，以及几何学的角度符号等，最后保存演示文稿。

7.5　拓　展　知　识

下面主要介绍在PowerPoint 2010中支持的音频和视频格式的相关知识。

1．PowerPoint支持的音频格式

在网络中流传的音频格式有多种，但PPT只能直接支持其中一部分视频进行插入和播放操作，下面讲解常用于PPT中的音频类型。

◎ **WAV波形格式**：这种音频文件格式将声音作为波形存储，其存储声音的容量可大可小。

◎ **MP3音频格式**：该格式使用MPEG Audio Layer 3编解码器，可以将音频压缩成容量较小的文件，且能够在音质丢失很小的情况下把文件压缩到最小，具有保真效果。

◎ **AU 音频文件**：这种文件格式通常用于为UNIX计算机或网站创建声音文件。

◎ **MIDI 文件**：这是用于在乐器、合成器、计算机之间交换音乐信息的标准格式。

◎ **Windows Media Audio 文件（.wma）**：WMA格式是以减少数据流量但保持音质的方法来达到更高的压缩率目的的，生成的文件大小只有相应MP3文件的一半。

2．PowerPoint支持的视频格式

在网络中流传的视频格式有多种，但PPT只支持其中一部分视频进行插入和播放操作，下面讲解常用于PPT中的视频类型。

◎ **AVI**：AVI即音频视频交错格式，是将语音和影像同步组合在一起的文件格式。它对视频文件采用了一种有损压缩方式，但压缩比较高，主要应用在多媒体光盘上，用来保存电视、电影等各种影像信息。

◎ **WMV**：WMV是微软推出的一种流媒体格式。在同等视频质量下，WMV格式的体积非常小，因此很适合在网上播放和传输。

◎ **MPEG**：MPEG标准的视频压缩编码技术主要利用了具有运动补偿的帧间压缩编码技术以减小时间冗余度，利用DCT技术以减小图像的空间冗余度，并利用熵编码在信息表示方面减小了统计冗余度，大大增强了压缩性能。

7.6　课　后　习　题

（1）打开"认识长方形.pptx"演示文稿，为课件添加音频，并进行适当的编辑。

提示：在第1张幻灯片中插入音频，设置为"跨幻灯片播放、放映时隐藏、循环播放，直到停止"，音量为"低"，剪裁音频，开始时间为"00:15"，结束时间为

"01:25"。处理后的效果如图7-62所示。

素材所在位置	光盘:\素材文件\第7章\课后习题\认识长方形.pptx
效果所在位置	光盘:\效果文件\第7章\课后习题\认识长方形.pptx
视频演示	光盘:\视频文件\第7章\为"认识长方形"幼儿课件添加音频.swf

图7-62　添加音频的参考效果

（2）根据本章所学的添加公式的相关知识，将素材文件"数学物理方程.pptx"中的所有用公式编辑器输入的公式，利用本章所学的方法重新添加。最终效果如图7-63所示。

提示： 可以利用数学输入面板和"公式工具 设计"选项卡两种工具来添加公式。

素材所在位置	光盘:\素材文件\第7章\课后习题\数学物理方程.pptx
效果所在位置	光盘:\效果文件\第7章\课后习题\数学物理方程.pptx
视频演示	光盘:\视频文件\第7章\编辑"数学物理方程"大学数学课件.swf

图7-63　"数学物理方程"演示文稿参考效果

操作技巧　　制作上下标同时存在的公式时，输入上标或者下标后，另外一个虚线框会自动消失（程序漏洞），直接按【Tab】键，然后输入即可完成公式添加。

第8章

设置课件的动画效果

本章将详细讲解在课件中设置动画效果的相关操作，并讲解一些常见的动画效果的制作方法。读者通过学习应能够熟练掌握设置课件动画效果的各种操作方法，让制作出来的课件具有动态效果，增加课件的吸引力。

学习要点

◎ 添加和设置动画效果
◎ 设置动画播放顺序
◎ 设置动作路径动画
◎ 添加切换动画
◎ 设置切换动画效果
◎ 设计动画特效

学习目标

◎ 掌握幻灯片动画的基本操作
◎ 掌握幻灯片切换动画的基本操作
◎ 掌握常见动画特效设置的操作方法

8.1 设置幻灯片动画

在幻灯片中可以给文本、图片、表格等对象添加标准的动画效果，还可以添加自定义的动画效果，使其以不同的动态方式出现在屏幕中。本节将详细讲解为幻灯片中的各种对象设置动画的相关操作。

8.1.1 添加动画效果

PowerPoint 2010中提供了多种预设的动画效果，用户可根据需要对幻灯片中的对象添加不同的动画效果。另外，还可以为一个对象设置单个动画效果或者多种动画效果，还可以为一张幻灯片中的多个对象设置统一的动画效果。

1. 添加单个动画

在幻灯片中选择了一个对象后，就可以给该对象添加一种自定义动画效果，可设置为进入、强调、退出和动作路径中的任意一种动画效果，具体操作如下。

（1）在幻灯片中选择需添加动画的对象后，在【动画】→【动画】组中单击"动画样式"列表框右侧的"其他"按钮，在打开的列表框中选择一种动画样式，如图8-1所示。

（2）在幻灯片中将自动演示动画效果，并在添加了动画效果的对象的左上方显示数字序号，如图8-2所示。

图8-1 选择动画样式　　　　图8-2 动画效果

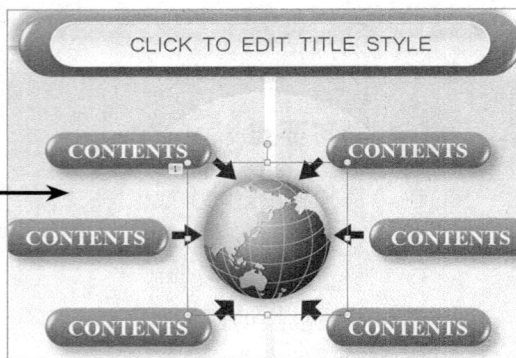

知识提示　　在"动画样式"列表框中选择"更多进入效果""更多强调效果""更多退出效果""其他动作路径"等选项，打开相应的对话框，在对话框中也可为选择的对象添加动画效果。另外，添加动画后，在【动画】→【预览】组中单击"预览动画"按钮，也可以预览动画效果。

2. 添加多个动画

在幻灯片中不仅可以为对象添加单个动画效果，还可以为对象设置多个动画效果，其方法是在设置单个动画之后，在【动画】→【高级动画】组中单击"添加动画"按钮，打开和图8-1完全相同的列表框，在其中选择一种动画样式，为对象添加另外一种动画效果。添加了多个动画效果后，幻灯片中该对象的左上方也将显示对应的多个数字序号，如图8-3所示。

为对象添加动画之后，在"高级动画"组中单击 ![动画窗格] 按钮，打开"动画窗格"窗格，其中显示了添加的动画效果列表，其中的选项将按照为对象设置的先后顺序而排列，并用数字序号进行标识，如图8-4所示。

图8-3　添加多个动画

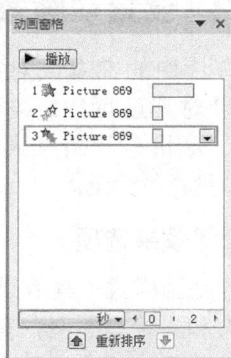

图8-4　动画窗格

操作技巧　未添加动画的对象，通过"添加动画"按钮![]和"动画样式"列表框都可以添加动画；已添加动画的对象只能通过"添加动画"按钮![]继续添加动画。

3. 为多个对象添加动画

如果是设置不同的动画，只要分别选择对象，然后依次添加动画即可。如果要为多个对象设置同一种动画，则有下面两种比较快捷的方法。

◎ **利用【Ctrl】键或【Shift】键**：在幻灯片中选择1个对象，然后按住【Ctrl】键或者【Shift】键不放，再单击其他对象，选择多个对象后，释放【Ctrl】键或【Shift】键，然后添加同一种动画，幻灯片中这几个对象的数字序号也相同，如图8-5所示。

◎ **利用 ![动画刷] 按钮**：为一个对象添加动画后，在"高级动画"组中双击 ![动画刷] 按钮，鼠标光标变成![]形状，单击其他对象后，即可为这些对象添加同样的动画，单击这几个对象的数字序号将按照单击的顺序进行排序，如图8-6所示。

图8-5　利用快捷键添加

图8-6　利用"动画刷"按钮添加

8.1.2 设置动画效果

给幻灯片中的文本或对象添加了动画效果后，还可以对其进行一定的设置，如动画的方向、图案、形状、开始方式、播放速度、声音等，下面分别进行介绍。

图8-7 设置效果选项

1. 设置效果选项

不同的动画样式，其效果选项不同，通常有方向、图案和形状等类型，有些动画样式甚至是没有效果选项的。设置效果选项的方法为，为对象选择一种动画样式，在"动画"组中单击"效果选项"按钮 ，在打开的列表中选择一种效果样式即可，如图8-7所示。

2. 设置开始方式

在【计时】组的"开始"下拉列表框中选择动画开始的方式，如图8-8所示，其中各选项含义如下。

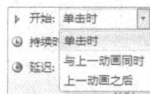

图8-8 设置开始方式

◎ **"单击时"选项**：表示要单击一下鼠标后才开始播放该动画，这种开始方式是PowerPoint 2010默认的动画开始方式。

◎ **"与上一动画同时"选项**：表示设置的动画将与前一个动画同时开始播放，设置这种开始方式后，幻灯片中对象的序号将变得和前一个动画的序号相同。

◎ **"上一动画之后"选项**：表示设置的动画将在前一个动画播放完毕后自动开始播放，设置这种开始方式后，幻灯片中对象的序号将变得和前一个动画的序号相同。

3. 设置计时

在动画窗格中单击动画选项右侧的 按钮，在打开的列表中选择"计时"选项，打开该动画效果的对话框，在"计时"选项卡中可设置动画延迟播放时间、重复播放次数和播放速度等，如图8-9所示，其中各选项的功能如下。

◎ **"开始"下拉列表框**：与【计时】组的"开始"下拉列表框功能完全相同。

◎ **"延迟"数值框**：设置动画延迟放映的时间，以"秒"为单位。

◎ **"期间"下拉列表框**：设置动画播放的速度，主要有"非常慢（5秒）""慢速（3秒）""中速（2秒）""快（1秒）""非常快（0.5秒）"5种速度。

◎ **"重复"下拉列表框**：设置动画重复播放的次数。

◎ 触发器 按钮：单击该按钮，其下方显示设置选项，如图8-10所示。默认为选中"部分单击序列动画"单选项，即未设置触发器功能，将按顺序进行动画的放映；若单击选中"单击下列对象时启动效果"单选项，在其后面的下拉列表框中将显示该页幻灯片中的所有对象，可选择其中之一作为触发器（触发器的相关知识将在下一章中详细讲解）。在放映过程中，就必须单击所选对象才能播放动画。

图8-9　设置计时

图8-10　设置触发器

4．添加动画声音

为使制作的幻灯片更加自然、逼真，可以为动画效果添加鼓掌、抽气等声音效果，首先需要打开该动画效果的对话框，然后单击"效果"选项卡，在其中的"声音"下拉列表框中选择需要添加的声音效果，还可单击右侧的"音量"按钮，调整声音的大小，如图8-11所示。

> **知识提示**　在"声音"下拉列表框中选择"其他声音"选项，打开"添加音频"对话框，如图8-12所示，选择需要的声音文件，可以为动画添加其他声音效果。

图8-11　添加动画声音

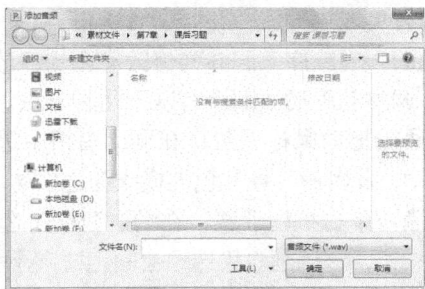

图8-12　添加其他声音

5．设置文本动画效果

如果文本框内只有一个段落的文本，则该文本将作为一个对象进行动画的设置，如果文本框内有多个段落的文本，除了可将所有文本作为一个对象设置动画外，还可将各段落的文本作为单独的对象进行动画的设置。在动画窗格中单击动画选项右侧的按钮，在打开的列表中选择"效果选项"选项，打开该动画效果的对话框，除了可以设置其开始方式、播放时间及动画声音外，还可设置和文本相关的动画效果。

◎　单击"效果"选项卡中的"动画播放后"下拉列表框，在其中选择动画播放后的效果，可将文本更改为其他颜色，还可隐藏

图8-13　设置动画播放后

文本，如图8-13所示。
◎ 单击"效果"选项卡中的"动画文本"下拉列表框，在其中可选择动画的播放方式，可使文本作为整体播放动画，还可使文本按字母播放动画，如图8-14所示。
◎ 单击"正文文本动画"选项卡中的"组合文本"下拉列表框，在其中可选择文本框中的文本组合方式，如图8-15所示。若选择"作为一个对象"选项，则所有文本将组合为一个对象播放动画；若选择其他选项，则每个段落的文本将作为单独的对象播放动画；在幻灯片中，该文本框的各段文本前方将分别标识数字序号。

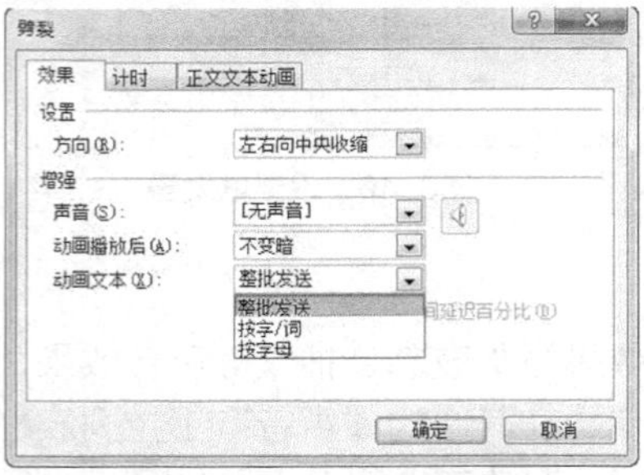

图8-14　设置动画文本 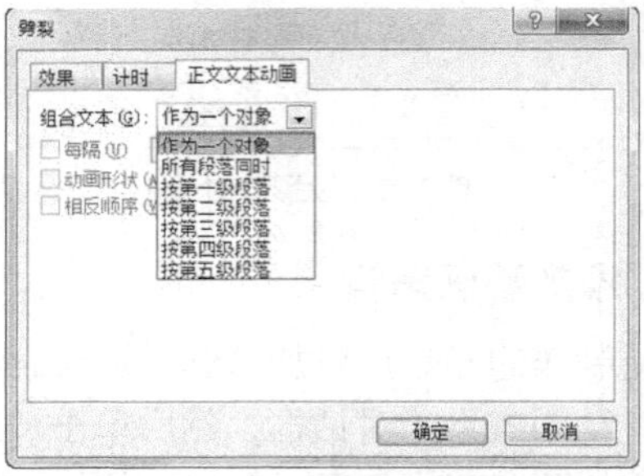　　　　图8-15　设置组合文本

8.1.3　设置动画播放顺序

要制作出满意的动画效果，可能需要不断地查看动画之间的衔接效果是否合理，如果对设置的播放效果不满意，应及时对其进行调整。由于动画效果列表中各选项排列的先后顺序就是动画播放的先后顺序，因此要修改动画的播放顺序，应通过调整动画效果列表中各选项的位置来完成。调整动画播放顺序有以下两种方法。
◎ **通过拖动鼠标调整**：在动画窗格中选择要调整的动画选项，按住鼠标左键不放进行拖动，此时有一条黑色的横线随之移动，当横线移动到需要的目标位置时释放鼠标即可。
◎ **通过单击按钮调整**：在动画窗格中选择要调整的动画选项，单击窗格下方的▲按钮或▼按钮，该动画效果选项会向上或向下移动一个位置。

8.1.4　设置动作路径动画

"动作路径"动画效果是自定义动画效果中的一种表现方式，可为对象添加某种常用路径的动画效果，如"向上""向下""向左""向右"的动作路径，使对象沿固定路径运动，但是缺乏一定的灵动性。PowerPoint 2010提供了更多的路径可供选择，甚至还可绘制自定义路径，使幻灯片中的对象更加突出。
◎ **选择动作路径**：在【动画】→【高级动画】组中单击"添加动画"按钮，在打开的列表框的"动作路径"栏中可选择已有的路径，还可选择"其他动作路径"选项，打开"添加动作路径"对话框，在其中选择需要的动作路径即可，在幻灯片中将以虚线显示该动画的移动路径，如图8-16所示。
◎ **绘制动作路径**：除了选择PowerPoint提供的动作路径外，还可手动绘制路径，其方法为，选择需要设置的对象，单击"添加动画"按钮，在打开的列表框的"动作路径"栏中选择"自定义路径"选项，将鼠标光标移动到幻灯片中，当其变为∅或+形状时，按住鼠标左键并拖动，即可绘制所需的路径，如图8-17所示，开始位置显示为绿色箭头，终止位置显示为红色箭头。

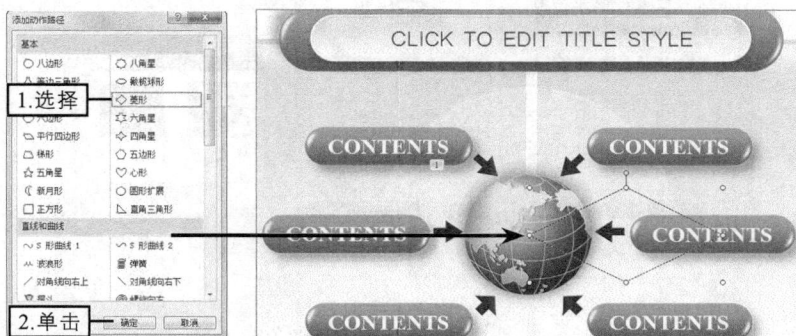

图8-16 选择动作路径

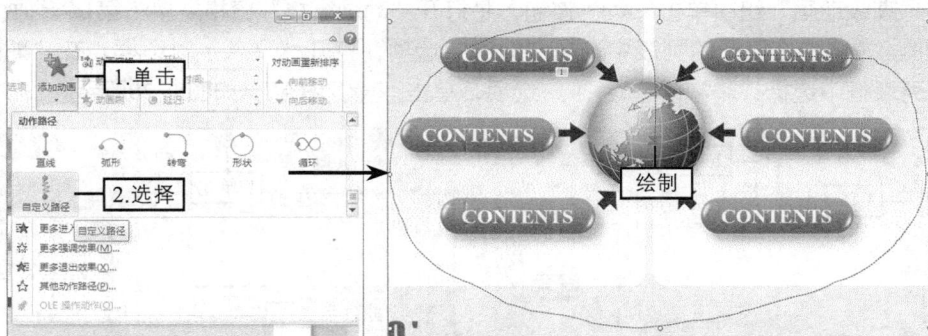

图8-17 绘制动作路径

◎ **编辑动作路径**：为对象添加动作路径动画后，在路径上双击，打开"自定义路径"对话框，可设置其开始方式、路径、速度，还可以调整路径的大小、方向和位置。

8.1.5 课堂案例1——编辑"机械能-功"中学物理课件

本案例要求根据提供的素材文档，对其进行编辑修改，主要是插入和编辑其中的图片。完成后的参考效果如图8-18所示。

素材所在位置	光盘:\素材文件\第8章\课堂案例1\机械能-功.pptx
效果所在位置	光盘:\效果文件\第8章\课堂案例1\机械能-功.pptx
视频演示	光盘:\视频文件\第8章\编辑"机械能-功"中学物理课件.swf

职业素养 目前物理课件的使用只是辅助教学的一种手段，还不能完全取代传统教学媒体，在努力开发多媒体课件教学功能的同时，千万不能忽视对传统教学媒体科学而充分的应用，绝不能以牺牲教学质量与效果为代价，而一味追求形式上的新奇。

（1）打开提供的素材文档，选择第2张幻灯片，选择左上角的图片，在【动画】→【动画】组中单击"动画样式"列表框右侧的"其他"按钮，在打开的列表框的"进入"栏中选择"飞入"选项，如图8-19所示。

图8-18　"机械能-功"演示文稿参考效果

（2）在"高级动画"组中单击 动画窗格 按钮，将打开"动画窗格"窗格，单击第1个动画选项右侧的 按钮，在打开的列表中选择"计时"选项，打开"飞入"对话框，在"期间"下拉列表框中选择"非常慢（5秒）"选项，单击 确定 按钮，如图8-20所示。

图8-19　选择动画样式

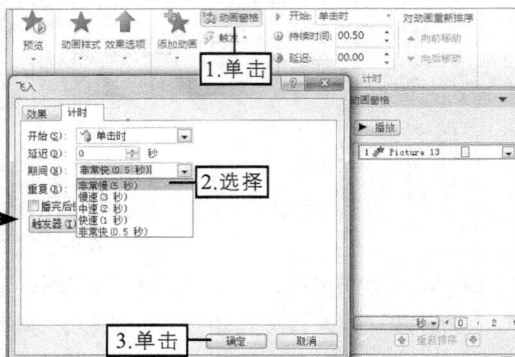

图8-20　设置动画效果

（3）在第1张图左上角显示"1"，表示该动画为第1个动画，选择该图，在"高级动画"组中单击 动画刷 按钮，鼠标光标变成 形状，单击幻灯片中右上角的图片，为图片添加和第1张图完全相同的动画，如图8-21所示。

（4）在"动画"组中单击"效果选项"按钮 ，在打开的列表中选择"自左侧"选项，为该图片设置从左侧飞入的动画效果，如图8-22所示。

（5）利用 动画刷 按钮为幻灯片下面的图片设置和第2张图片完全相同的动画效果。

（6）选择第3张幻灯片中的图片，在"动画"组的"动画样式"列表框中，选择"进入"栏的"缩放"选项。

（7）选择第4张幻灯片中上面的文本框，在"动画样式"列表框中选择"进入"栏的"轮子"选项，然后选择下面的文本框，在"动画样式"列表框中选择"进入"栏的"浮入"选项。在动画窗格中单击该动画选项右侧的 按钮，在打开的列表中选择"计时"选项，打开"浮入"对话框，在"期间"下拉列表框中选择"中速（2秒）"选项，单击 确定 按钮。

图8-21　复制动画格式

图8-22　设置效果选项

（8）选择第5张幻灯片中第1行文本框，在"动画样式"列表框中选择"进入"栏的"淡出"
选项，在动画窗格中单击该动画选项右侧的▼按钮，在打开的列表中选择"效果选项"
选项，打开"淡出"对话框，在"声音"下拉列表框中选择"鼓掌"选项，单击右侧的
"音量"按钮🔊，调整声音的大小，最后在"颜色"下拉列表框中选择"红色"选项，
单击　确定　按钮，如图8-23所示。

（9）利用　动画刷　按钮为该幻灯片中其他文本框设置和第1行文本框完全相同的动画效果。

（10）同时选择第6张幻灯片中左侧的图片和文本框，在"动画样式"列表框中选择"进入"
栏的"形状"选项，只选择左侧的文本框，在【计时】组的"开始"下拉列表框中选择
"上一动画之后"选项，如图8-24所示。

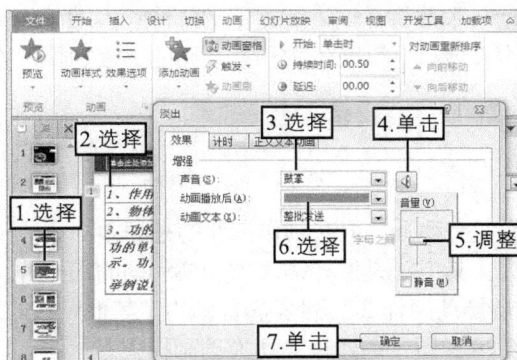

图8-23　设置动画效果

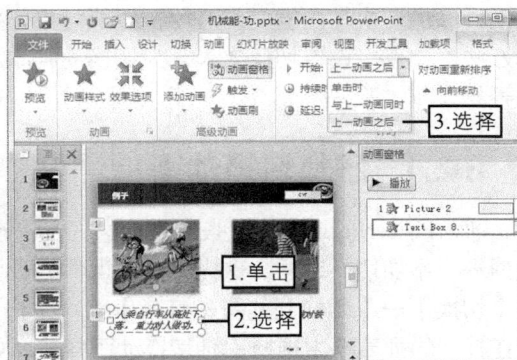

图8-24　设置开始时间

（11）用同样的方法设置幻灯片右侧的图片和文本框，动画样式为"随机线条"，文本框的开
始时间为"上一动画之后"。

（12）选择第7张幻灯片中第1行文本框，在"动画样式"列表框中选择"进入"栏的"擦除"
选项，在动画窗格中单击该动画选项右侧的▼按钮，在打开的列表中选择"效果选项"
选项，打开"擦除"对话框，单击"正文文本动画"选项，在"组合文本"下拉列表框
中选择"按第一级段落"选项，如图8-25所示。

（13）单击"计时"选项卡，在"期间"下拉列表框中选择"非常慢（5秒）"选项，单击
　确定　按钮。

（14）用同样的方法设置幻灯片中另外两行文本框，动画样式为"擦除"，持续时间为"中速

（2秒）"。

（15）选择最后一张幻灯片中的文本框，在【动画】→【高级动画】组中单击"添加动画"
按钮 ★，在打开的列表框中选择"其他动作路径"选项，打开"添加动作路径"对话
框，在"直线和曲线"栏中选择"弹簧"选项，单击 确定 按钮，如图8-26所示。

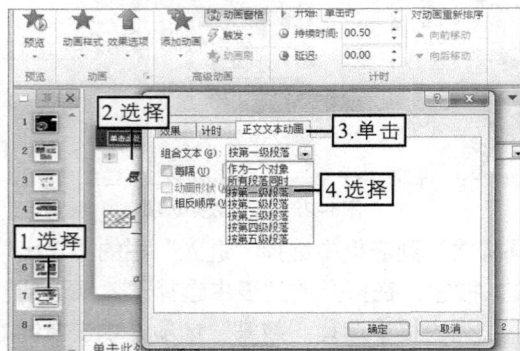

图8-25 设置文本动画

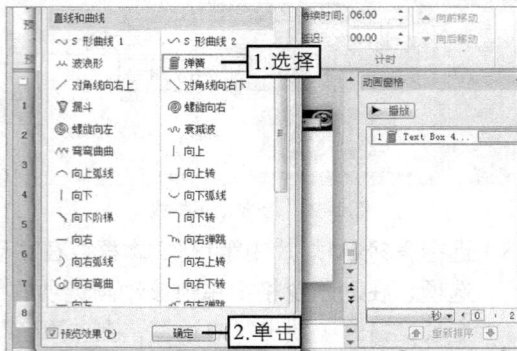

图8-26 设置路径动画

（16）适当调整幻灯片中路径的大小和位置，然后保 存演示文稿，完成操作。

8.2 设置幻灯片切换动画

幻灯片切换动画是指在幻灯片放映过程中，从一张幻灯片移到下一张幻灯片时出现的动画
效果，添加切换动画能使幻灯片在放映时更加生动。本节将详细讲解设置幻灯片切换动画的基
本方法，如直接设置切换效果，为切换动画添加声音效果，以及设置切换动画的速度、换片方
式等。

8.2.1 添加切换动画

通常PowerPoint中，两张幻灯片之间没有设置切换动画，但在制作课件的过程中，用户可
根据需要添加切换动画，这样可提升课件的吸引力。其方法是选择需添加切换动画的幻灯片，
在【切换】→【切换到此张幻灯片】组中单击"切换动画样式"列表框右侧的"其他"按钮
，在打开的列表框中选择一种切换动画样式，如图8-27所示为预设的切换动画样式。

如果要将所有幻灯片添加为相同的幻灯片切换效果，在选择切换效果后，单击"计时"组
中的 全部应用 按钮即可。

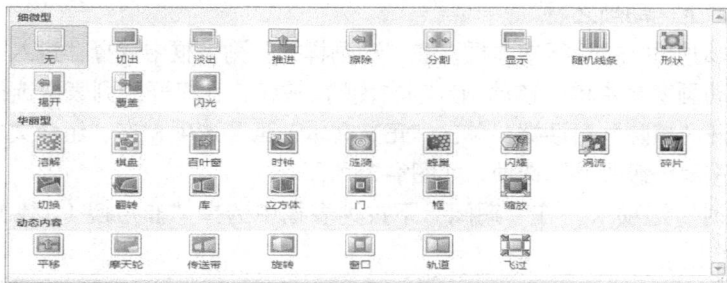

图8-27 切换动画样式列表框

如果要删除应用的切换动画，选择应用了切换动画的幻灯片，在切换动画样式列表框中选择"无"选项，即可删除应用的切换动画效果。

操作技巧

8.2.2　设置切换动画效果

为幻灯片添加切换效果后，还可对所选的切换效果进行设置，包括设置切换效果选项、声音、速度、换片方式等，以增加幻灯片切换之间的灵活性。

1. 设置切换动画效果选项

和幻灯片动画一样，不同的动画样式，其效果选项不同，通常有方向、图案、形状等类型，当然，有些动画样式也是没有效果选项的。设置效果选项的方法为，为幻灯片选择一种切换动画样式，在"切换到此幻灯片"组中单击"效果选项"按钮 ，在打开的列表中选择一种效果样式即可。

2. 设置切换动画声音

添加的切换动画效果默认都没有声音，用户可根据需要为切换动画效果添加声音。其方法为在"计时"组的"声音"下拉列表框中选择相应的选项，为幻灯片设置切换动画声音。如果需要添加其他的声音，可以在"声音"下拉列表框中选择"其他声音"选项，打开"添加音频"对话框，选择需要的声音进行添加即可。

3. 设置切换速度

选择需设置切换速度的幻灯片，在"计时"组的"持续时间"数值框中输入具体的切换时间，即可为幻灯片设置切换速度。

4. 设置换片方式

在"计时"组中的"换片方式"栏中，可设置幻灯片切换动画的换片方式。

◎ **"单击鼠标时"复选框**：选中该复选框，当放映幻灯片时，将等到单击鼠标时再移至下一张幻灯片。

◎ **"设置自动换片时间"复选框和数值框**：选中该复选框，然后在其右侧的数值框中输入秒数，当放映幻灯片时，将经过特定时间后移至下一张幻灯片。

8.2.3　课堂案例2——编辑"定语从句"中学英语课件

本案例要求为提供的素材文档的幻灯片添加切换动画，并设置动画效果，其中涉及设置切换效果选项和声音的操作，完成后的参考效果如图8-28所示。

素材所在位置　光盘:\素材文件\第8章\课堂案例2\定语从句.pptx
效果所在位置　光盘:\效果文件\第8章\课堂案例2\定语从句.pptx
视频演示　　　光盘:\视频文件\第8章\编辑"定语从句"中学英语课件.swf

图8-28　"定语从句"参考效果

（1）打开提供的素材文档，选择第2张幻灯片，在【切换】→【切换到此张幻灯片】组中单击"切换动画样式"列表框右侧的"其他"按钮，在打开的列表框的"细微型"栏中选择"形状"选项，如图8-29所示。

（2）在【计时】组中单击全部应用按钮，为课件中的其他所有幻灯片应用同样的切换动画效果，如图8-30所示。

图8-29　选择切换样式

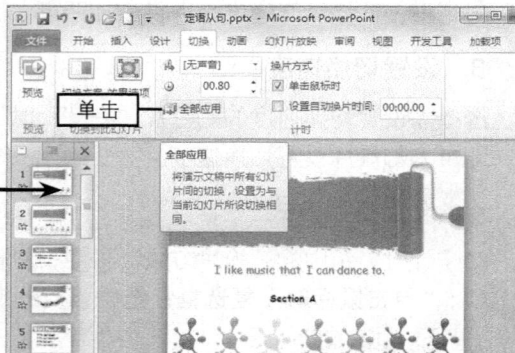

图8-30　全部应用动画

（3）选择第4张幻灯片，在"切换到此幻灯片"组中单击"效果选项"按钮，在打开的列表中选择"菱形"选项，如图8-31所示，为该幻灯片设置动画效果。

（4）选择第6张幻灯片，在"切换到此幻灯片"组中单击"效果选项"按钮，在打开的列表中选择"增强"选项。

（5）选择第8张幻灯片，在"切换到此幻灯片"组中单击"效果选项"按钮，在打开的列表中选择"放大"选项。

（6）选择第10张幻灯片，在"切换到此幻灯片"组中单击"效果选项"按钮，在打开的列表中选择"切出"选项。

（7）选择第11张幻灯片，在"计时"组的"声音"下拉列表框中选择"鼓掌"选项，如图8-32所示，然后保存文档。

图8-31 设置效果选项

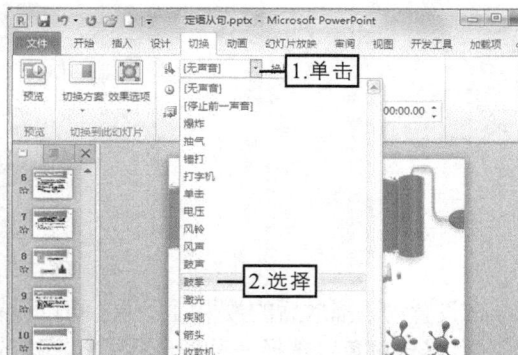

图3-32 设置切换动画声音

8.3 设计常见动画特效

如果想设置出别具一格的动画效果，就需要掌握一些动画设计的技巧，如设置不断放映的动画效果、在同一位置连续放映多个对象和将SmartArt图形制作为动画等。其实只要掌握制作动画的要领，再加上独特的创意，制作出来的课件就会非常美观。

8.3.1 设置不断放映的动画效果

为幻灯片中的对象添加动画效果后，该动画效果将采用系统默认的播放方式，即自动播放一次，而在实际需要中有时需要将动画效果设置为不断重复放映的播放方式，从而实现动画效果的连贯性。其方法是在动画窗格中单击该动画选项右侧的 按钮，在打开的列表中选择"计时"选项，在打开对话框的"计时"选项卡的"重复"下拉列表框中选择"直到下一次单击"选项，这样动画就会连续不断地播放。

> **知识提示**
> 在"动画窗格"任务窗格中可以按先后顺序依次查看设置的所有动画效果，选择某个动画效果选项可切换到该动画所在对象。动画右侧的黄色色条表示动画的开始时间和长短，指向它时将显示具体的设置。

8.3.2 在同一位置连续放映多个对象动画

在同一位置连续放映多个对象动画是指在幻灯片中放映一个对象后，在该位置上再继续放映第二个对象的动画，而第一个对象将自动消失。此种设置主要用于图形对象上，能够提高幻灯片的生动性和趣味性，其具体操作如下。

（1）在幻灯片中将多个对象设置为相同大小，并重叠放在同一位置。

（2）选择最上方的对象，将其移动到需要的位置，并为其添加一种动画效果，然后打开动画效果的对话框，在"效果"选项卡的"动画播放后"下拉列表框中选择"播放动画后隐藏"选项，如图8-33所示。

（3）依次移动其他对象重叠放在第一个对象的位置，以相同方法设置动画效果，并将对象都设置为"播放动画后隐藏"。

图8-33　设置动画

在设置动画播放后的效果时，除了可以设置播放后隐藏对象外，还可以进行如下设置。

◎ **其他颜色**：选择一种颜色后可以在播放动画后显示一个色块。

◎ **不变暗**：即为默认的效果，表示播放后显示原对象并保持不变。

◎ **下次单击后隐藏**：表示播放动画后，待单击鼠标左键后再隐藏动画对象。

8.3.3　将SmartArt图形设置为动画

SmartArt图形也能设置为动画，由于SmartArt图形是一个整体，图形间的关系比较特殊，因此在为SmartArt图形添加动画时需要注意一些设置方法和技巧，下面进行具体讲解。

1．注意事项

SmartArt图形都是由多个图形组合而成的，因此，既可为整个SmartArt图形添加动画，也可只对SmartArt图形中的部分形状添加动画。添加动画时，需要注意以下几个事项。

◎ 根据SmartArt图形选择的布局来确定需添加的动画，使搭配效果更好。大多数动画的播放顺序都是按照文本窗格上显示的项目符号层次播放的，所以可选择SmartArt图形后在其文本窗格中查看信息，也可以倒序播放动画。

◎ 如果将动画应用于SmartArt图形中的各个形状，那么该动画将按形状出现的顺序进行播放或将顺序整个颠倒，但不能重新排列单个SmartArt形状图形的动画顺序。

◎ 对于表示流程类的SmartArt图形等，其形状之间的连接线通常与第2个形状相关联，一般不需要为其单独添加动画。

◎ 如果没有显示动画项目的编号，可以先打开"动画窗格"窗格。

◎ 无法用于SmartArt图形的动画效果将显示为灰色。

◎ 当切换SmartArt图形布局时，添加的动画也将同步应用到新的布局中。

2．设置SmartArt图形动画

选择要添加动画的SmartArt图形，在【动画】→【动画】组中单击"动画样式"列表框右侧的"其他"按钮，在打开的列表框中选择一种动画样式。默认整个SmartArt图形作为一个整体来应用动画，需要改变动画的效果，可选择添加了动画的SmartArt图形，打开"动画窗格"窗格，单击该动画选项右侧的按钮，在打开的列表中选择"效果选项"选项，在打开的对话框中单击"SmartArt动画"选项卡，如图8-34所示。

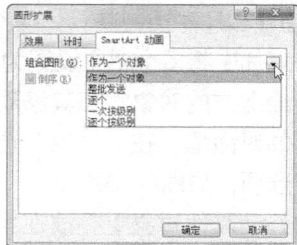

图8-34　设置SmartArt动画

下面介绍在"组合图形"下拉列表框中提供的各选项的含义。

◎ **作为一个对象**：将整个SmartArt图形作为一张图片或整体对象来应用动画，应用到SmartArt图形的动画效果与应用到形状、文本和艺术字的动画效果类似。

◎ **整批发送**：同时为SmartArt图形中的全部形状设置动画。该选项与"作为一个对象"选项的不同之处在于，如当动画中的形状旋转或增长时，使用"整批发送"时每个形状单独旋转或增长，而使用"作为一个对象"时，整个SmartArt图形将旋转或增长。

◎ **逐个**：单独地为每个形状播放动画。

◎ **一次按级别**：同时为相同级别的全部形状添加动画，并同时从中心开始，主要是针对循环SmartArt图形。

◎ **逐个按级别**：按形状级别顺序播放动画，该选项非常适合应用于层次结构布局的SmartArt图形。

3. 为SmartArt图形的单个形状设置动画

如果要为SmartArt图形中的单个形状添加动画，其方法为选择需添加动画的单个形状，在"动画"窗格中为其添加动画，单击"效果选项"按钮，在弹出列表的"序列"栏中选择"逐个"选项，返回到"动画窗格"窗格中，单击"展开"按钮 展开SmartArt图形中的所有形状，选择某个形状对应的选项，即可为其设置动画，如图8-35所示。

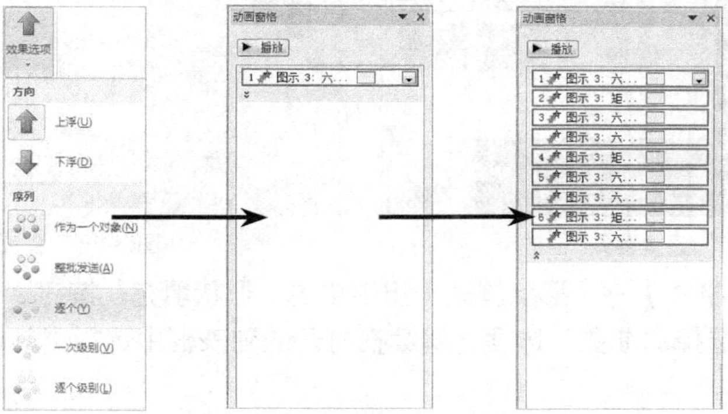

图8-35　设置单个形状动画

在打开列表的"序列"栏中选择"作为一个对象"选项，就可以将单个形状重新组合为一个图形设置动画。

知识提示

8.3.4　课堂案例3——制作"上课倒计时"动画

本案例要求利用PowerPoint制作一个倒计时动画，其中涉及本章所学制作动画的相关操作，完成后的参考效果如图8-36所示。

效果所在位置　光盘:\效果文件\第8章\课堂案例3\上课倒计时.pptx

视频演示　光盘:\视频文件\第8章\制作"上课倒计时"动画.swf

图8-36 "上课倒计时"演示文稿参考效果

（1）新建一个演示文稿，在【设计】→【背景】组中单击 背景样式 按钮，在打开的列表框中选择"样式4"选项，如图8-37所示，删除幻灯片中的两个占位符。

（2）在【插入】→【插图】组中单击 形状 按钮，在打开的列表框的"最近使用的形状"栏中选择"椭圆"选项，如图8-38所示，在幻灯片中绘制一个椭圆形状。

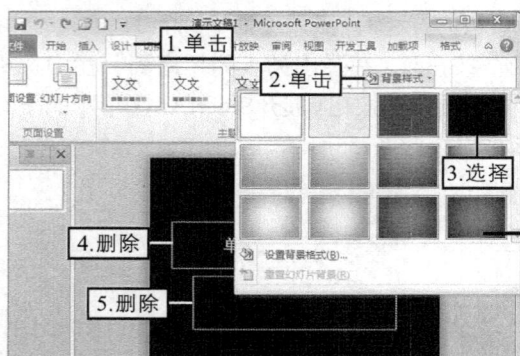

图8-37 设置背景

图8-38 绘制形状

（3）在【绘图工具 格式】→【形状样式】组中单击"形状填充"按钮 右侧的 按钮，在打开的列表框中选择"渐变"选项，继续在打开的列表框中选择"其他渐变"选项，如图8-39所示。

（4）打开"设置形状格式"对话框，在"填充"选项卡中单击选中"渐变填充"单选项，设置方向为"线性向左"，在"渐变光圈"栏中设置3个停止点的颜色从左到右分别为"黑色""黑色""白色"，单击 关闭 按钮，如图8-40所示。

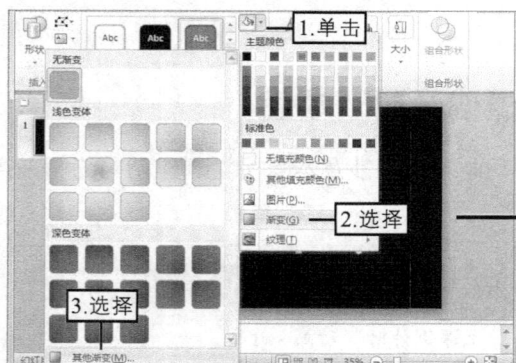

图8-39 选择形状颜色

图8-40 设置渐变填充

（5）在"大小"组中设置形状的宽度为"15.2厘米"，高度为"0.13厘米"，并将其移动到幻灯片左侧的外面，然后在"形状样式"组中单击"形状轮廓"按钮 右侧的 按钮，在打开的列表中选择"无轮廓"选项，如图8-41所示。

（6）在【动画】→【动画】组中单击"动画样式"按钮 ，在打开的列表框中选择"其他动作路径"选项，如图8-42所示。

图8-41 调整大小、位置和轮廓

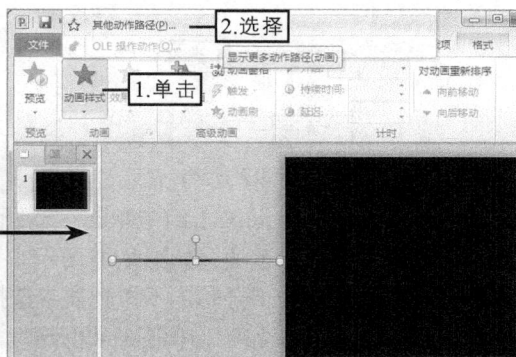

图8-42 绘制形状

（7）打开"更改动作路径"对话框，在"直线和曲线"栏中选择"向右"选项，单击 确定 按钮，如图8-43所示。

（8）增加路径的长度，使其横穿整张幻灯片，在【计时】组的"开始"下拉列表中选择"与上一动画同时"选项，在"持续时间"数值框中输入"00.75"，然后在"高级动画"组中单击 动画窗格 按钮，将打开"动画窗格"窗格，单击该动画选项右侧的 按钮，在打开的列表中选择"效果选项"选项，如图8-44所示。

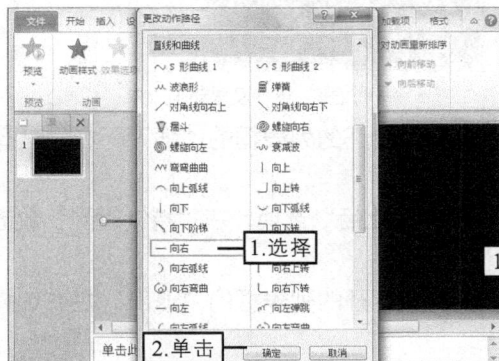

图8-43 选择路径

图8-44 设置路径动画

（9）打开"向右"对话框，在"效果"选项卡的"增强"栏的"声音"下拉列表框中选择"疾驰"选项，单击 确定 按钮，如图8-45所示，完成第一个动画的添加。

（10）在【插入】→【文本】组中单击"艺术字"按钮 ，在打开的列表框中选择"填充-蓝色，强调文字颜色1，金属棱台，映像"选项，如图8-46所示。

（11）在艺术字文本框中输入"10"，在【开始】→【字体】组中设置文本格式为"Arial Black，200，加粗"。

图8-45　设置动画声音

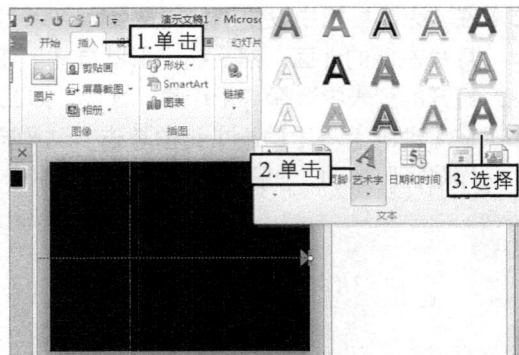

图8-46　插入艺术字

（12）在【动画】→【动画】组中单击"动画样式"按钮 ★ ，在打开的列表框的"进入"栏中选择"出现"选项，如图8-47所示。

（13）在"计时"组的"开始"下拉列表中选择"与上一动画同时"选项，在"持续时间"数值框中输入"01.00"，如图8-48所示。

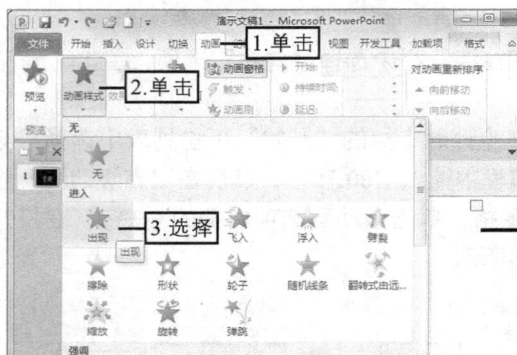

图8-47　添加进入动画

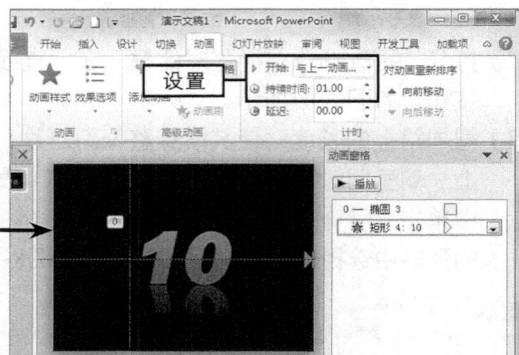

图8-48　设置动画效果

（14）在"高级动画"组中单击"添加动画"按钮 ★ ，在打开的列表框的"强调"栏中选择"脉冲"选项，如图8-49所示。

（15）在"计时"组的"开始"下拉列表中选择"上一动画之后"选项，在"持续时间"数值框中输入"00.50"。

（16）在"高级动画"组中单击"添加动画"按钮 ★ ，在打开的列表框的"退出"栏中选择"消失"选项，如图8-50所示。

（17）在"计时"组的"开始"下拉列表中选择"上一动画之后"选项，在"持续时间"数值框中输入"00.50"，单击该动画选项右侧的 按钮，在打开的列表中选择"效果选项"选项，如图8-51所示。

（18）同时选择前面绘制的形状和艺术字，复制一份，并将艺术字修改为"9"，然后重复该操作，添加用于倒计时的所有艺术字（1~10）。

（19）选择添加的10个艺术字，在【绘图工具 格式】→【排列】组中单击"对齐"按钮 ，在打开的列表中选择"左右居中"选项，然后再次单击"对齐"按钮 ，在打开的列表中选择"上下居中"选项，如图8-52所示。

图8-49 添加强调动画

图8-50 添加退出动画

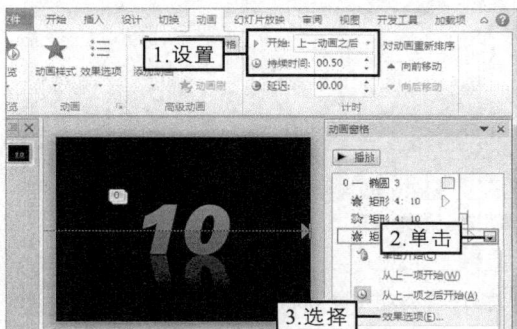

图8-51 设置动画效果

图8-52 设置对齐

（20）用同样的方法将幻灯片外复制的形状设置居中和上下对齐。

（21）再插入一个相同样式的艺术字"上课啦"，设置文本格式为"微软雅黑，96，加粗"。

（22）设置艺术字动画为"缩放"，开始时间为"上一动画后"，持续时间为"00.50"，动画声音为"爆炸"，如图8-53所示。最后将演示文稿以"上课倒计时"为名进行保存，完成操作。

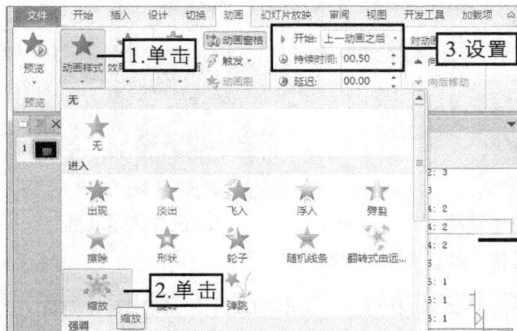

图8-53 设置艺术字动画

8.4 课堂练习

本课课堂练习将分别制作蒲公英飞舞和图片飞驰动画，综合练习本章学习的知识点，学习在幻灯片中添加动画的具体操作。

8.4.1 制作"蒲公英飞舞"动画

1. 练习目标

本练习的目标是制作"蒲公英飞舞"动画，在制作过程中，主要是应用路径动画的操作。本练习可以为教师制作各种相关的路径课件中的动画效果，如物理的做功、运动等提供帮助，完成后的参考效果如图8-54所示。

图8-54 "蒲公英飞舞"动画参考效果

素材所在位置 光盘:\素材文件\第8章\课堂练习\蒲公英飞舞.pptx
效果所在位置 光盘:\效果文件\第8章\课堂练习\蒲公英飞舞.pptx
视频演示 光盘:\视频文件\第8章\制作"蒲公英飞舞"动画.swf

2. 操作思路

完成本练习需要先调整图片位置，为蒲公英设置动画，再为蒲公英种子设置动画，然后设置路径动画等，其操作思路如图8-55所示。

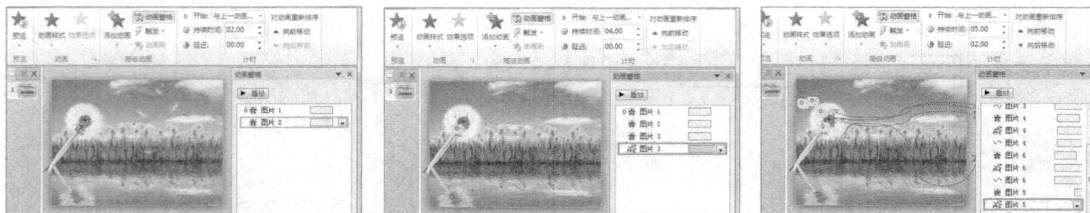

① 设置蒲公英动画   ② 设置种子动画   ③ 设置路径动画

图8-55 制作"蒲公英飞舞"动画的制作思路

（1）打开素材文件，移动左侧蒲公英图片到幻灯片左侧边缘，添加动画为"退出–淡出"，开始时间为"与上一动画同时"，持续时间为"02.00"（如果没有特别说明，本练习中所有动画的开始时间和持续时间设置都与这个图片的一样）。

（2）移动右侧的蒲公英图片和前一张蒲公英图片重合，添加动画为"进入–淡出"。

（3）将一张蒲公英种子的图片移动到蒲公英上，添加动画为"进入–淡出"；再添加一个动画"强调–陀螺旋"，持续时间为"04.00"；最后添加一个动作路径"S形曲线1"，持续时间为"05.00"。调整路径的大小，将起点设置在该蒲公英种子上，终点设置在幻灯片右侧，并通过右键菜单编辑路径的顶点。

（4）用同样的方法依次为其他3张蒲公英种子图片设置动画，第2张图片的所有动画延迟时间设置为"00.25"，陀螺旋动画的持续时间为"03.25"，动作路径动画为"S形曲线2"，持续时间为"05.00"。

（5）第3张图片中陀螺旋动画的持续时间为"04.50"，动作路径动画为"S形曲线2"，持续时间为"05.00"。

（6）第4张图片的淡出动画延迟时间设置为"01.75"，其他两个动画的延迟时间为"02.00"，陀螺旋动画的持续时间为"05.00"，动作路径动画为"S形曲线2"，持续时间为"05.00"。保存演示文稿，完成练习。

8.4.2 制作"知识点展示"动画

1. 练习目标

本练习的目标是制作"知识点展示"动画，在制作过程中，主要是应用各种类型动画的操作。本练习可为老师制作课件的知识点或图片展示提供参考，完成后效果如图8-56所示。

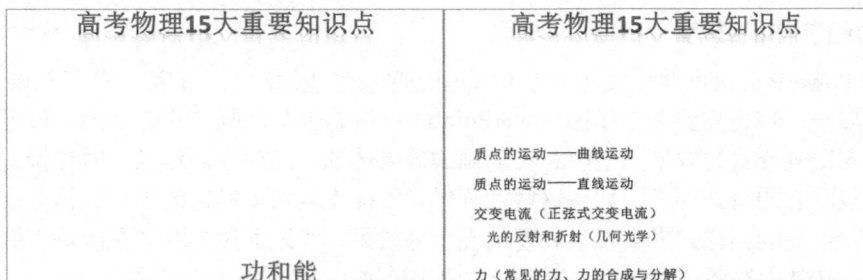

图8-56 "知识点展示"演示文稿参考效果

效果所在位置　光盘:\效果文件\第8章\课堂练习\知识点展示.pptx
视频演示　光盘:\视频文件\第8章\制作"知识点展示"动画.swf

2. 操作思路

完成本练习需要先制作幻灯片标题动画，再制作知识点飞入幻灯片的动画，然后制作知识点重新飞出幻灯片并放大显示的动画，其操作思路如图8-57所示。

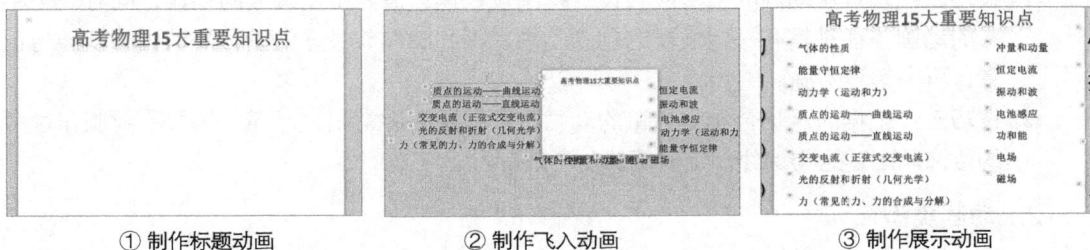

① 制作标题动画　　② 制作飞入动画　　③ 制作展示动画

图8-57 制作"知识点展示"演示文稿动画的操作思路

（1）新建演示文稿，设置幻灯片版式为"仅标题"，输入标题文本，设置为艺术字"渐变填充–紫色，强调文字颜色4，映像"，设置动画为"进入–飞入"，开始为"与上一动画同时"，持续时间为"00.50"。

（2）在幻灯片外插入文本框，输入知识点，设置文本格式为"宋体、60、加粗、文字阴影"，选择除标题外的所有的文本框，设置动画为"退出–缩放"。

（3）设置效果选项为"消失点–幻灯片中心"，动画的开始为"上一动画之后"，持续时间为"02.00"。

（4）将这些文本框复制到幻灯片中，设置文本字号为"24"，将文本框排列为两行，设置对齐方式为"左对齐、纵向分布"。

（5）选择幻灯片中除标题外的文本框，设置动画为"进入–缩放"，设置效果选项为"消失点–幻灯片中心"，动画的开始为"上一动画之后"，持续时间为"01.00"。

（6）将演示文稿以"知识点展示"为名进行保存。

8.5 拓 展 知 识

下面主要介绍PowerPoint 2010中制作动画的技巧和动画类型的相关知识。

1. 动画制作的技巧

在制作PowerPoint动画时，要想制作的动画能吸引学生的注意，需注意以下几点。

◎ **技巧一**：首先需要完全掌握PowerPoint中自带的所有动画样式的功能，最好验证所有不同动画样式的效果，了解各种动画的效果选项。然后在制作动画时尽量先考虑使用这些已有的动画样式，如果这些动画样式不能直接实现所需的效果，再考虑如何通过组合这些动画样式来实现。如要实现字幕效果，可以通过打开"更改进入效果"对话框，在其中选择"字幕式"的动画方式来设置。

◎ **技巧二**：制作的动画一定要醒目，比较夸张、突出和炫目的动画才能赢得学生的注意。教室空间大，投影幕布的尺寸有限，如果制作的动画效果不明显，或者持续时间不长，学生可能看不到，甚至没注意到，动画也就失去了强调和引起注意的作用，还不如不制作动画。

◎ **技巧三**：无论是什么动画，都必须遵循事物本身的运动规律，因此制作时要考虑对象的先后顺序、大小、位置关系以及与演示环境的协调等，这样才符合常识。如由远到近时对象会从小到大，反之也如此。

◎ **技巧四**：幻灯片动画的节奏应该设计得比较快速，最好不用缓慢的动作，同时一个精彩的动画往往是具有一定规模的创意动画，因此制作前最好先设计好动画的框架与创意，再去逐步实施。

◎ **技巧五**：根据演示场合制作适量的动画，理科课件通常比较严谨，最好不要制作过多的修饰动画，这类课件一定要简洁、高效。

2. 动画类型

PowerPoint动画实际上是一个个应用于对象上的效果，而每个效果是由一个或多个动作组合而成的，归纳起来，PowerPoint 2010动画主要有以下8种。

◎ **颜色动画**：改变对象的颜色。

◎ **旋转动画**：对象旋转指定角度。

◎ **缩放动画**：对象放大或缩小。

◎ **设置动画**：设置对象的某个属性值。

◎ **属性动画**：对对象的属性值进行复杂设置。

◎ **滤镜动画**：设置对象应用PowerPoint内置的滤镜效果。

◎ **路径动画**：对象沿指定的轨迹进行运动。

◎ **命令动画**：设置媒体对象的动画。

每个动作都提供属性，对于不同的属性类型，会产生不同的动画类型，因此可以把PowerPoint动画分为From/To/By 动画、关键帧（或动画点）动画、滤镜动画3种类型。

◎ **From/To/By动画**：这是一种在起始值和结束值之间进行动画处理的类型。若要指定起始值，则设置动画的From属性；若要指定结束值，则设置动画的To属性；若要指定相对于起始值的结束值，则设置动画的 By属性（而不是 To 属性）。如PowerPoint自带的颜色、旋转、缩放和路径动画就属于这种类型。

◎ **关键帧动画**：关键帧动画的功能比 From/To/By 动画的功能更强大，因为可以指定任意多个目标值，甚至可以控制它们的插值方法。如PowerPoint自带的随机线条和弹跳动画就属于这种类型。

◎ **滤镜动画**：使用PowerPoint内置的滤镜效果。如PowerPoint自带的强调动画就属于这种类型。

知识提示 PowerPoint关键帧动画支持多个内插方法，动画的内插方法定义了从某个值过渡到下一个值的方式，有离散、线性、样条3种内插方式。不过，PowerPoint动画内插方法并没有可供操作的对象模型，也就是说只能引用，不能编辑。

8.6 课后习题

（1）利用本章所学的制作幻灯片动画的相关知识，制作一个"璀璨星空"动画，主要是星星闪烁和流星划过的动画效果。完成后的效果如图8-58所示。

提示：将素材图片设置为幻灯片背景，绘制两个"十字星"形状，设置形状填充为"渐变填充，路径"，渐变光圈为"停止点1-10%、酸橙色""停止点2-100%、白色"，将一个形状旋转90度并缩小，和另一个形状组成星星形状，设置动画为"进入-缩放"和"强调-脉冲"，开始时间为"与上一动画同时"，重复时间设置为"直到幻灯片末尾"，持续时间和延迟时间随便设置。绘制"椭圆"形状，并将其缩小，设置形状填充为"渐变填充，线性，90度"，渐变光圈为"停止点1-0%、白色""停止点2-100%、酸橙色"，制作流星，设置动画为"动作路径-对角线向右下"和"退出-淡出"，重复时间设置为"直到幻灯片末尾"，开始时间为"与上一动画同时"，持续时间和延迟时间随便设置。

素材所在位置　光盘:\素材文件\第8章\课后习题\星空.jpg
效果所在位置　光盘:\效果文件\第8章\课后习题\璀璨星空.pptx
视频演示　　　光盘:\视频文件\第8章\制作"璀璨星空"动画.swf

图8-58　"璀璨星空"动画参考效果

（2）利用本章所学的制作幻灯片动画的相关知识，制作一个"展开画卷"动画。最终效果如图8-59所示。

　　提示：设置幻灯片背景为"黑色"，插入图片，设置动画为"进入-劈裂"，方向为"中央向左右展开"，尺寸为"600%水平"，开始时间为"与上一动画同时"（其他动画都相同），持续时间为"05.50"；绘制矩形，下移一层，填充"纹理-画布"，设置动画为"强调-放大/缩小"，方向为"水平"，持续时间为"05.25"；绘制两个圆柱形，填充"纹理-编织物"，设置动画为"向左"和"向右"，持续时间为"06.00"。

素材所在位置　光盘:\素材文件\第8章\课后习题\背景.jpg
效果所在位置　光盘:\效果文件\第8章\课后习题\展开画卷.pptx
视频演示　　　光盘:\视频文件\第8章\制作"展开画卷"动画.swf

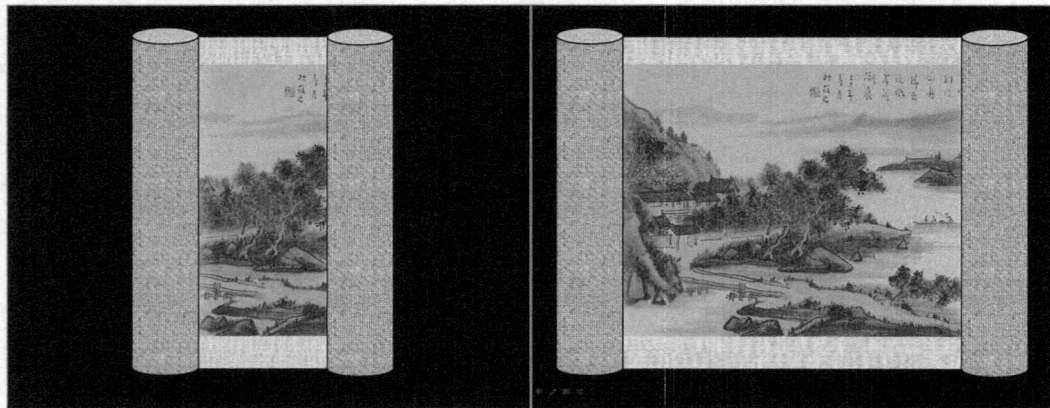

图8-59　"展开画卷"动画参考效果

第 9 章

制作交互式课件

本章将详细讲解在PowerPoint 2010中制作超链接课件的相关操作，并对在课件中添加触发器的方法进行全面讲解。读者通过学习应能够熟练掌握交互式课件的制作方法，把课件的功能发挥到极致。

学习要点

- ◎ 创建超链接
- ◎ 编辑超链接
- ◎ 链接到其他对象
- ◎ 认识和应用触发器

学习目标

- ◎ 掌握超链接的基本操作
- ◎ 掌握触发器的基本操作

9.1 创建并编辑超链接

通常情况下，幻灯片是按照默认的顺序依次放映的，而如果在课件中创建超链接，就可以通过单击链接对象，跳转到其他幻灯片、电子邮件或网页中。本节将详细讲解在课件中创建和编辑超链接的相关操作。

9.1.1 创建超链接

在PowerPoint 2010中，图片、文字、图形和艺术字等都可以创建超链接，方法相同，其具体操作如下。

（1）打开演示文稿，在幻灯片中选择需要创建超链接的对象，在【插入】→【链接】组中单击"超链接"按钮 。

（2）打开"插入超链接"对话框，在左侧的"链接到"列表框中选择"本文档中的位置"选项，在展开的"请选择文档中的位置"列表框中选择所要链接到的幻灯片标题，单击 确定 按钮即可，如图9-1所示。

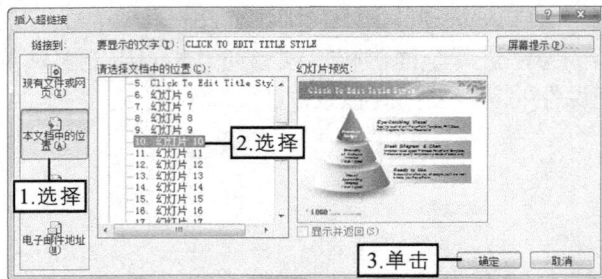

图9-1 "插入超链接"对话框

（3）返回到幻灯片编辑窗口后，如果选择的对象是文本或艺术字，其颜色变为"蓝色"，且出现下划线，表示创建超链接成功（如果选择的对象是图片或者文本框，则没有变化）。播放幻灯片时，将鼠标光标移动到超链接上时，鼠标指针变为 形状，单击即可切换到链接的幻灯片。

> "交互式"指可以互相交流沟通的方式，交互式的课件就是课件不但可以进行播放，而且在播放过程中可以对课件进行控制操作。
>
> 知识提示

9.1.2 通过动作按钮创建超链接

通过动作按钮也可以创建超链接，绘制动作按钮后，再将链接功能赋予该按钮，通过单击鼠标或鼠标移过时就可以进入超链接。其具体操作如下。

（1）选择需要创建超链接的幻灯片，在【插入】→【插图】组中单击"形状"按钮 ，在打开的列表框的"动作按钮"栏中选择一种动作按钮样式。

（2）鼠标指针变为 形状，在幻灯片中拖动绘制按钮，同时打开"动作设置"对话框，单击选中"超链接到"单选项，再在其下方的下拉列表框中选择"幻灯片"选项，如图9-2

所示。

（3）打开"超链接到幻灯片"对话框，在"幻灯片标题"列表框中选择需要链接到的幻灯片，然后单击 确定 按钮，如图9-3所示。

图9-2 选择链接对象　　　　　　　　图9-3 选择连接的幻灯片

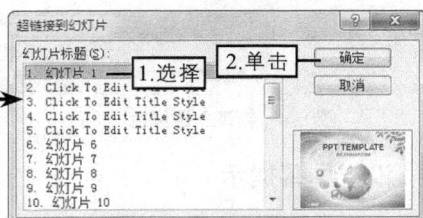

（4）返回"动作设置"对话框，单击 确定 按钮即可完成超链接的创建，并返回到幻灯片编辑窗口。当播放幻灯片时，单击该动作按钮即可切换到链接的幻灯片中。

> **操作技巧**　通常使用动作按钮链接的对象都是下一张、上一张、第一张、最后一张幻灯片，可直接在"动作设置"对话框的"超链接到"下拉列表框中直接选择"下一张幻灯片""上一张幻灯片""第一张幻灯片""最后一张幻灯片"选项。

9.1.3 编辑超链接

创建超链接后，如果对超链接不满意，还可进行编辑。如设置超链接的颜色、设置屏幕提示、更改超链接、删除超链接等。

1. 设置超链接的颜色

设置超链接后，文本和艺术字超链接的文字颜色会发生改变，这可能会影响幻灯片的整体美观性。要想使超链接的文字颜色与其他普通文本有所区分，又不影响幻灯片美观，可通过"新建主题颜色"对话框来修改超链接文字的颜色，其具体操作如下。

（1）在幻灯片中选择创建好的超链接，在【设计】→【主题】组中单击 ■颜色▼ 按钮，在打开的下拉列表框中选择"新建主题颜色"选项，如图9-4所示。

（2）打开"新建主题颜色"对话框，单击"超链接"右侧的"主题颜色"按钮 ■▼，在打开的下拉列表中选择一种超链接的颜色，如图9-5所示，如果对其中的颜色不满意，还可以选择"其他颜色"选项，打开"颜色"对话框，在其中自定义超链接的颜色。

（3）单击"已访问的超链接"右侧的"主题颜色"按钮 ■▼，在打开的下拉列表中可以设置已访问的超链接的颜色（默认颜色为"深紫"）。

（4）设置完成后，单击 保存(S) 按钮，返回幻灯片编辑窗口，创建的超链接的文字颜色将发生变化，当放映幻灯片时，单击该超链接后，文字的颜色也会发生变化。

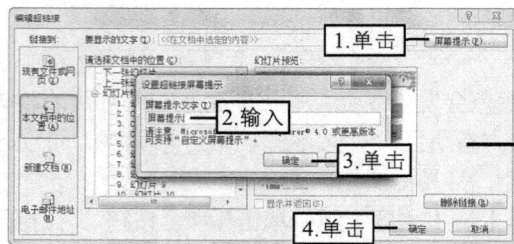

图9-4　新建主题颜色

图9-5　选择颜色

2. 设置屏幕提示

屏幕提示在使用图片作为超链接对象时使用较多，设置了屏幕提示后，播放幻灯片时，鼠标指针移动到图片上，将自动显示屏幕提示的内容。设置屏幕提示的具体操作如下。

（1）在幻灯片中选择创建好超链接的图片，单击鼠标右键，在弹出的快捷菜单中选择"编辑超链接"命令。

（2）打开"编辑超链接"对话框，单击右侧的 屏幕提示(P) 按钮，打开"设置超链接屏幕提示"对话框，在"屏幕提示文字"文本框中输入提示的文字内容，单击 确定 按钮，如图9-6所示。

（3）返回"编辑超链接"对话框，单击 确定 按钮，播放幻灯片时，鼠标指针移动到该图片上，即可看到设置的屏幕提示文字，如图9-7所示。

图9-6　设置屏幕提示文字

图9-7　屏幕提示效果

3. 更改超链接

更改超链接主要是更改超链接的连接内容，其方法为在超链接上单击鼠标右键，在弹出的快捷菜单中选择"编辑超链接"命令，打开"编辑超链接"对话框，其界面与"插入超链接"对话框完全相同，在其中重新选择超链接的内容，然后单击 确定 按钮即可。

4. 删除超链接

如果在设置超链接后，发现因误操作导致超链接无用时，可以将其删除。删除超链接的方法有以下两种。

◎ **通过菜单命令删除**：选择需删除的超链接对象后，单击鼠标右键，在弹出的快捷菜单中选择"取消超链接"命令。

◎ **通过对话框删除**：选择需删除的超链接对象后，单击鼠标右键，在弹出的快捷菜单中选择"编辑超链接"命令，在打开的"编辑超链接"对话框中单击 删除链接(R) 按钮。

9.1.4　链接其他内容

在PowerPoint 2010中除了可以将对象链接到本演示文稿的其他幻灯片中外，还可以链接其他内容，如其他演示文稿、网络上的演示文稿、电子邮件、网页等。

1．链接其他演示文稿

将幻灯片中的文本、图形等元素链接到其他演示文稿，可以在放映当前幻灯片的同时直接切换到指定的演示文稿，并进行放映。

设置链接其他演示文稿的方法为打开"插入超链接"对话框，在左侧的"链接到"列表框中选择"现有文件或网页"选项，然后在"查找范围"下拉列表框中选择要链接的外部演示文稿的位置，在其下方的列表框中选择目标演示文稿，单击 确定 按钮，如图9-8所示。

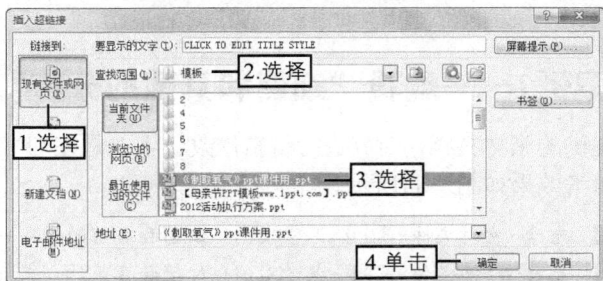

图9-8　链接到其他演示文稿

2．链接网页

在PowerPoint 2010中还可以通过幻灯片中的超链接链接到网络中的某一张网页中，其方法为在幻灯片中选择链接对象并打开"插入超链接"对话框，在左侧的"链接到"列表框中选择"现有文件或网页"选项，在最下面的"地址"下拉列表框中输入链接目标网页的网址。放映幻灯片时，将鼠标指针移到该超链接上将自动显示链接的网址，单击将启动系统默认的网络浏览器，并打开链接的网页。

3．链接电子邮件

在PowerPoint 2010中还可以链接电子邮件，在放映幻灯片的过程中便可以启动电子邮件软件，如Outlook、Foxmail等，并进行邮件的编辑与发送，其具体操作如下。

（1）打开演示文稿，在幻灯片中选择需要创建超链接的对象，在【插入】→【链接】组中单击"超链接"按钮 。

（2）打开"插入超链接"对话框，在左侧的"链接到"列表框中选择"电子邮件地址"选项，在右侧的"电子邮件地址"文本框中输入电子邮件地址，在"主题"文本框中输入邮件主题，单击 ▢确定▢ 按钮，如图9-9所示。

（3）放映幻灯片时，单击该超链接，将打开Outlook窗口，其中已经自动填上了收件人地址和
主题，输入邮件内容后即可发送邮件，如图9-10所示。

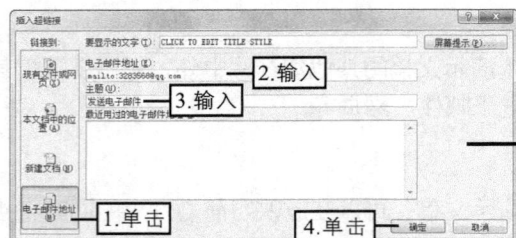

图9-9　链接电子邮件　　　　　　　　　　　图9-10　编辑电子邮件

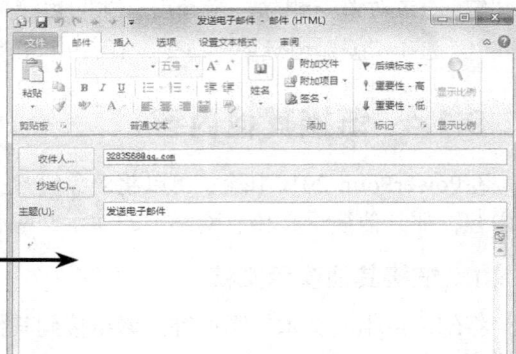

　　　　　在"最近用过的电子邮件地址"列表框中显示了曾经输入过的电子邮件地址，
如果需要使用该地址，直接选择相应选项即可添加到"电子邮件地址"文本框中。

9.1.5　课堂案例1——编辑"细菌和真菌的分布"中学生物课件

本案例要求根据提供的素材文档，对其进行编辑修改，主要是在幻灯片中通过动作按钮创
建超链接。完成后的参考效果如图9-11所示。

素材所在位置　光盘:\素材文件\第9章\课堂案例1\细菌和真菌的分布.pptx
效果所在位置　光盘:\效果文件\第9章\课堂案例1\细菌和真菌的分布.pptx
视频演示　　　光盘:\视频文件\第9章\编辑"细菌和真菌的分布"中学生物课件.swf

图9-11　"细菌和真菌的分布"演示文稿参考效果

（1）打开素材文件，选择第2张幻灯片，在【插入】→【插图】组中单击"形状"按钮，在
打开的列表框的"动作按钮"栏中选择"动作按钮：开始"选项，如图9-12所示。

（2）鼠标指针变为+形状，在幻灯片的右下角拖动绘制按钮，释放鼠标后打开"动作设置"对话框，单击选中"超链接到"单选项，在下方的下拉列表框中选择"第一张幻灯片"选项，单击 确定 按钮，如图9-13所示。

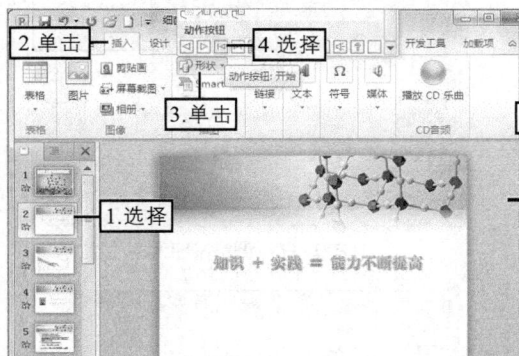

图9-12　插入形状　　　　　　　图9-13　创建超链接

（3）用同样的方法绘制"动作按钮：后退或前一项"按钮，并在打开的"动作设置"对话框的"超链接到"单选项下方的下拉列表框中选择"上一张幻灯片"选项，如图9-14所示。

（4）继续绘制"动作按钮：前进或下一项"按钮，并在打开的"动作设置"对话框的"超链接到"单选项下方的下拉列表框中选择"下一张幻灯片"选项，如图9-15所示。

图9-14　创建后退动作按钮　　　图9-15　创建前进动作按钮

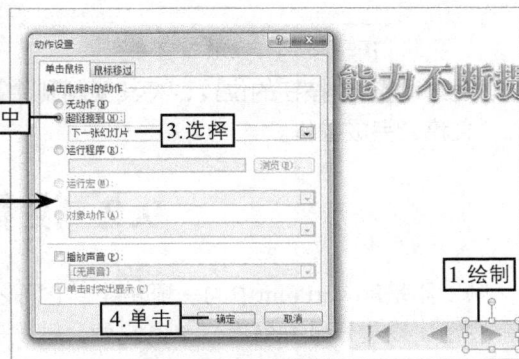

（5）继续绘制"动作按钮：结束"按钮，并在打开的"动作设置"对话框的"超链接到"单选项下方的下拉列表框中选择"最后一张幻灯片"选项，如图9-16所示。

（6）同时选择创建的4个动作按钮，在【绘图工具 格式】→【大小】组的"高度"数值框中输入"1厘米"，在"宽度"数值框中输入"2厘米"，如图9-17所示。

（7）在【排列】组中单击"对齐"按钮 ，在打开的列表中选择"上下居中"选项，继续单击"对齐"按钮 ，在打开的列表中选择"横向分布"选项，如图9-18所示。

（8）在选择的4个动作按钮上单击鼠标右键，在弹出的快捷菜单中选择"设置对象格式"命令，打开"设置形状格式"对话框，在"透明度"数值框中输入"40%"，单击 关闭 按钮，如图9-19所示。

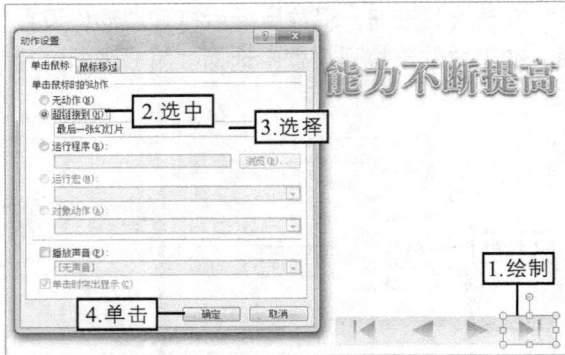

图9-16　创建结束动作按钮

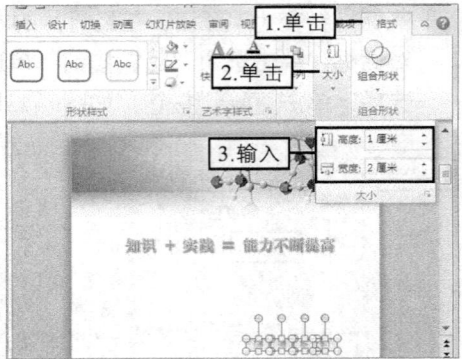

图9-17　调整按钮大小

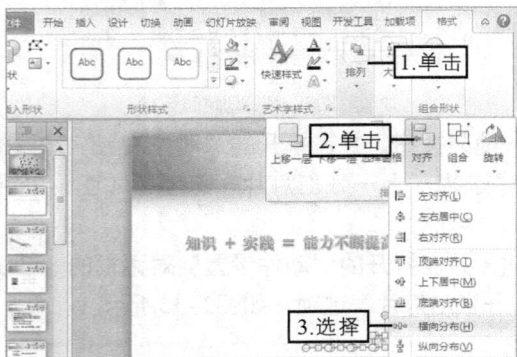

图9-18　对齐动作按钮

图9-19　设置透明度

（9）适当调整4个按钮的位置，将其复制到除第一张幻灯片外的其他幻灯片中，然后保存演示文稿，完成操作。

9.2　设置触发器

触发器是PowerPoint中的一项功能，它可以是一个图片、文字或文本框等，其作用相当于一个按钮，设置好触发器后，单击它就会触发一个操作，该操作可以是播放音乐、影片或者动画等。本节将详细讲解在课件中设置触发器的相关操作。

9.2.1　了解和应用触发器

在制作PowerPoint课件的时候，经常需要在课件中插入一些声音文件，但是无法控制声音的播放过程。如前面第2章中课堂练习制作的"陋室铭"课件，为了让声音和幻灯片同步，需要在制作时进行排练计时，控制幻灯片播放的时间。如果设置了触发器，只需要单击"播放"按钮，声音就会响起来，单击"暂停/继续"按钮声音暂停播放，再次单击"暂停/继续"按钮时声音接着播放，单击"停止"按钮声音停止，这样就能自由地控制声音的播放。可以说，在制作课件的过程中，触发器的用途非常广泛。

应用触发器的方法为单击对象和需触发对象添加相应的动画效果，然后选择触发对象，在【动画】→【高级动画】组中单击 触发 按钮，在打开的列表中选择"单击"选项，在其子列表中显示了添加的触发器的对象，选择一个选项即可。

9.2.2　利用触发器制作控制按钮

在演示文稿的幻灯片中插入声音或视频后，有时为了能在演示过程中快速控制声音或视频的播放效果，需要利用触发器制作控制按钮。下面以利用触发器制作"播放"和"暂停"按钮为例，介绍其具体操作。

（1）在幻灯片中插入视频文件，在【视频工具 播放】→【视频选项】组的"开始"下拉列表中选择"单击时"选项。

（2）在幻灯片中绘制一个圆角矩形，在其中输入文字"PLAY"，并根据需要设置形状填充色和线条色及文字颜色，将此形状作为"播放"按钮。

（3）使用相同的方法绘制一个"PAUSE"按钮，将两个按钮移动到如图9-20所示的位置。

（4）在幻灯片中选择插入的视频，在【动画】→【动画】组的"动画样式"列表框中选择"播放"选项，然后在【高级动画】组中单击 动画窗格 按钮，打开"动画窗格"窗格。

（5）在"动画窗格"窗格的视频动画选项上单击鼠标右键，在弹出的快捷菜单中选择"计时"命令。

（6）打开"播放视频"对话框的"计时"选项卡，单击 触发器① 按钮，单击选中"单击下列对象时启动效果"单选项，在右侧的下拉列表中选择"圆角矩形4：PLAY"选项，单击 确定 按钮，如图9-21所示。

图9-20　制作按钮

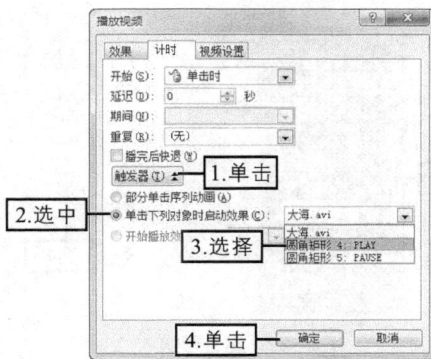

图9-21　设置触发器

（7）在"高级动画"组中单击"添加动画"按钮 ，在打开的列表框的"媒体"栏中选择"暂停"选项。

（8）在动画窗格的该视频动画选项上单击鼠标右键，在弹出的快捷菜单中选择"计时"命令，打开"播放视频"对话框的"计时"选项卡，单击 触发器① 按钮，单击选中"单击下列对象时启动效果"单选项，在右侧的下拉列表中选择"圆角矩形5：PAUSE"选项，单击 确定 按钮。

> **知识提示**
>
> 使用触发器时，PowerPoint会自动对其中的对象进行编号，所以这里有圆角矩形4和圆角矩形5的分别。

（9）播放幻灯片，通过控制按钮可以控制视频文件的播放，单击"PLAY"按钮开始播放视频，单击"PAUSE"按钮暂停播放，再次单击"PAUSE"按钮将会继续播放。

9.2.3 利用触发器制作展开式菜单

在网页和很多软件中，通常单击一个菜单选项，都会打开一个菜单列表，在PowerPoint 2010中，通过触发器也可以制作这种展开式菜单，其具体操作如下。

（1）在幻灯片中绘制5个相连的圆角矩形，设置不同的形状样式，并在其中输入文字，然后将其左右居中对齐。

（2）选择除第一个矩形外的其他矩形，单击鼠标右键，在弹出的快捷菜单中选择【组合】→【组合】命令，将其组合为一个整体，如图9-22所示。

（3）在【动画】→【动画】组中单击"动画样式"列表框右侧的"其他"按钮，在打开的列表框中选择"更多进入效果"选项，打开"更改进入效果"对话框，在"基本型"栏中选择"切入"选项，单击 确定 按钮。

（4）在"动画"组中单击"效果选项"按钮，在打开的列表中选择"自顶部"选项，然后在"高级动画"组中单击 动画窗格 按钮，打开"动画窗格"窗格。

（5）在"动画窗格"窗格的动画选项上单击鼠标右键，在弹出的快捷菜单中选择"计时"命令，打开"切入"对话框的"计时"选项卡，单击 触发器 按钮，单击选中"单击下列对象时启动效果"单选项，在右侧的下拉列表中选择"圆角矩形3：展开式菜单"选项，单击 确定 按钮，如图9-23所示。

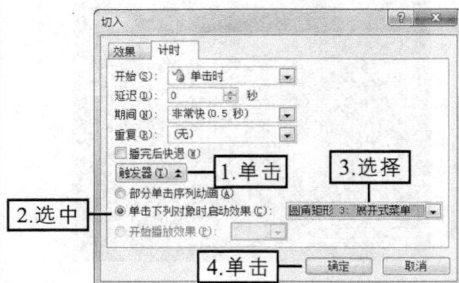

图9-22 组合形状

图9-23 设置触发器

（6）在"高级动画"组中单击"添加动画"按钮，在打开的列表框中选择"更多退出效果"选项，打开"添加退出效果"对话框，在"基本型"栏中选择"切出"选项，单击 确定 按钮。

（7）在"计时"组中单击 向后移动 按钮，在"动画窗格"窗格中将添加的切出动画选项移动到最下面，在"开始"下拉列表中选择"上一动画之后"选项，在"延迟"数值框中输入"10.00"，如图9-24所示。

（8）在"预览"组中单击"预览动画"按钮进入动画预览状态，将鼠标指针移动到"展开式菜单"按钮上时，变为形状，单击即可展开菜单，如图9-25所示。

> 因为"切入"和"切出"动画的方向有到底部、到顶部、到左侧、到右侧4种，所以展开式菜单的类型也只有这4种。
>
> 知识提示

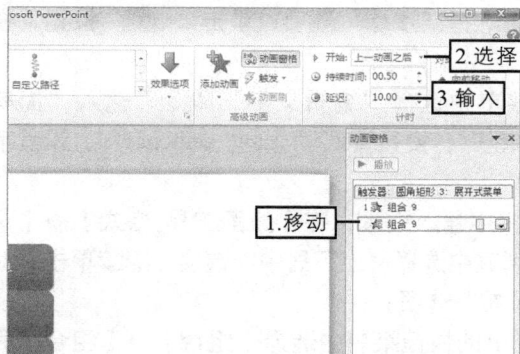

图9-24 设置动画效果

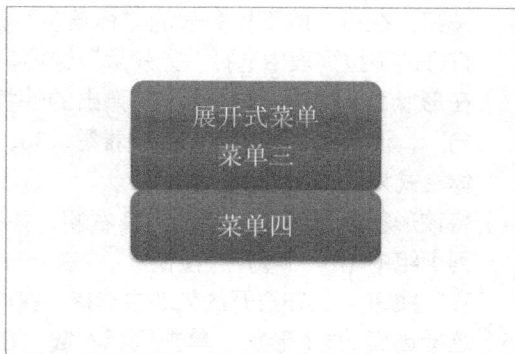

图9-25 展开式菜单效果

9.2.4 课堂案例2——编辑"句子的种类与类型"中学英语课件

本案例要求在幻灯片中利用触发器制作展开式超链接菜单，其中涉及触发器和超链接的相关操作，完成后的参考效果如图9-26所示。

素材所在位置	光盘:\素材文件\第9章\课堂案例2\句子的种类与类型.pptx
效果所在位置	光盘:\效果文件\第9章\课堂案例2\句子的种类与类型.pptx
视频演示	光盘:\视频文件\第9章\编辑"句子的种类与类型"中学英语课件.swf

图9-26 "句子的种类与类型"演示文稿参考效果

职业素养 英语教学是一种动态教学或活动教学，教学过程就是交际活动过程。只有从组织教学活动入手，大量地进行语言实践，使英语课堂交际化，才能有效地培养学生运用英语进行交际的能力。制作的英语课件需要营造积极和谐的教学氛围，使学生不自觉地进入情景之中，充分调动学生的思维活动和情感体验，引起学生的共鸣。

（1）打开素材文档，选择第2张幻灯片，在【插入】→【插图】组中单击"形状"按钮📖，在打开的下拉列表的"箭头总汇"栏中选择"下箭头标注"选项，如图9-27所示。

（2）在幻灯片中拖动鼠标绘制形状，在【绘图工具 格式】→【形状样式】组中单击 🎨形状填充▾

按钮，在打开的下拉列表的"标准色"栏中选择"浅绿"选项；单击 形状轮廓 按钮，在打开的下拉列表中选择"无轮廓"选项。

（3）在形状上单击鼠标右键，在弹出的快捷菜单中选择"编辑文字"命令，输入"简单句"，设置字体格式为"微软雅黑、36、加粗"，换行输入"simple sentence"，设置字体格式为"Arial、14、加粗"。

（4）将该形状复制两个，移动到其右侧，并在其中输入文本，在【绘图工具 格式】→【排列】组中单击"对齐"按钮 ，在打开的列表中选择"上下居中"选项；继续单击"对齐"按钮 ，在打开的列表中选择"横向分布"选项。

（5）选择创建的3个形状，单击鼠标右键，在弹出的快捷菜单中选择【组合】→【组合】命令，将其组合为一个整体，如图9-28所示。

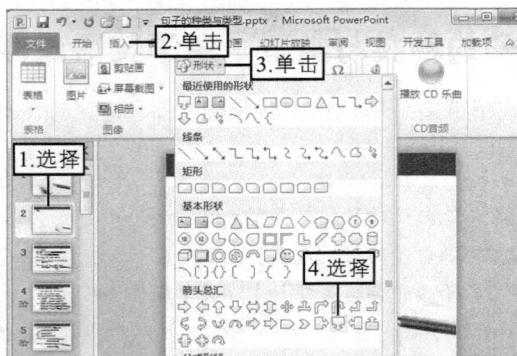

图9-27　插入形状

图9-28　组合形状

（6）在【动画】→【动画】组中单击"动画样式"列表框右侧的"其他"按钮 ，在打开的列表框中选择"更多进入效果"选项，如图9-29所示。

（7）打开"更改进入效果"对话框，在"基本型"栏中选择"切入"选项，单击 确定 按钮，如图9-30所示。

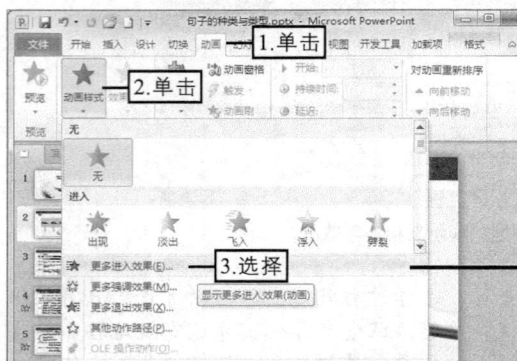

图9-29　选择效果类型

图9-30　选择效果样式

（8）在"动画"组中单击"效果选项"按钮 ，在打开的列表中选择"自顶部"选项，然后在"高级动画"组中单击 动画窗格 按钮，如图9-31所示，打开"动画窗格"窗格。

（9）在动画窗格的动画选项上单击鼠标右键，在弹出的快捷菜单中选择"计时"命令，如图9-32所示。

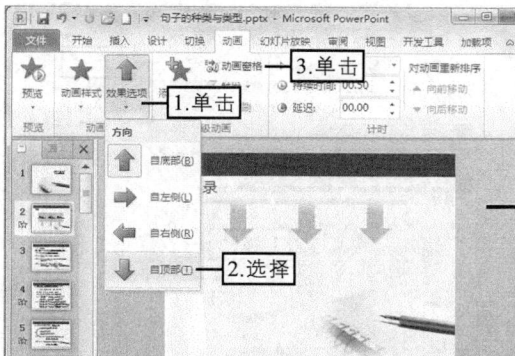

图9-31 设置动画方向

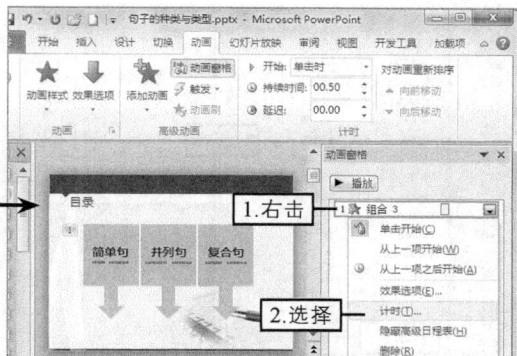

图9-32 选择操作

（10）打开"切入"对话框的"计时"选项卡，单击 触发器(T) ▼ 按钮，单击选中"单击下列对象时启动效果"单选项，在右侧的下拉列表中选择"矩形1：目录"选项，单击 确定 按钮，如图9-33所示。

（11）在"高级动画"组中单击"添加动画"按钮 ★，在打开的列表框中选择"更多退出效果"选项，如图9-34所示。

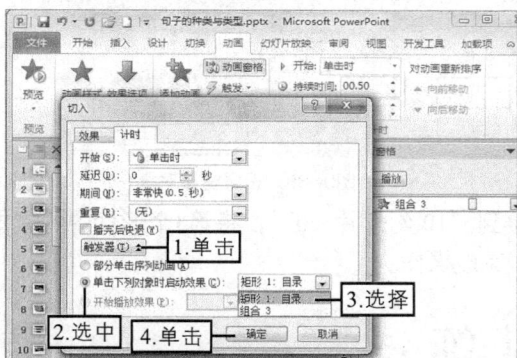

图9-33 设置触发器

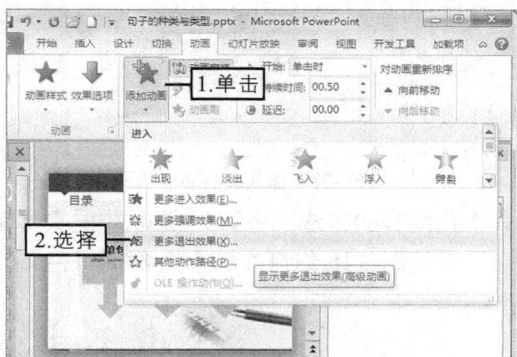

图9-34 选择动画类型

（12）打开"添加退出效果"对话框，在"基本型"栏中选择"切出"选项，单击 确定 按钮，如图9-35所示。

（13）在"计时"组中单击 ▼向后移动 按钮，在动画窗格中将添加的切出动画选项移动到最下面，在"开始"下拉列表中选择"上一动画之后"选项，在"延迟"数值框中输入"10.00"，如图9-36所示。

（14）在幻灯片中选择第1个形状中的文本内容，在【插入】→【链接】组中单击"超链接"按钮 ❹，如图9-37所示。

（15）打开"插入超链接"对话框，在左侧的"链接到"列表框中选择"本文档中的位置"选项，在展开的"请选择文档中的位置"列表框中选择"3.幻灯片 3"选项，单击 确定 按钮即可，如图9-38所示。

操作技巧　　　根据本节所学知识可以总结出触发器的制作规律，即触发器应该是幻灯片播放时单击的对象，在设置时一定要选择该对象对应的选项。

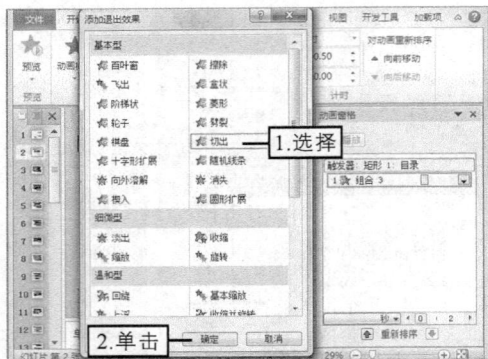

图9-35　选择动画样式

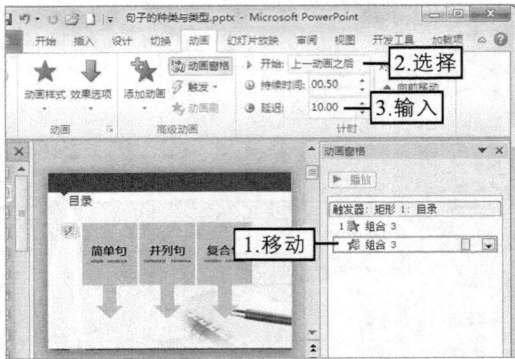

图9-36　设置动画效果

图9-37　插入超链接

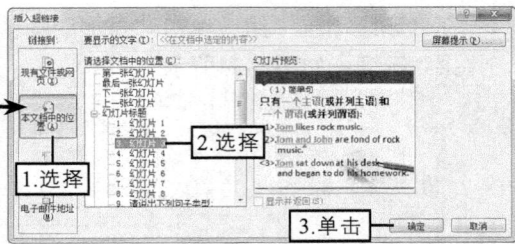

图9-38　设置链接对象

（16）用同样的方法，将第2个形状中的文本链接到"10.幻灯片 10"，将第3个形状中的文本
　　　　链接到"15.幻灯片 15"，然后保存文档，完成操作。

9.3　课堂练习

本课课堂练习将分别编辑"生物分类"和"经济成长历程"演示课件，综合练习本章学习
的知识点，巩固创建和编辑超链接，以及使用触发器的具体操作。

9.3.1　编辑"生物分类"中学生物课件

1．练习目标

本练习的目标是编辑"生物分类"中学生物课件，需要在幻灯片中创建和编辑超链接。在
编辑课件过程中，除了创建超链接外，还需要设置超链接的颜色，以及插入SmartArt图形和添
加动画。本练习完成后的参考效果如图9-39所示。

素材所在位置	光盘:\素材文件\第9章\课堂练习\生物分类.pptx
效果所在位置	光盘:\效果文件\第9章\课堂练习\生物分类.pptx
视频演示	光盘:\视频文件\第9章\编辑"生物分类"中学生物课件.swf

图9-39 "生物分类"参考效果

2. 操作思路

完成本练习需要先插入SmartArt图形并添加动画和超链接，再在其他幻灯片中创建超链接，然后设置超链接的颜色等，其操作思路如图9-40所示。

① 为SmartArt图形创建动画和超链接　　② 为文本创建超链接　　③ 编辑超链接

图9-40 编辑"生物分类"生物课件的制作思路

（1）打开素材文件，选择第2张幻灯片，插入SmartArt图形"关系-堆积维恩图"，添加3个形状，并在每个形状中输入文本。

（2）为形状中的文本创建超链接，将第2个形状中的文本链接到第5张幻灯片，将第3个形状中的文本链接到第8张幻灯片，将第4个形状中的文本链接到第10张幻灯片，将第5个形状中的文本链接到第11张幻灯片，将第6个形状中的文本链接到第12张幻灯片，将第7个形状中的文本链接到第13张幻灯片。

（3）设置SmartArt图形的颜色为"渐变范围-强调文字颜色2"，SmartArt样式为"白色轮廓"。为SmartArt图形添加动画"进入-淡出"，效果选项设置为"逐个"，持续时间为"01.00"。

（4）选择第19张幻灯片，将上面两个文本都链接到第20张幻灯片，将第3个文本链接到第21张幻灯片，将第4个文本链接到第22张幻灯片，将第5个文本链接到第25张幻灯片。

（5）选择第22张幻灯片，将右下角的两个文本分别链接到第23和第24张幻灯片。

（6）选择第25张幻灯片，将右下角的文本链接到第26张幻灯片。

（7）打开"新建主题颜色"对话框，调整超链接的颜色，将"超链接"的主题颜色设置为"绿色"，将"已访问的超链接"的主题颜色设置为"浅绿"。

9.3.2 编辑"经济成长历程"中学历史课件

1. 练习目标

本练习要求编辑"经济成长历程"中学历史课件,需要将提供的素材图片设置为幻灯片的按钮,并在幻灯片中制作展开式菜单,涉及创建和编辑超链接、设置动画、应用触发器等操作。完成后的参考效果如图9-41所示。

图9-41 "经济成长历程"演示文稿参考效果

素材所在位置	光盘:\素材文件\第9章\课堂练习\经济成长历程.pptx
效果所在位置	光盘:\效果文件\第9章\课堂练习\经济成长历程.pptx
视频演示	光盘:\视频文件\第9章\编辑"经济成长历程"中学历史课件.swf

2. 操作思路

完成本练习需要先插入图片并为其创建超链接,再输入文本并为其创建超链接,然后使用触发器来制作展开式菜单,其操作思路如图9-42所示。

① 插入并编辑图片　　　② 创建超链接　　　③ 应用触发器

图9-42 编辑"经济成长历程"历史课件的操作思路

(1)打开素材文件,进入幻灯片母版编辑模式,选择第1张幻灯片,在中间的下面插入"图片1.png""图片2.png""图片3.png"3张图片。

(2)添加超链接,将图片2.png链接到本文档中的上一张幻灯片,图片1.png链接到本文档中的下一张幻灯片,图片3.png链接到本文档中的"幻灯片2",并设置播放声音为"照相机"。

（3）将这3张图片复制到除标题幻灯片从外的其他幻灯片中，退出幻灯片母版编辑模式。

（4）选择第1张幻灯片，在其中插入文本框，输入文本，设置格式为"微软雅黑，20"，颜色为"绿色"和"橙色"。

（5）将第1行文本的文本框链接到第3张幻灯片，将第2行文本的文本框链接到第5张幻灯片，将第3行文本的文本框链接到第11张幻灯片，将第4行文本的文本框链接到第15张幻灯片，这样做的目的是使设置了超链接的文本不改变颜色。

（6）将幻灯片中除"导航"文本外的所有项目都组合在一起，设置动画为"进入–切入"，方向为"自顶部"，设置触发器为"Text Box2：导航"。

（7）再为组合的图形添加动画"退出–切出"，开始时间为"上一动画之后"，延迟为"10.00"，并将其设置为最后一个动画，保存文档，完成本练习操作。

9.4 拓 展 知 识

下面主要介绍将演示文稿转换为网页文件，然后在网页浏览器中浏览转换的网页文件，以及使用超链接的一些注意事项的相关知识。

1. 将演示文稿转换为网页文件

在PowerPoint以前的版本中，只需要使用"另存为"操作就可以将演示文稿转换并保存为网页文件。但在PowerPoint 2010中则需要使用VBA（Visual Basic for Applications）编程工具才能进行转换操作，其具体操作如下。

（1）打开要转换的演示文稿，在【开发工具】→【代码】组中单击"Visual Basic"按钮，如图9–43所示。

（2）打开"Microsoft Visual Basic for Applications"窗口，选择【视图】→【立即窗口】菜单命令，如图9–44所示。

图9–43　启动VBA

图9–44　选择操作

> 知识提示
>
> "开发工具"选项卡默认是不显示的，可以通过设置【文件】→【选项】菜单命令设置显示，相关操作在前面的章节中已经讲解过，这里不再赘述。

（3）在"立即窗口"列表框中输入程序代码"ActivePresentation.SaveAs "C:\Users\Administrator\Desktop\转换为网页.htm", ppSaveAsHTML, msoFalse"，其中的""C:\Users\

Administrator\Desktop\转换为网页.htm""代码为转换为网页的演示文稿的保存路径和网页名称，将鼠标光标移动到代码最后，按【Enter】键，如图9-45所示。

（4）VBA将自动转换演示文稿为htm网页文件，并保存在设置的位置，如图9-46所示。

图9-45 编辑代码

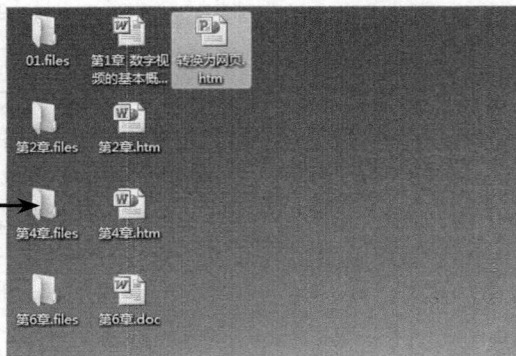

图9-46 转换后的效果

> **操作技巧**
>
> 如果要将演示文稿转换为HTM格式的网页文件，其方法相似，只是VBA中输入的代码为"ActivePresentation.SaveAs "<Drive>:\users\<username>\desktop\<filename>.htm", ppSaveAsWebArchive, msoFalse"，其中的""<Drive>:\users\<username>\desktop\<filename>.htm""代码为转换为网页的演示文稿的保存路径和网页名称。

2. 图片与文字的处理

将演示文稿转换为网页文件后，如果要打开该网页，可以使用Internet Explorer浏览器打开，其具体操作如下。

（1）双击转换好的网页文件，打开Internet Explorer浏览器窗口，此时会提示演示文稿中包含浏览器不能打开的内容，单击"此处"超链接，如图9-47所示。

（2）浏览器将打开演示文稿，左侧显示幻灯片窗格，右侧显示幻灯片的内容，如图9-48所示。

图9-47 打开浏览器

图9-48 浏览演示文稿

3. 使用超链接的注意事项

超链接能够轻松实现篇幅较大的课件的精确定位，也能在多个对象间轻松切换，所以在课件中的应用非常广泛。但在使用超链接时，也需要注意以下几点。

◎ **超链接是否有效**：要确保超链接的使用有效，能跳转到设置的位置。所以在创建好超链接后，应该做好检验工作，确保万无一失。

◎ **链接的网页是否能正常打开**：通过超链接链接到网页时，应该考虑网速问题，并测试该网页是否能正常打开。防止在放映课件讲解时，医为网速不佳打不开网页或网页根本不存在等情况发生。

◎ **PowerPoint版本是否正确**：如果是使用PowerPoint 2010制作的课件，使用PowerPoint 2003可能无法放映，要防止放映时因为版本不同而无法打开。

◎ **视频播放器是否安装**：当有超链接链接到视频时，根据视频的格式，要提前准备与之对应的视频播放器，防止放映时视频无法打开的情况发生。

9.5 课后习题

（1）打开"走进宝石世界.pptx"演示文稿，利用前面讲解的超链接的相关知识对其内容进行编辑，通过超链接进行页面的跳转操作。最终效果如图9-49所示。

提示：在第2张幻灯片中插入SmartArt图形"垂直V形列表"，颜色为"渐变范围-强调文字颜色2"，SmartArt样式为"中等效果"；在其中输入文本，文本字体为"微软雅黑"，艺术字样式为"填充-酸橙色，强调文字颜色2，粗糙棱台"；将第1个文本框链接到课件的第2张幻灯片，第2个文本框链接到第15张幻灯片；设置SmartArt图形的动画为"进入-飞入"，动画方向为"自顶部"，动画序列为"逐个"；为第18张幻灯片中的两个图片插入超链接，一个链接到第19张幻灯片，另一个链接到第20张幻灯片。

素材所在位置	光盘:\素材文件\第9章\课后习题\走进宝石世界.pptx
效果所在位置	光盘:\效果文件\第9章\课后习题\走进宝石世界.pptx
视频演示	光盘:\视频文件\第9章\编辑"走进宝石世界"中学化学课件.swf

图9-49　"走进宝石世界"演示文稿参考效果

（2）打开"欧姆定律.pptx"演示文稿，利用前面讲解的触发器的相关知识对其内容进行编辑，通过触发器制作按钮来播放视频文件，最终效果如图9-50所示。

提示：在素材文件的第10张幻灯片中插入视频文件"欧姆定律仿真实验.swf"，调整位置和大小，设置视频样式为"简单框架，黑色"，添加动画样式为"播放"，开始时间为"单击时"；绘制"圆角矩形"，形状填充为"浅绿"，形状样式为"中等效果-橄榄色，强调颜色3"，输入文本，格式为"华文中宋，32，文字阴影"；设置该视频文件的触发器为"圆角矩形2：单击此处播放"。

素材所在位置 光盘:\素材文件\第9章\课后习题\欧姆定律.pptx
效果所在位置 光盘:\效果文件\第9章\课后习题\欧姆定律.pptx
视频演示 光盘:\视频文件\第9章\编辑"欧姆定律"中学物理课件.swf

图9-50 "欧姆定律"演示文稿参考效果

第 10 章

放映课件

本章将详细讲解放映课件的相关操作，并对设置放映和放映课件的一些技巧进行全面讲解。读者通过学习应能够熟练掌握放映课件的各种操作方法，从而在进行课件放映时更加得心应手。

学习要点

- ◎ 插入各种图片
- ◎ 编辑图片
- ◎ 绘制和编辑图形
- ◎ 创建和编辑电子相册
- ◎ 处理图像技巧

学习目标

- ◎ 掌握放映课件的基本操作
- ◎ 掌握设置课件放映的基本操作
- ◎ 掌握课件放映的一些基本技巧

10.1 放映与设置放映

制作课件的最终目的是将课件中幻灯片都放映出来,让广大观众能够认识和了解其中的内容。本节将详细讲解放映课件的各种方法和相关主要设置的操作方法。

10.1.1 直接放映

直接放映是演示文稿最常用的放映方式,PowerPoint 2010中提供了从头开始放映和从当前幻灯片开始放映两种直接放映方式。

1. 从头开始放映

从头开始放映幻灯片即是从第1张幻灯片开始,依次放映每张幻灯片,常用以下3种方法进行放映。

◎ 在"大纲/幻灯片"窗格中选择第1张幻灯片,在状态栏中单击"幻灯片放映"按钮 ，即可从头开始放映幻灯片。

◎ 选择任意1张幻灯片,在【幻灯片放映】→【开始放映幻灯片】组中单击"从头开始"按钮 ，即可从头开始放映幻灯片。

◎ 直接按【F5】键,也可从头开始放映幻灯片。

2. 从当前幻灯片开始放映

在某些特定环境下,可能只需要从演示文稿中的某张幻灯片开始放映,可通过以下两种方法来实现。

◎ 在"大纲/幻灯片"窗格中选择其中一张幻灯片,在状态栏中单击"幻灯片放映"按钮 ，即可从当前幻灯片开始放映。

◎ 选择其中一张幻灯片,在【幻灯片放映】→【开始放映幻灯片】组中单击"从当前幻灯片开始"按钮 。

10.1.2 自定义放映

在放映幻灯片时,可能只需放映演示文稿中的一部分幻灯片,这时可通过设置幻灯片的自定义放映来实现,其具体操作如下。

(1)打开演示文稿,在【幻灯片放映】→【开始放映幻灯片】组中单击"自定义幻灯片放映"按钮 ，在打开的列表中选择"自定义放映"选项。

(2)打开"自定义放映"对话框,单击 新建(N)... 按钮,打开"定义自定义放映"对话框,在"幻灯片放映名称"文本框中输入自定义放映的名称。

(3)在"在演示文稿中的幻灯片"列表框中,选择播放的第1张幻灯片,单击 添加(A) >> 按钮,将幻灯片添加到"在自定义放映中的幻灯片"列表中,然后按顺序选择幻灯片,并单击 添加(A) >> 按钮将其添加到"在自定义放映中的幻灯片"列表中,如图10-1所示,单击 确定 按钮。

(4)返回"自定义放映"对话框,在"自定义放映"列表框中已显示出新创建的自定义放映名称,选择该选项,单击 放映(S) 按钮,如图10-2所示,播放自定义顺序的幻灯片。

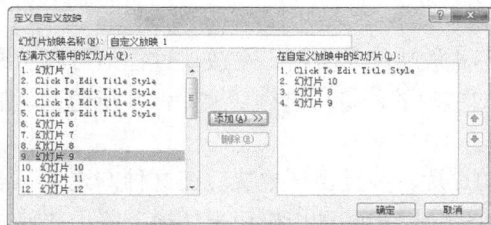

图10-1　自定义幻灯片放映

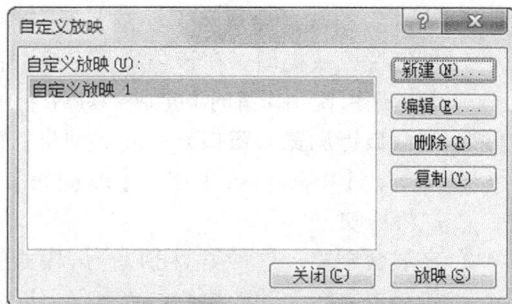

图10-2　自定义放映

也可以在"自定义放映"对话框中单击 关闭(C) 按钮关闭"自定义放映"对话框，并返回演示文稿的普通视图中，在"开始放映幻灯片"组中单击"自定义幻灯片放映"按钮，在弹出的列表中选择前面设置的自定义播放的名称对应的选项，如图10-3所示，开始播放自定义的幻灯片。

知识提示

图10-3　选择播放方式

10.1.3　设置放映方式

设置幻灯片放映方式主要包括设置放映类型、放映幻灯片的数量、换片方式和是否循环放映演示文稿等。在【幻灯片放映】→【设置】组中单击"设置幻灯片放映"按钮，在打开的"设置放映方式"对话框中进行设置，如图10-4所示。

图10-4　"设置放映方式"对话框

1．设置放映类型

在"放映类型"栏内单击其中的单选项，即可选择幻灯片的放映类型，包括"演讲者放映（全屏幕）""观众自行浏览（窗口）""在展台浏览（全屏幕）"等3种类型，其作用分别如下。

◎ **演讲者放映（全屏幕）**：这是一种便于演讲者演讲的放映类型，也是最常用的全屏幻灯片放映类型。在该类型下，演讲者具有完整的控制权，可以手动切换幻灯片和动画，还可使用排练时间放映幻灯片。

◎ **观众自行浏览（窗口）**：此类型将以窗口形式放映演示文稿，在放映过程中可利用滚动条、【PageDown】键、【PageUp】键来对放映的幻灯片进行切换，但不能通过单击鼠标放映。

◎ **在展台浏览**：这种类型将以全屏模式放映幻灯片，并且循环放映。在这种方式下，不能单击鼠标手动放映幻灯片，但可以通过单击超链接和动作按钮来切换，终止放映只能使用【Esc】键。通常用于展览会场或会议中运行无人管理的幻灯片放映的场合中。

2. 设置放映幻灯片的数量

在"放映幻灯片"栏内可选择需要放映的幻灯片的数量。

◎ **放映全部幻灯片**：单击选中"全部"单选项，将依次放映演示文稿中所有的幻灯片。

◎ **放映一组幻灯片**：单击选中"从"单选项，在其右侧的数值框中输入开始和结束幻灯片的页数，将依次放映所选的一组幻灯片。

◎ **自定义放映**：单击选中"自定义放映"单选项，在其下方的下拉列表框中选择之前设置的自定义放映选项，即可按自定义的设置放映幻灯片。

3. 放映选项

"放映选项"栏内的选项可指定幻灯片放映时的循环方式、旁白、动画或绘图笔。

◎ 若要连续地放映幻灯片，可单击选中"循环放映，按ESC键终止"复选框。

◎ 若要放映幻灯片而不播放嵌入的解说，可单击选中"放映时不加旁白"复选框。

◎ 若要放映幻灯片而不播放嵌入的动画，可单击选中"放映时不加动画"复选框。

◎ 在放映幻灯片时，可在幻灯片上写字。若要指定墨迹的颜色，可在"绘图笔颜色"或者"激光笔颜色"下拉列表框中选择墨迹颜色。

操作技巧　　　"绘图笔颜色"下拉列表框只有在单击选中"演讲者放映（全屏幕）"单选项后才可能使用。

4. 设置切换方式

在"换片方式"栏内可选择幻灯片的切换方式。

◎ 若要在演示过程中手动前进到每张幻灯片，则单击选中"手动"单选项。

◎ 若要在演示过程中使用幻灯片排练时间自动前进到每张幻灯片，则需单击选中"如果存在排练时间，则使用它"单选项。

5. 设置多监视器

在"多监视器"栏中可以设置播放器，当计算机连接了两个以上的显示器时，在"幻灯片放映显示于"下拉列表中选择其中一个显示器对应的选项，即可在该显示器中放映幻灯片。

10.1.4　隐藏/显示幻灯片

放映幻灯片时，系统将自动按设置的放映方式依次放映每张幻灯片，但在实际放映过程中，可以将暂时不需要的幻灯片隐藏起来，等到需要时再将其显示。其具体操作如下。

（1）首先选择需要隐藏的幻灯片，然后在【幻灯片放映】→【设置】组中单击 隐藏幻灯片 按钮，隐藏幻灯片，如图10-5所示。

（2）此时在"幻灯片/大纲"窗格中，该幻灯片缩略图呈灰色显示，其编号上将显示 图标，如图10-6所示。

图10-5　隐藏幻灯片

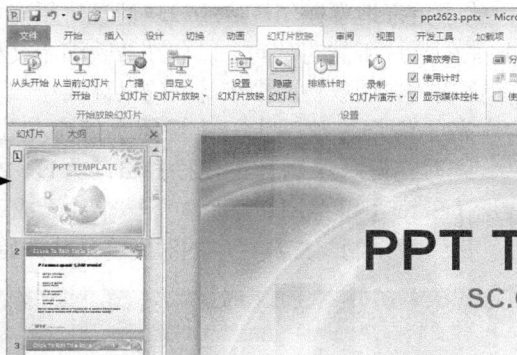

图10-6　隐藏的效果

> 隐藏幻灯片后，该幻灯片仍留在文件中，只是在放映幻灯片时是隐藏的，如果要显示以前隐藏的幻灯片，可选择需要显示的幻灯片，单击 隐藏幻灯片 按钮即可。

知识提示

10.1.5　录制旁白

在无人放映演示文稿时，可以通过录制旁白的方法事先录制好演讲者的演说词。其具体操作如下。

（1）选择需录制旁白的幻灯片，在【幻灯片放映】→【设置】组中单击 录制幻灯片演示 按钮右侧的 按钮，在打开的列表中选择"从当前幻灯片开始录制"选项，如图10-7所示。

（2）在打开的"录制幻灯片演示"对话框中取消选中"幻灯片和动画计时"复选框，单击 开始录制(R) 按钮，进入幻灯片放映状态，开始录制旁白，如图10-8所示。

图10-7　选择操作

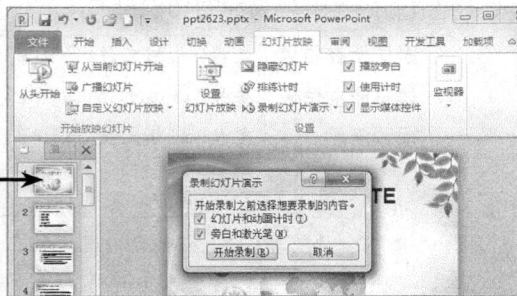

图10-8　开始录制

（3）录制完成后按【ESC】键退出幻灯片放映状态，同时进入幻灯片浏览状态，幻灯片中将会出现声音文件图标。

知识提示　计算机必须安装有声卡和麦克风才能够录音，录制旁白前还需进行话筒的检查，以保证其正常使用。

10.1.6　排练计时

为了更好地掌握幻灯片的放映情况，用户可通过设置排练计时得到放映整个演示文稿和放映每张幻灯片所需的时间，以便在放映演示文稿时根据排练的时间和顺序进行放映，从而实现演示文稿的自动放映。排练计时的具体操作如下。

（1）在【幻灯片放映】→【设置】组中单击"排练计时"按钮 📷，进入放映排练状态，同时打开"录制"工具栏并自动为该幻灯片计时，如图10-9所示。通过单击鼠标或按【Enter】键控制幻灯片中下一个动画或下一张幻灯片出现的时间。切换到下一张幻灯片时，"录制"工具栏中的时间将从头开始为该张幻灯片的放映进行计时。

图10-9　"录制"工具栏

（2）放映结束后，打开提示对话框提示排练计时时间，并询问是否保留幻灯片的排练时间，单击 是(Y) 按钮进行保存。

（3）打开"幻灯片浏览"视图，在每张幻灯片的左下角会显示幻灯片播放时需要的时间。

10.1.7　课堂案例1——设置放映"脊椎动物"中学生物课件

本案例要求根据提供的素材文档，对其进行放映的设置，主要是自定义放映和设置换片的方式。完成后的参考效果如图10-10所示。

素材所在位置　光盘:\素材文件\第10章\课堂案例1\脊椎动物.pptx

效果所在位置　光盘:\效果文件\第10章\课堂案例1\脊椎动物.pptx

视频演示　　　光盘:\视频文件\第10章\设置放映"脊椎动物"中学生物课件.swf

职业素养　生物学主要研究生命活动的基本规律，涉及生物体的结构和功能变化，仅靠文字和语言很难对生命活动规律作出形象生动的描述，必须广泛地借助于图片图象、声音、动画、视频等表现生命的动态变化过程。因此，在制作生物课件的过程中，教师必须特别重视各种素材的收集和编辑制作，否则很难制作出优质的生物课件。

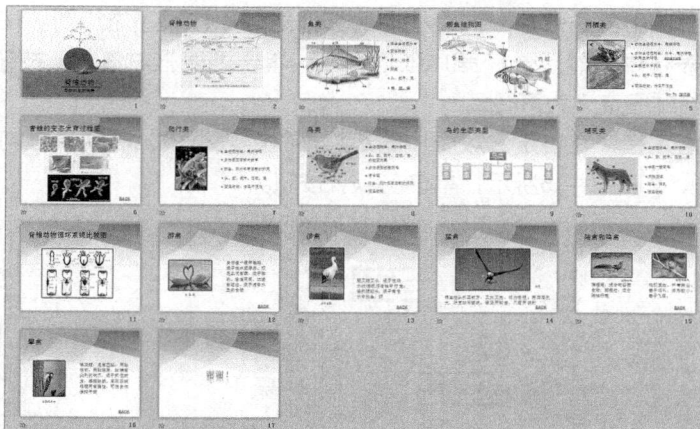

图10-10 设置放映"脊椎动物"演示文稿参考效果

（1）打开提供的素材文件，在【幻灯片放映】→【开始放映幻灯片】组中单击"自定义幻灯
片放映"按钮 ，在打开的列表中选择"自定义放映"选项，如图10-11所示。

（2）打开"自定义放映"对话框，单击 新建(N) 按钮，如图10-12所示。

图10-11 自定义放映

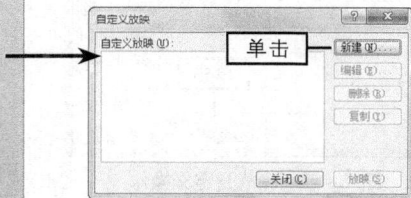

图10-12 新建放映顺序

（3）打开"定义自定义放映"对话框，在"在演示文稿中的幻灯片"列表框中，选择前两张
幻灯片，单击 新建(N)... 按钮，如图10-13所示，将幻灯片添加到"在自定义放映中的幻灯
片"列表框中。

（4）在"在演示文稿中的幻灯片"列表框中，选择第7张幻灯片，单击 新建(N)... 按钮，如图
10-14所示，将幻灯片添加到"在自定义放映中的幻灯片"列表框中，该幻灯片的播放
顺序变为第3张。

图10-13 定义播放顺序（1）

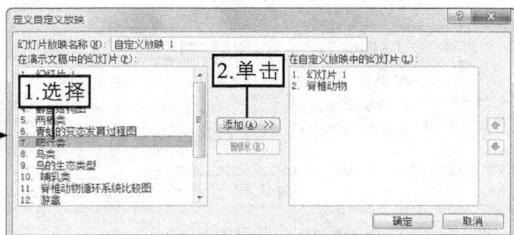

图10-14 定义播放顺序（2）

（5）将"在演示文稿中的幻灯片"列表框中的其他幻灯片按顺序添加到"在自定义放映中的幻灯片"列表框中，然后选择第10张幻灯片，单击列表框右侧的 ⬆ 按钮，如图10-15所示，将其放映顺序定义为第4张。

（6）用同样的方法，在"在自定义放映中的幻灯片"列表框中，将第11张幻灯片的播放顺序定义为第9张，如图10-16所示，单击 确定 按钮。

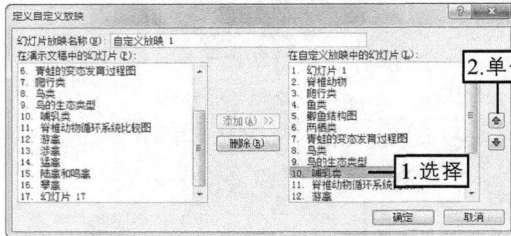

图10-15　调整播放顺序（1）　　　　图10-16　调整播放顺序（2）

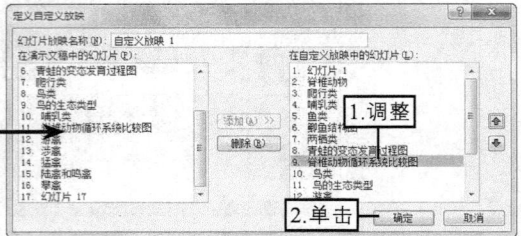

（7）返回"自定义放映"对话框，在"自定义放映"列表框中已显示出新创建的自定义放映名称，单击 关闭(C) 按钮，如图10-17所示。

（8）在"设置"组中单击"设置幻灯片放映"按钮 🖳，如图10-18所示。

图10-17　完成自定义操作　　　　　　图10-18　设置放映

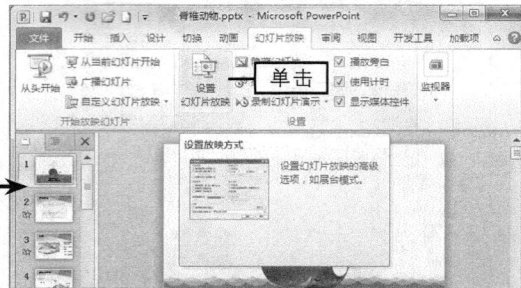

（9）打开"设置放映方式"对话框，在"换片方式"栏中单击选中"手动"单选项，单击 确定 按钮，如图10-19所示。

（10）在"开始放映幻灯片"组中单击"自定义幻灯片放映"按钮 🖳，在打开的列表中选择"自定义放映1"选项，如图10-20所示，开始播放自定义的幻灯片。

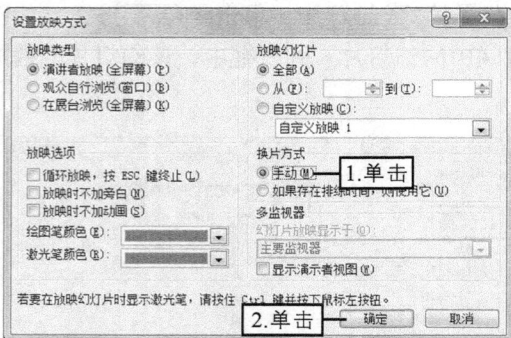

图10-19　设置换片方式　　　　　　　图10-20　放映自定义幻灯片

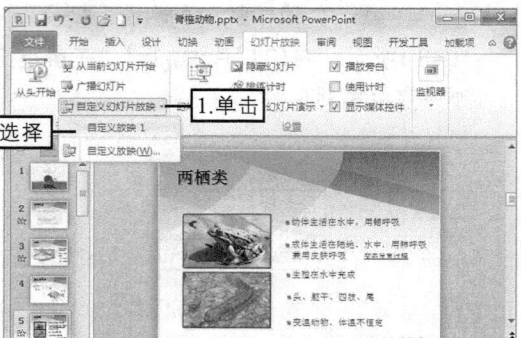

（13）保存演示文稿，完成操作。

10.2　放映技巧

与设置幻灯片内容相比，放映幻灯片的方法比较简单，但在放映幻灯片的过程中，如果使用一定的技巧，不仅可以提高放映幻灯片的质量，还可以使整个放映过程更加生动。本节将详细讲解课件放映过程中的一些实用技巧。

10.2.1　通过动作按钮控制放映过程

如果在幻灯片中插入了动作按钮，在放映幻灯片时，单击设置的动作按钮，可切换幻灯片或启动一个应用程序，也可以用动作按钮控制幻灯片的放映。PowerPoint 2010中的动作按钮主要是通过插入形状的方式绘制到幻灯片中的，如图10-21所示。插入和设置按钮的相关操作在前面的章节中已经介绍过，这里不再赘述。

图10-21　动作按钮

> **知识提示**
>
> 在进行动作按钮设置时，单击选中"动作设置"对话框中的"运行程序"单选项，可设置单击该按钮在放映过程中启动其他程序，以及播放声音或视频。

10.2.2　快速定位幻灯片

在幻灯片放映过程中，通过一定的技巧，可以快速、准确地将播放画面切换到指定的幻灯片中，达到精确定位幻灯片的效果，其方法为在播放幻灯片的过程中，单击鼠标右键，在弹出的快捷菜单中选择"定位至幻灯片"命令，在其子菜单中选择需要切换到的幻灯片，如图10-22所示。

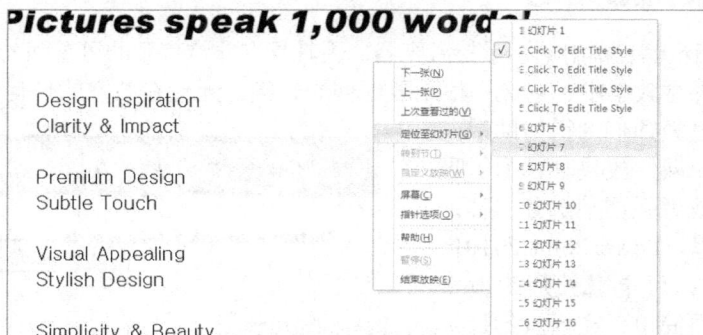

图10-22　快速定位幻灯片

> **知识提示**
>
> 在"定位至幻灯片"命令的子菜单中，前面有☑标记的，表示当前放映的幻灯片。

10.2.3　为幻灯片添加注释

为幻灯片添加注释是指幻灯片在播放时，演讲者可以在屏幕中勾画重点或添加注释，使幻灯片中的重点内容更加明显地展现给观众。为幻灯片添加注释主要是使用系统提供的绘图笔来实现的，其具体操作如下。

（1）放映幻灯片时单击鼠标右键，在弹出的快捷菜单中选择"指针选项"命令，在其子菜单下选择"笔"或"荧光笔"命令，即可将鼠标指针转换为绘图笔，如图10-23所示。

（2）返回到正在放映的幻灯片中，用绘图笔在需要划线或标注的地方按住鼠标左键拖动即可为幻灯片添加注释，如图10-24所示。

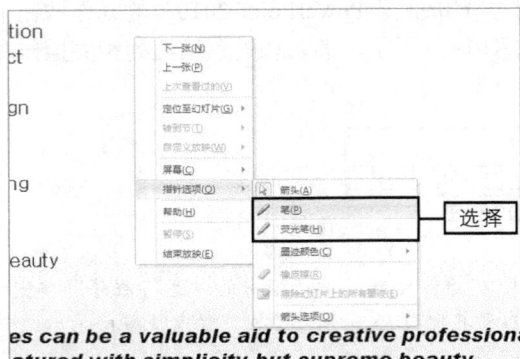

图10-23　选择笔型　　　　　　　　　　　　　图10-24　添加注释

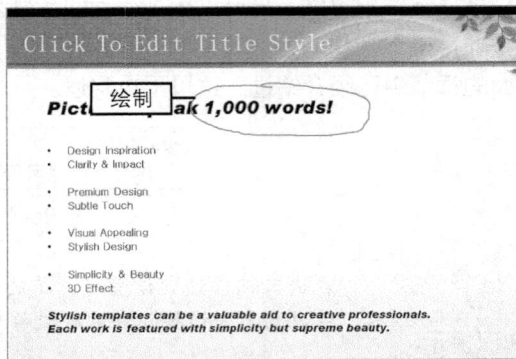

知识提示　在弹出的快捷菜单中选择"墨迹颜色"命令，在其子菜单中可以选择注释的颜色。另外，在结束幻灯片放映时，将显示提示对话框，可选择将墨迹注释保存在幻灯片中，或选择将其删除，恢复到幻灯片的最初面貌。

10.2.4　使用激光笔

激光笔又名指星笔、镭射笔、手持激光器，因其具有非常直观的可见强光束，多用于指示作用而得名。在课堂教学中，它像一根无限延伸的教鞭，无论在教室的任何角落都可以轻松指划黑板，绝对是教师们的得力助手。在进行PowerPoint课件放映时，为了吸引学生的注意，或者强调某部分内容，经常会用到激光笔。PowerPoint 2010自带的激光笔功能，可丰富教师的教学方法，其方法也很简单，在播放幻灯片时，按住【Ctrl】键，并同时按下鼠标左键，这时鼠标指针变成了一个激光笔照射状态的红圈，如图10-25所示，在幻灯片中移动位置即可。

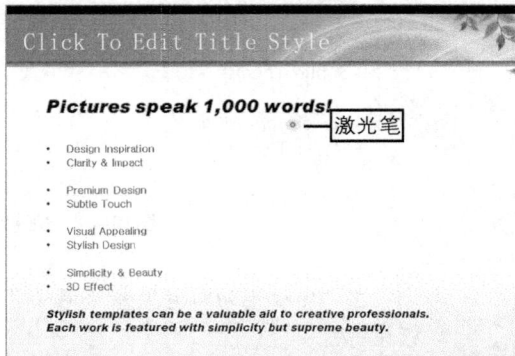

图10-25　使用激光笔

激光笔的颜色可在"设置放映方式"对话框的"放映选项"栏的"激光笔颜色"下拉列表框中设置，有红、绿、蓝3种颜色。

10.2.5　为幻灯片分节

为幻灯片分节后，不仅可使演示文稿的逻辑性更强，还可以让用户与他人协作创建演示文稿，如每个人负责制作演示文稿一节中的幻灯片。为幻灯片分节的方法是选择需要分节的幻灯片，在【开始】→【幻灯片】组中单击 按钮，在打开的下拉列表中选择"新增节"选项，即可为演示文稿分节，如图10-26所示为课件分节后的效果。

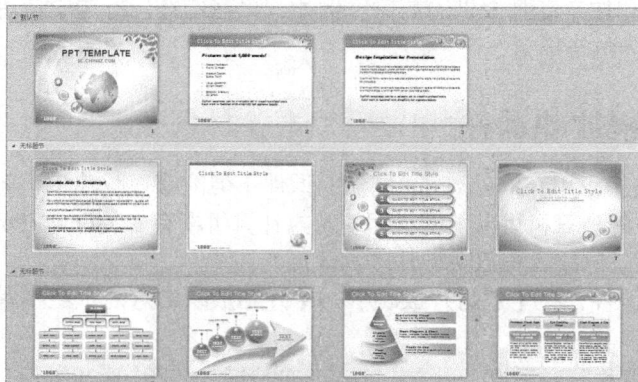

图10-26　幻灯片分节

在PowerPoint2010中，不仅可以为幻灯片分节，还可以对节进行操作，包括重命名节、删除节、展开或折叠节等。节的常用操作方法如下。

◎ **重命名**：新增的节名称都是"无标题节"，需要自行进行重命名。使用鼠标单击"无标题节"文本，在打开的下拉列表中选择"重命名"选项，打开"重命名节"对话框，在"节名称"文本框中输入节的名称，单击 按钮。

◎ **删除节**：对多余的节或无用的节可删除，单击节名称，在打开的下拉列表中选择"删除节"选项，可删除选择的节；选择"删除所有节"选项，可删除演示文稿中的所有节。

◎ **展开或折叠节**：在演示文稿中，既可以将节展开，也可以将节折叠起来。使用鼠标双击节名称就可将其折叠，再次双击就可将其展开。还可以单击节名称，在打开的下拉列表中选择"全部折叠"或"全部展开"选项，就可将其折叠或展开。

10.2.6　提高幻灯片的放映性能

在放映幻灯片时，如发现幻灯片反应速度慢，可通过提高幻灯片的放映性能来增加其反应速度。提高幻灯片的放映性能的主要方法是设置演示文稿放映时的分辨率，其方法为在【幻灯片放映】→【监视器】组中的"分辨率"下拉列表框中选择所需设置的分辨率，如图10-27所示，通常默认的分辨率都是"使用当前分辨率"。

另外，提高幻灯片的放映性能还可以从以下几个方面来进行。

◎ 缩小图片和文本的尺寸。

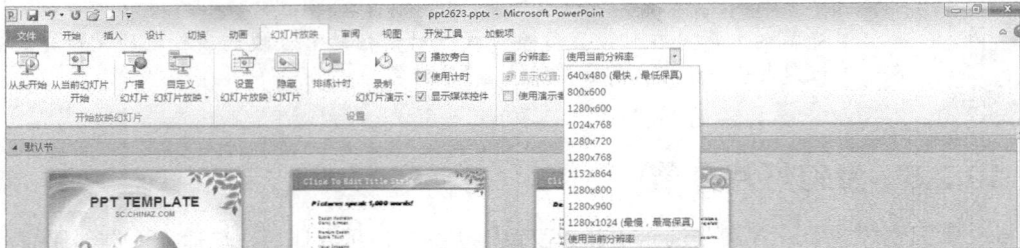

图10-27　设置幻灯片的分辨率

◎　减少同步动画数目，可以尝试将同步动画更改为序列动画。

◎　尽量少用渐变、旋转或缩放等动画效果，可使用其他动画效果替换这些效果。

◎　减少按字母和按字动画效果的数目。例如，只在幻灯片标题中使用这些动画效果，而不将其应用到每个项目符号上。

10.2.7　远程放映课件

随着计算机网络的应用，PowerPoint制作的课件不但能够现场演示，还可以通过网络进行远程播放，只要学生的计算机可以上网，即使对方计算机没有安装PowerPoint 2010也可以放映课件。下面就讲解通过网络远程放映课件的具体操作。

（1）打开制作好的课件，在【幻灯片放映】→【开始放映幻灯片】组中单击"广播幻灯片"按钮 。

（2）打开"广播幻灯片"对话框，单击 启动广播(S) 按钮，如图10-28所示。

（3）PowerPoint将连接到"PowerPoint Broadcast Service"服务，在打开的对话框中输入Windows Live ID凭据（注册的Windows Live账户邮箱和密码），单击 确定 按钮，如图10-29所示。

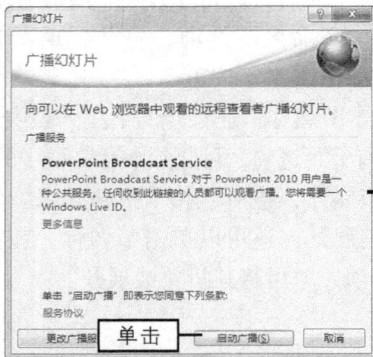

图10-28　启动广播

图10-29　输入Windows Live ID

（4）然后连接到"PowerPoint Broadcast Service"服务，准备广播幻灯片，并显示进度。

（5）广播幻灯片准备完毕，打开一个含有链接地址的对话框，单击"复制链接"超链接，如图10-30所示，将其通过QQ或者Windows Live等软件发送给学生。

（6）学生获得这个链接地址后，在浏览器中打开该链接，就可以等待教师的课件放映开始，教师只需要在"广播幻灯片"对话框中单击 开始放映幻灯片(S) 按钮，就可以开始课件的远程放映，学生可以同步看到幻灯片演示。

（7）在放映过程中按【Esc】键退出演示，回到PowerPoint工作界面中，看到如图10-31所示的效果，在【广播】→【广播】组中单击"结束广播"按钮 ，在打开的提示框中单击 结束广播(E) 按钮，即可退出远程课件放映状态。

图10-30 发送共享链接

图10-31 结束广播

知识提示　只有第一次使用远程放映功能时才需要输入邮箱和密码，如果没有Windows Live账户，可以单击对话框左下角的"注册"超链接注册。

10.2.8 课堂案例2——放映"三位数乘两位数"小学数学课件

本案例要求根据提供的素材文档，对其进行放映，主要是为幻灯片添加注释和设置幻灯片的分辨率。完成后的参考效果如图10-32所示。

素材所在位置　光盘:\素材文件\第10章\课堂案例2\三位数乘两位数.pptx
效果所在位置　光盘:\效果文件\第10章\课堂案例2\三位数乘两位数.pptx
视频演示　光盘:\视频文件\第10章\放映"三位数乘两位数"小学数学课件.swf

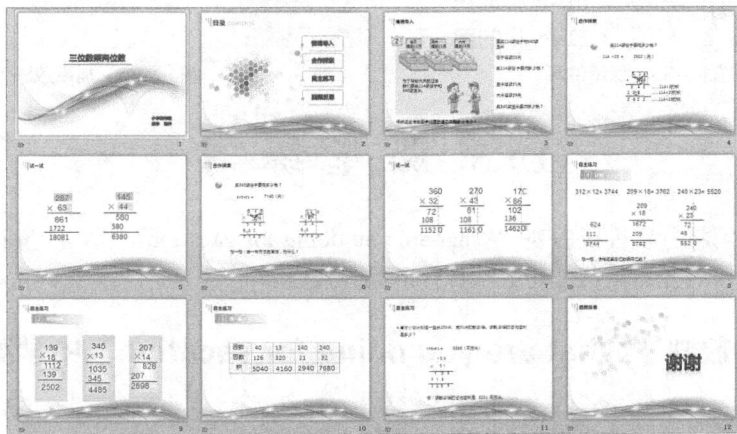

图10-32 放映"三位数乘两位数"演示文稿参考效果

（1）打开素材文档，在【幻灯片放映】→【开始放映幻灯片】组中单击"从头开始"按钮 ，开始放映课件。

（2）当放映到第4张幻灯片时，放映到第一步运算结果，单击鼠标右键，在弹出的快捷菜单中选择【指针选项】→【笔】命令，如图10-33所示。

（3）拖动鼠标在运算结果中的"1"数值周围绘制一个红色的圆圈，如图10-34所示。

图10-33　选择笔形

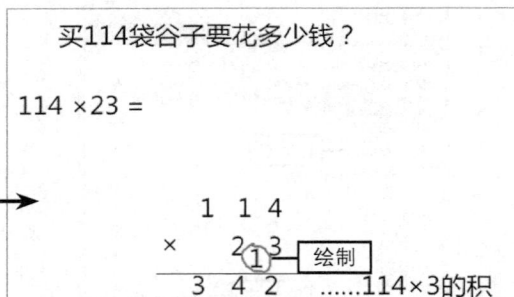

图10-34　添加注释

（4）继续放映课件，用同样的方法为下一步得出的结果添加注释。

（5）然后按【Esc】键，退出幻灯片放映状态，PowerPoint打开提示框，询问是否保留墨迹注释，单击 保留 按钮，如图10-35所示。

（6）在【幻灯片放映】→【监视器】组中的"分辨率"下拉列表框中选择"640×480"选项，如图10-36所示，提高幻灯片放映的性能，然后保存文档，完成操作。

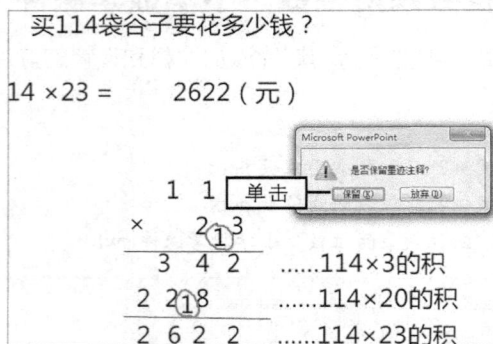

图10-35　保留注释

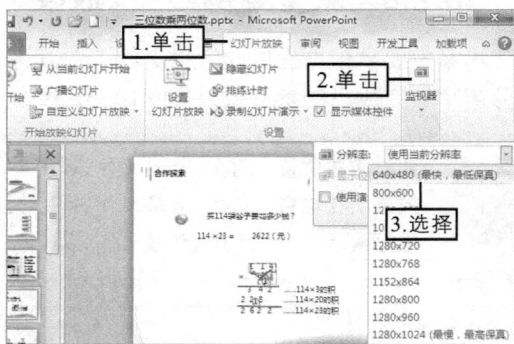

图10-36　提高放映性能

10.3　课　堂　练　习

本课课堂练习将分别设置放映"What are you doing for vacation"和"质量和密度"课件，综合练习本章学习的知识点，学习放映课件的具体操作。

10.3.1　放映"What are you doing for vacation"中学英语课件

1. 练习目标

本练习的目标是放映"What are you doing for vacation"中学英语课件，在进行放映前需要进行设置，主要有为幻灯片划分节并重命名节名称，然后设置激光笔的颜色。本练习完成后的参考效果如图10-37所示。

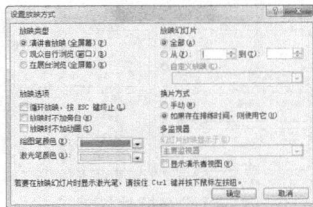

图10-37 设置"What are you doing for vacation"演示文稿参考效果

素材所在位置   光盘:\素材文件\第10章\课堂练习\What are you doing for vacation.pptx
效果所在位置   光盘:\效果文件\第10章\课堂练习\What are you doing for vacation.pptx
视频演示   光盘:\视频文件\第10章\放映"What are you doing for vacation"中学英语课件.swf

2. 操作思路

完成本练习需要先对课件进行分节，并重命名节名称，再设置激光笔的颜色，然后在放映时使用激光笔等，其操作思路如图10-38所示。

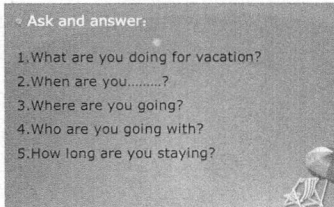

① 课件分节   ② 设置激光笔   ③ 使用激光笔

图10-38 放映"What are you doing for vacation"英语课件的制作思路

（1）打开素材文件，在第1张幻灯片中新增节，重命名为"标题"；然后在第2张幻灯片中新增节，重命名为"主要知识"；在第9张幻灯片中新增节，重命名为"知识延伸"；在第16张幻灯片中新增节，重命名为"课后练习"。

（2）打开"设置放映方式"对话框，设置激光笔的颜色为"绿色"。

（3）放映时按住【Ctrl】键单击鼠标即可显示激光笔。

10.3.2 远程放映"质量和密度"中学物理课件

1. 练习目标

本练习要求远程放映"质量和密度"中学物理课件，涉及设置幻灯片放映、设置幻灯片放映性能、远程放映幻灯片等操作。完成后的参考效果如图10-39所示。

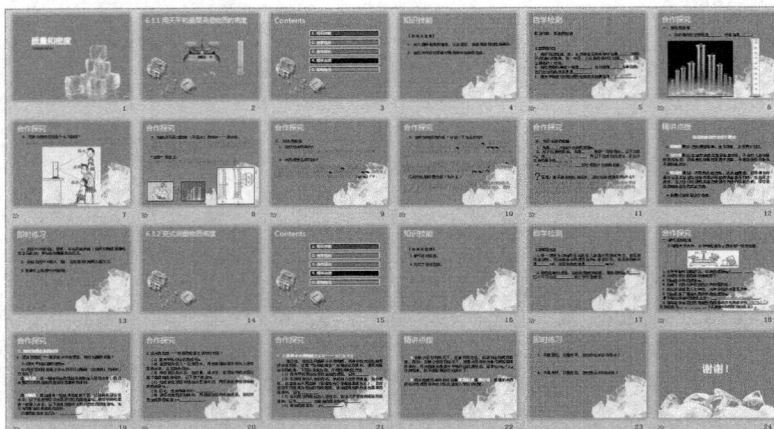

图10-39 设置并放映"质量和密度"演示文稿参考效果

素材所在位置	光盘:\素材文件\第10章\课堂练习\质量和密度.pptx
效果所在位置	光盘:\效果文件\第10章\课堂练习\质量和密度.pptx
视频演示	光盘:\视频文件\第10章\远程放映"质量和密度"中学物理课件.swf

2. 操作思路

完成本实训需要先设置幻灯片的放映分辨率，再设置幻灯片的换片方式，然后设置课件进行远程播放，其操作思路如图10-40所示。

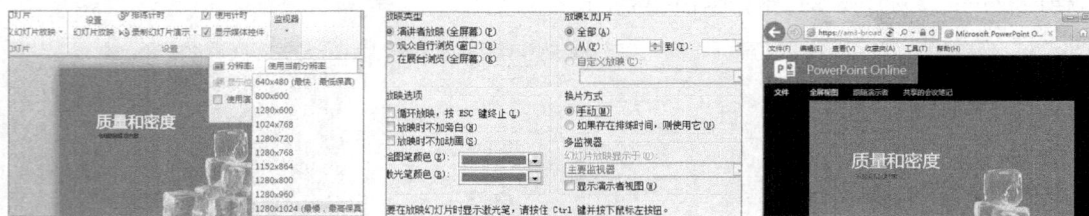

① 设置放映分辨率　② 设置幻灯片切换方式　③ 远程放映

图10-40 远程放映"质量和密度"物理课件的操作思路

（1）打开素材文件，将监视器的分辨率设置为"1280×1024"。

（2）打开"设置放映方式"对话框，设置幻灯片切换方式为"手动"。

（3）广播幻灯片，将获得的链接地址发送给学生，学生在Internet Explorer浏览器的地址栏中输入这个链接地址。

（4）教师在"广播幻灯片"对话框中单击 开始放映幻灯片(S) 按钮播放幻灯片，学生在浏览器中按【Enter】键开始远程观看课件放映。

10.4 拓 展 知 识

下面主要介绍课件制作和放映的一些注意事项。

1. 选择主题

制作课件首先需要选择主题，并不是每个单元或每一个课时的内容都适用于制作课件（当然，所有的知识点都可以制作成课件）。选题时要充分考虑以下几点。

◎ **效益第一**：课件制作应考虑效益，对于那些用常规教学方法能够较好实现的教学目标，就没有必要浪费人力、物力和时间来制作课件。

◎ **内容和形式要统一**：课件应该是用来突出一堂课的重点，突破一堂课的难点，对课堂教学起到化难为易、化繁为简、变苦学为乐学等作用，决不能为有课件而制作课件，决不能因为为了体现使用了多媒体教学手段而使用课件教学。

◎ **不能照搬课本知识**：课件应用的目的是优化课堂教学结构，提高课堂教学效率，既要有利于教师的教，又要利于学生的学。要充分发挥多媒体的特点，避免把课件变成单纯的"黑板搬家"或"课本翻牌"，变"人灌"为"机灌"。

正确的选题方法如下。

◎ 选取那些常规方法无法演示或不易演示、演示观察不清的内容。

◎ 选取课堂上用常规手段不能很好解决的问题，也就是解决教学重点、难点问题。

◎ 能通过提供与教学相关的媒体信息，创造良好的教学情景、资源环境，扩大学生的知识面、信息源。

2. 准备素材

课件应该是内容丰富、形象生动的，这样才能在教学中吸引学生的注意，达到教学的效果，因此在制作课件时要根据课堂教学内容的特点，精心选择多媒体素材，集图文、声像的综合表现功能，有效调动和充分发挥学生学习的积极性和创造性，提高课堂教学的效率。

◎ **要围绕主题选资料**：制作课件前要注意收集一些与课堂教学主题相关、相近的音像和文字资料，然后按照脚本的需要对资料的内容进行分类、梳理、取舍，对于有些素材还要进行适当的加工，这样才能达到突出主题的效果，才能适合自己的课件需求。

◎ **要针对多媒体资料的特点选资料**：多媒体资料的形式很多，音像资料真实感人，图表资料直观明了，Flash动画形象生动。我们在选择素材时要根据各种多媒体资料的特点，再结合课件主题选择适合的素材，不能信手拈来就用。

◎ **要使用高质量的素材**：可以用数码相机拍摄高质量的相片，购买专业图库，或使用网络上大量的优质图像资源（但要注意版权问题）。决不要简单地将小尺寸、低分辨率的相片简单拉伸，使它适合幻灯片的布局。这样做只会进一步降低图片的分辨率。避免使用剪贴画或其他卡通式的艺术线条。

3. 设计课件

在完成了前面的主题、素材等基础工作后，就可以进行课件的主要框架设计，可以从以下3个方面着手。

◎ **详略结合**：选择好课件资料后，要紧紧围绕课件主题来设计课件。设计课件时应从整体到局部通盘考虑，逐层深入，在脑海里形成课件的基本框架（即粗略的一面），同时还要注意各种细节的设计（比如每一张幻灯片要显示什么内容，达到什么目的等等），做到胸有成竹。

◎ **虚实结合**：设计课件时主要画面要突出显示，次要画面可以作为背景或搭配使用，使整个内容排列错落有致，避免形成一种素材的罗列堆砌。

◎ **动静结合**：动态画面使课件精彩动人，静态画面能给人更多的思考空间，因此在设计课件时要注意让动态画面和静态画面有机结合起来，这样才能增强课堂教学的效果。如果盲目追求某一种形式，就会使课件形象直观的效果大打折扣，影响教学效果。

4. 操作简便

操作简便主要有两个方面的含义：一是便于师生上课时使用，要一目了然；二是要便于修改，以适应不同教学风格、不同教学思路的教师，不同班级、不同层次的学生使用。

为便于教学，课件的操作要尽量简便、灵活、可靠，便于教师和学生控制。

◎ 在课件的操作界面上设置寓意明确的菜单、按钮和图标，最好支持鼠标，尽量避免复杂的键盘操作，避免层次太多的交互操作。

◎ 尽量设置好各部分内容之间的转移控制，可以方便地前翻、后翻、跳跃。

◎ 对于演示课件，最好要可以根据现场教学情况改变演示进程。

大多数的课件制作需要花费大量的精力，若能直接采用现成的课件或对原有课件作少量修改就能为己所用，必将节省大量人力。但不同的人有不同的教学思路和教学风格，制作者融于课件中的思想、思路、表现方式、体系结构和技巧运用可能与使用者的风格相去甚远，同时教学对象也存在着一定的差异，课件的弊端就暴露出来了。因此，使用千篇一律的课件上课，达不到应有的教学效果。制作课件时应该稍加改造，这一方面可以节约大量的人力、物力和时间，另一方面又使课件具有较强的适应性，可以满足不同风格、不同思路的教师和不同层次的学生的要求。

5. 画面美观

课件展示的画面应符合学生的视觉心理。画面的布局要突出重点，也就是主要画面要突出显示，次要画面可以作为陪衬或背景使用。同一画面对象不宜多，要避免或尽量减少引起学生注意力分散的无益信息干扰。注意动静结合与虚实结合，注意动物与静物的色彩对比、前景与背景的色彩对比，线条的粗细，字符的大小也要充分考虑，以保证学生都能充分感知对象。避免多余动作、减少文字显示数量，过多的文字阅读不但容易使人疲劳，而且干扰学生的感知。

一个课件的展示不但要取得良好的教学效果，而且要使人赏心悦目，使人获得美的享受，美的形式能激发学生的兴趣。优质的课件应是内容与美的形式的完美统一，要具有审美性。

6. 内容精炼

作为教师在进行教学设计时要充分利用认知学习和教学设计理论，根据教学内容和教学目的的需求，适当运用多媒体教学课件，创设情境，使学生通过多个感觉器官来获取相关信息，提高教学信息传播效率，增强教学的积极性、生动性和创造性。把一定的时间和空间留给学生，让其理解、思考、交流、质疑，充分激发学生学习的兴趣，调动学生学习的积极性、主动性，开发学生的智力，拓展学生思维的空间，让其有创造性地学习，从而达到培养学生素质的目的。

多媒体手段具有很强的图文声像处理和演示功能，在一定程度上还能达到模拟真实环境的效果。在运用多媒体教学时，不能过分依赖这种手段，认为多媒体如此精彩，学生好奇心又强，看总比讲印象深、效果好，就罗列堆砌大量的图片、录像或动画资料。让学生囫囵吞枣，影响教学效果。因此，在制作课件时，对于图片、录像或动画资料，要做到精挑细选，适合教学主题的才用，并且要用到恰到好处，不适合主题的坚决舍去，不能把整个教学过程等同于浏览图片，观看"录像剪辑"，欣赏"动画片"，而影响课堂教学效果。多媒体教学只能是教学的一种辅助手段，是一种形式，而不是教学目的。教学的目的是要传授知识，培养学生的素质，因此在学科教学过程中要有效组织信息资源，提供适度的信息量，在突破教学难点、突出教学重点、扩大视野的同时，要让教师自主地教学、让学生在教师的指导下自主地对信息进行加工，切忌盲目、随意地运用多媒体教学，甚至本末倒置。

7. 保持简洁

幻灯片本身从来不是演示的主角，课件的观众才是，观众倾听、感受或接受课件传达的信息。不要让幻灯片喧宾夺主，所以幻灯片不必过于繁杂或充满图片、图表、动画、声音，应力求简洁。

课件的幻灯片中应该留有大量的空白空间，或实体周围的空间。不要被迫用妨碍理解的标识或其他不必要的图形或文本框来填充这些空白区域。幻灯片上的混乱越少，它提供的视觉信息就越直观。

8. 熟练放映

熟练地放映课件对于学生的学习也有非常重要的促进作用，除了掌握一些放映技巧外，还有以下几点注意事项。

◎ 在播放前一定要熟悉教学设计思路，要弄清楚在什么环节该做什么，同时还要熟悉幻灯片的播放操作。

◎ 在教学过程中，有时观看了部分幻灯片后要让学生注意其他的环节，为了不让学生再把注意力放在幻灯片上，往往需要隐藏幻灯片。这时可以按【B】键，就可以显示黑屏，要重新播放再按【B】键。

◎ 课堂教学过程中教师要发挥自身的主导作用，善于控制教学节奏，何时使用多媒体，使用多长时间，何处该精讲细练，教师都应该准确把握，避免课堂教学节奏过快，变成了"走马观花"式的教学。

10.5 课后习题

（1）打开"中东.pptx"中学地理课件，利用前面讲解的放映幻灯片的相关知识对其内容进行编辑，重新定义放映的顺序。最终效果如图10-41所示。

提示：新建自定义放映顺序，其播放顺序为"1、2、15、16、17、18、3、4、5、6、7、8、9、12、13、14、10、11、19、20、21、22、23"，注意，这里的数字是课件源文件中幻灯片的编号；并设置幻灯片播放名称为"正确播放顺序"。

素材所在位置	光盘:\素材文件\第10章\课后习题\中东.pptx
效果所在位置	光盘:\效果文件\第10章\课后习题\中东.pptx
视频演示	光盘:\视频文件\第10章\编辑"中东"中学地理课件.swf

图10-41　"中东"演示文稿参考效果

（2）打开"电气时代.pptx"中学历史课件，利用前面讲解的放映幻灯片的相关知识对其内容进行编辑，设置激光笔的颜色，并广播幻灯片。最终效果如图10-42所示。

提示：打开素材文件，打开"设置放映方式"对话框，设置激光笔的颜色为"蓝色"，然后广播幻灯片，将幻灯片的播放链接发送给其他人，在播放时使用激光笔进行标注。

素材所在位置　光盘:\素材文件\第10章\课后习题\电气时代.pptx

效果所在位置　光盘:\效果文件\第10章\课后习题\电气时代.pptx

视频演示　　　光盘:\视频文件\第10章\放映"电气时代"中学历史课件.swf

图10-42　"电气时代"演示文稿参考效果

第 **11** 章

输出课件

本章将详细讲解在PowerPoint中输出课件的相关操作，并对幻灯片的打包、打印和发布操作进行全面讲解。读者通过学习应能够熟练掌握输出课件的各种操作方法，让制作出来的课件不仅能直接在计算机中展示，还可以方便用户在不同的位置或环境中使用、浏览。

✳ 学习要点

- ◎ 将幻灯片发布到幻灯片库
- ◎ 打包演示文稿
- ◎ 将演示文稿转换为其他格式
- ◎ 保护演示文稿
- ◎ 设置和打印演示文稿

✳ 学习目标

- ◎ 掌握发布幻灯片的基本操作
- ◎ 掌握打包幻灯片的基本操作
- ◎ 掌握打印演示文稿的操作方法

11.1 发布幻灯片

在制作幻灯片的过程中，有时需要制作内容相近的幻灯片，如果重复制作，会浪费很多时间。PowerPoint 2010可以将这些经常用到的幻灯片发布到幻灯片库中，从而共享并重复使用这些幻灯片内容，使制作更加方便快捷。本节将详细讲解发布幻灯片的相关操作。

11.1.1 将幻灯片发布到幻灯片库

若在演示文稿中多次反复使用某一对象或内容，用户可将这些对象或内容直接发布到幻灯片库中，需要时直接调用，并且还能用于其他演示文稿中，其具体操作如下。

（1）打开演示文稿，选择【文件】→【保存并发送】菜单命令，在中间列表的"保存并发送"栏中选择"发布幻灯片"选项，在右侧的"发布幻灯片"栏中单击"发布幻灯片"按钮 。

（2）打开"发布幻灯片"对话框，在"选择要发布的幻灯片"列表框中单击选中需要发布的幻灯片左侧的复选框，然后在"文件名"栏中输入对应幻灯片的名称，在"说明"栏中输入该幻灯片的说明，单击 浏览(B)... 按钮，如图11-1所示。

（3）打开"选择幻灯片库"对话框，在地址栏中选择发布位置，或单击工具栏上的 新建文件夹 按钮新建文件夹，然后重命名并选择该文件夹，单击 选择(E) 按钮，如图11-2所示。

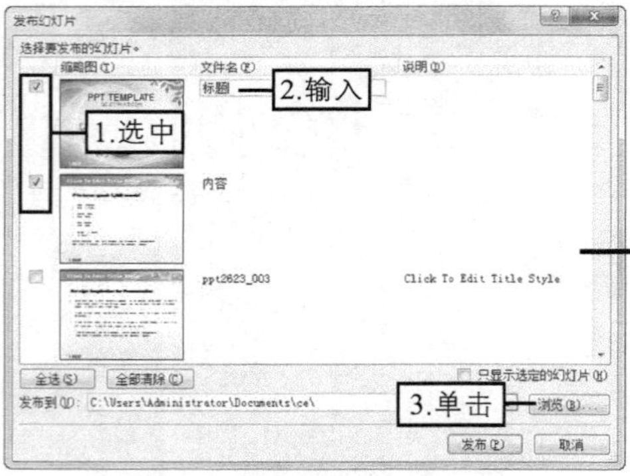

图11-1　选择发布的幻灯片 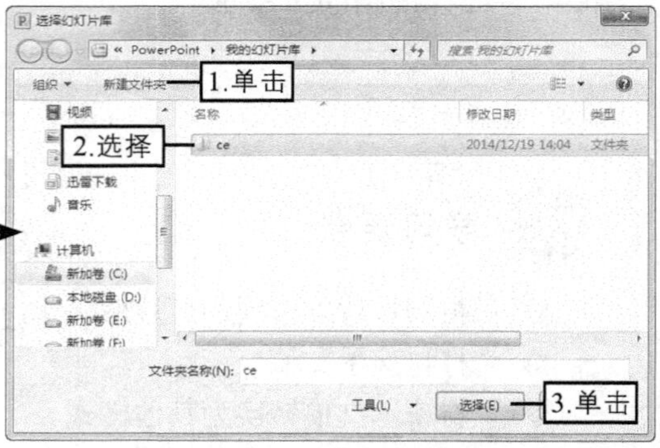　　　　　　　　　　图11-2　选择发布位置

（4）返回"发布幻灯片"对话框，单击 发布(P) 按钮进行发布，在计算机中打开该文件夹，即可看到发布的幻灯片，每一张幻灯片都单独对应一个演示文稿。

操作技巧　　若要将所有幻灯片都发布到幻灯片库中，可单击 全选(S) 按钮；若要重新选择，可单击 全部清除(C) 按钮，先将原来所选的幻灯片清除，再进行重新选择。

11.1.2 调用幻灯片库中的幻灯片

幻灯片发布到幻灯片库后，在需要时可以将其从幻灯片库中调出来使用，其具体操作如下。

（1）新建演示文稿，在【开始】→【幻灯片】组中单击"新建幻灯片"按钮 的下拉按钮 新建幻灯片，在打开的列表中选择"重用幻灯片"选项。

（2）在工作界面右侧打开"重用幻灯片"窗格，单击 浏览▼ 按钮；在打开的列表中，选择"浏览文件"选项，或单击"打开PowerPoint文件"超链接，如图11-3所示。

（3）打开"浏览"对话框，先选择幻灯片库对应的文件夹，在中间的列表框中选择一个发布的幻灯片，单击 打开(O) 按钮。

（4）在"重用幻灯片"窗格的列表框中单击重用的幻灯片，在"幻灯片编辑"窗口中将新建一个文本内容与重用幻灯片相同的幻灯片。

（5）在"重用幻灯片"窗格中的列表框中的重用幻灯片上单击鼠标右键，在弹出的快捷菜单中选择一种幻灯片的应用方式，如图11-4所示。

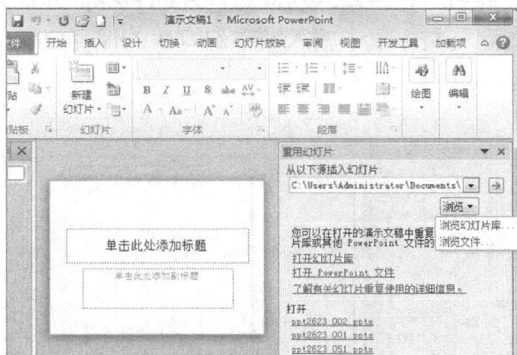

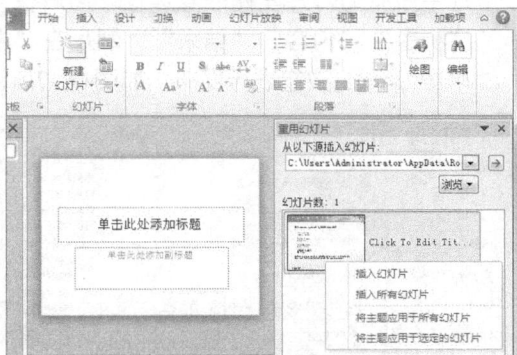

图11-3　选择操作　　　　图11-4　选择应用方式

11.1.3　课堂案例1——编辑"面向对象程序设计"计算机课件

本案例要求根据提供的素材文档，先发布其中的幻灯片，然后调用发布的幻灯片。完成后的参考效果如图11-5所示。

素材所在位置　光盘:\素材文件\第11章\课堂案例1\面向对象程序设计.pptx
效果所在位置　光盘:\效果文件\第11章\课堂案例1\面向对象程序设计.pptx
视频演示　　　光盘:\视频文件\第11章\编辑"面向对象程序设计"计算机课件.swf

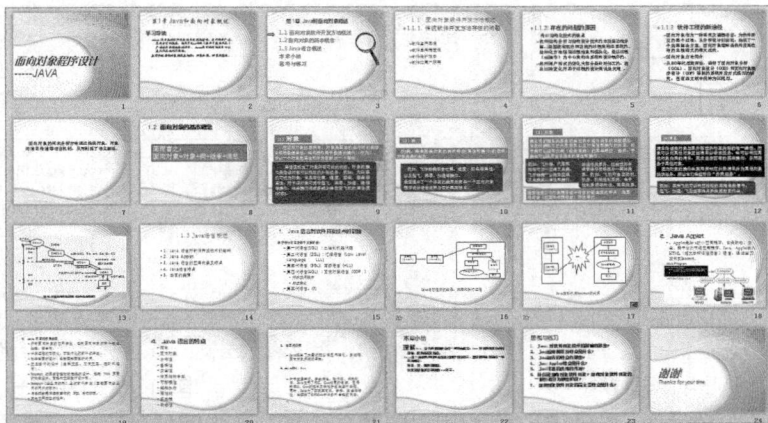

图11-5　"面向对象程序设计"演示文稿参考效果

在制作计算机类课件时，主要可以分为3个阶段：一是知识演示，把所有知识点全面展示给学生；二是操作练习，让学生根据提问来具体操作；三是答疑评价，让学生根据操作中遇到的问题提出看法，老师进行点评。

（1）打开素材文件"计算机科技模板.pptx"，选择【文件】→【保存并发送】菜单命令，在中间列表的"保存并发送"栏中选择"发布幻灯片"选项，在右侧的"发布幻灯片"栏中单击"发布幻灯片"按钮 ，如图11-6所示。

（2）打开"发布幻灯片"对话框，单击 全选(S) 按钮，在"选择要发布的幻灯片"列表框中选中所有幻灯片左侧的复选框，然后在"文件名"栏中输入对应幻灯片的名称，分别为"标题""内容""结束"，然后在"发布到"文本框中输入发布幻灯片的保存位置，单击 发布(P) 按钮进行发布，如图11-7所示。

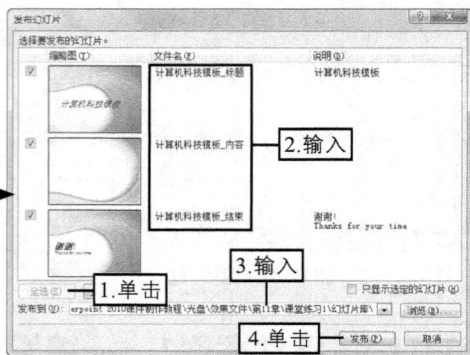

图11-6 发布幻灯片　　　　图11-7 选择发布的幻灯片

（3）打开素材文件"面向对象程序设计.pptx"，在【开始】→【幻灯片】组中单击"新建幻灯片"按钮 的下拉按钮 ，在打开的列表中选择"重用幻灯片"选项，如图11-8所示。

（4）在工作界面右侧打开"重用幻灯片"窗格，单击"打开PowerPoint文件"超链接，如图11-9所示。

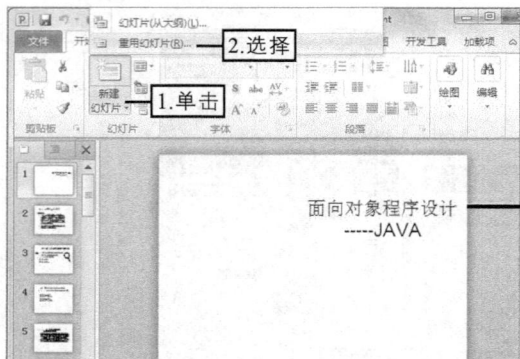

图11-8 选择操作　　　　图11-9 打开文件

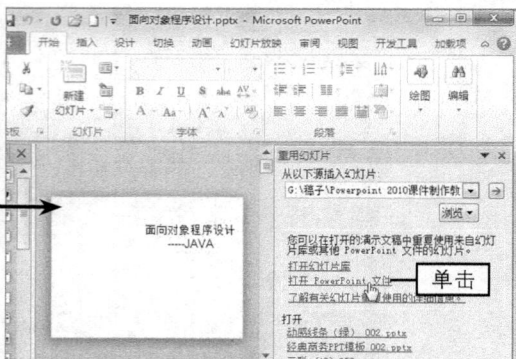

（5）打开"浏览"对话框，先选择幻灯片库对应的文件夹，在中间的列表框中选择"计算机科技模板_内容.pptx"选项，单击 打开(O) 按钮，如图11-10所示。

（6）在"重用幻灯片"窗格的列表框中选择的幻灯片上单击鼠标右键，在弹出的快捷菜单中选择"将主题应用于所有幻灯片"命令，如图11-11所示，将该幻灯片的样式应用到所有的幻灯片中。

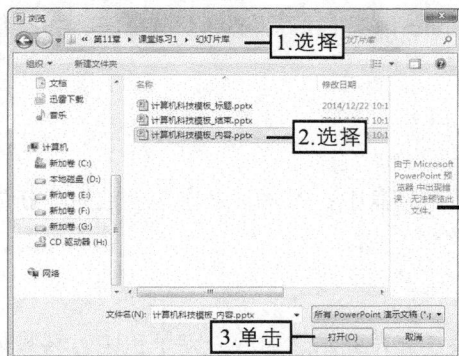

图11-10　选择幻灯片

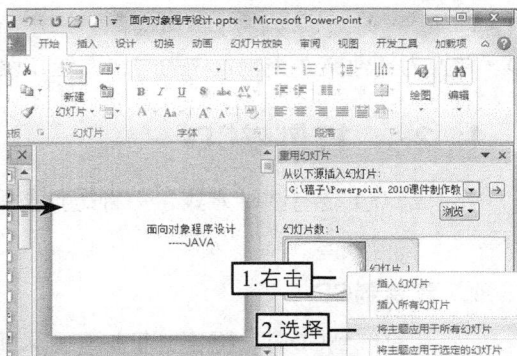

图11-11　应用主题

（7）选择第1张幻灯片，单击 浏览 按钮，在打开的列表中选择"浏览文件"选项，打开"浏览"对话框，在中间的列表框中选择"计算机科技模板 _ 标题.pptx"选项，单击 打开(O) 按钮，然后在"重用幻灯片"窗格的列表框中用右键单击该幻灯片，在弹出的快捷菜单中选择"将主题应用于选定的幻灯片"命令，如图11-12所示，将该幻灯片的样式应用在第1张幻灯片中。

（8）选择最后一张幻灯片，用同样的方法打开"计算机科技模板 _ 结束.pptx"幻灯片，在"重用幻灯片"任务窗格的列表框中用右键单击幻灯片，在弹出的快捷菜单中选择"插入幻灯片"命令，如图11-13所示，将该幻灯片插入到演示文稿中。

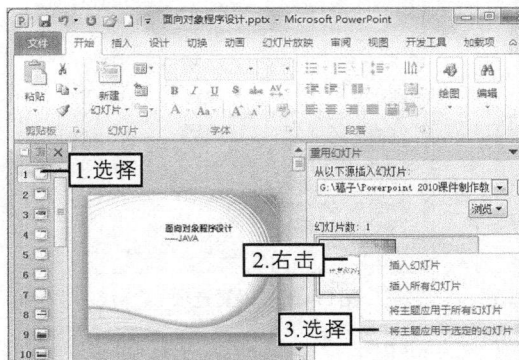

图11-12　应用于选定的幻灯片

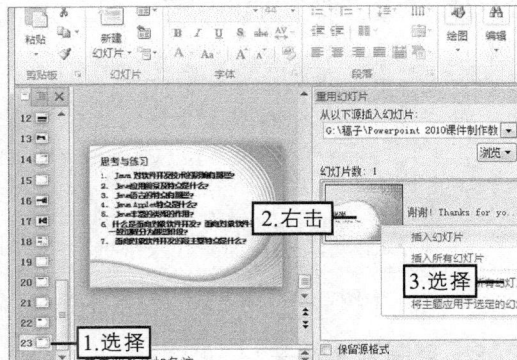

图11-13　插入幻灯片

操作技巧　　调用幻灯片库中的幻灯片时，如果需要将主题直接应用到幻灯片中，只能是具有母版的幻灯片；如果是没有母版的幻灯片，只能将其插入到幻灯片中，然后对其中的内容进行编辑。

（9）选择第1张幻灯片，将标题文本移动到左侧，设置文本格式为"方正粗倩简体，66，倾斜"，然后保存演示文稿，完成操作。

11.2 打包幻灯片

课件制作好后，并不一定在本机中放映，有时需要发送到其他计算机中，或转换为其他文件类型，这时就需要进行打包操作。本小节将详细讲解打包幻灯片的基本方法，如打包成CD、转换为其他文件类型、作为附件发送和设置保护等。

11.2.1 打包成CD

打包成CD主要有两种方式，一种是打包后刻录到光盘中；另一种是直接创建一个新的文件夹。

1. 复制到CD

幻灯片复制到CD时，需要计算机与刻录机连接，并将刻录光盘放入刻录机中，其具体操作如下。

（1）打开需要打包的演示文稿，选择【文件】→【保存并发送】菜单命令，在中间列表的"文件类型"栏中选择"将演示文稿打包成CD"选项，在右侧的"发布幻灯片"栏中单击"打包成CD"按钮 。

（2）打开"打包成CD"对话框，在"将CD命名为"文本框中输入打包后的名称，如图11-14所示，单击 复制到 CD(C) 按钮将演示文稿刻录到刻录光盘中。

> **操作技巧**　单击 添加(A)... 按钮，可以将其他的演示文稿添加到该刻录光盘中；单击 选项(O)... 按钮，还可以在打开的对话框中设置程序包类型、演示文稿中包含的文件和保护密码等，如图11-15所示。

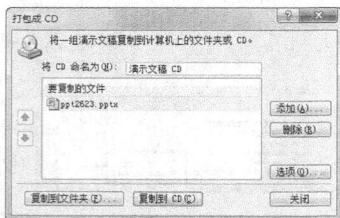

图11-14 复制到CD

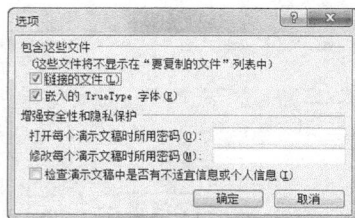

图11-15 设置选项

2. 复制到文件夹

将演示文稿打包成文件夹的方法与打包成CD的方法类似，都是通过"打包成CD"对话框来完成的，其具体操作如下。

（1）打开需要打包的演示文稿，选择【文件】→【保存并发送】菜单命令，在中间列表的"文件类型"栏中选择"将演示文稿打包成CD"选项，在右侧的"发布幻灯片"栏中单击"打包成CD"按钮 。

（2）打开"打包成CD"对话框，在其中单击 复制到文件夹(F)... 按钮。

图11-16 "复制到文件夹"对话框

（3）打开"复制到文件夹"对话框，如图11-16所示，在"文件夹名称"文本框中输入文件夹的名称，在"位置"文本框中输入文件夹的位置，单击 确定 按钮，即可将演示文稿打包到一个文件夹中。

11.2.2 将演示文稿转换为视频或PDF文档

若要在没有安装PowerPoint软件的计算机中放映演示文稿，可将其转换为视频或者PDF文件，再进行播放。

1. 将演示文稿转换为视频

将演示文稿转换为视频的具体操作如下。

（1）打开演示文稿，选择【文件】→【保存并发送】菜单命令，在中间列表的"文件类型"栏中选择"创建视频"选项，在右侧的"创建视频"栏中的"计算机和HD显示"下拉列表中设置显示的性能和分辨率，在"不要使用录制的计时和旁白"下拉列表中设置计时和旁白，在"放映每张幻灯片的秒数"数值框中设置每张幻灯片的播放时间，然后单击"创建视频"按钮，如图11-17所示。

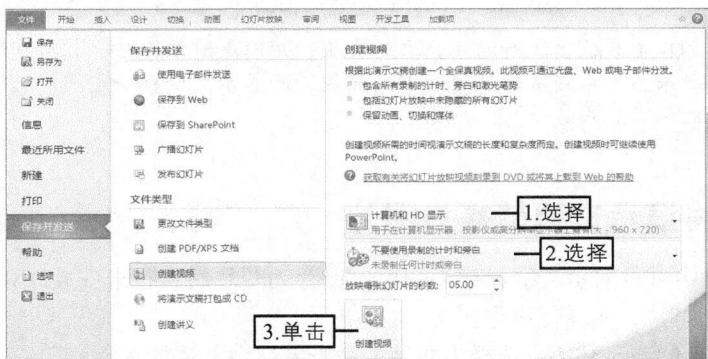

图11-17 转换为视频

> **知识提示** 选择不同的载体，创建的视频分辨率也不同，如在计算机或投影仪上显示，分辨率为960像素×720像素；上传到Internet或在DVD上播放，分辨率为640像素×480像素；在便携式设备上播放，分辨率为320像素×240像素。

（2）打开"另存为"对话框，在地址栏中选择保存位置，单击 保存(S) 按钮即可转换为视频。

（3）完成转换后，在保存的文件夹中双击创建的视频文件（默认格式为WMV），即可打开默认的播放器进行放映。

2. 将演示文稿转化为PDF文档

将演示文稿转换为PDF文档的具体操作如下。

（1）打开演示文稿，选择【文件】→【保存并发送】菜单命令，在中间列表的"文件类型"栏中选择"创建PDF/XPS文档"选项，在右侧的"创建PDF/XPS文档"栏中单击"创建PDF/XPS"按钮。

（2）打开"发布为PDF或XPS"对话框，在地址栏中选择保存位置，在"保存类型"右侧的下拉列表中选择"PDF"选项，单击 [选项(O)...] 按钮，如图11-18所示。

（3）打开"选项"对话框，在其中设置转换的各种选项，包括转换的范围、包括的信息、
PDF选项等，单击 [确定] 按钮，如图11-19所示。

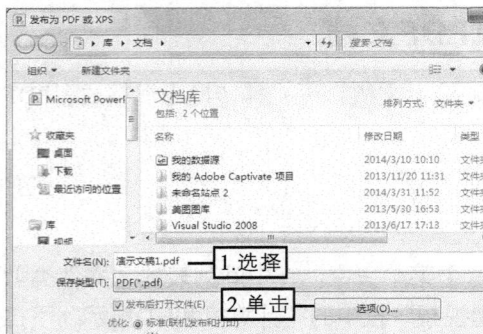

图11-18　发布PDF

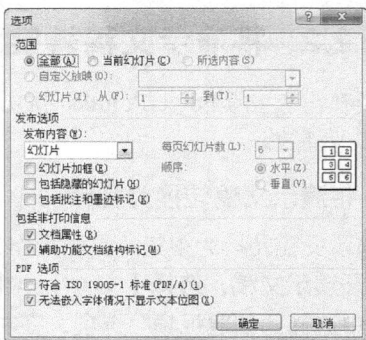

图11-19　设置选项

（4）返回"发布为 PDF 或 XPS"对话框，单击 [发布(S)] 按钮，发布完成后将自动打开发布的
PDF文档。

> PDF是目前很流行的便携文件类型，用PDF制作的电子书具有纸版书的质感和
> 阅读效果，可以逼真地展现原书的原貌，而显示大小可任意调节，给读者提供了个
> 性化的阅读方式。

知识提示

11.2.3　将演示文稿转换为图片

在PowerPoint中可将演示文稿保存为图片，保存为图片后，在未安装PowerPoint的计算机
中也可查看各张幻灯片，其具体操作如下。

（1）打开需要转换的演示文稿，选择【文件】→【另存为】菜单命令。

（2）打开"另存为"对话框，在地址栏中选择保
存位置，在"文件名"文本框中输入名称，
在"保存类型"下拉列表中选择"JPEG 文
件交换格式"选项，单击 [保存(S)] 按钮，如图
11-20所示。

（3）在打开的提示对话框中会询问用户是导出
当前幻灯片还是导出所有幻灯片，单击
[每张幻灯片(E)] 按钮，PowerPoint将保存所有幻
灯片为图片。

（4）保存完成后将打开提示对话框，直接单击
[确定] 按钮完成图片保存。

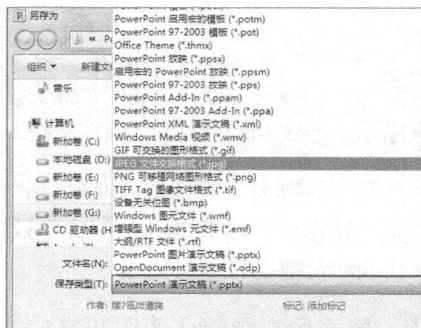

图11-20　设置保存类型

11.2.4　将演示文稿作为附件发送

除了广播幻灯片外，将演示文稿作为电子邮件的附件发送，也是一种打包幻灯片的方式，

其具体操作如下。

（1）打开需要操作的演示文稿，选择【文件】→【保存并发送】菜单命令，在中间列表的"保存并发送"栏中选择"使用电子邮件发送"选项，在右侧的"使用电子邮件发送"栏中单击"作为附件发送"按钮 ，如图11-21所示。

（2）打开Outlook的操作界面，在"附件"文本框中自动将演示文稿打包，如图11-22所示，然后就可以利用Outlook发送这封带有附件的电子邮件。

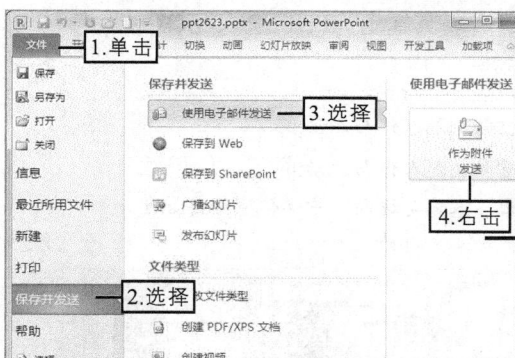

图11-21　作为附件发送

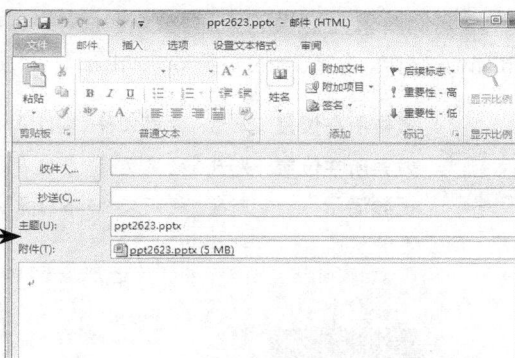

图11-22　Outlook操作界面

11.2.5　设置保护

制作完成演示文稿之后可为演示文稿设置权限并添加密码，防止演示文稿中的内容被修改，其具体操作如下。

（1）打开需要操作的演示文稿，选择【文件】→【信息】菜单命令，在中间的列表中单击"保护演示文稿"按钮 ，在打开的列表中选择"用密码进行加密"选项，如图11-23所示。

（2）打开"加密文档"对话框，在"密码"文本框中输入密码，然后单击 确定 按钮。

（3）打开"确认密码"对话框，在"重新输入密码"文本框中再次输入相同的密码，单击 确定 按钮，保存演示文稿后退出。

（4）重新打开该演示文稿，打开"密码"提示框，并提示打开此演示文稿需要密码，如图11-24所示，在文本框中输入正确的密码后，单击 确定 按钮才能打开该演示文稿。

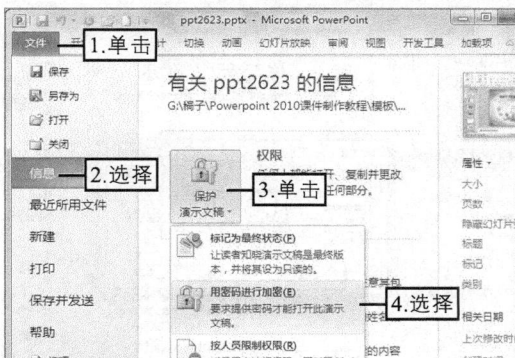

图11-23　设置密码

图11-24　密码保护

知识提示　　　如果要解除演示文稿的保护，需要先用密码打开演示文稿，用同样的方法打开"加密文档"对话框，在"密码"文本框中删除以前设置的密码，单击 确定 按钮，然后保存演示文稿即可解除保护状态。

11.2.6　课堂案例2——输出"人体与运动"中学体育课件

本案例要求为提供的素材文档设置密码保护，并将其输出为PDF文件，其中涉及打包幻灯片的相关操作，完成后的参考效果如图11-25所示。

素材所在位置　光盘:\素材文件\第11章\课堂案例2\人体与运动.pptx
效果所在位置　光盘:\效果文件\第11章\课堂案例2\人体与运动.pptx
视频演示　　　光盘:\视频文件\第11章\输出"人体与运动"中学体育课件.swf

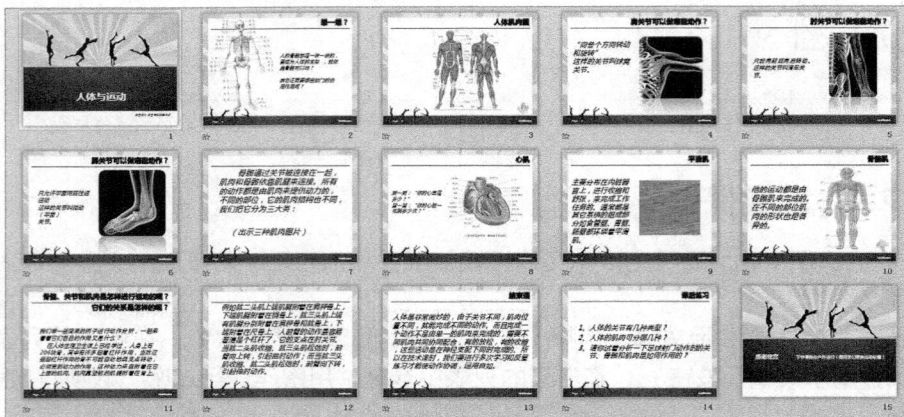

图11-25　输出"人体与运动"演示文稿参考效果

（1）打开素材文档，选择【文件】→【信息】菜单命令，在中间的列表中单击"保护演示文稿"按钮 ，在打开的列表中选择"用密码进行加密"选项，如图11-26所示。

（2）打开"加密文档"对话框，在"密码"文本框中输入密码"1234"，然后单击 确定 按钮，如图11-27所示。

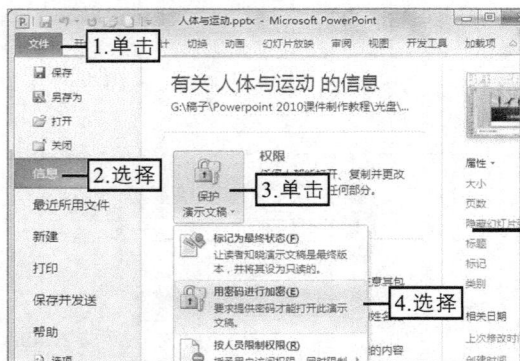

图11-26　保护演示文稿

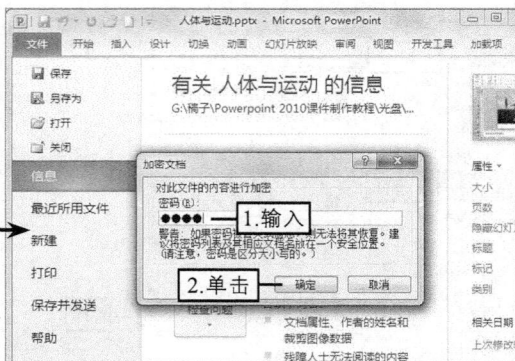

图11-27　输入密码

（3）打开"确认密码"对话框，在"重新输入密码"文本框中再次输入相同的密码，单击 确定 按钮，如图11-28所示，完成保护密码的设置操作。

（4）选择【文件】→【保存并发送】菜单命令，在中间列表的"文件类型"栏中选择"创建 PDF/XPS文档"选项，在右侧的"创建PDF/XPS文档"栏中单击"创建PDF/XPS"按钮 ，如图11-29所示。

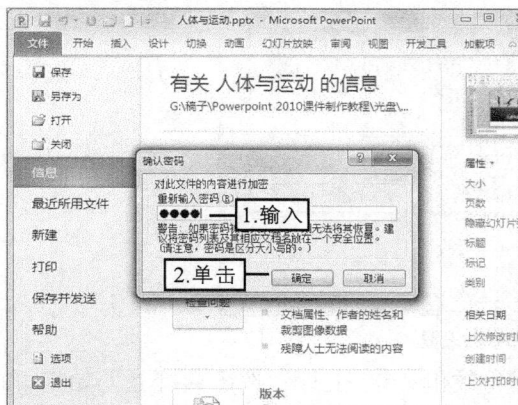

图11-28 确认密码

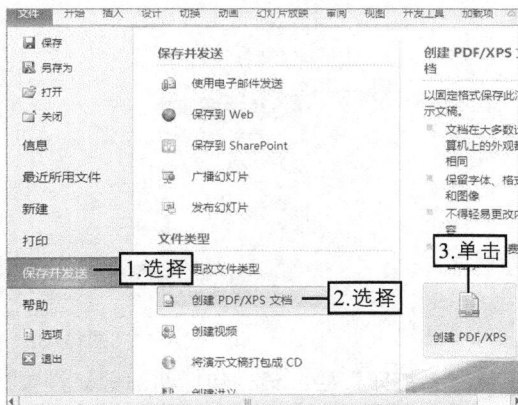

图11-29 创建PDF

（5）打开"发布为PDF或XPS"对话框，在地址栏中选择保存位置，在"保存类型"右侧的下拉列表中选择"PDF"，单击 发布(S) 按钮，如图11-30所示。

（6）此时文件将开始发布，发布完成后将自动打开发布的PDF文档，如图11-31所示。

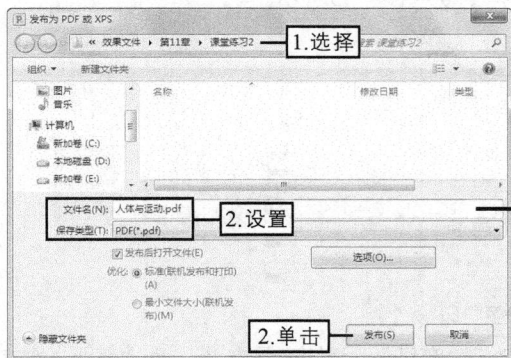

图11-30 设置输出

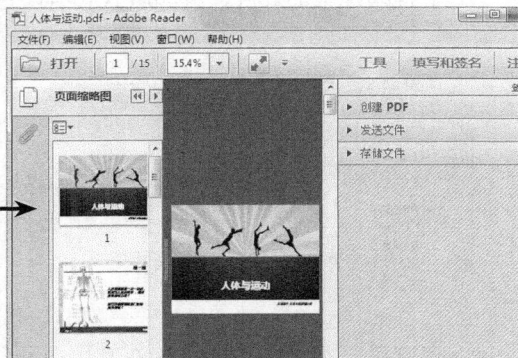

图11-31 创建的PDF文件

11.3 打印演示文稿

演示文稿不仅可以进行现场演示，还可以将其打印在纸张上，或手执演讲或分发给观众作为演讲提示等。本节主要讲解打印课件的相关操作。

11.3.1 页面设置

在打印幻灯片之前，需要对打印页面的相关参数进行设置，了解这些参数的作用，可帮助演讲者更加快速、有目的地对打印参数进行设置。选择【文件】→【打印】菜单命令，即可切换到打印界面，其中分为打印、打印机、设置、预览4部分，如图11-32所示。

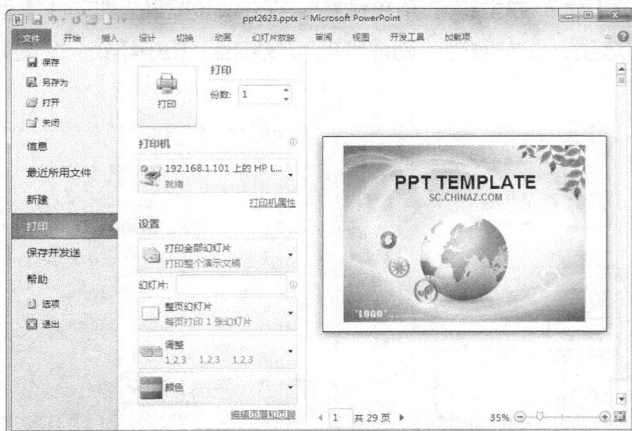

图11-32　打印参数设置

◎ "**打印**"栏：该栏包括两部分，设置打印份数和单击"打印"按钮 🖨 下达开始打印的指令。

◎ "**打印机**"栏：在其中可选择安装的打印机，单击"打印机属性"超链接，可打开相应的文档属性对话框，在其中可设置打印机的相关属性。

◎ "**设置**"栏：在其中可选择如何打印幻灯片，如打印其中的某几张幻灯片、在一张纸上打印几张幻灯片、打印版式、打印色彩等，如图11-33所示。

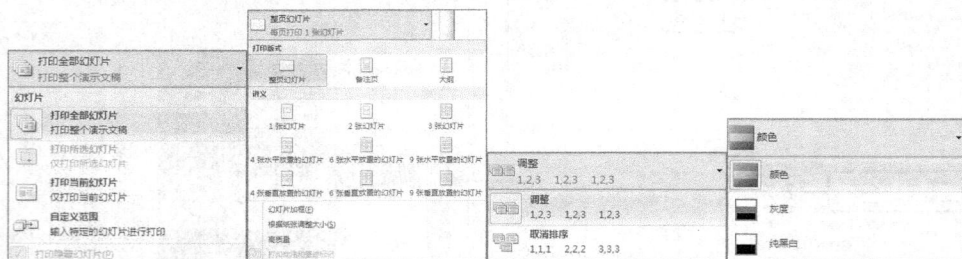

图11-33　设置打印

◎ **预览栏**：右侧为预览栏，在其中可预览幻灯片在纸张上的打印效果，通过其下的按钮可设置预览的幻灯片和视图大小。

> 作为演示用的课件，一般不需要进行打印，但由于课件中的内容比较简化，为了方便学生理解，有时会将课件的讲义打印出来，供学生翻阅。若使用PowerPoint制作的课件还有其他用途，如包含需要传阅的数据或今后的规划等，还需要将该类幻灯片打印出来供学生查阅。
>
> 知识提示

11.3.2　打印讲义幻灯片

打印讲义就是将一张或多张幻灯片打印在一张或几张纸张上面，可供演讲者或观众参考。

打印讲义的方法与打印幻灯片的方法类似，不过打印讲义更为简单，只需在PowerPoint的"视图"选项卡功能区中进行设置，然后设置打印参数后即可进行打印，其具体操作如下。

（1）打开需要打印的演示文稿，在【视图】→【母版视图】组中单击"讲义母版"按钮，进入讲义母版编辑状态。

（2）在【讲义母版】→【页面设置】组中单击"每页幻灯片数量"按钮，在打开的列表中选择"3张幻灯片"选项，然后在"占位符"组中设置打印时显示的选项，最后单击"关闭母版视图"按钮，如图11-34所示，退出讲义母版编辑状态。

（3）选择【文件】→【打印】菜单命令，在中间列表的"设置"栏中，单击"整页幻灯片"按钮，在打开的列表框的"讲义"栏中选择"3张幻灯片"选项。

（4）在右侧的预览栏中可以看到设置打印的效果，如图11-35所示，在中间的列表中单击"打印"按钮，即可打印讲义。

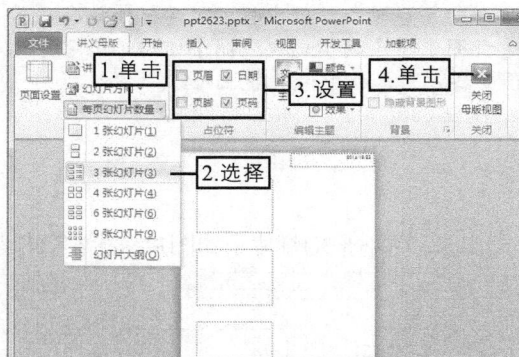

图11-34 设置讲义 图11-35 打印讲义

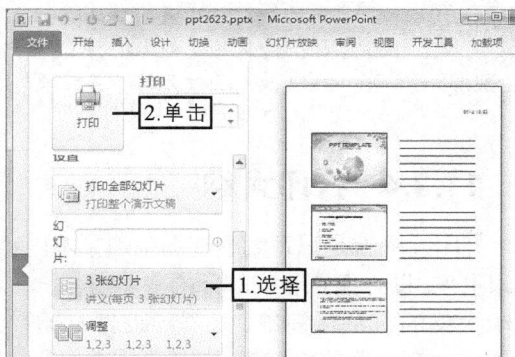

操作技巧 每页打印的幻灯片数量不同，页面上幻灯片的排放位置也会有所差别，一般选择每页3张，这样既可以查看幻灯片，又可以查看旁边的相关信息。

11.3.3 打印备注幻灯片

如果幻灯片中存在大量的备注信息，又不想观众在屏幕上看到这些备注信息，此时可将幻灯片及其备注内容打印出来，只供演讲者查阅。打印备注幻灯片的方法与打印讲义幻灯片的方法相似，其具体操作如下。

（1）打开需要打印的演示文稿，在【视图】→【母版视图】组中单击"备注母版"按钮，进入备注母版编辑状态。

（2）在【备注母版】→【占位符】组中设置打印时显示的选项，在"页面设置"组中设置备注页的方向，单击"关闭母版视图"按钮，如图11-36所示，退出备注母版编辑状态。

（3）选择【文件】→【打印】菜单命令，在中间列表的"设置"栏中，单击"整页幻灯片"按钮，在打开的列表框的"打印版式"栏中选择"备注页"选项。

（4）在右侧的预览栏中可以看到设置打印的效果，如图11-37所示，在中间的列表中单击"打印"按钮，即可打印备注。

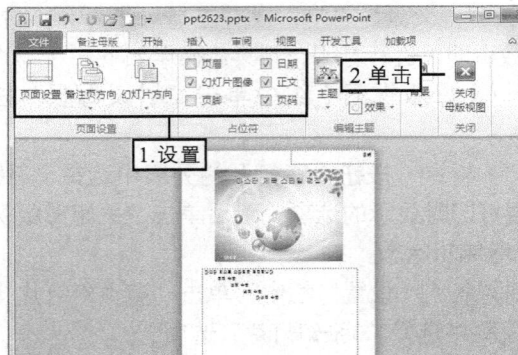

图11-36　设置备注

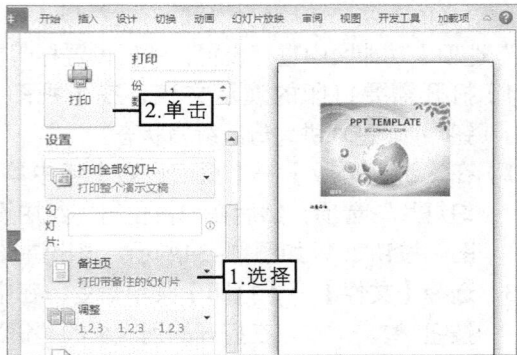

图11-37　打印备注

> **知识提示**　如果幻灯片中没有输入备注信息，打印预览时备注框中将不显示任何信息。如果需要在幻灯片中输入备注，需要在【视图】→【演示文稿视图】组中单击"备注页"按钮　，在打开的"备注页"视图的备注文本框中输入备注内容。

11.3.4　打印大纲

打印大纲就是只将大纲视图中的文本内容打印出来，而不把幻灯片中的图片、表格等内容打印出来，以方便查看幻灯片的主要内容。打印大纲的方法最简单，只需要设置打印机属性、打印范围等参数后，选择【文件】→【打印】菜单命令，在中间列表的"设置"栏中单击"整页幻灯片"按钮　，在打开的列表框的"打印版式"栏中选择"大纲"选项，在右侧的预览栏中可以看到设置打印的效果，如图11-38所示，在中间的列表中单击"打印"按钮　，即可打印大纲。

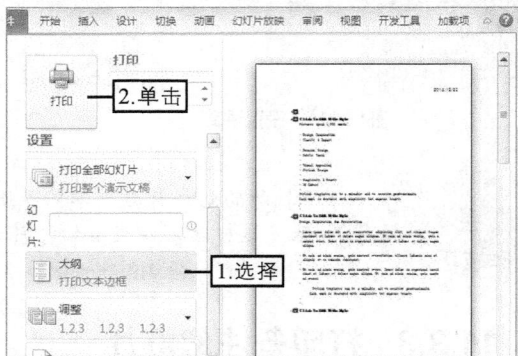

图11-38　打印大纲

11.3.5　课堂案例3——打印"未来的交通工具"小学美术课件

本案例要求利用提供的素材以每张纸打印两张幻灯片的方式进行打印，并要求打印两份，其中涉及设置打印参数和打印幻灯片的操作，课件的参考效果如图11-39所示。

> **素材所在位置**　光盘:\素材文件\第11章\课堂案例3\未来的交通工具.pptx
>
> **视频演示**　光盘:\视频文件\第11章\打印"未来的交通工具"小学美术课件.swf

（1）打开素材文件，选择【文件】→【打印】菜单命令，切换到打印界面，在中间列表的"打印"栏的"份数"数值框中输入"2"，然后在"打印机"栏中单击"打印机属性"超链接，如图11-40所示。

图11-39　"未来的交通工具"参考效果

（2）打开打印机的"属性"对话框，单击"纸张/质量"选项卡，在"纸张选项"栏的"纸张
尺寸"下拉列表框中选择"A4"选项，然后单击 确定 按钮，如图11-41所示。

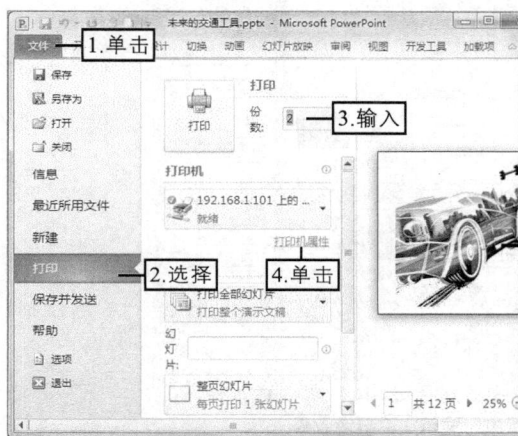

图11-40　设置打印份数

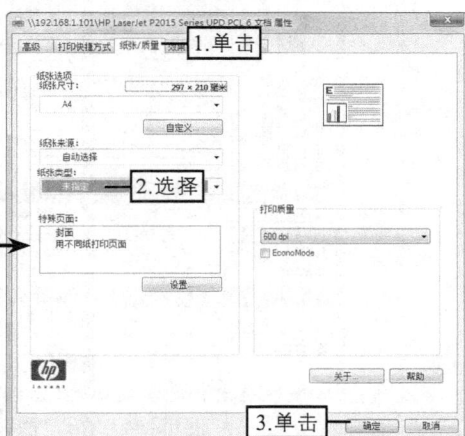

图11-41　设置打印纸张

（3）在中间列表的"设置"栏中，单击"整页幻灯片"按钮□，在打开的列表框的"讲义"
栏中选择"2张幻灯片"选项，如图11-42所示。

（4）在右侧的预览栏中可以看到设置打印的效果，如图11-43所示，在中间的列表中单击
"打印"按钮🖨，即可打印该课件。

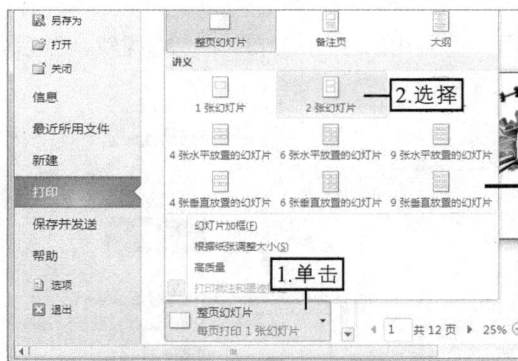

图11-42　设置打印版式

图11-43　打印幻灯片

11.4 课堂练习

本课课堂练习将分别输出"酸碱中和反应"和"透镜"演示课件，综合练习本章学习的知识点，学习课件输出的具体操作。

11.4.1 编辑"酸碱中和反应"中学化学课件

1. 练习目标

本练习的目标是编辑"酸碱中和反应"中学化学课件，需要利用提供的素材来发布到幻灯片库，并利用库文件来重做幻灯片。在制作课件的过程中，主要使用发布到幻灯片库和调用幻灯片库中的幻灯片两个方面的知识。完成后的参考效果如图11-44所示。

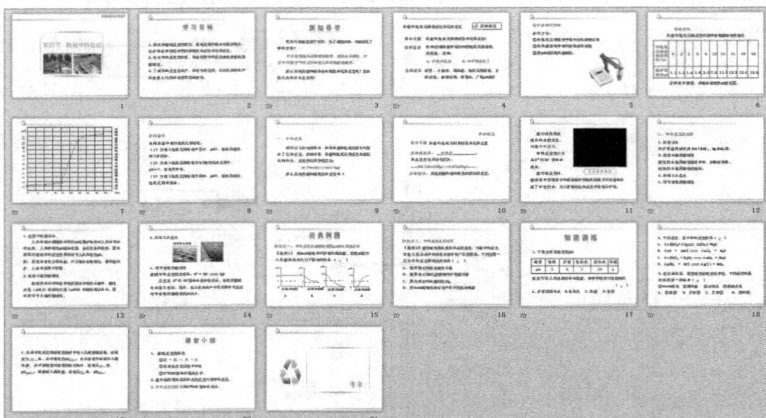

图11-44 输出"酸碱中和反应"演示文稿参考效果

素材所在位置 光盘:\素材文件\第11章\课堂练习\酸碱中和反应.pptx
效果所在位置 光盘:\效果文件\第11章\课堂练习\酸碱中和反应.pptx
视频演示 光盘:\视频文件\第11章\输出"酸碱中和反应"中学化学课件.swf

2. 操作思路

完成本练习需要先将幻灯片发布到幻灯片库中，再调用库中的幻灯片来编辑课件，然后调整幻灯片中的元素等，其操作思路如图11-45所示。

① 发布到库

② 调用库

③ 调整幻灯片

图11-45 输出"酸碱中和反应"化学课件的制作思路

（1）打开"简约模板.pptx"素材文件，将所有的幻灯片都发布到一个文件夹中，设置名称分别为"标题""内容""结束"。

（2）打开"酸碱中和反应.pptx"素材文件，将发布的"简约模板_内容.pptx"幻灯片应用到所有幻灯片中；将"简约模板_标题.pptx"幻灯片应用到第1张幻灯片中；将"简约模板_结束.pptx"幻灯片插入到最后一张幻灯片后。

（3）调整第1张幻灯片中的文本和图片，设置文本格式为"填充－红色，强调文字颜色2，粗糙棱台"，保存演示文稿，完成操作。

11.4.2 打包并打印"透镜"中学物理课件

1. 练习目标

本练习要求编辑"透镜"中学物理课件，需要打包并打印该课件，涉及打包成文件夹和打印设置等操作。完成后的参考效果如图11-46所示。

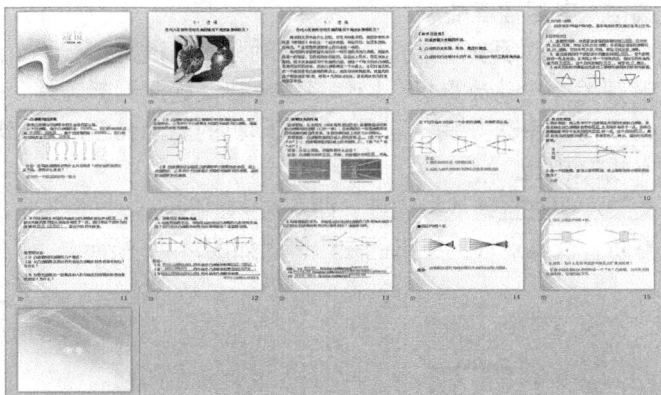

图11-46 "透镜"演示文稿参考效果

素材所在位置	光盘:\素材文件\第11章\课堂练习\透镜.pptx
效果所在位置	光盘:\效果文件\第11章\课堂练习\打包\
视频演示	光盘:\视频文件\第11章\打包并打印"透镜"中学物理课件.swf

2. 操作思路

完成本练习需要先将演示文稿打包成文件夹，再查看打包效果，然后将课件以两张幻灯片一页进行打印，其操作思路如图11-47所示。

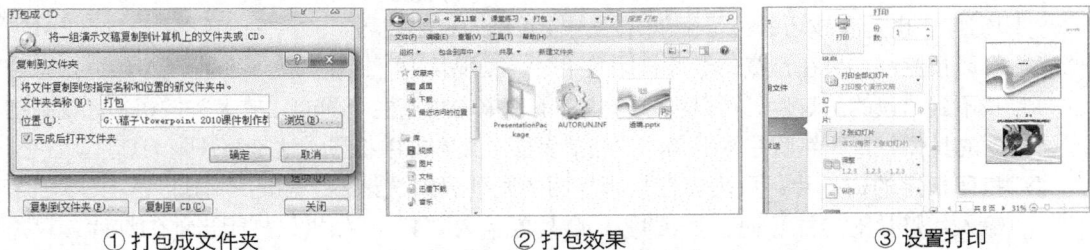

① 打包成文件夹　　　　② 打包效果　　　　③ 设置打印

图11-47 打包并打印"透镜"物理课件的操作思路

（1）打开素材文件，将其打包为文件夹，文件夹的名称为"打包"。

（2）在打开的文件夹中查看打包效果。

（3）打印课件，设置打印版式为"2张幻灯片"。

11.5 拓 展 知 识

本章主要介绍安装和使用打印机，常用的打印技巧和SharePoint的相关知识。

1. 安装和使用打印机

要使用打印机首先必须安装打印机。打印机的安装包括硬件的连接及驱动程序的安装。只有正确连接并安装了相应的打印机驱动程序之后，打印机才能正常工作。其具体操作如下。

（1）先将打印机的数据线连接到计算机，将USB连线的端口插入到计算机机箱后面相应的接口和打印机的USB接口中。然后连接电源线，将电源线的"D"型头插入打印机的电源插口中，另一端插入电源插座插口。

（2）接好打印机硬件后，还必须安装该打印机的驱动程序。通常情况下，连接好打印机后，打开打印机电源开关并启动计算机，操作系统会自动检测到新硬件，并自动安装打印机的驱动程序（如果需要手动安装，则直接将打印机的驱动光盘放入光驱，按照系统提示进行操作即可完成安装）。

（3）然后紧靠纸张支架右侧垂直装入打印纸，如图11-48所示。

（4）最后压住进纸导轨，使其滑动到纸张的左边缘，如图11-49所示。

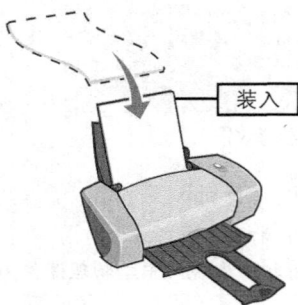

图11-48　装入打印纸

图11-49　调节进纸导轨

（5）最后在PowerPoint中设置打印参数，进行打印即可。

2. 打印技巧

打印幻灯片也是有技巧的，下面就介绍比较常见的打印技巧。

◎ **打印预览**：如果在预览幻灯片打印效果时，发现其中有错误，为了防止退出预览状态后找不到错误的幻灯片。可以在预览状态下，单击预览栏下面的"放大"按钮⊕，找到错误的具体位置，然后在左下角的"当前页面"文本框中将显示这是第几张幻灯片。

◎ **打印指定的幻灯片**：只需要在打印界面中间列表的"设置"栏的"幻灯片"文本框中输入幻灯片对应的页码，如第4张幻灯片就输入"4"。如果只打印当前幻灯片，只需在"设置"栏中单击"打印全部幻灯片"按钮，在打开的列表中选择"打印当前幻灯片"选项。

如果要打印连续的多页，如打印第4到第7张幻灯片，输入"4-7"；如果要打印不连续的多页，如打印第3、第6、第8张幻灯片，输入"3,6,8"（页码之间的逗号请在英文状态下输入）。

操作技巧

◎ **双面打印**：如果要在PowerPoint中实现双面打印，前提条件就是打印机支持双面打印。如果打印机支持双面打印，在"设置"栏中将出现"单面打印"按钮 ，单击该按钮，在打开的列表中选择"双面打印"选项即可。

3. SharePoint

SharePoint其实是Microsoft的一个共享网站，用户可以将Office文档保存在SharePoint 网站上的库中，并获得一个用于访问该文档的链接地址。通过该链接进入到库中，可以直接对保存的文档进行编辑和修改，其功能相当于一个网络Office软件。

PowerPoint作为Office组件之一，也可将演示文稿保存到SharePoint中，其具体操作如下。

（1）选择【文件】→【保存并发送】菜单命令，在中间列表的"保存并发送"栏中选择"保存到SharePoint"选项，在右侧的"保存到SharePoint"栏中单击"另存为"按钮 ，如图11-50所示。

（2）打开"另存为"对话框，在"文件名"下拉列表框中输入SharePoint网站文档库的地址，单击 保存(S) 按钮即可，如图11-51所示。

图11-50　保存到SharePoint

图11-51　输入网站文档库地址

11.6 课后习题

（1）打开"How old are you.pptx"小学英语课件，利用前面讲解的课件输出的相关知识对其内容进行编辑，设置保护密码，并将其输出到文件夹中。处理后的效果如图11-52所示。

提示：为课件设置密码"1234"，然后将其保存为文件夹。

素材所在位置	光盘:\素材文件\第11章\课后习题\How old are you.pptx
效果所在位置	光盘:\效果文件\第11章\课后习题\How old are you.pptx
视频演示	光盘:\视频文件\第11章\编辑"How old are you"小学英语课件.swf

图11-52　"How old are you"参考效果

（2）打开"一单元复习.pptx"中学语文课件，利用前面讲解的课件输出的相关知识对其内容进行打印。最终效果如图11-53所示。

提示：打印49份，在每一张A4的纸上打印3张幻灯片，且能够有足够的空间进行问题的回答和注释。

素材所在位置　光盘:\素材文件\第11章\课后习题\一单元复习.pptx
视频演示　　　光盘:\视频文件\第11章\打印"一单元复习"中学语文课件.swf

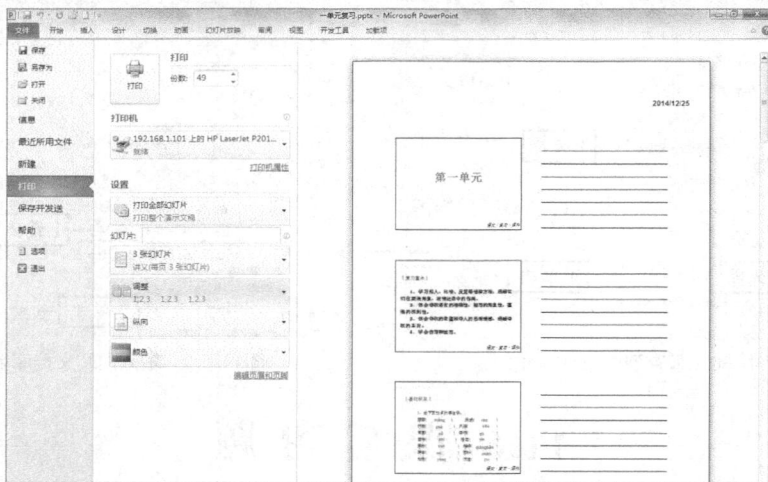

图11-53　"一单元复习"参考效果

第 12 章

综合案例——制作"牡丹亭"中学语文课件

语文是所有学习的基础，语文课也是学习其他课程的基础，所以语文课件也是制作最多的课件类型。下面就以制作高中一年级的"牡丹亭"语文讲义课件为例，介绍课件的基本制作方法。

✳ 学习要点

◎ PowerPoint的基本操作
◎ 处理课件中的文本和图片
◎ 课件外观设计
◎ 设置课件动画效果
◎ 制作交互式课件
◎ 添加多媒体对象
◎ 输出课件

✳ 学习目标

◎ 综合使用所学的PowerPoint的知识，进一步巩固利用PowerPoint相关操作来制作教学课件的相关知识
◎ 达到熟练操作PowerPoint 2010，并能熟练制作各种教学课件的水平

12.1 实例目标

本实例要求制作"牡丹亭"语文课件。在制作过程中除了需要掌握PowerPoint的基本操作外，还必须熟练掌握幻灯片版式设置，插入图片、文本，图片的格式设置，设置切换和动画，以及课件的输出等知识。本案例完成后的参考效果如图12-1所示。

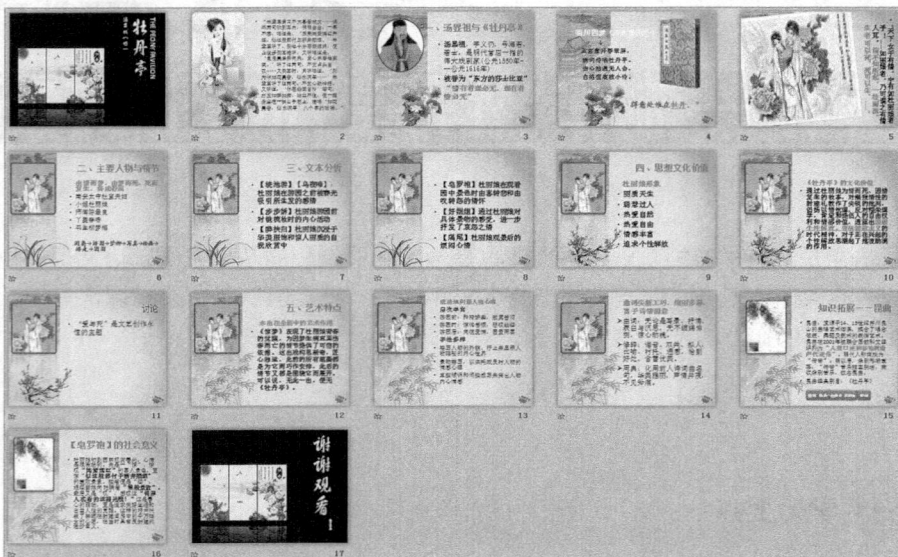

图12-1 "牡丹亭"演示文稿的参考效果

12.2 专业背景

本节将从语文课件的发展、要求、制作步骤3个方面介绍制作语文课件的背景知识。

12.1.1 语文课件的发展

语文学科的工具性和人文性特点，决定了语文多媒体课件从诞生那刻起就一直是语文教师关注的热点，它的形式和内容随着多媒体技术及理论的发展也经历了不同的发展阶段。

◎ **教学辅助型课件（教师演示型）**：多媒体课件最初被定义为多媒体计算机辅助教学（CAI）软件，是一种计算机教学软件。对课件的这一认识一直在广大教师中占据主流，这一功用也正是使其在教学中广为应用的基础。这类课件可以以一种相对独立的教学元素的形式存在，一般用于解决教学中的重点、难点，是语文教学中的主流类型，它的优点是能形象直观地呈现教学内容，激发学生的学习兴趣，对解决学习重点难点效果明显；缺点是通用性不强。

◎ **教-学型课件（教师演示加学生学习型）**：这类课件是上一种课件的延伸，但它脱离了纯粹的"教"的理念，在课件中注入了"学"的教学思想，使课件具有了人文精神，为学生的语文实践提供了更多的可能。其主要进步是在课件中设计了随堂练习，这样既调动了学生主动求知的欲望，又给学生提供了阅读实践的机会，阅读目标和理解目标都能通过这一设计实现。

◎ **探究型课件**：这类课件以网络探究型课件最具代表性，它是在开放的理念指导下的一种课件设计。这类课件需要教师在课件中只提供需探究的问题和目标，提出任务和要求，加以探究方法指导和学习资源的提供，而学生则利用网络自主查询、收集、整理、讨论、重组资源，形成自己的见解。这类课件的好处是能从语文学习的特点和学生身心发展的需要出发，关注学生个体差异和不同的学习需求，最大限度地激发学生的主动意识和进取精神。

◎ **整合实践型（电子教案）**：这类课件是从教学实际出发，依据实用、好用的原则，将教师的教学设计、多媒体教学设计、教学内容、多媒体元件、学习资源等整合为一体。它贯穿了教学的主要过程，形式简单，可操作性强，更能体现信息技术与语文学科的整合精神，本节制作的"牡丹亭"语文课件就属于该类型。

12.1.2 语文课件的要求

对教师来说，让学生轻松地学会知识才是重点。那么，什么样的语文课件才能满足学生学习和掌握知识的要求呢？下面总结了几点以供参考。

◎ **能把握语文新课程理念，努力实现语文课程目标的课件**：语文课程主要培养学生具备良好的人文素养和科学精神，具备创新精神、合作意识和开放视野，具备包括阅读理解与表达交流在内的多方面基本能力，以及运用现代技术收集和处理信息能力。语文教学则需要全面提高学生素养，正确把握其具有丰富人文内涵和极强实践性的特点，积极倡导自主、合作探究式的学习方式，努力建设开放而有活力的语文课程。根据这一标准，应当积极倡导功能课件，如探究型课件、整合实践型课件。

◎ **把握了教学性原则的课件**：这里的"教学性原则"是指语文课件的基本功能是为语文教学服务，一切与教学无关的设计和因素都应当摒弃。即使是使用漂亮的图片、可爱的动画所制作的课件，如果不能达到教学的目的，也不能称为好课件。

◎ **艺术性强，具有强烈的冲击力和感染力的课件**：语文课程丰富的人文内涵、强烈的生活气息和优美的语言文字都让语文教学时时处处与"形象、生动"难以分开，而语文课件如果没有了形象的诉求、艺术的呈现，也就无法从形象上吸引学生，从情感上打动学生，学生的求知欲望和具有审美情趣的教学目标就难以实现。所以一个好的语文课件应当有美的片头设计、美的界面形式、美的图片加工、美的动画制作……

◎ **操作方便的课件**："方便"是指制作出的课件不仅要便于设计者自身操作，更要便于学生及其他使用者的操作。语文课件的制作要摆脱以制作者为中心的思想，要考虑学生、多用户、大众化的需求。

12.1.3 语文课件的制作步骤

有经验的制作者可能会直接在计算机中制作课件，但要想制作一个高质量高水平的语文课件，必须进行充分的设计和准备，并遵循以下步骤。

◎ **教材分析**：专门针对文字教材的表达特点的一种分析，它应当包括对语文教材的课程类型分析，说明课文归类和常规表现手法；包括具体的语文教学目标的分析（识字、阅读、写作、口语交际、信息素养以及创新精神）；还应包括语文课件的创意分析，也就是课件将用什么手段来表现教材的重、难点。

◎ **控制流程设计**：它是课件总体控制思路的一种形象表达，也是课件的框架。流程是针对制作方便而设计的，是课件制作中最需要整体思维的环节和最重要的环节，它常用"总—分—分"的结构形式来表达。

◎ **收集资料，加工素材**：图片需要进行扫描、处理、存储；视频需要采集、编辑、合成；声音需要录音、处理。素材处理过程也需要按脚本需求，同时考虑到后期制作时格式、大小的要求。

◎ **制作课件**：根据语文课件难度、形式的要求，选择合适的制作工具，综合运用多种手段突出表现效果。

◎ **输出课件**：将课件打包或制作成可直接使用的文件类型，这样可以脱离编辑环境，方便在不同的机器上使用。

12.3 实 例 分 析

制作本案例前，首先创建演示文稿，然后设计演示文稿母版，接下来在演示文稿中插入幻灯片，并输入和编辑课件的主要内容，最后设置动画效果并将课件输出，完成本案例的制作。本案例的操作思路如图12-2所示。

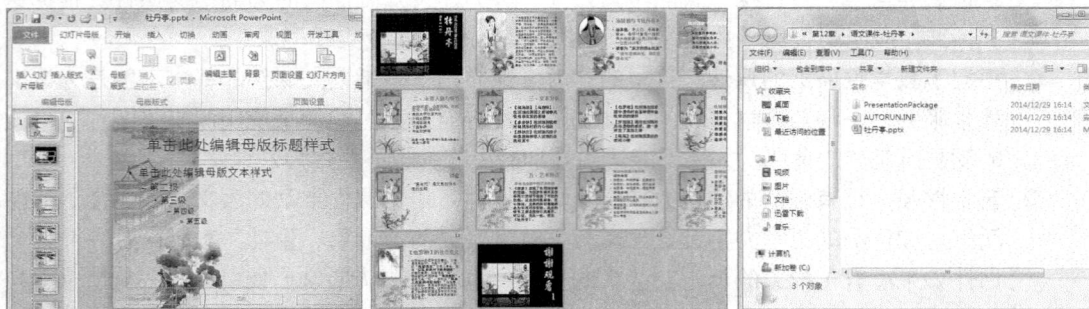

① 创建课件并设置版式　　② 输入课件内容并进行编辑　　③ 设置动画效果并输出

图12-2　"牡丹亭"语文课件的制作思路

12.4 制 作 过 程

制作案例是一个多步骤多操作的过程，拟定好制作思路后即可按照思路逐步进行操作。下面就分别介绍其具体的制作过程。

12.4.1　新建演示文稿

新建演示文稿主要是创建演示文稿，并将其命名保存，其具体操作如下。

（1）单击"开始"按钮 ，在打开的菜单中选择【所有程序】→【Microsoft Office】→【Microsoft PowerPoint 2010】菜单命令，启动PowerPoint 2010。

（2）PowerPoint将新建一个演示文稿，选择【文件】→【另存为】命令，如图12-3所示。

（3）打开"另存为"对话框，在地址栏中设置保存位置，在"文件名"文本框中输入"牡丹亭"，单击 保存(S) 按钮，如图12-4所示，完成操作。

图12-3　保存文档

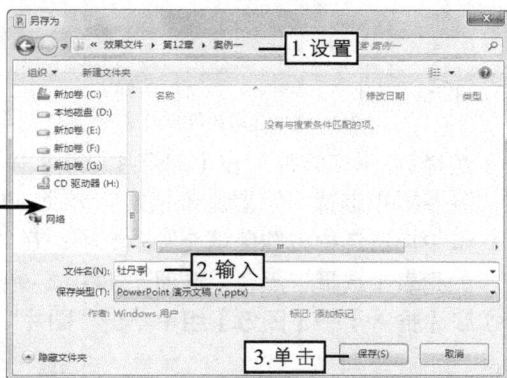

图12-4　设置保存

12.4.2　设计母版

接下来需要设计好课件的母版，其具体操作如下。

（1）在【视图】→【母版视图】组中单击"幻灯片母版"按钮 ，如12-5所示。

（2）进入幻灯片母版视图，选择第1张幻灯片，在【幻灯片母版】→【背景】组中单击 背景样式 按钮，在打开的下拉列表框中选择"设置背景格式"选项，如图12-6所示。

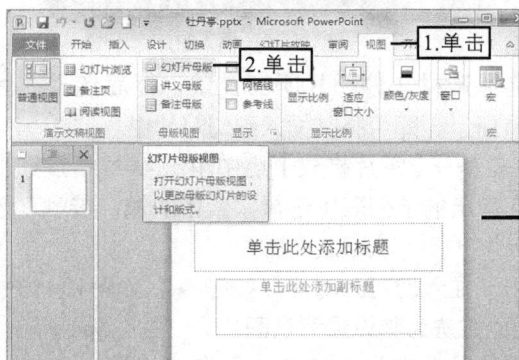

图12-5　进入母版视图

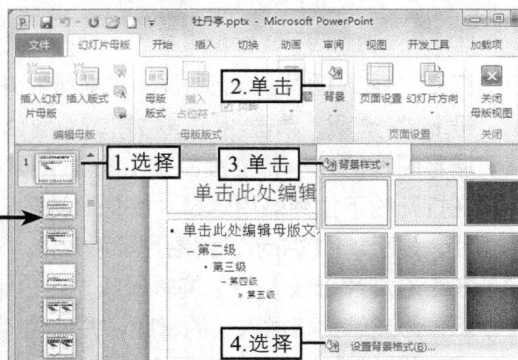

图12-6　设置背景

（3）打开"设置背景格式"对话框，在"填充"选项卡中单击选中"图片或纹理填充"单选项，单击 文件(F)... 按钮，如图12-7所示。

（4）打开"插入图片"对话框，选择背景图片所在的文件夹，选择"荷花.jpg"图片，单击插入(S) 按钮，如图12-8所示，返回"设置背景格式"对话框，单击 关闭 按钮。

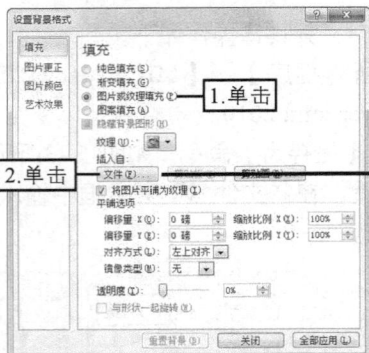

图12-7　选择背景样式　　　　　　　　　　图12-8　选择图片

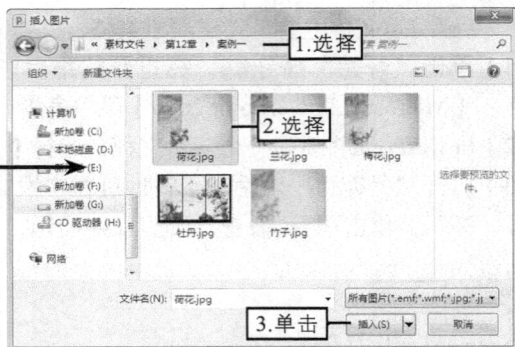

（5）选择第2张幻灯片，在【幻灯片母版】→【背景】组中单击 背景样式 按钮，在打开的下拉列表框中选择"设置背景格式"选项，打开"设置背景格式"对话框，在"填充"选项卡中单击选中"纯色填充"单选项，在"填充颜色"栏中单击"颜色"按钮 ，在打开的列表中选择"黑色"选项，如图12-9所示，单击 关闭 按钮。

（6）在【插入】→【图像】组中单击"图片"按钮 ，如图12-10所示。

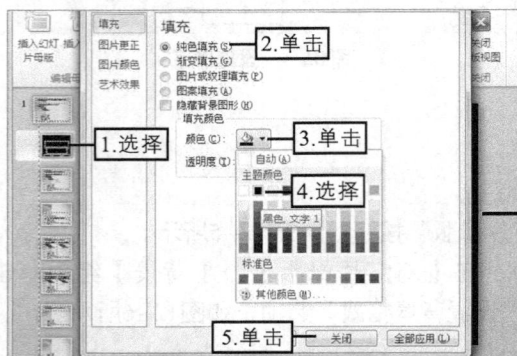

图12-9　填充纯色背景　　　　　　　　　　图12-10　插入图片

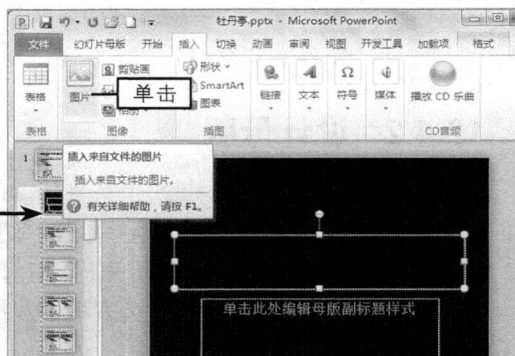

（7）打开"插入图片"对话框，在地址栏中选择素材文件图片所在位置，然后选择"牡丹.jpg"选项，单击 插入(S) 按钮，如图12-11所示，即可将其插入到幻灯片中。

（8）调整图片的大小和位置，在【图像工具 格式】→【图片样式】组中单击 图片效果 按钮，在打开的下拉列表中选择"映像"选项，在弹出的子列表中选择"紧密映像，接触"选项，如图12-12所示，为图片设置效果。

（9）在【幻灯片母版】→【编辑母版】组中单击"插入幻灯片母版"按钮 ，如图12-13所示，为演示文稿插入新的母版，并使用相同的方法为其设置背景图片为"兰花.jpg"。

（10）使用同样的方法再插入两个新母版，其背景图片分别为"梅花.jpg"和"竹子.jpg"。

（11）然后在"关闭"组中单击"关闭母版视图"按钮 ，如图12-14所示，退出幻灯片母版编辑状态，完成操作。

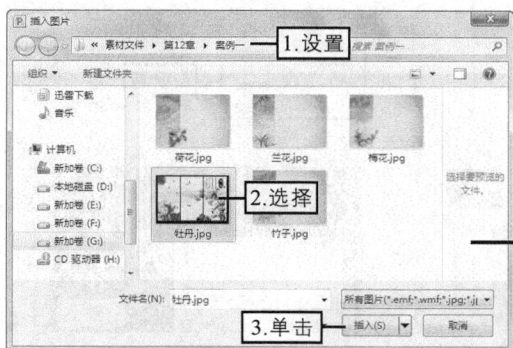

图12-11　插入图片

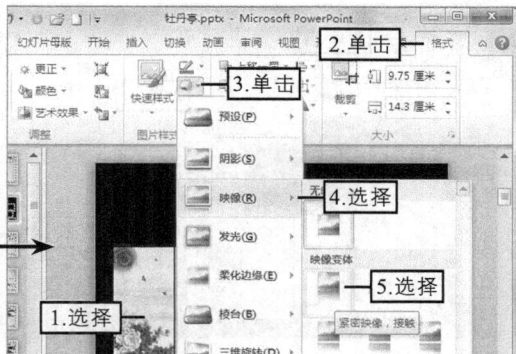

图12-12　设置图片格式

操作技巧　　选择多张图片后，对其添加边框、阴影、柔化边缘、棱台等效果，可统一设置相同的图片效果。

图12-13　插入幻灯片母版

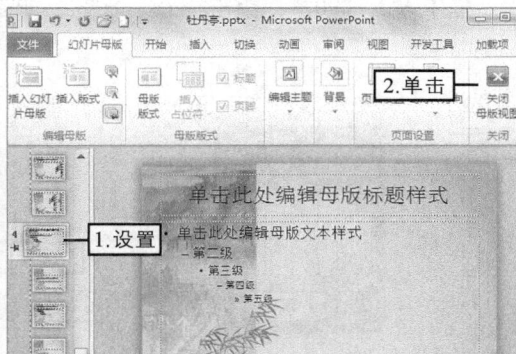

图12-14　设置母版背景

12.4.3　编辑课件文本

编辑课件文本主要包括插入文本框，在幻灯片中输入文本并设置文本格式，其具体操作如下。

（1）删除标题幻灯片中的占位符，在【插入】→【文本】组中单击"文本框"下拉按钮，在打开的下拉列表中选择"垂直文本框"选项，如图12-15所示。

（2）移动到幻灯片中时，鼠标光标变为形状，按住鼠标左键绘制一个文本框，在文本框的上侧出现文本插入点，输入"牡丹亭"文本。

（3）选择该文本框，在【开始】→【字体】组中单击"字体"下拉列表框 宋体(标题) 右侧的按钮，在打开的下拉列表中选择"方正黄草简体"选项；单击"字号"下拉列表框右侧的按钮，在打开的下拉列表中选择"96"选项；单击"字体颜色"按钮 右侧的按钮，在打开的下拉列表中选择"白色"选项，如图12-16所示。然后将鼠标指针定位到文本框中，按【Enter】键换行，输入"汤显祖（明）"文本，用同样的方法设置字体格式为"方正黄草简体，28，白色"。

图12-15　插入文本框

图12-16　输入和设置文本

（4）继续在幻灯片中插入"横排文本框"，在其中输入文本"THE PEONY PAVILION"，设置文本格式为"Calibri，32，白色"，在该文本框上单击鼠标右键，在弹出的快捷菜单中选择"大小和位置"选项，如图12-17所示。

（5）打开"设置形状格式"对话框的"大小"选项卡，在"尺寸和旋转"栏的"旋转"数值框中输入"90"，单击 关闭 按钮，如图12-18所示，将文本框移动到幻灯片右上角。

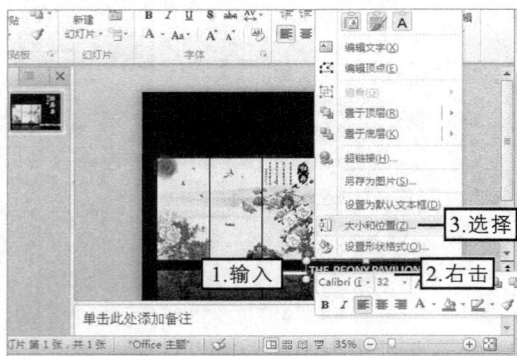

图12-17　设置文本框

图12-18　旋转文本框

（6）在【开始】→【幻灯片】组中单击"新建幻灯片"按钮下的 新建 按钮，在打开的下拉列表框的"Office主题"栏中选择"内容与标题"选项，如图12-19所示。

（7）选择新建的幻灯片，将左侧两个占位符删除，在右侧的占位符中输入文本，设置文本格式为"宋体，24，黑色"，如图12-20所示。

图12-19　插入幻灯片

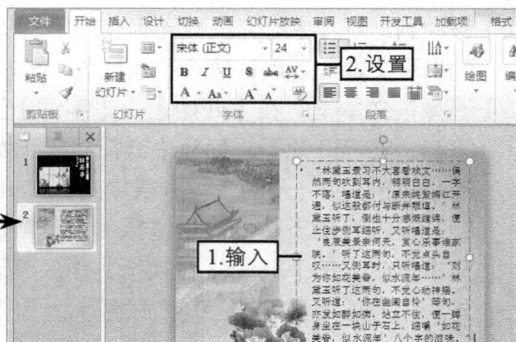

图12-20　输入和设置文本

（8）继续插入新的幻灯片，版式为"标题和内容"，输入标题文本，设置文本格式为"宋体，40，加粗，文字阴影，粉红"，在"段落"组中单击"右对齐"按钮≡，将标题文本靠右对齐；调整内容占位符的宽度，在其中输入文本内容，字体为"宋体"，将第1行前3个文本和其他两行文本加粗，第3行文本颜色设置为"红色"，如图12-21所示。

（9）继续插入新的幻灯片，版式为"空白"，在其中插入文本框，输入文本，第1行格式为"宋体，32，加粗，文字阴影，黄色"，第2到第6行格式为"宋体，28，加粗，文字阴影，深蓝"，第3行格式为"楷体，36，加粗，文字阴影，深红"，最后两个文本格式为"下划线，红色"，如图12-22所示。

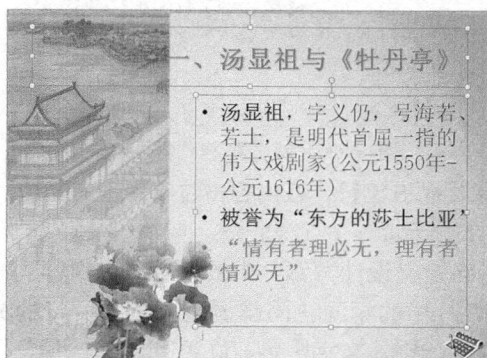

图12-21　制作第3张幻灯片

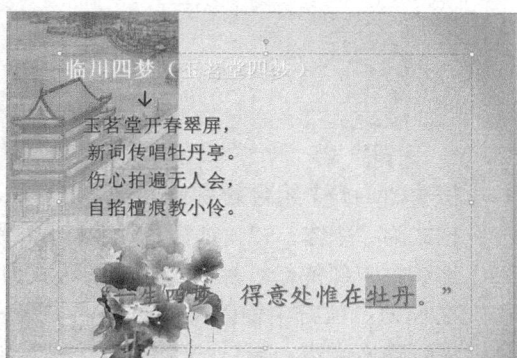

图12-22　制作第4张幻灯片

（10）继续插入新的幻灯片，版式为"空白"，在其中插入文本框，输入文本，在【开始】→【段落】组中单击⑪文字方向·按钮，在打开的下拉列表中选择"竖排"选项，如图12-23所示，设置文本方向为竖排。

（11）设置文本格式为"宋体，32，加粗，黑色"，然后将最后两句文本的格式设置为"文字阴影，红色"，如图12-24所示。

图12-23　设置文本方向

图12-24　制作第5张幻灯片

（12）继续插入新的幻灯片，幻灯片的版式为"自定义设计方案"中的"标题和内容"，在标题占位符中输入文本，格式与第3张幻灯片中的相同；同样调整内容占位符的宽度，输入文本，第1行格式为"宋体，30，加粗，红色"，第2到第6行格式为"宋体，30，黑色"，第3行格式为"楷体，26，天蓝"，如图12-25所示。

（13）按【Enter】键插入新的"标题和内容"幻灯片，在标题占位符中输入文本，格式与第

3张幻灯片中的相同；同样调整内容占位符的宽度，输入文本，格式为"宋体，32，加粗，黑色"，如图12-26所示。

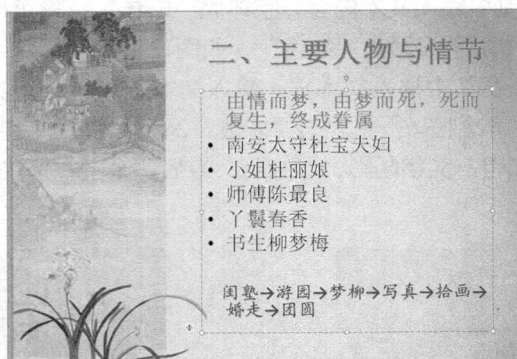

图12-25　制作第6张幻灯片

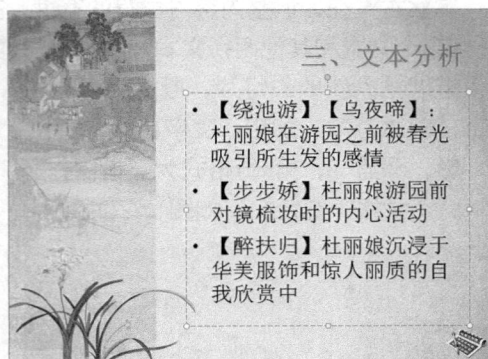

图12-26　制作第7张幻灯片

（14）按【Ctrl+D】组合键复制上一张幻灯片，删除标题占位符，在内容占位符中输入文本，格式为"宋体，32，加粗，黑色"，如图12-27所示。

（15）继续插入新的幻灯片，幻灯片的版式为"1_自定义设计方案"中的"标题和内容"，在标题占位符中输入文本，格式与第3张幻灯片中的相同；同样调整内容占位符的宽度，输入文本，第1行文本格式为"宋体，32，加粗，文字阴影，红色"，第2到第7行文本格式为"宋体，30，加粗，黑色"，如图12-28所示。

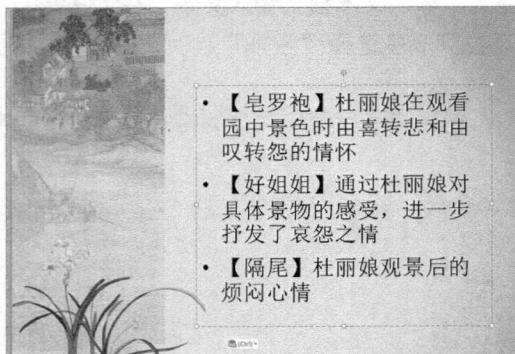

图12-27　制作第8张幻灯片

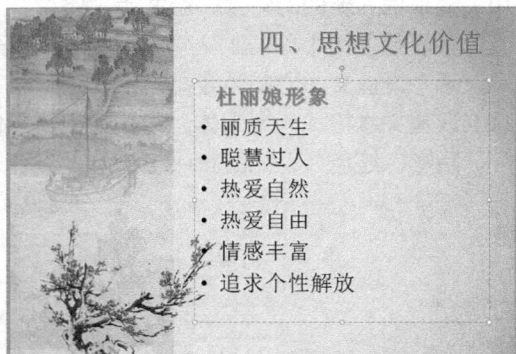

图12-28　制作第9张幻灯片

（16）按【Ctrl+D】组合键复制上一张幻灯片，删除标题占位符，在内容占位符中输入文本，第1行格式为"宋体，30，加粗，文字阴影，红色"，其他文本格式为"宋体，30，加粗，黑色"，并将其中一段文本格式设置为"下划线，红色"，如图12-29所示。

（17）继续插入新的"1_自定义设计方案"中"标题和内容"版式的幻灯片，在标题占位符中输入文本，格式为"宋体，40，右对齐"，内容占位符中输入文本，格式为"宋体，32，黑色"，如图12-30所示。

（18）继续插入新的幻灯片，幻灯片的版式为"2_自定义设计方案"中的"标题和内容"，在标题占位符中输入文本，格式与第3张幻灯片中的相同；同样调整内容占位符的宽度，输入文本，第1行格式为"宋体，30，加粗，文字阴影，红色"，其他文本格式为"宋体，30，加粗，黑色"，如图12-31所示。

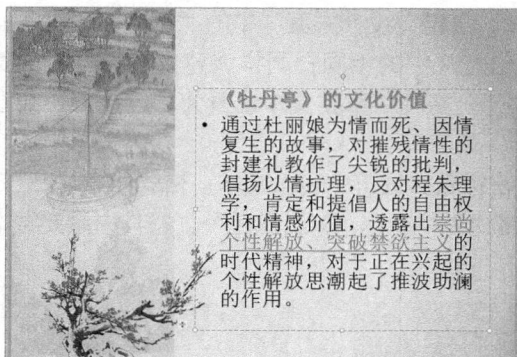

图12-29 制作第10张幻灯片

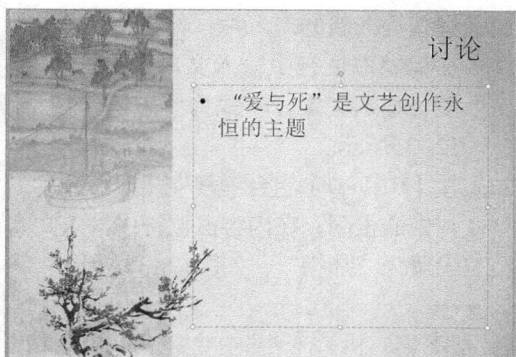

图12-30 制作第11张幻灯片

（19）按【Ctrl+D】组合键复制上一张幻灯片，删除标题占位符，同样调整内容占位符的高度，在其中输入文本，第1行格式为"宋体，27，加粗，文字阴影，红色"，第2行和第6行文本格式为"宋体，27，加粗，深蓝"，其他文本格式为"宋体，27，黑色"，如图12-32所示。

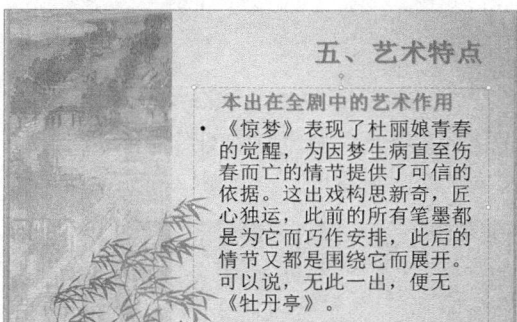

图12-31 制作第12张幻灯片

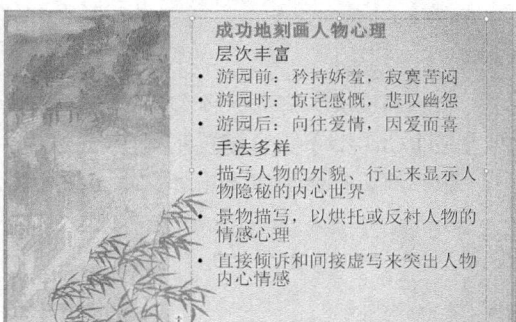

图12-32 制作第13张幻灯片

（20）按【Ctrl+D】组合键复制上一张幻灯片，在占位符中输入文本，第一行文本的格式为"宋体，32，加粗，文字阴影，红色"，其他文本格式为"宋体，32，黑色"，如图12-33所示。

（21）选择除标题外的其他文本，在"段落"组中单击"项目符号"按钮 ≣ 右侧的 · 按钮，在打开的下拉列表中选择"箭头项目符号"选项，如图12-34所示。

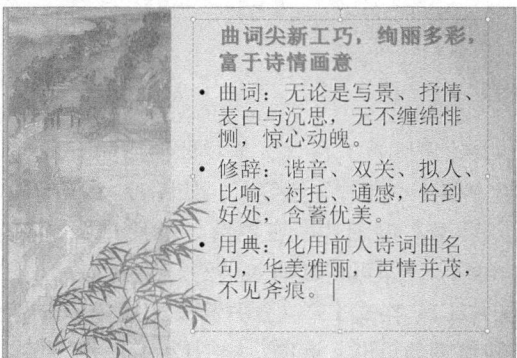

图12-33 制作第14张幻灯片

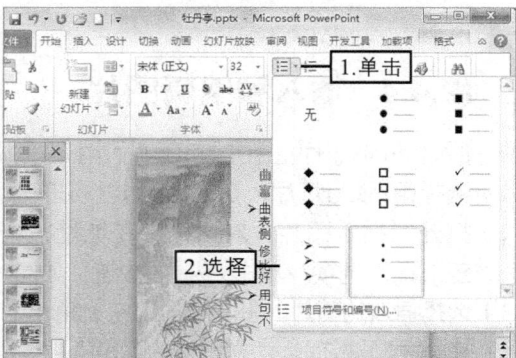

图12-34 设置项目符号

（22）继续插入新的幻灯片，幻灯片的版式为"2_自定义设计方案"中的"标题和内容"，在标题占位符中输入文本，格式与第3张幻灯片中的相同；同样调整内容占位符的宽度，输入文本，格式为"宋体，27，黑色"，将其中重要文本设置为"红色"，如图12-35所示。

（23）按【Ctrl+D】组合键复制上一张幻灯片，在标题占位符中输入文本，格式与第3张幻灯片中的相同；在内容占位符中输入文本，格式为"宋体，37，黑色"，将其中重要文本设置为"加粗"，如图12-36所示。

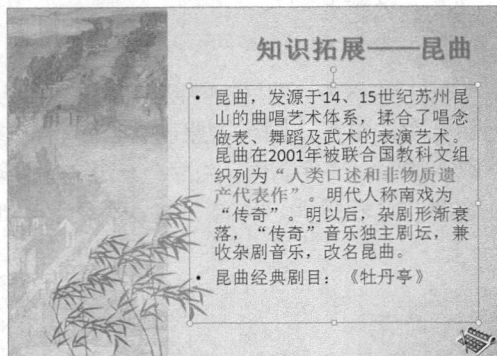

图12-35　制作第15张幻灯片

图12-36　制作第16张幻灯片

（24）按【Ctrl+D】组合键复制第1张幻灯片，如图12-37所示，将复制的幻灯片移动到最后一张，删除多余的文本框和文本，重新输入文本"谢谢观看！"，如图12-38所示。

图12-37　复制幻灯片

图12-38　制作第17张幻灯片

12.4.4　插入和编辑图片

插入和编辑图片主要是在幻灯片中插入图片，并设置图片的格式，其具体操作如下。

（1）选择第2张幻灯片，在【插入】→【图像】组中单击"图片"按钮，如图12-39所示。

（2）打开"插入图片"对话框，在地址栏中选择素材文件图片所在位置，然后选择"林黛玉.jpeg"选项，单击　按钮，如图12-40所示，即可将其插入到幻灯片中。

（3）选择插入的图片，将其移动到左上角，在【图片工具 格式】→【图片样式】组中单击"快速样式"按钮　，在打开的列表框中选择"映像圆角矩形"选项，如图12-41所示。

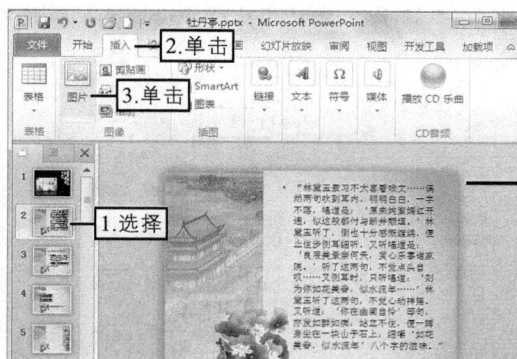

图12-39 插入图片

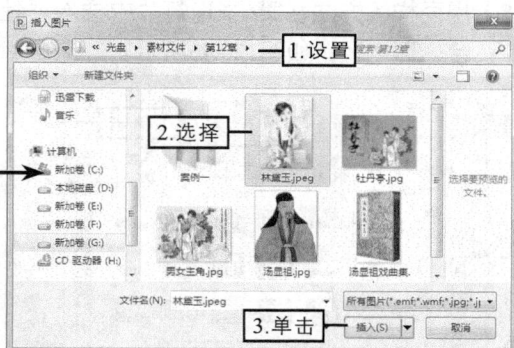

图12-40 选择图片

（4）用同样的方法在第3张幻灯片中插入"汤显祖.jpg"图片，将其图片样式设置为"棱台形椭圆，黑色"，如图12-42所示。

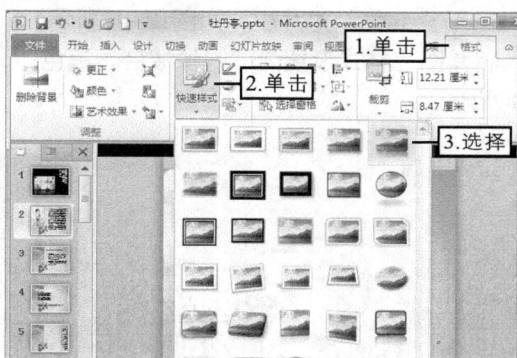

图12-41 设置图片样式

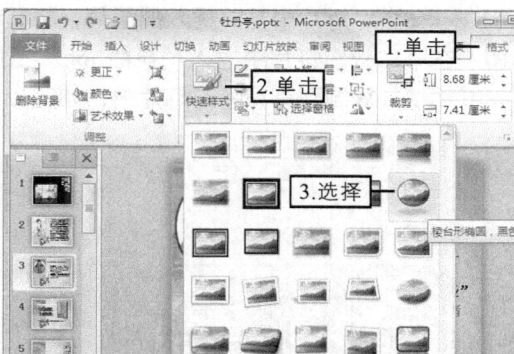

图12-42 插入图片并设置样式

（5）用同样的方法在第4张幻灯片中插入"汤显祖戏曲集.jpg"图片，在【图像工具 格式】→【调整】组中单击"艺术效果"按钮，在打开的下拉列表中选择"混凝土"选项，如图12-43所示，为插入的图片设置艺术效果。

（6）然后将图片样式设置为"柔化边缘矩形"，如图12-44所示。

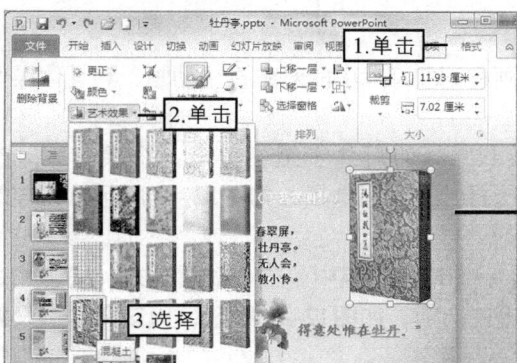

图12-43 设置图片艺术效果

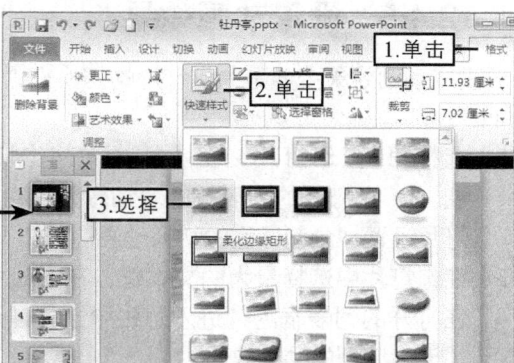

图12-44 设置图片样式

（7）用同样的方法在第5张幻灯片中插入"男女主角.jpg"图片，将其图片样式设置为"旋转，白色"，如图12-45所示。

（8）用同样的方法在第6张幻灯片中插入"牡丹亭.jpg"图片，将其图片样式设置为"映像棱台，黑色"，如图12-46所示。

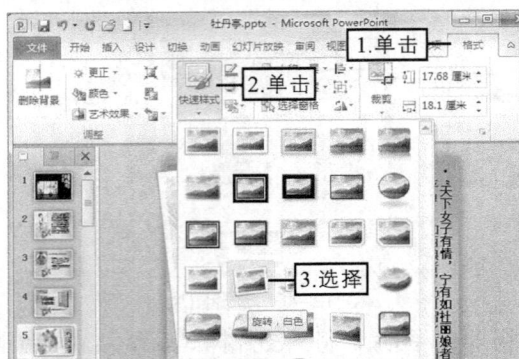

图12-45　插入图片并设置样式

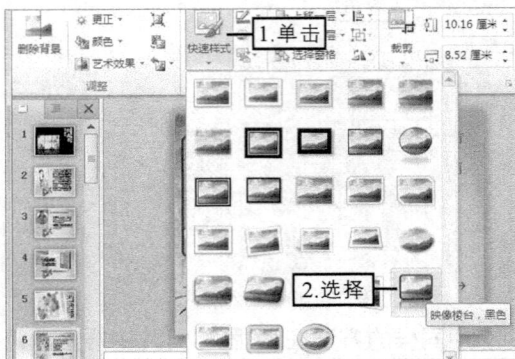

图12-46　插入图片并设置样式

（9）在第6张幻灯片中复制插入的图片，将其粘贴到第7~14张幻灯片中，如图12-47所示。

（10）在第15张幻灯片中插入"昆曲.jpg"图片，将其图片样式设置为"映像棱台，黑色"，并将其复制到第16张幻灯片中，如图12-48所示。

图12-47　复制图片

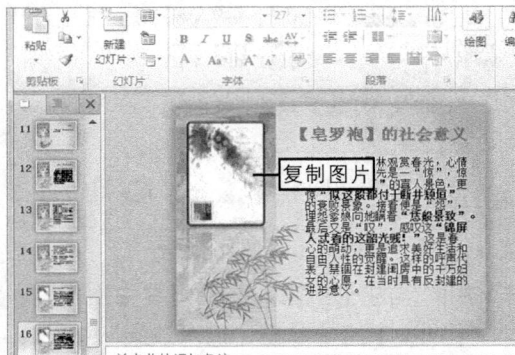

图12-48　编辑图片并复制

12.4.5　设置动画效果

设置动画效果主要是为幻灯片的切换设置动画和为幻灯片中的对象设置动画，其具体操作如下。

（1）选择第1张幻灯片，在【切换】→【切换到此张幻灯片】组中单击"切换方案"按钮，在打开的列表框的"细微型"栏中选择"分割"选项，如图12-49所示，为该幻灯片设置"分割"型的切换动画。

（2）在幻灯片中选择最大的文本框，在【动画】→【动画】组中单击"动画样式"按钮，在打开的列表框的"进入"栏中选择"淡出"选项，如图12-50所示，为该文本框设置"淡出"型的动画效果。

（3）在"动画"组中单击"效果选项"按钮，在打开的"序列"列表中选择"按段落"选项，如图12-51所示，为该文本框的"淡出"型动画效果设置按段落放映。

图12-49　设置切换动画

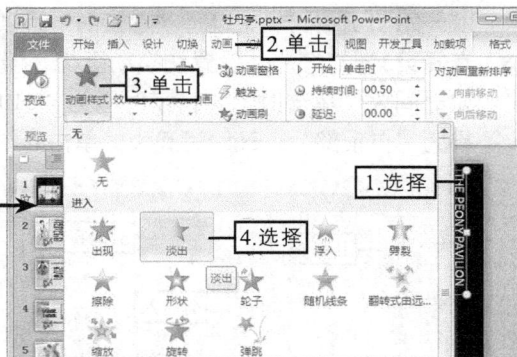

图12-50　设置动画样式

（4）在"计时"组的"开始"下拉列表中选择"上一动画之后"选项，在"持续时间"数值框中输入"02.00"，如图12-52所示，完成第1张幻灯片的所有动画效果设置操作。

图12-51　设置效果选项

图12-52　设置动画计时

（5）选择第2张幻灯片，在【切换】→【切换到此张幻灯片】组中单击"切换方案"按钮，在打开的列表框的"细微型"栏中选择"淡出"选项，如图12-53所示。

（6）在幻灯片中选择文本框，在【动画】→【动画样式】组中单击"擦除"按钮，在打开的列表框的"进入"栏中选择"擦除"选项，如图12-54所示。

图12-53　设置切换动画

图12-54　设置动画样式

（7）在"动画"组中单击"效果选项"按钮，在打开列表的"方向"栏中选择"自顶部"选项，在"序列"栏中选择"按段落"选项，如图12-55所示，然后在"计时"组的

"开始"下拉列表中选择"单击时"选项，设置持续时间为"02.00"。

（8）选择第3张幻灯片，设置切换动画为"淡出"；设置第1个文本框的动画为"淡出"，开始时间为"单击时"，持续时间为"01.00"；设置第2个文本框的动画为"擦除"，效果为"自顶部"，开始时间为"单击时"，持续时间为"03.00"，如图12-56所示。

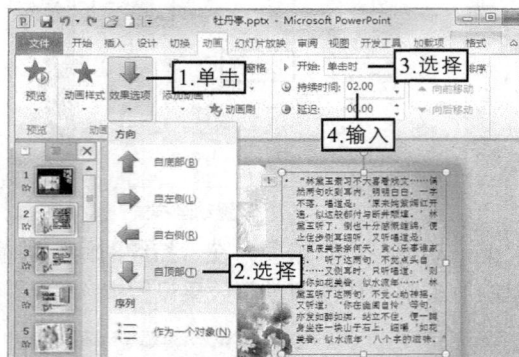

图12-55　设置动画

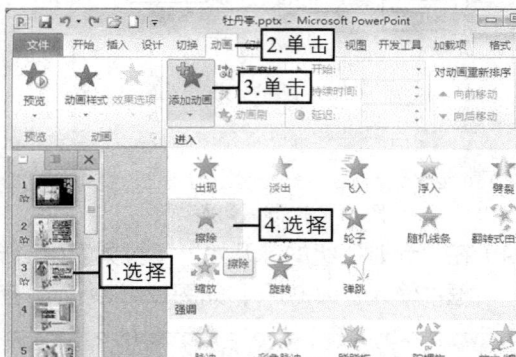

图12-56　设置动画样式

（9）选择第4张幻灯片，设置切换动画为"淡出"；设置文本框的动画为"擦除"，单击"效果选项"按钮，在打开的"序列"列表中选择"按段落"选项，如图12-57所示，设置开始时间为"单击时"，持续时间为"02.00"。

（10）选择第5张幻灯片，设置切换动画为"推进"，单击"效果选项"按钮，在打开的列表中选择"自左侧"选项，如图12-58所示。

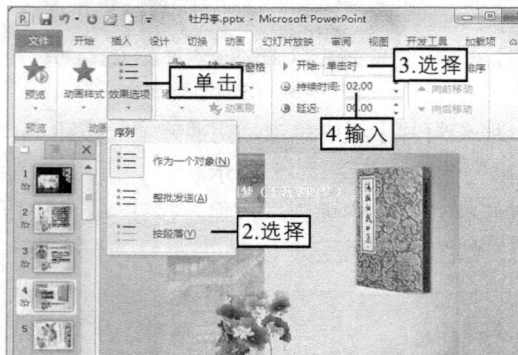

图12-57　设置效果选项

图12-58　设置切换动画效果选项

（11）选择第6张幻灯片，设置切换动画为"推进"，效果选项为"自底部"，持续时间为"01.00"；设置第1个文本框的动画为"淡出"，开始时间为"单击时"，持续时间为"01.00"；设置第2个文本框的动画为"擦除"，效果选项为"自顶部"，开始时间为"单击时"，持续时间为"02.00"。

（12）选择第7张幻灯片，设置切换动画为"推进"，效果选项为"自右侧"，持续时间为"01.00"；两个文本框的动画设置与第6张幻灯片的相同。

（13）选择第8张幻灯片，设置切换动画为"推进"，效果选项为"自顶部"，持续时间为"01.00"；设置文本框的动画为"淡出"，效果选项为"按段落"，开始时间为"单击时"，持续时间为"02.00"。

（14）选择第9张幻灯片，设置切换动画为"随机线条"，持续时间为"01.00"，如图12-59 所示；设置第1个文本框的动画为"淡出"，开始时间为"单击时"，持续时间为 "01.00"；设置第2个文本框的动画为"擦除"，效果选项为"自顶部"，开始时间为 "单击时"，持续时间为"02.00"。

（15）选择第10张幻灯片，设置切换动画为"随机线条"，效果选项为"水平"，持续时间为 "01.00"，如图12-60所示；设置文本框的动画为"擦除"，效果选项为"自顶部"， 开始时间为"单击时"，持续时间为"02.00"。

图12-59 设置切换动画

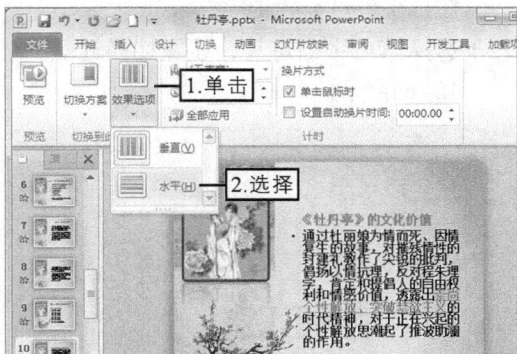

图12-60 设置切换动画效果选项

（16）选择第11张幻灯片，设置切换动画为"形状"，如图12-61所示；设置第1个文本框 的动画为"淡出"，开始时间为"单击时"，持续时间为"01.00"；设置第2个文本 框的动画为"擦除"，效果选项为"自顶部"，开始时间为"单击时"，持续时间为 "02.00"。

（17）选择第12张幻灯片，设置切换动画为"形状"，效果选项为"菱形"，如图12-62 所示；设置第1个文本框的动画为"淡出"，开始时间为"单击时"，持续时间为 "02.00"；设置第2个文本框的动画为"擦除"，效果选项为"自顶部"，开始时间为 "单击时"，持续时间为"02.00"。

图12-61 设置切换动画

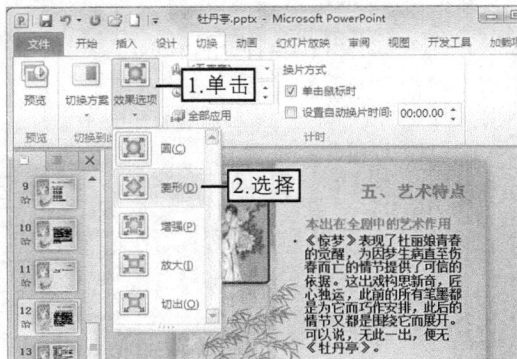

图12-62 设置切换动画效果选项

（18）选择第13张幻灯片，设置切换动画为"形状"，效果选项为"增强"；设置文本框 的动画为"擦除"，效果选项为"自顶部"，开始时间为"单击时"，持续时间为 "02.00"。

（19）选择第14张幻灯片，设置切换动画为"形状"，效果选项为"放大"；文本框的动画设置与第13张幻灯片的相同。

（20）选择第15张幻灯片，设置切换动画为"形状"，效果选项为"切出"；设置第1个文本框的动画为"淡出"，开始时间为"单击时"，持续时间为"01.00"；设置第2个文本框的动画为"擦除"，效果选项为自顶部，开始时间为"单击时"，持续时间为"02.00"。

（21）选择第16张幻灯片，设置切换动画为"揭开"，如图12-63所示；文本框的动画设置与第15张幻灯片的相同。

（22）选择第17张幻灯片，设置切换动画为"揭开"；设置文本框的动画为"缩放"，如图12-64所示。

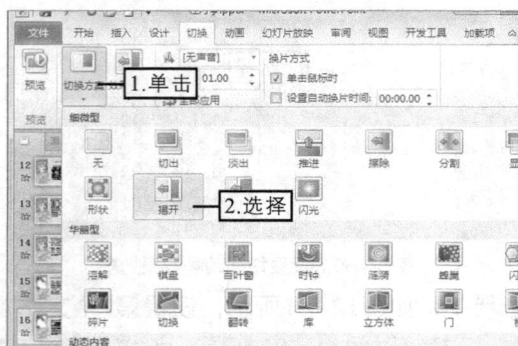

图12-63 设置切换动画

图12-64 设置文本框动画

（23）设置开始时间为"单击时"，持续时间为"02.00"，在"高级动画"组中单击 动画窗格 按钮，打开"动画窗格"窗格，单击该动画选项右侧的 按钮，在打开的列表中选择"效果选项"选项，如图12-65所示。

（24）打开"缩放"对话框，在"效果"选项卡的"增强"栏的"声音"下拉列表框中选择"鼓掌"选项，单击 确定 按钮，如图12-66所示，为动画添加声音。

图12-65 打开"动画窗格"窗格

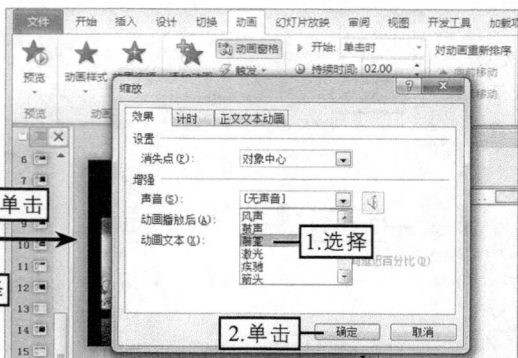

图12-66 设置动画声音

12.4.6 添加超链接

添加超链接主要是在幻灯片中插入图片，并为其添加超链接，其具体操作如下。

（1）选择第3张幻灯片，插入图片"标识.png"，将其移动到右下角，选择该图片，在【插入】→【链接】组中单击"超链接"按钮 ⚫，如图12-67所示。

（2）打开"插入超链接"对话框，在左侧的"链接到"列表框中选择"本文档中的位置"选项，在展开的"请选择文档中的位置"列表框中选择"1.幻灯片1"选项，单击对话框右上角的 屏幕提示(E) 按钮，如图12-68所示。

图12-67　插入图片

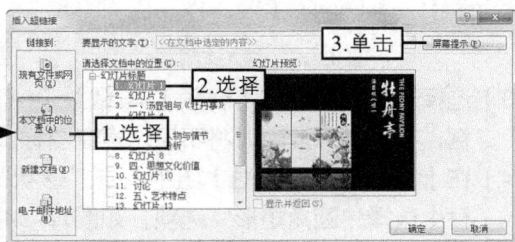

图12-68　设置超链接

（3）打开"设置超链接屏幕提示"对话框，在"屏幕提示文字"文本框中输入"返回首页"，单击 确定 按钮，如图12-69所示，返回"编辑超链接"对话框，单击 确定 按钮，完成超链接的设置。

（4）复制该图片，将其粘贴到除第1、第2、第5、第17张幻灯片外的其他幻灯片中，如图12-70所示，为其他幻灯片插入具有超链接的图片。

图12-69　设置屏幕提示文字

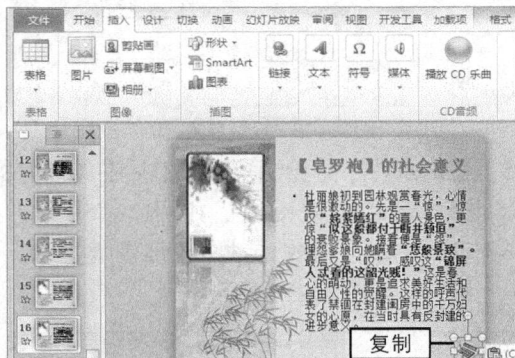

图12-70　复制超链接图片

12.4.7　插入音频

插入音频主要是在幻灯片中插入音频文件，并为其添加控制按钮，其具体操作如下。

（1）选择第15张幻灯片，在【插入】→【媒体】组中单击 按钮下面的 按钮，在打开的列表中选择"文件中的音频"选项，如图12-71所示。

（2）打开"插入音频"对话框，在"保存范围"下拉列表中选择音频的位置，在中间列表框中选择需插入的音频文件，单击 插入(S) 按钮，如图12-72所示。

图12-71　插入音频

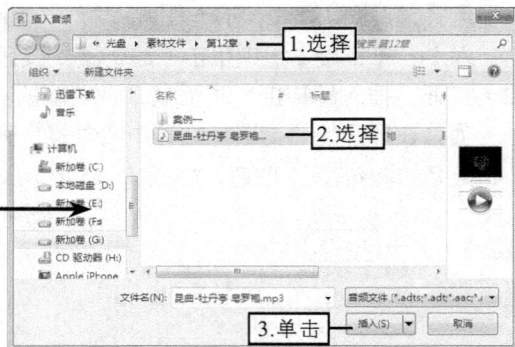

图12-72　选择音频文件

（3）选择音频图标，在【音频工具 播放】→【音频选项】组中单击选中"放映时隐藏"复选框，在幻灯片放映时将不显示声音图标，如图12-73所示。

（4）在【插入】→【插图】组中单击"形状"按钮，在打开的列表的"最近使用的形状"栏中选择"圆角矩形"选项，如图12-74所示。

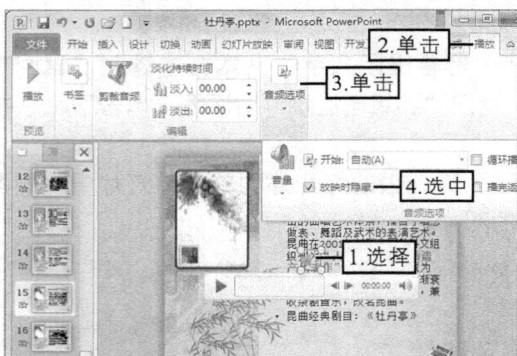

图12-73　设置音频选项

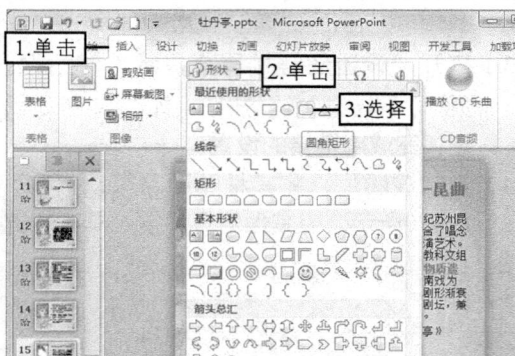

图12-74　插入形状

（5）在幻灯片下方绘制矩形，然后在绘制好的矩形上单击鼠标右键，在弹出的快捷菜单中选择"编辑文字"命令，如图12-75所示。

（6）输入文本"播放 昆曲-牡丹亭 皂罗袍"，设置文本格式为"宋体，18，加粗，文字阴影"，如图12-76所示。

图12-75　绘制形状

图12-76　编辑文字

（7）选择该形状，在【绘图工具 格式】→【形状样式】组的"形状样式"列表中单击 按钮，在打开的列表中选择"强烈效果–蓝色，强调文字颜色1"选项，如图12-77所示。

（8）在幻灯片中选择插入的音频图标，在【动画】→【动画】组中单击"动画样式"按钮 ，在打开的列表框的"媒体"栏中选择"播放"选项，如图12-78所示。

图12-77　设置形状样式

图12-78　设置动画样式

（9）在"高级动画"组中单击 动画窗格 按钮，打开动画窗格，在动画窗格的音频动画选项上单击鼠标右键，在弹出的快捷菜单中选择"计时"命令，如图12-79所示。

（10）打开"播放视频"对话框的"计时"选项卡，单击 触发器① 按钮，单击选中"单击下列对象时启动效果"单选项，在右侧的下拉列表中选择"圆角矩形9：播放 昆曲–牡丹亭 皂罗袍"选项，单击 确定 按钮，如图12-80所示。

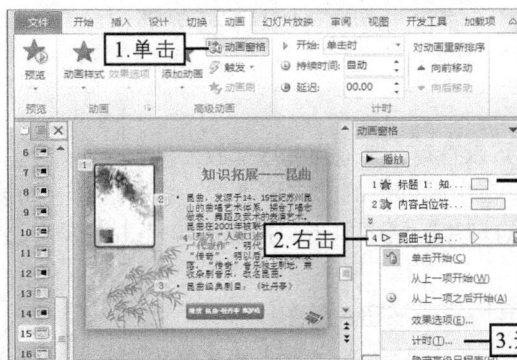

图12-79　打开动画窗格

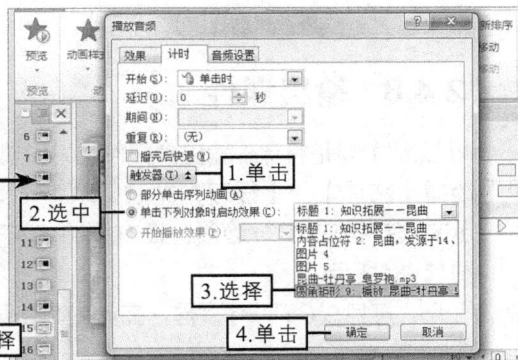

图12-80　设置触发器

（11）用同样的方法在播放按钮右侧绘制一个圆角矩形，输入文本"暂停"，并为该文本和形状设置为和"播放"按钮完全相同的样式，如图12-81所示。

（12）在幻灯片中选择插入的音频图标，在【动画】→【动画】组中单击"动画样式"按钮 ，在打开的列表框的"媒体"栏中选择"暂停"选项，如图12-82所示。

（13）在动画窗格的暂停动画选项上单击鼠标右键，在弹出的快捷菜单中选择"计时"命令，如图12-83所示。

（14）打开"播放视频"对话框的"计时"选项卡，单击 触发器① 按钮，单击选中"单击下列对象时启动效果"单选项，在右侧的下拉列表中选择"圆角矩形12：暂停"选项，单击 确定 按钮，如图12-84所示，完成音频插入和控制按钮的制作。

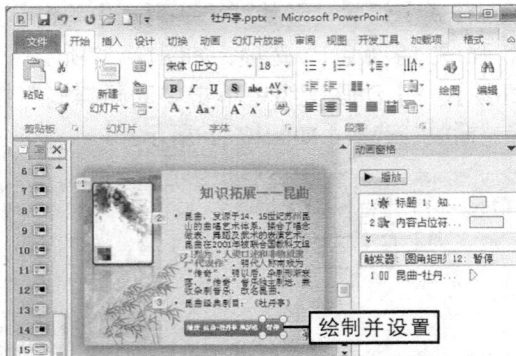
图12-81 绘制形状并设置样式

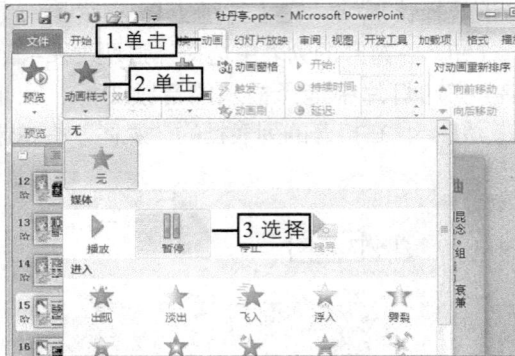
图12-82 设置动画样式

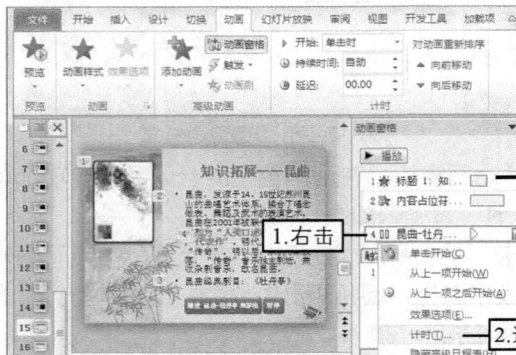
图12-83 选择操作

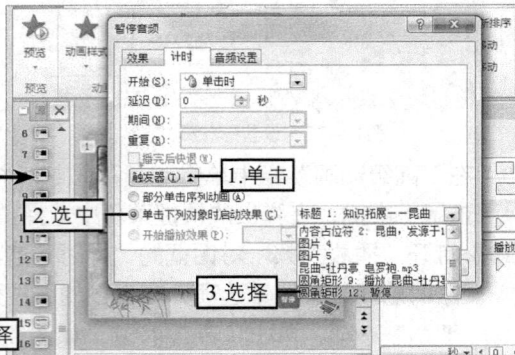
图12-84 设置暂停按钮

12.4.8 输出课件

输出课件主要是将课件输出到文件夹中，使其可以直接在其他媒体上播放，具体操作如下。

（1）选择【文件】→【保存并发送】菜单命令，在中间列表的"文件类型"栏中选择"将演示文稿打包成CD"选项，在右侧的"发布幻灯片"栏中单击"打包成CD"按钮 ，如图12-85所示。

（2）打开"打包成CD"对话框，在其中单击 复制到文件夹(F)... 按钮，如图12-86所示。

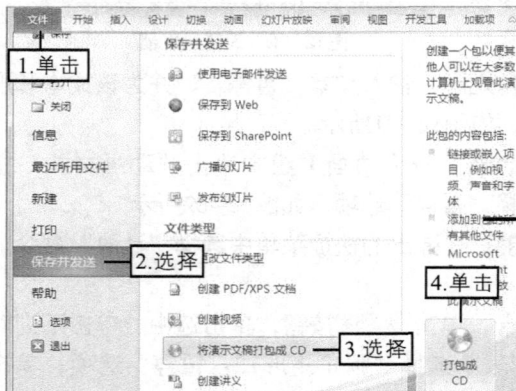
图12-85 打包成CD

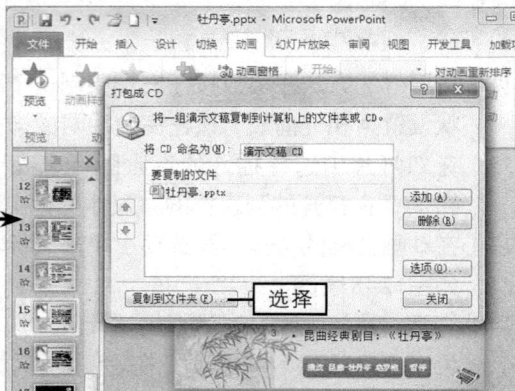
图12-86 复制到文件夹

（3）打开"复制到文件夹"对话框，在"文件夹名称"文本框中输入"语文课件-牡丹亭"，在"位置"文本框中输入文件夹的位置，单击选中"完成后打开文件夹"复选框，单击 确定 按钮，如图12-87所示，即可将演示文稿打包到一个文件夹中。

（4）打包完成后，将自动打开打包的文件夹，在其中可以看到打包好的课件，如图12-88所示，完成整个课件的制作。

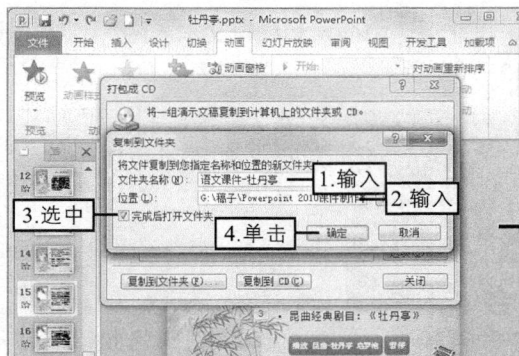

图12-87　设置模板文件夹

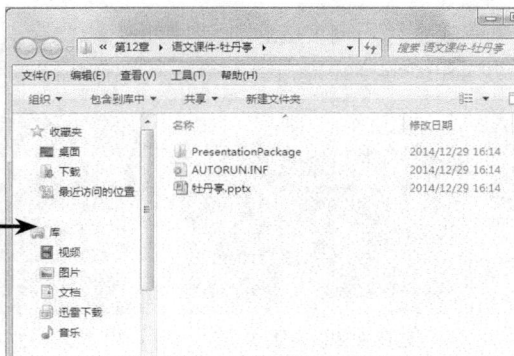

图12-88　打包效果

12.5　课堂练习

本课课堂练习将分别制作"等可能条件下的概率"数学课件和"Review Unit 4"英语课件。

12.5.1　制作"等可能条件下的概率"中学数学课件

1．练习目标

本练习的目标是制作"等可能条件下的概率"中学数学课件，需要利用本书所学的相关知识进行编辑。本练习完成后的参考效果如图12-89所示。

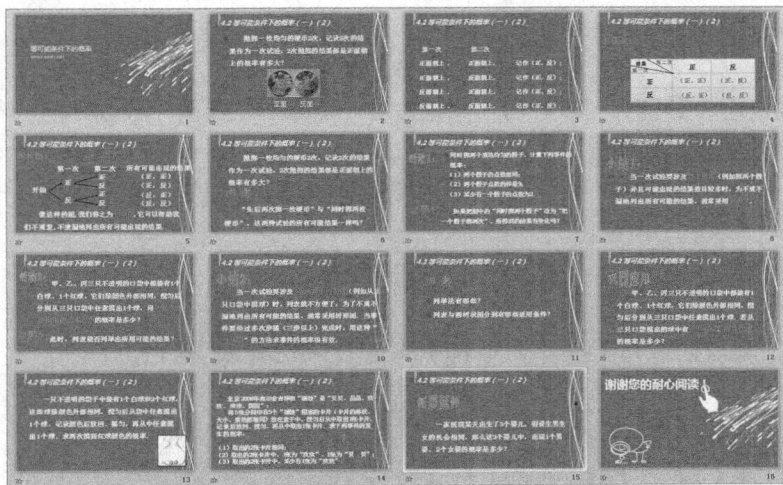

图12-89　"等可能条件下的概率"演示文稿参考效果

素材所在位置	光盘:\素材文件\第12章\课堂练习\等可能条件下的概率\
效果所在位置	光盘:\效果文件\第12章\课堂练习\等可能条件下的概率.pptx
视频演示	光盘:\视频文件\第12章\制作"等可能条件下的概率"中学数学课件.swf

2. 操作思路

完成本练习需要先创建课件并设置课件母版，再在课件中插入和编辑文本与图片，然后设置动画和超链接并发布课件等，其操作思路如图12-90所示。

① 创建课件并设置版式　　② 输入课件内容并进行编辑　　③ 设置动画效果并输出

图12-90　制作"等可能条件下的概率"数学课件的制作思路

（1）创建"等可能条件下的概率"课件，设置幻灯片大小为"全屏幕（16:9）"，进入母版编辑状态，设置母版背景颜色为"蓝色"，在第2张幻灯片中插入"封面.png"图片，在第3张幻灯片中插入"内容.png"图片，并在其中输入标题文本，并设置格式。

（2）退出母版，在第1张幻灯片中输入标题和副标题，并设置格式。

（3）按【Enter】键创建14张幻灯片，在其中输入文本，并设置文本的格式。

（4）在第6张幻灯片中设置第4行文本为艺术字，样式为"填充−红色，强调文字颜色2，暖色粗糙棱台"，设置其文本效果为"转换，弯曲，停止"；用同样的方法设置其他的艺术字，还有一种样式为"填充−红色，强调文字颜色2，粗糙棱台"。

（5）在第4张幻灯片中插入表格，样式为"主题样式1−强调6"，并在表格中绘制直线。

（6）在第5张幻灯片中插入形状"箭头"，样式为"粗线−深色1"。

（7）在第2张幻灯片中插入"硬币.jpg"图片，样式为"居中矩形阴影"；在第13张幻灯片中插入"球.jpg"图片，样式为"简单框架，黑色"。

（8）复制第1张幻灯片到最后，输入文本并插入"手.png"和"小人.png"图片。

（9）设置切换动画，分别为"百叶窗""推进""擦除""覆盖""揭开""涡流"；设置文本动画分别为"百叶窗""折叠"。

（10）将最后一张幻灯片中的"手.png"图片链接到第1张幻灯片，并将最后一张幻灯片的动画设置为"鼓掌"声音。

（11）将前两张幻灯片发布到"发布课件"文件夹中。

12.5.2　制作"Review Unit 4"中学英语课件

1. 练习目标

本练习的目标是制作"Review Unit 4"中学英语课件，需要利用本书所学的相关知识进行编辑。本练习完成后的参考效果如图12-91所示。

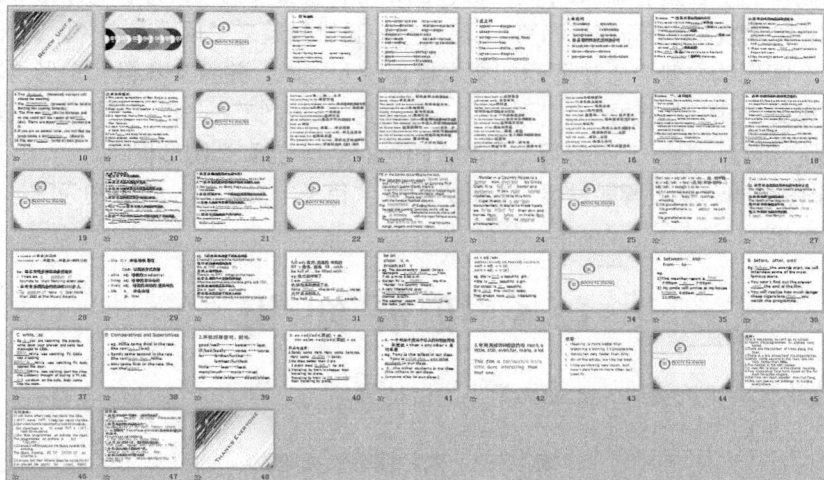

图12-91　"Review Unit 4"演示文稿参考效果

素材所在位置　光盘:\素材文件\第12章\课堂练习\Review Unit 4\
效果所在位置　光盘:\效果文件\第12章\课堂练习\Review Unit 4.pptx
视频演示　　　光盘:\视频文件\第12章\制作"Review Unit 4"中学英语课件.swf

2. 操作思路

完成本练习需要先创建课件，并在其中输入主要内容并设置动画，再制作各个标题页，然后为目录页制作弹出式菜单，其操作思路如图12-92所示。

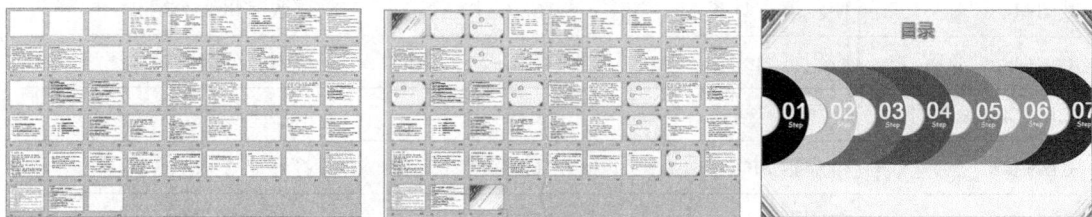

① 输入文本并设置动画　　　② 制作各标题页　　　③ 制作目录页动画

图12-92　制作"Review Unit 4"演示文稿的制作思路

（1）创建"Review Unit 4"课件，按【Enter】键创建47张幻灯片，并在幻灯片中输入文本，设置文本格式，设置文本框动画分别为"百叶窗"和"飞入"。

（2）在第1张幻灯片中设置背景图片为"背景.tif"，输入标题，并将文本框旋转，用同样的方法设置最后一张幻灯片，动画设置为"飞入"。

（3）在第3、12、19、22、25、34、44张幻灯片中设置背景为"内容背景.tif"图片，并插入"标题页.png"图片，输入文本并设置格式；将这几张幻灯片中的"Returns the directory"文本框设置为虚线边框，并链接到第2张幻灯片。

（4）在第2张幻灯片中插入艺术字，样式为"填充-蓝色，强调文字颜色2，粗糙棱台"，插入形状"空心弧"，调整空心大小，旋转90度，设置颜色为"黑色"，边框为"无"，形状效果为"阴影，外部，左下斜偏移"，用同样的方法制作6个不同颜色的空心弧。

（5）在后面制作的空心弧前添加2个同样颜色的矩形，使其变为马蹄形，将矩形和空心弧组合在一起，按层次将6个马蹄形和第1个黑色空心弧排列起来"顶端对齐"。

（6）在这几个图形的右侧中心位置添加文本框，输入文本，并将文本框和图形再次组合在一起，设置第1个图形的动画为"飞入"，方向为"自左侧"；第2个图形的动画与第1个相同，开始时间为"上一动画之后"；其他图形的动画与第2个图形相同。

（7）为第1个图形的动画设置触发器，启动效果为"目录"文本框；再分别为图形中的文本框添加超链接。

12.6 拓 展 知 识

本节的表格列出了PowerPoint 2010常见的快捷键。

表 12-1　对象编辑快捷键

快捷键	功能	快捷键	功能
Ctrl+A	选择全部对象或幻灯片	Ctrl+F	激活"查找"对话框
Ctrl+B	应用（解除）文本加粗	Ctrl+I	应用（解除）文本倾斜
Ctrl+C	复制	Ctrl+V	粘贴
Ctrl+D	生成对象或幻灯片的副本	Ctrl+J	使段落两端对齐
Ctrl+E	使段落居中对齐	Ctrl+L	使段落左对齐
Ctrl+R	使段落右对齐	Shift+F3	更改字母大小写
Ctrl+U	应用下划线	Ctrl+M	插入新幻灯片
Ctrl+Shift+ 加号	应用上标格式	Ctrl+ =	应用下标格式
Ctrl+N	生成新 PPT 文件	Ctrl+O	打开 PPT 文件
Ctrl+Q	关闭程序	Ctrl+S	保存当前文件
Ctrl+T	激活"字体"对话框	Ctrl+W	关闭当前文件
Ctrl+X	剪切	Ctrl+Y	重复最后操作
Ctrl+Z	撤销操作	Ctrl+F4	关闭程序
Ctrl+Shift+C	复制对象格式	Ctrl+Shift+V	粘贴对象格式
Ctrl+Shift+F	更改字体	Ctrl+Shift+P	更改字号
Ctrl+Shift+G	组合对象	Ctrl+Shift+H	解除组合
Ctrl+Shift+<	增大字号	Ctrl+Shift+>	减小字号
F12	执行"另存为"命令	F4	重复最后一次操作

续表

快捷键	功能	快捷键	功能
Shift+F4	重复最后一次查找	Alt+I+P+F	插入图片
Alt+R+G	组合对象	Alt+R+U	取消组合
Alt+R+R+T	置于顶层	Alt+R+R+K	置于底层
Alt+R+R+F	上移一层	Alt+R+R+B	下移一层
Alt+R+A+L	左对齐	Alt+R+A+R	右对齐
Alt+R+A+T	顶端对齐	Alt+R+A+B	底端对齐
Alt+R+A+C	水平居中	Alt+R+A+M	垂直居中
Alt+R+A+H	横向分布	Alt+R+P+L	向左旋转
Alt+R+P+R	向右旋转	Alt+R+P+H	水平翻转
Alt+R+P+V	垂直翻转	Alt+V+Z	放大（缩小）

12.7 课后习题

（1）制作"电功率.pptx"中学物理课件，并将其打包到文件夹中，效果如图12-93所示。

提示： 主要使用到的操作包括利用模板文件创建文档、设置动画、插入公式、编辑文本框和图片，以及编辑文本、设置表格、复制幻灯片等。

素材所在位置　光盘:\素材文件\第12章\课后习题\电功率.pptx
效果所在位置　光盘:\效果文件\第12章\课后习题\电功率.pptx
视频演示　　　光盘:\视频文件\第12章\制作"电功率"中学物理课件.swf

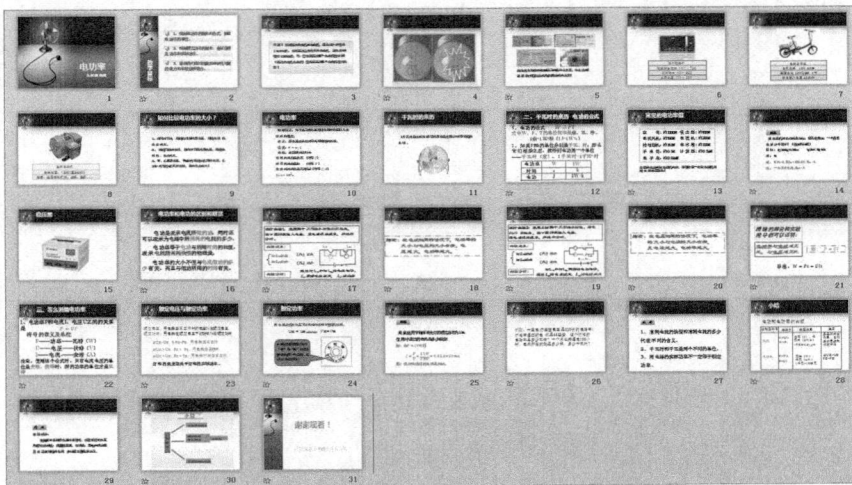

图12-93　"电功率"演示文稿参考效果

（2）制作"海水'制碱'"中学化学课件，效果如图12-94所示。

提示： 主要使用到的操作包括利用模板文件创建文档、设置动画、插入公式、编辑文本框和图片，以及编辑文本、设置表格、复制幻灯片等。

素材所在位置　光盘:\素材文件\第12章\课后习题\海水"制碱".pptx

效果所在位置　光盘:\效果文件\第12章\课后习题\海水"制碱".pptx

视频演示　　　光盘:\视频文件\第12章\制作"海水'制碱'"中学化学课件.swf

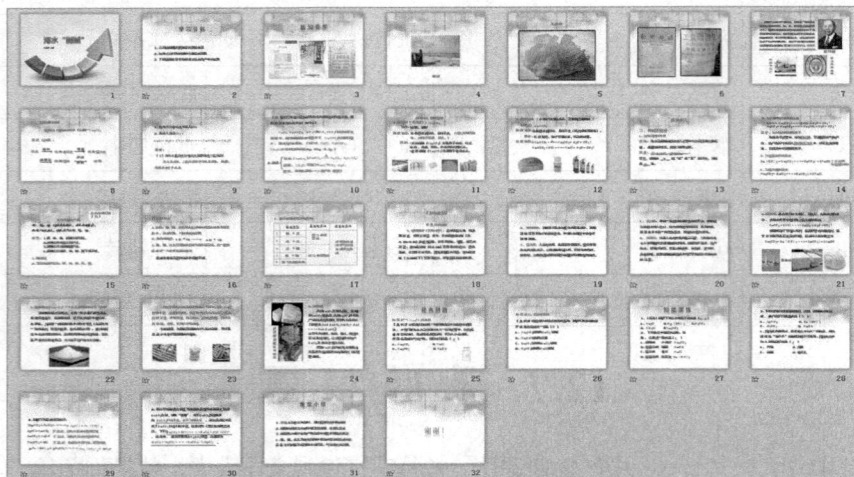

图12-94　"海水'制碱'"演示文稿参考效果

附　录

项目实训

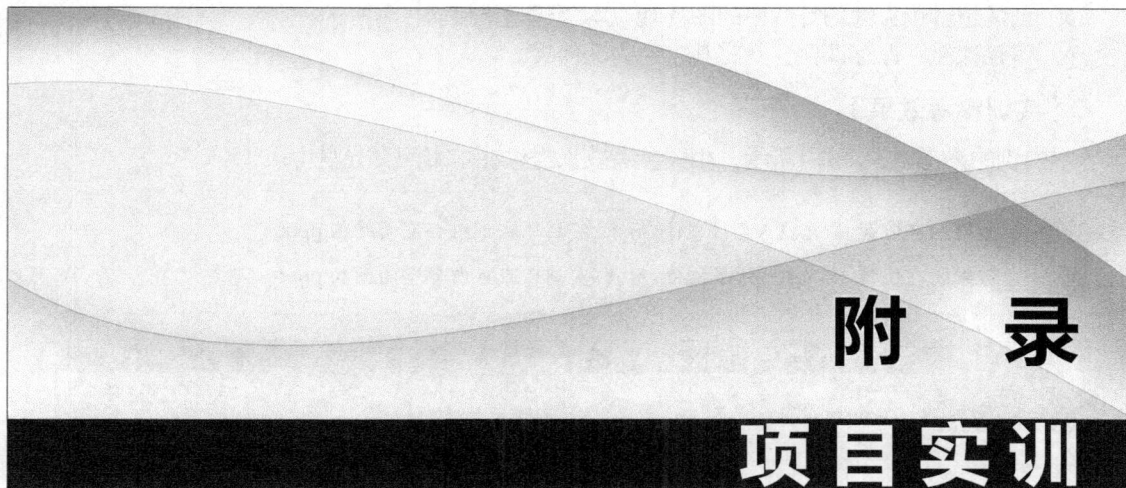

为了培养学生独立制作教学课件的能力，提高就业综合素质和思维能力，加强教学的实践性，本附录精心挑选了3个综合实训—"制作'城市内部空间结构'中学地理课件""制作'罗斯福新政'中学历史课件""制作'动物生命的生命周期'中学生物课件"。通过完成实训，学生可以进一步掌握和巩固使用PowerPoint软件制作教学课件的相关知识。

实训1　制作"城市内部空间结构"中学地理课件

【实训目的】

通过实训掌握PowerPoint的基本操作，以及文本和图片的编辑、超链接的使用、动画的设置、表格的引用等，具体要求及实训目的如下。

◎　熟练掌握演示文稿的保存，以及幻灯片的复制与添加等方法。

◎　熟练掌握文本的基本操作，如插入文本框、输入文本、设置字体格式、对齐方式、数字格式与边框等。

◎　熟练掌握插入和编辑艺术字的相关操作。

◎　熟练掌握插入外部图片的基本操作。

◎　熟练掌握添加表格和设置表格格式的操作。

◎　熟练掌握为文本和图片添加超链接的操作。

◎　熟练掌握设置幻灯片动画的相关操作。

【实训实施】

1. 创建课件：将素材演示文稿保存为新的课件，在其中添加相同样式的幻灯片。

2. 输入和编辑文本：在各张幻灯片中插入文本框输入文本，或者直接在占位符中输入已有格式的文本，并设置文本的格式。

3. 插入图片：插入素材文件夹中的图片到各个幻灯片中。

4. 设置动画：为幻灯片中的对象、图片和文本框添加动画效果。

5. 创建超链接：为幻灯片中的图片和文本创建超链接。

6. 保存课件：保存课件，并将其打包为文件夹。

【实训参考效果】

本实训的参考效果如图1所示，相关参考效果提供在本书配套光盘中。

> 素材所在位置　光盘:\素材文件\附录\实训1\城市内部空间结构.pptx
>
> 效果所在位置　光盘:\效果文件\附录\实训1\城市内部空间结构.pptx

图1　"城市内部空间结构"演示文稿参考效果

实训2　制作"罗斯福新政"中学历史课件

【实训目的】

通过实训掌握制作课件的各种基本操作，以及文本和图片的编辑、动画的设置、表格的使用、幻灯片的发布等，具体要求及实训目的如下。

◎ 熟练掌握演示文稿的新建和保存，以及幻灯片的复制与添加等方法。

◎ 熟练掌握设置幻灯片背景、主题和版式的操作。

◎ 熟练掌握文本的基本操作，如插入文本框，输入文本，设置字体格式、对齐方式、数字格式与边框等。

◎ 熟练掌握插入和编辑艺术字的相关操作。

◎ 熟练掌握插入外部图片的基本操作。

◎ 熟练掌握添加表格和设置表格格式的操作。

◎ 熟练掌握设置幻灯片动画的相关操作。

◎　熟练掌握发布幻灯片的相关操作。

【实训实施】

1. 创建课件：新建演示文稿，设置其幻灯片主题，在其中添加相同样式的幻灯片。
2. 输入和编辑文本：在各张幻灯片中插入文本框输入文本，或者直接在占位符中输入已有格式的文本，并设置文本的格式；另外，有些文本框需要设置边框和底纹。
3. 插入图片和形状：插入素材文件夹中的图片到各个幻灯片中，并在幻灯片中插入形状，并设置形状的样式和在形状上输入文本。
4. 设置动画：为幻灯片中的对象、图片和文本框添加动画效果。
5. 插入表格：为幻灯片插入表格并编辑表格样式。
6. 保存课件：保存课件，并将其发布为PDF文件。

【实训参考效果】

本实训的参考效果如图2所示，相关参考效果提供在本书配套光盘中。

> **素材所在位置**　　光盘:\素材文件\附录\实训2\
>
> **效果所在位置**　　光盘:\效果文件\附录\实训2\

图2　"罗斯福新政"演示文稿参考效果

实训3　制作"动物生命的生命周期"中学生物课件

【实训目的】

通过实训掌握PowerPoint的基本操作，以及文本和图片的编辑、插入视频文件、动画的设置、在线同步放映等，具体要求及实训目的如下。

◎　熟练掌握设置幻灯片母版，以及幻灯片的复制与添加等方法。

◎ 熟练掌握文本的基本操作，如插入文本框，输入文本，设置字体格式、对齐方式、数字格式与边框等。

◎ 熟练掌握插入和编辑艺术字的相关操作。

◎ 熟练掌握插入外部图片的基本操作。

◎ 熟练掌握在幻灯片中插入网络视频的相关操作。

◎ 熟练掌握在网络中同步放映课件的操作。

◎ 熟练掌握设置幻灯片动画的相关操作。

【实训实施】

1. 创建课件：通过素材文件创建新的课件，在其中添加相同样式的幻灯片，同步设置幻灯片的母版。

2. 输入和编辑文本：在各张幻灯片中插入文本框输入文本，或者直接在占位符中输入已有格式的文本，并设置文本的格式。

3. 插入图片：插入素材文件夹中的图片到各个幻灯片中。

4. 设置动画：为幻灯片中的对象、图片和文本框添加动画效果。

5. 插入视频：在幻灯片中插入网络中的视频，注意获取视频的HTML代码的方法。

6. 保存课件：保存课件，并将其在网络中同步放映。

【实训参考效果】

本实训的参考效果如图3所示，相关参考效果提供在本书配套光盘中。

素材所在位置	光盘:\素材文件\附录\实训3\绿色地球环保主题PPT模板.pptx
效果所在位置	光盘:\效果文件\附录\实训3\动物生命的生命周期.pptx

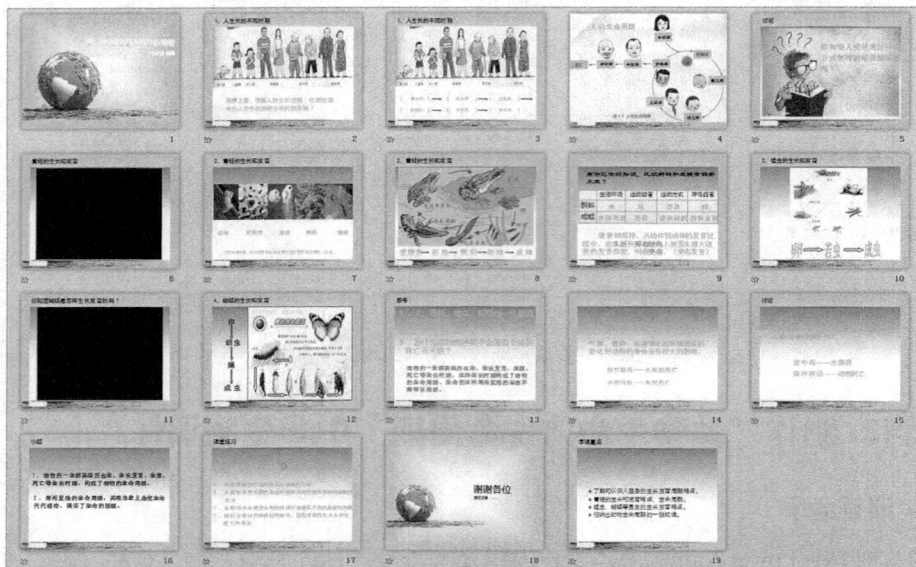

图3 "动物生命的生命周期"演示文稿参考效果